러시아어와 감정의 토포스

러시아어와 감정의 토포스

Topos

이기웅

경북대학교출판부

이기웅

경북대학교 노어노문학과 교수

1990년 파리 V 대학교에서 언어학 박사학위 취득. 공저로는 〈해석적 패러다임으로서의 반성과 지향: 러시아 어문학 연구와 교육의 지평〉, 〈소통의 구성적 역동성과 러시아 언어-문화 공간의 다차원성〉, 역서로는 〈전복적 스피노자〉가 있다. 그리고 "전제와 부정", "러시아어 동사의 논항값" 등, 일반 언어학과 러시아어학에 관련된 다수의 논문을 발표했다.

러시아어와 감정의 토포스

찍은 날 2016년 4월 12일 · **펴낸 날** 2016년 4월 20일
지은이 이기웅 · **펴낸이** 손동철 · **펴낸 곳** 경북대학교출판부
출판등록 1973년 10월 10일 ㉣97호 · **주소** 대구광역시 북구 대학로 80
전화 053-950-6741~3 · **팩스** 053-953-4692 · **이메일** press@knu.ac.kr
홈페이지 http://knupress.com
ISBN 978-89-7180-440-7 93890
정가는 뒤표지에 있습니다. 파본은 바꾸어 드립니다.

이 책은 2012-2014년도 정부(교육부)의 재원으로 한국연구재단의
지원을 받은 연구임(2012S1A6A4016600).

~ 머리말 ~

이 책의 내용은 크게 본다면 토포스에 대한 그리고 인간 감정에 대한 일반 이론적인 부분과, 그리고 그것을 러시아 언어-문화 공간에 특징적인 감정의 토포스들에 대한 구체적인 분석과 기술에 적용한 부분으로 구성되어 있다. 물론, 이러한 일반 이론적인 작업과 러시아어 문화-의미론의 개별적인 작업 사이에서 꾸준히 왕복운동을 한 종합화의 결과가 이 책의 전체 내용을 관통하고 있다. 이 책의 서술이 토포스, 그리고 감정에 대한 일반 이론적인 내용들로부터 시작해서 러시아어 문화-의미론의 구체적인 내용들로 이어지다 보니까, 러시아어를 모르는 독자들에게도 후반부의 내용들이 어려움 없이 이해될 수 있도록 가급적 여러 가지로 신경을 썼다. 가능한 한 이 책이 시도하고자 한 것은 특정한 개별 언어-문화의 틀에 사로잡히지 않고, 그리고 근거가 취약한 섣부른 비교문화론적인 시각에도 매몰되지 않으면서, 적절한 일반 이론적 지평의 설정 위에서 러시아 언어-문화 공간에 특징적인 감정의 토포스들을 분석적으로 타당성 있게 설명하는 것이었으며, 또한 그러한 설명이 러시아어를 모르는 독자들에게도 이해될 수 있도록 하는 것이었기 때문이다.

"토포스"라는 용어가 독자들에게 어느 정도 생소할 수도 있지만, 우선 여기서는 '언어-문화 공간 속에서의 공통의 장소', 혹은 '일정한 언어-문화 공간의 구성원들이 다소간 공통적으로 갖고 있는 특수한 관념 구조' 정도로 이해하면 될 것이다. 필자가 이 토포스에 대해서 이론적으로 관심을 갖게 된 것은 한 십여 년 전의 일이다. 당시에 10명의 러시아 어문학 전공자들이 모여서 함께 "소통의 구성적 역동성과 러시아 언어-문화 공간의 다차원성"이라는 공동 연구를 기획했는데, 거기서 내가 다룬 주제들 중의 하나가 문학 텍스트화와 토포스 사이의 관계에 관한 문제였다. 이 문제에 대한 착상은 우연한 계기에서 나왔다. 공동 연구의 제목에 "언어-문화 공간"이라는 표현이 있으니까 거기에 걸맞게 위상수학(topology)의 어원이 되는 그리스어 단어 "토포스(topos)"가 떠올랐던 것이다. 이 같은 우연한 착상 이전까지만 해도 필자 또한 이 용어에 생소했으며, 거기에 학문적 관심을 둬본 적도 없다.

그러나 우리 삶의 모든 진지한 일에는 우연의 필연화가 결정적으로 개입하는 것처럼, 필자 역시도 우연한 착상으로부터 갖게 된 토포스에 대한 관심이 차츰차츰 보다 본격적인 연구로 빠져들게 되었다. 이러한 방향 설정은 나 자신의 언어학에 대한 관심이 통사론과 문법 의미론으로부터 의미론 일반과 화용론으로 확장되어 갔던 이전의 연구 단계와도 연관이 있으며, 또한 언어 연구의 차원을 문화 연구의 차원과 연결시킬 필요성에 대한 개인적 자각과 바램과도 맞물려 있다. 그런데 필자가 게으른 탓인지, 아니면 "진지한" 인문학이라는 것이 원래 한가함과 게으름을 요구하는 것이어서 그런지 모르겠지만, 토포스에 대한 최초의 학문적 관심으로부터 본격적인 연구의 착수에 이르기까지 5년 이상의 시간이 걸렸다. 토포스로 간주될 수 있는 언어-문화적 현상이 대단히 다양하고 많기 때문에 어디서부터 본격적으로 접근해야 할지 막막했기 때문이다. 이런 연유로 해서, 토포스에 대한 본격적인 연구는 필자가 러시아어 감정어휘들에 대한 연구를 하게 되면서, 이것과 교차하는 방식으로 보다 선명하고 구체적인 구상으로 전환될 수 있었다. 그 후로 또 5년이 지나서야 그러한 구상의 결과를 이처럼 책으로 내놓게 되었다.

감정의 토포스처럼 한편으로는 여러 언어-문화 공간에서 다양하게 나타나는 일반적인 현상이지만 다른 한편으로는 반드시 개별 언어-문화 공간 속에서 구체적인 특수한 형태로밖에 존재하지 않는 현상에 대해서는 처음부터 분석적으로 명확하게 접근하기가 어려운데, 그 까닭은 탐구자가 현상의 기술과 설명을 위해 사용하는 언어 자체도 이미 특정한 언어-문화 공간을 전제로 하고 있는 개별 언어이기 때문이다. 이러한 사정 속에서 만일 탐구자가 개별 언어-문화 공간 속에서 존재하는 어떤 감정의 토포스를 규명하면서 설명적 타당성을 지니려면, 그는 부단히 이중의 지적 노력을 기울여야 한다. 하나는 그것을 특징짓는 관념 구조를 해당 언어-문화의 구체적인 자료들로부터 이끌어내면서 그 구조 속에 있는 인간 감정의 보편적인 혹은 일반적인 내용과 그리고 이것을 해당 언어-문화 공간 속에서 한정하는 특수한 내용들을 구별하는 일이며, 다른 하나는 탐구자 자신이 대상의 규명과 관련해서 설정한 인간 감정의 보편적 내용이나 일반적 내용이 실제로 어떠한 입장에서 혹은 어떠한 사실적 근거에서 상정되고 있는 것인지를 명확히 하는 것이다. 사정이 이러할 수밖에 없는 것은 언어-문화의 차원에서 상정되는 보편성이나 일반성이란 그것이 아무리 선험적으로 자명한 것처럼 여겨지는 것일지라도 이미 특정한 개별 언어-문화 공간 속에서 그것을 가리키는 명칭과 표현들을 통해서만 파악될 수 있는 것이기 때문이다. 따라서 언어-문화의 영역에서 진지한 탐구자는 자신이 규명하고자 하는 현상의 구체적 특수성과 특이성에 초점을 맞추면 맞출수록, 자신이 사용하는 언어의 개념적 견고성에 대해서, 다시 말해서 자신이 현상의 기술과 해석에서 사용하는 언어의 일반적 확실성에 대해서 반성적으로 고심할 수밖에 없다. 사실, 우리가 이러한 진지한 인문학적인 노력을 기울이는 것은 한편으로는 학문을 위한 학문으로서의 순수한 계기도 있지만, 다른 한편으로는 인간들이 스스로 만들어내는 다양한 언어-문화적 현상들에 대한 선입견 없는 타당한 파악을 위해 유용한 지적 모형과 지식을 구축한다는 계기도 있다. 이 중에서 만일 후자가 더 중요한 의의를 갖는다면, 그것은 아마도 다음과 같은 까닭에서이다. 즉, 이 세계 속에서 인간들이 스스로를 만들면서 세계를 보다 바람직한 방향으로 구성해나가는 것은 인간들 사이에서의 일이며, 이 일은 결국 인간들이 스스로에 대해서 그리고 서로에 대해서 더욱더 잘 알려고 노력할 경우에만 근본적으로 가능할 수 있기 때문이다.

"십 년이면 강산도 변한다"는 말이 있는데, 사회의 변화, 대학의 변화, 그리고 교육과 연구 환경의 변화와는 별개로, 필자는 단지 하나의 학문적 주제에 대한 착상으로부터 출발해서 그것을 어느 정도 이론적으로 일반화시키고 구체화시켜서 한 권의 책으로 만들기까지 십 년도 넘게 걸렸다. 그것도 언어-문화적으로 지극히 당연하게 받아들여지는 아주 일반적인 현상의 작은 한 부분을 다루면서 말이다. 그렇지만 사회와 대학이 정말로 좋은 방향으로 바뀌려면 자칭 합리적인 행정가나 개혁가의 시각이 필요한 것이 아니라는 생각이 점점 더 많이 든다. 대개 이러한 시각들이란 실제 현상과 사실에 대한 엄밀한 파악과 개선을 위한 노력보다는 적당한 전문성이 적당히 상투적인 합리성과 개혁의 토포스들로 포장된 것들일 뿐이다. 오히려 이러한 것들보다도 사회와 대학에서 더 필요한 것은 진지한 인문학적 사고와 교양이 다소는 체득된 구성원들 사이의 소통, 합의, 연대일 것이다. 이러한 의미에서 필자의 보잘 것 없는 노력도 간접적으로나마 어떤 기여가 될 수 있었으면 좋겠다. 한편, 토포스, 감정, 그리고 러시아 언어-문화 공간에서의 감정의 토포스들에 대해서 더 많은 내용을 보다 상세히 다루지 못한 것은 아쉽지만, 이러한 방향 설정 하에서 처음으로 본격적인 탐구를 했다는 데서 어느 정도 스스로 위안을 찾고자 한다.

끝으로, 이 책을 집필하는 데 도움을 준 같은 과의 김정일 선생님, 길윤미 선생님, 박사과정의 이경석 님에게, 그리고 출판을 위해 애쓴 경북대학교출판부에 고마운 마음을 밝힌다.

2016년 4월
이 기 웅

목 차

머리말 _ 5

I. 서론 _ 11

II. 토포스에 대하여 _ 21

2.1. 아리스토텔레스와 토포스_23 / 2.2. 토포스의 종합적 정의_27 / 2.3. 토포스의 의미적 성격_37 / 2.4. 토포스와 다수성_48 / 2.5. 토포스의 유형들_54

III. 감정에 대하여 _ 87

3.1. 일반적 고찰_89 / 3.2. 감정의 실재성_98 / 3.3. 감정의 언어적 개념화와 세분화_112 / 3.4. 감정의 언어적 표현_128

IV. 러시아 언어-문화 공간과 감정의 토포스 _ 139

4.1. 러시아어 감정 어휘와 토포스_141 / 4.2. 감정의 내적 장소_157 / 4.3. 감정의 토포스들의 분류_173

V. 감정의 토포스들 - 기본 감정들 _ 181

5.1. '기쁨'의 토포스_183 / 5.2. '슬픔'의 토포스_200 / 5.3. '분노'의 토포스_214 / 5.4. '공포'의 토포스_225 / 5.5. '사랑'의 토포스_237

VI. 감정이 혼합된 실천-윤리적 관념들 _ 259

6.1. '겸손'의 토포스_261 / 6.2. '운명'의 토포스_290 / 6.3. '자유'의 토포스_312

VII. 결론 _ 335

● **부록**: 토포스의 문화적 비교의 예
'슬픔'에 관한 러시아의 тоска [toska]와 프랑스의 mélancolie _ 342

참고문헌 _ 362

Topos

I. 서론

이 책의 목적은 감정과 정서가 러시아 언어-문화 공간 속에서 어떠한 토포스(topos) 구조들로 개념화되고 있는가를, 그리고 이 구조들이 발화나 텍스트의 형성 층위에서 어떠한 언어적 모습으로 실현되는가를 문화-의미론의 관점에서 규명하고, 또 이것을 바탕으로 러시아의 언어-문화적 특성을 잘 보여주는 대표적인 감정의 토포스 현상들을 구체적으로 설명하는 데 있다. 물론, 이러한 작업은 단순히 러시아 언어와 문화의 개별적 특수성과 상대성의 고찰과 그 기술에만 초점을 맞추고 있는 것이 아니다. 그보다는 오히려, 언어에 의한 감정과 정서의 개념화 속에는 보편적으로 토포스 구조가 내재한다는 것을 규명하고자 하는 일반 이론적 작업과 이에 근거해서 실제 러시아적 현상들의 개별적 특수성을 해명하고자 하는 구체적인 분석과 기술 작업 사이의 적절한 종합화가 위와 같은 목적에 대한 이 책의 접근방식의 전체적인 특징이라고 할 수 있다.

여기서 우선 다소 생소한 용어인 "토포스"에 대한 간략한 예비적 설명을 제시한다면(보다 자세한 것은 이 책의 II부에서 보게 될 것이다), 토포스란 일정한 언어-문화 공간에 속하는 구성원들 사이에서 공통적인 것으로 간주되는 상식에 속하는 일반적인 성격의 추정 명제들이라고 할 수 있다. 가령, 한국이라는 언어-문화 공간에서 "민족의 정서를 대표하는 민요 아리랑"이라는 표현이나 "가을 전어" 같은 말은 다음과 같은 토포스들에 근거해서 실제적 의미를 갖는다고 볼 수 있다. 즉, "아리랑"의 경우에는 '다른 민요들보다도 더욱더 널리 그리고 자주 애창되기에 더욱더 확실하게 민족의 고유한 정서를 가장 잘 나타내주는 민요로 여겨진다'라는 토포스에 근거해서, 그리고 "가을 전어"는 '가을의 특정한 때에, 추석 무렵에 잡히는 전어일수록 더욱더 맛이 있다'라는 토포스에 근거해서 실제적 의미를 갖고 있는 것이다.

이처럼 일정한 언어-문화 공간 속에서 그 구성원들 사이에 그 자체로 당연한 것, 타당한 것, 그럴듯한 것으로 받아들여지는 토포스는 바로 그렇기 때문에 많은 경우 명쾌하게 객관적인 형태로 분석, 기술해내기가 어렵다. 위에서 든 간단한 한국어의 예 "가을 전어"처럼 구체적인 사물의 명칭과 결부된 토포스와 같은 경우에는 그러한 작업이 비교적 용이하다면, 특히 감정이나 관념처럼 추상적 실재를 나타내는 명칭과 결부된 토포스들의 경우에는 분명히 무언가가 실제로 있는데 명확히 손에 잡혀지지 않는 그러한 상황과 마주 대하게 된다.

이러한 상황과 관련해서, 가령 또 다른 한국어 예인 "한"의 경우를 보자. 먼저 이 "한"의 의미를 가령 "몹시 원망스럽고 억울하거나 안타깝고 슬퍼 응어리진 마음"[1)]처럼 규정할 수 있다면 아마 문제는 몹시도 단순명료해질 법하다. 사실 이 같은 사전적 정의를 한국어를 모국어로 사용하는 사람들 거의 대부분은 알 필요도 없다. 또 이 같은 의미 설명에 맞지 않는 경우들이 얼마나 많은지는 흔히 쓰이는 "한 많은 인생"이라는 표현만 봐도 쉽사리 짐작할 수 있지만, 그렇다고 굳이 특별한 관심이나 목적이 없는 한 오류나 부적당함을 바로잡을 필요성조차 느끼지 않을 것이다. 그러나 언젠가부터 이 "한"이 한국인의 심성을 특징짓는 대표적 정서로 자주 거론되고 또 그렇게 받아들여지기 시작한 이후부터는(그러나 1990년대에 들어와서 소비문화와 대중문화의 급격한 발달과 더불어, 비록 대표적 정서로서 "한"의 위상이 어쩌면 많이 격하되었을지도 모르지만), 다시 말해서 문화적 토포스가 된 다음부터는, "한"이 의미하는 바의 정서적 내용에 대한 어느 정도 정확한 파악이나 설명이 중요하게 되었다

1 〈표준국어대사전〉, 국립국어연구원.

고 볼 수 있다.[2)] 이제 그것은 문화적 정체성의 문제, 혹은 문화적으로 자기 인식과 자기규정 그리고 자기 설명의 문제와 직접적으로 연관되는 중요한 문제들 중의 하나로 간주되기 시작했기 때문인 것이다.

이처럼, 어떤 주어진 언어-문화 공간에서 감정이나 추상적 개념을 나타내는 어휘와 결부된 토포스들의 해명 작업은 해당 언어-문화권의 문화적 정체성에 대한 명확한 인식을 위해서 필수적인 것으로 간주될 수 있다. 문제는 이러한 작업이, 이 책의 II부에서 곧 보게 되겠지만, 기존의 사전적인, 혹은 다소 통찰력 있는 에세이적인, 아니면 보다 객관적으로 엄밀한 형태의 어휘 의미론적인 개념 규정이나 설명의 틀을 넘어서는 훨씬 복잡한 이론적 성찰과 방법적 과정을 필요로 한다는 것이다. 그런데 그 같은 토포스들의 명확한 고찰이야말로 해당 언어-문화권의 고유한 개별적 특징들을 일반적 차원에서 제대로 파악할 수 있게 해준다는 사실을 고려한다면, 이러한 작업이 갖는 문화-의미론적인 의의와 당위성은 중요하게 간주될 필요가 있다.

사실, 우리는 "문화적 키워드(cultural keyword)"라고 부르는 어휘들 속에 담겨 있는 개념적 특수성을 통상 이론적으로나 이념적으로 과장해서 언급하는 경우를 종종 볼 수 있는데, 그것은 우리들을 다음과 같은 두 가지 잘못된 입장으로 인도할 위험이 다분히 있다. 하나는 문화적 실천 행위와 관련된 그릇된 이념적 태도로서, 극단적인 언어 상대주의(liguistic relativism)와 같은 것들이 여기에 해당된다. 이것은 상이한 언어는 상이한 세계관(Weltansicht)을 반영한다는 훔볼트(W. von Humboldt)의 생각을 낭만적으로 혹은 극단적으로 밀고 나가서, 모국어는 곧 자국 민족정신과 민족문화의 정수와 정화라고까지 단언하는 입장이다. 이 입장이 실천적으

2 토포스로서 "한"의 의미에 대한 보다 상세한 고찰은 이 책의 2.4절에서 다루게 될 것이다.

로나 이념적으로 위험한 것은 극단적이고 자기중심적인 민족주의 경향을 강화시켜줄 뿐만 아니라, 또한 언어와 문화들 사이에 당연히 존재하는 표현적, 내용적 차이들을 일종의 양식적 우수성이나 우아함 등과 같이 자의적이고 독단적인 기준을 근거로 우월한 것들과 열등한 것들로 구분하고 차별화하는 섣부른 태도를 마치 규범적 교양인양 공공연히 표명할 수 있게 만든다는 점이다. 이러한 잘못된 방향성과 연관된 대표적인 사례가 근대 제국주의 국가들이 표방하던 언어 민족주의나 문화적 보편주의일 것이다.

그리고 다른 하나는 앞의 입장과는 달리 보다 완화된 형태의 언어 상대주의를 표명하는 입장인데, 이에 따르면 어느 한 언어에 문화적으로 고유한 어휘들은 다른 언어에서 다소 유사한 대응어들로 번역될 수는 있지만 온전히 옮겨지거나 표현될 수는 없다. 가령 위에서 언급한 한국어의 "한"이 담고 있는 정서적인 내용은 있는 그대로 다른 언어로 표현될 수는 없다는 것이다. 이 경우와 마찬가지로, 러시아어에서는 가령 душа [duša≃영혼, 마음, 심정], воля [volja≃의지, 뜻, 자유, 구애받지 않는 상태], даль [dal'≃먼 곳], тоска [toska≃깊은 슬픔, 애수, 애상, 속절없음], смирение [smirenie≃순종, 겸손][3] 등의 어휘들이 담고 있는 개념적 특수성이야말로 해당 언어-문화권의 구성원들의 고유한 문화적 고유성이나 정신적 특징을 잘 나타내준다고 종종 이야기되곤 한다. 요컨대, 상식

3　앞으로 러시아어 예의 경우, [　] 안에 전문가용 라틴 문자 표기를 약간 수정한 방식으로 병기한다. 이 표기에서 일반 독자들이 따로 알아야 할 문자와 음가는 다음의 것들이다 – c = /ʦ/, č = /ʧ'/, š = /ʃ/, šč = /ʃʧ'/, ž = /ʒ/, x = /x/, y =/ɨ/, ë = /(j)o/, 자음 뒤에 붙은 연음(軟音, soft sound) 부호 C', 경음(硬音, hard sound) 부호 C"(경음은 보통 한국어 자음과 유사하다면, 연음은 혀가 좀 더 구개 쪽으로 올라가며 긴장되게 발음하는 자음인데, 가령 한국어 음절 "가"의 "ㄱ"은 경음이라면, "갸"의 "ㄱ"은 연음에 가깝다. 이러한 경자음 대 연자음의 구분은 러시아어에서 필수적이다). 그리고 라틴 문자 표기와 더불어 대표 의미도 함께 제시한다. 제시된 의미 앞에 붙은 ≃ 기호는 '가깝다, 유사하다'를 뜻한다.

적인 차원에서든 이론적인 차원에서든 이러한 어휘들에 담겨 있다고 여겨지는(혹은 느껴지는) 정서적, 감정적, 심리적, 문화적 미묘함은 다른 언어로는 제대로 표현될 수 없다고 이야기되는 것이다.[4] 이 입장은 확실히 그럴듯해 보이거나 당연한 것으로 여겨질 수도 있는데, 그러나 좀 더 주의 깊게 생각해보면 어느 정도 과장되어 있음을 우리는 간파할 수 있다. 왜냐하면 실제 언어적 활동의 차원에서 경험적으로 "한"이나 тоска [toska≃깊은 슬픔, 애수, 애상, 속절없음]와 같이 언어-문화적으로 고유한 어휘들도 특정한 텍스트의 특정한 문맥 속에서 구체적으로 사용될 때는 이것을 고려해서 적절히 다른 언어로 옮겨질 수 있기 때문이다.

어쨌든, 언어-문화적으로 고유한 어휘들에 대한 위와 같은 과도한 민족주의적 신비화나 온전한 번역의 불가능성에 대한 주장은 그 근거에 있어서 타당한 것일까? 만일 언어와 문화에 관한 연구가 그리고 마찬가지로 이 책에서 펼쳐 보이고자 하는 감정의 토포스들에 대한 문화-의미론적 탐구 또한 대상의 특수성을 제대로 규명하는 데 궁극적인 목적이 있다면, 그것은 단순히 대상의 상대적 특수성에 그자체로 과도하게 경도되기 위해서가 아니라 그것을 보다 한 차원 높은 언어적, 문화적 일반성에 비추어서 설명하기 위해서이다. 그러한 일반성이 가능한 것은 언어와 문화가 인간에게 개체 발생적으로뿐만 아니라 계통 발생적으로도 내재적이라는 사실에 있으며, 또한 이와 더불어 그러한 사실에 대해서 우리 인

4 가령, 시인 릴케(R. M. Rilke)는 러시아 화가 베누와(A. H. Бенуа)에게 보내는 편지에서, 자기 삶의 가장 주된 감정은 러시아어의 이 тоска [toska]인데, 이것을 어떤 독일어 어휘로도 표현할 수 없다고, 기껏 대응된다고 여겨질 수 있는 독일어의 Sehnsucht(갈망)의 경우 어떤 좋은 것도 결코 나오지 않는 감정 상태를 가리킨다고 쓰고 있다. 이것은 다음을 참조한 것이다 – А. Д. Шмелёв, *Русский язык и внеязыковая действительность*, Москва, Языки славянской культуры, 2002, p. 361, 각주 13. 이러한 릴케의 입장이 상식적인 차원의 것이라면, 그것을 소개하고 있는 슈멜료프의 입장은 문화 의미론, 혹은 일상적 세계상(naive picture of world, наивная картина мира)의 의미론에 입각한 입장이라고 할 수 있다.

간이 가능한 한 일반적 차원에서 방법적 성찰이나 이론적 가정을 구성할 수 있는 능력, 즉 반성적인 메타-언어적(metalinguistic), 메타-문화적(meta-cultural) 능력이 있기 때문이다. 물론 이러한 능력은 실제로 연구와 탐구의 작업들 속에서도 적극적으로 발현되어야 할 의무적 필연성을 수반하는데, 그 이유는 공동체와 사회를 기반으로 해서 실천적으로 서로 협동하며 살아가는 인간에게는 상이한 언어-문화들 사이의 원활한 소통과 오해 없는 명확한 상호이해가 언제나 필요하기 때문이다.

따라서, 인간의 감정과 정서와 연관해서 러시아 언어-문화에 고유한 어휘들 속에 담겨 있는 문화적 정형성에 내재한 토포스의 의미 구조를 규명하고자 하는 이 책의 시도 또한 궁극적으로는 이러한 이론적 지향성 및 그 당위성을 구체적으로 구현하는 작업으로서 학문적 의의를 갖고자 한다.

이상과 같은 목적 그리고 지향성과 더불어, 이 책의 내용은 다음과 같이 구성되어 있다. 책의 전반부라고 할 수 있는 II부와 III부는 일반 이론적인 부분들이다. II부는 토포스에 대해서 다루고 있는데, 먼저 이 용어의 기원을 아리스토텔레스까지 거슬러 올라가서 살펴보고, 이어서 토포스에 대한 현대 문예학과 언어학의 상이한 이론적 입장들을 비판적으로 검토해가면서 우리 나름대로의 종합적인 개념 정의를 제시하고 있다. 그리고 두 개의 점진적인 성격의 명제 사이의 추정 관계에 기초하는, 즉 '보다 더(/덜) P일수록 보다 더(/덜) Q이다'라는 추정 구조에 기초하는 토포스의 의미적 특성, 또 언어-문화적 전형성이 이러한 의미적 특성을 띠게 되는 근본적인 이유 등을 고찰하고 있다. 이와 더불어 또한 토포스의 여러 가지 유형들도 살펴보고 있다. III부는 감정에 대한 것인데, 먼저 철학과 심리학을 비롯해 여러 분야에서 이루어져 오고 있는 감정에 관한 다양한 이론적 접근방식들을 인지주의와 신체적 변용주의라는 두 가지 커다란 이론적 경향으로 정리하면서, 즉 본질적으로 감정이란 우리의 정신이나 의식 혹은 마음의 작용에서 비롯된다는 입장 대 이와는 달리 그것은 우리 신체의 일정한 변용으로부터 비롯된다는 입장으로 비교, 정리하면서, 이러한 양대 경향을 비판적으로 검토하고 있다. 이러한 비판적 검토와 함께 우리 자신의 입장도 제시하고 있는데, 그것은 적어도 기본 감정들이란 존재의 잠재적 차원에서 보편적으로 혹은 일반적으로 우리들 사이에 이미 있는 주체사이적(intersubjective)인 비물질적 실재들이라는 입장이다. 감정에 대한 통념적 생각들이나 기존의 지배적인 이론들에게는 언뜻 기묘해도 보이는 이 책의 입장에 대해서, 우리는 물론 그것의 타당성을 감정의 실재성, 언어적 개념화, 그리고 언어적 표현이라는 주제들과 연결시켜 가면서 다루고 있다.

이어서 IV~VI부는 위와 같은 일반적 고찰을 바탕으로 구체적인 사례들의 분석과 설명 작업을 보여주고 있다. 다시 말해서, 이 책의 IV부부터는 러시아 언어-문화라는 개별 공간 속에서 특징적으로 형성된 감정의 토포스들을 다루고 있다. 먼저 IV부에서는 러시아어의 감정 어휘들 속에 담겨 있는 개념적 보편성과 특수성의 문제를 체계적으로 살펴보고, 또 이러한 어휘들과 러시아적 감정의 토포스들 사이의 관계를 고찰한다. 이와 더불어, 그러한 토포스들 속에 담겨 있는 감정의 보편성 그리고 언어-문화적 한정성과 전형성을 통일적으로 고려하기 위한 설명적 틀을 제시한다. 그리고 V부에서는 '기쁨', '슬픔', '분노', '공포' 그리고 '사랑'이라는 기본 감정들과 관련된 러시아어 토포스들 속에서 잠재적인 보편적 실재들로서 이러한 감정들이 갖는 보편성이 언어-문화적으로 한정되는 양상들을 규명한다. 이어서 VI부에서는 훨씬 더 복합적인 성격의 대상들을, 즉 감정이 혼합된 실천-윤리적 관념들로서 '겸손', '운명' 그리고 '자유'의 토포스들을 분석, 기술한다. 이것들은 예전부터 러시아에 특징적인 문화적 관념들에 속하는 것들로 여겨지면서 여러 가지 방식의 설명들이 있어 왔는데, 여기서는 이 책의 앞부분에서 수립한 토포스의 일반 이론을 바탕으로 새롭게 재접근한다. 그리고 책의 결론부인 VII부에서는 토포스에 대한 일반적 성찰들로 전체 내용을 마무리한다. 이상과 같은 이 책의 본 내용과 더불어, 부록에서는 토포스를 활용한 언어-문화 연구의 새로운 가능성의 한 예로서 '슬픔'의 토포스에 관한 러시아의 경우와 프랑스의 경우를 비교·고찰한다.

T o p o s

II. 토포스에 대하여

2.1. 아리스토텔레스와 토포스

2.2. 토포스의 종합적 정의

2.3. 토포스의 의미적 성격

2.4. 토포스와 다수성

2.5. 토포스의 유형들

2.1. 아리스토텔레스와 토포스[1]

서론에서 간략하게 언급한 이 "토포스(topos)"라는 용어와 개념의 기원은 멀리 고대 그리스의 아리스토텔레스(Aristoteles)까지 거슬러 올라간다. 그는 두 가지 차원에서 이 토포스(τόπος '장소, 위치, 화제, 공통의 장소, …')라는 단어를 사용하고 있는데, 첫째는 언어 일반의 차원이며, 둘째는 시학이나 수사학의 차원이다. 첫 번째 차원의 경우, 아리스토텔레스는 당시 그리스어가 특정한 방식으로 통용되는 공통의 장소들이라는 의미로 이 단어를 사용하고 있다. 이에 따라 그는 다음과 같은 네 가지의 토포스를 설정하고 있다.

1) 도시국가(πόλις, polis)의 바깥; 비언어의 장소

2) 통념(δόξα, doxa)의 장소; 일상 대화와 통상 모두에게 공통적인 관념(κοινόν, koinon)에 근거하는 말의 장소

3) 언어적 기예(τέχνη, technē)의 장소; 그럴듯함(εικότα, eikota)을 표현하는 말들의 장소

4) 로고스(λόγος, logos)의 장소[2]

그리고 두 번째 차원은 이렇게 구분되는 토포스들 중에서 2)와 3)의 경우, 즉 통념의 장소와 언어적 기예의 장소와 관련되는데, 우선 포괄적으로 설명하자면 이것은 대화자, 극중 인물, 연사와 같은 화자가 상대방

---

1 이 부분은 다음 논문의 일부를 다소 수정, 보완한 것이다 – 이기웅, "문학 텍스트화와 언어-문화 공간의 토포스: 러시아어 "프라브다" 토포스를 중심으로", 〈러시아연구〉 17권 2호, 2007, pp. 242–253.

2 A. Cauquelin, *Aristote le langage*, Paris, PUF, 1990, pp. 26–39 참조.

에게 자신의 말을 당연한 것으로 받아들이도록 하는 대화적 혹은 논증적 전제에 대한 어떤 근거 역할을 하는 공통의 장소를 의미한다.[3)]

그리고 아리스토텔레스가 이야기하는 이러한 두 번째 차원의 토포스는 첫 번째 차원의 것보다 개념적으로는 훨씬 덜 구체적이고 심지어 모호해 보이며, 또한 대단히 복잡하고 다양한 양상을 띨 수밖에는 없다. 그의 〈수사학〉, 〈시학〉, 〈화제론〉을 보면, 우리는 거기서 토포스라는 단어가 통념적 전제에 근거하는 일반적 판단의 틀이나 논증적 전제 밑에 깔려 있는 어떤 공통된 근거라는 의미로 활용되고 있음을 볼 수 있다. 물론 이러한 일반적 판단의 틀이나 공통된 근거라는 것들은 모두 그 당시 그리스 언어-문화권 사람들에게 그 자체로 자명하고 당연한 것으로 받아들여졌을 것이다.

그러면 논증적 전제가 성립하기 위한 공통의 장소로서 언어-문화적 토포스라는 생각이 아리스토텔레스의 〈수사학〉에서는 어떻게 활용되고 있는지 구체적으로 살펴보자.

먼저 모든 장르나 논제들이 근거할 수 있는 일반적인 토포스가 있는데, 이것은 "가능과 불가능", "큰 것과 작은 것", "보편과 개별", "보다 더 혹은 보다 덜"과 같은 토포스들이다. 여기서 가령 "보다 더 혹은 보다 덜"이라는 토포스를 살펴보면, 우리는 그것에 근거하는 많은 다양한 개별적인 논증들을 생각해볼 수 있는데, 다음의 것도 그중 하나일 것이다.

5) "또한 보다 더 어려운 것은 일반적으로 보다 더 쉬운 것에 비해 보다 더

---

3 이에 관해서는, 아리스토텔레스의 〈화제론(*Topiques*)〉, 〈시학(*Poétique*)〉 그리고 〈수사학(*Rhétorique*)〉을 참조할 것. 이 책의 논의는 다음과 같은 프랑스어 번역본을 참조하고 있다. Aristote, *Topiques*, Paris, Les Belles Lettres, 1967; *Poétique*, Paris, Gallimard, 1996; *Rhétorique*, Paris, Gallimard, 1999.

큰 가치를 지닌다. 왜냐하면 그것은 보다 더 드물기 때문이다. 그러나 또 다른 관점에서 본다면, 보다 더 쉬운 것이 보다 더 어려운 것에 비해 보다 더 가치가 있다. 왜냐하면 그것은 우리들이 원하는 것과 잘 부합하기 때문이다."[4)]

그리고 이와는 달리 전제 생략 삼단논법(enthymeme)이나 이와 유사한 형태의 논증들의 근거가 되는 일반적인 토포스들도 있는데, 이것들은 "상반되는 것들"의 토포스로부터 "이름"의 토포스, 그리고 심지어 "단어의 형태적 파생"의 토포스까지 그 종류가 대단히 다양해서, 원칙적으로 그 범주와 수가 제한될 수 있는 것인지 불명확하다.[5)] 가령 다음의 예들을 보자.

6) 상반적인 것; "전쟁이 작금의 재난들의 원인이라면, 평화로써 그것들을 복구해야 한다."

7) 이름; "무쇠처럼 단단하기에, 너에게는 너의 이름이 잘 어울린다."

8) 안티테제; "네가 만일 정의를 대변한다면, 신들로부터 사랑받을 것이다. 반면, 불의를 대변한다면, 사람들로부터 사랑받을 것이다." (cf. "네가 만일 정의를 옹호한다면, 사람들로부터 미움을 받을 것이다. 반면, 네가 불의의 편을 든다면 신들로부터 미움을 받을 것이다.")

9) 정의; "신령(daemonium)이란 무엇인가? 그것은 신이거나 신의 행위가 아니겠는가? 그런데 신의 행위를 믿는 사람은 또한 필연적으로 신들의 존재를 믿는 사람인 것이다."

---

4 〈수사학〉 제 1권, 51절. 이 토포스에 근거하는 다름 많은 다양한 논증들은 50–55절을 참조할 것.

5 이러한 다양한 토포스들을 아리스토텔레스는 〈수사학〉 제2권 23절부터 마지막 절까지 단지 열거만 하고 있을 뿐이다.

이상과 같이, 아리스토텔레스가 두 가지 차원에서 이야기하고 있는 토포스의 개념은 언어의 존재 양식과 활용에 관한 사회-문화적으로 공통된 근거들을 통찰하고 있다는 점에서 흥미롭다고 볼 수 있다. 특히 그가 〈수사학〉에서 제시하고 있는 토포스에 대한 다양한 관찰들은 우리가 만들어내는 언어적 표현으로서 발화나 텍스트의 "실제적 의미"[6]를 고려하는 데 있어서 언어의 내적 구조나 지시 관계뿐만 아니라 화자와 청자에 공통적인 언어-문화적 공간의 구성도 중요하다는 사실을 경험적으로 잘 밝혀주고 있다. 그렇지만 아리스토텔레스의 이러한 통찰에도 불구하고 언어-문화적 토포스에 대한 그의 생각을 여기서 그대로 받아들여서 활용할 수는 없는데, 그것은 다음과 같은 이유에서이다. 즉, 위에서 살펴본 것처럼 언어-문화적 토포스에 대한 아리스토텔레스의 생각은 대단히 광범히 해서 그 적용 범위를 어느 정도 명확하게 개념적으로 확정하기가 어렵다. 이것은 그가 "τόπος(topos; 장소, 위치, 화제, 공통의 장소, …)"라는 당시 그리스어 단어의 뜻에 그대로 기대어 자신의 생각을 전개하기 때문이다. 그것은 따라서 언어의 존재 양식과 결부된 공통의 장소를 뜻할 수도 있고, 또 이러한 공통의 장소 내에서 통념(δόξα, doxa)이나 그럴듯함(εἰκότα, eikota)에 근거하는 보다 특정한 공통의 장소를 뜻할 수도 있는 것이다. 그런데 전자와 같은 언어의 장소로서의 토포스라는 생각은 오늘날의 관점에서 본다면 별로 운용적이지 못하다. 만일 언어 대 비언어라는

---

6 이것은 {발화된 표현의 실제적 의미 = 의미 표시 + 추정 구조}로 규정될 수 있다. 이에 대해서는 다음 논문을 참조할 것 – 이기웅, "자연 언어 의미 기술의 문제점과 전망", 〈언어학〉 30호, 2001. 가령, 주어진 표현 "철수는 머리가 아프다"에 대해서, 이것의 의미를 단순히 '화자는 그가 알고 있는 "철수"라는 이름의 한 남자가 머리의 어떤 부분에 물리적 통증을 느끼고 있다는 사태를 이야기하고 있는 문장'이라고만 설명하는 것은 그야말로 의미 없는 일이다. "철수는 머리가 아프다"라는 표현으로부터 이끌어낼 수 있는 추정 구조에 대한 설명이 없는 한 우리는 화자가 이 표현을 통해서, 혹은 이 표현 자체가 무엇을 말하고 있는지 제대로 알 수 없다. 이에 대한 보다 자세한 논의는 다음 논문을 참조할 것 – 이기웅, "의미의 이중구조", 〈언어연구〉 7 · 8집, 서울대학교 언어학과 대학원, 1993.

토포스적 경계는 오늘날 언어권의 경계로 바꿔서 생각할 수 있다면, 통념의 장소, 그럴듯함의 장소, 로고스의 장소 사이의 경계들은 그 자체로도 그리고 오늘날의 관점에서도 많은 경우 너무 모호할 수밖에 없다. 또한 통념이나 그럴듯함에 근거하는 언어-문화적 토포스의 경우는 그 종류와 수가 너무나 다양하고 많아서, 단순히 경험적인 사실들의 제시와 설명 이전에 이러한 것들을 보다 체계화하고 한정할 수 있는 명확한 개념적 틀이 필요하다. 따라서 언어의 효과적 활용, 즉 실제적 의미화는 화자와 청자의 '공통적 장소(τόπος, topos)'에 근거해야 한다는 아리스토텔레스의 실로 자명한 통찰을 새삼스럽게 받아들이면서도, 과연 언어-문화적 토포스란 무엇인가라는 문제에 대한 보다 정확한 개념적 규명이 요구될 수밖에 없다.

2.2. 토포스의 종합적 정의

오늘날 문예학과 언어학에서 이 "토포스"라는 용어는 내용적으로 상이한 세 가지 방식으로 사용되고 있다. 여기서는 이러한 세 가지 상이한 용법들을 살펴본 후에 종합화함으로써 토포스에 대한 공통적인 새로운 개념화를 시도해보고자 한다.

먼저 문예학의 경우, 여러 모티프들이 모여서 문학 작품들 속에 자주 나타나는 안정적인 구조적 형상을 형성할 때, 이것을 토포스라고 한다.[7]

---

7 뒤크로와 토도로프의 다음 사전 참조 – O. Ducrot et T. Todorov, *Dictionnaire encyclopédique des sciences du langage*, Paris, Seuil, 1972, pp. 283–284. 만일 쿠르치우스처럼 모티프와 테마를 같은 의미로 이해할 경우에는, 토포스를 정형적인 테마 구조라고 할 수도 있다 – E. R. Curtius, *Europäische Literatur und lateinisches Mittelalter*, 9 Aufl., Bern, 1978; 영어 번역판은 *European Literature and the Latin Middle Age*, tr. by W. R. Trask, New York, Pantheon Books, 1953. 그리고 보취카레프의 다음 사전도 참조 – A. E. Бочкарев, *Семантический сло-*

그리고 이러한 토포스들 중에는 문학 전체나 하나의 문학권 전체에 해당되는 것들도 있으며, 특정한 사조나 시대에 국한되는 것들도 있다. 가령, "아름다운 여성은 꽃"이라는 토포스는 문학 전체에, "전복된 세계"라는 토포스는 서유럽 문학권 전체에, 그리고 "잉여인간(лишний человек [lišnij čelovek])"이라는 토포스는 19세기 러시아 문학에 한정된다고 볼 수 있다. 언뜻 보면 토포스와 테마는 문학 텍스트 내에서 전혀 다른 것을 의미하는 것 같지 않을 수도 있다. 흔히들 "전복된 세계"의 테마나 "잉여인간"의 테마 등과 같이 이야기하기 때문이다. 그렇지만 둘 사이에는 개념적 차이로 볼 수 있는 본질적인 차이도 있다. 주어진 문학 텍스트에서 테마는 원칙적으로 그 텍스트 전체의 분석을 통해서만 결정될 수 있는 것인 반면, 토포스는 그 텍스트의 테마에 대한 분석 이전에 이미 알려져 있는 정형화된 의미화의 사회적 토대라고 할 수 있다. 가령 토마스 만의 〈어릿광대(*Der Bajazzo*)〉에 나타나는 "딜레탕티즘(dilettantisme)"의 테마와 "예술가"의 테마를 놓고 볼 때, "딜레탕티즘"은 19~20세기 초 서유럽 문학에서 자주 나타나는 테마이자 하나의 토포스로도 간주될 수 있는 반면, "예술가"의 테마는 근대의 여러 문학권에서 종종 등장하는 공통적인 테마는 될 수 있지만 어떤 특정한 근대 문학에서조차도 하나의 안정적인 토포스로 간주될 수 없는 것 같다. 이것은 19세기 서유럽 문학에서 "딜레탕티즘"이 개별 텍스트나 작가의 규정을 넘어서 '부르주아 출신으로서 예술적 감수성과 지향성은 있지만 고유한 창작력이 결여된 여유로운 자들의 예술적 향유와 이에 근거하는 삶의 태도'라는 의미화의 공통적 토대로 기능하는 반면, 여러 나라의 근대 문학을 보더라도 "예술가"의 테마에 그 같은 정형화된 의미적 안정성은 형성되어 있지 않기 때문이다. 따라

варь, Нижний Новгород, Деком, 2003, pp. 167–168.

서 예시한 토마스 만의 단편에서 1인칭 화자 주인공이 제시하는 "딜레탕트"로서의 자기규정과 자기고백으로서 "어릿광대(Bajazzo)"의 의미는 그것이 근거하는 언어-문화적 토포스에 근거해서 명확하게 드러날 수 있다면, 거기서 단지 "딜레탕트"가 아닌 존재로서만 이야기되고 있는 "예술가"를 명확히 규정하는 것은 미해결로 문제로 남게 된다.[8] 이처럼 문예학에서 토포스의 개념은 텍스트의 의미적 구성을 그것이 근거하는 어떤 공통적 토대와 이를 바탕으로 새롭게 만들어지는 개별적 특이성 사이의 분절적 관계로 명확히 하는 데 효과적으로 활용될 수 있다.

다음, 언어학에서 토포스는 앙스콩브르(Anscombre)와 뒤크로(Ducrot)처럼 언어적 논증(論證, argumentation)의 영역에 국한해서 개념적으로 규정하는 경우와 보다 포괄적으로 라스티에(Rastier)처럼 의미 해석을 이끄는 규범적 공리로 규정하는 경우가 있다.[9] 그리고 이 둘 사이에는 어떤 개념적 참조 관계도 없기 때문에 각각의 경우를 우선 따로 살펴보는 수밖에 없다.

먼저 앙스콩브르와 뒤크로의 경우, 그들의 개념화는 아리스토텔레스로부터 출발한다고 볼 수 있다. 앞 장에서 살펴보았듯이, 아리스토텔레스에게서 토포스는 통념과 그럴듯함의 영역에서 대화적 활동으로서 논증의 공통적 토대로 이야기되고 있다. 이와 마찬가지로 앙스콩브르와 뒤크로도 논증과 결부해서 토포스를 이야기하고 있다. 그렇지만 이들의 접근방식은 크게 두 가지 점에서 아리스토텔레스의 생각과 본질적으로 차이가 난다고 볼 수 있다. 첫째, 이들은 언어의 화용적 층위까지 고려하

---

8 어쩌면 이 소설에서 이 문제는 "딜레탕트"의 자기고백이라는 서술 구조를 통해서 일종의 직관적인 예술적 형식으로 해결되고 있는지도 모른다. 그렇지만 토마스 만에게서 "예술가"가 내용적으로 명확히 형상화되는 것은 또 다른 단편 〈토니오 크뢰거(*Tonio Kröger*)〉까지 기다려야만 한다.

9 각각 다음의 책을 참조할 것 – J.–C. Anscombre et O. Ducrot, *L'argumentation dans la langue*, Bruxelles, Mardaga, 1983; 그리고 F. Rastier, *Sémantique interprétative*, Paris, PUF, 1987.

는 의미 기술의 관점에 입각해서 논증을 훨씬 더 일반적인 현상으로 바라본다. 요컨대, 대화적 상황에서는 심지어 “폴이 왔다”와 같은 아주 간단한 발화조차도 가령 ‘그럼 모두 다 모였네’/ ‘그렇다면 문제가 심각하네’/ … 등과 같은 어떤 특정한 결론을 지향하는 논증적 특성이 있다는 것이다.[10] 둘째, 발화의 논증적 지향성을 이처럼 일반화시키는 반면, 이들의 토포스에 대한 개념화는 〈수사학〉에서 열거되고 있는 수많은 토포스들 중에서 오직 “보다 더 혹은 보다 덜”이라는 토포스에만 이론적으로 초점을 맞추고 있다. 이에 따르면, 토포스는 발화의 논증적 설정을 이끌어가는 일반적 원칙으로서, 특히 우리의 “상식(le sens commun)”과 연관된 점진적인 성격의 추정 규칙이다. 요컨대, 토포스는 “만일 일련의 조건들 C가 충족된다면, 어떤 대상 O가 보다 더/또는 보다 덜 P라는 속성을 지님에 따라 대상 O'는 보다 더/또는 보다 덜 P'라는 속성을 갖게 되며, 이것은 P의 강도(强度)의 특정한 범위 안에서 그렇다”라는 일반적 형식을 갖는다.[11] 토포스의 이러한 일반적인 형식적 특성은 가령 “어떤 물건이 더욱더 쌀수록 그것을 사는 것은 더욱더 이익이 된다, 단 그 물건에 숨겨진 하자가 없다면, 그리고 그 싼 가격이 특정한 금액 이하라면”과 같은 구체적인 예에서도 잘 드러난다. 그리고 이러한 점진적 특성을 갖는 논증적 토포스의 추정 규칙은 공리 체계의 추론 규칙들과는 근본적으로 차이가 난다. 후자는 명제들의 집합 X = {p1, p2, p3, …}를 또 다른 명제들의 집합 Y = {q1, q2, q3, …}와 연결시켜주는 규칙이지만, 토포스는 두 개의 잣대 위에 위치하는 정도의 차이들 사이에서 다소 느슨한 추정적 관계를 맺어주는 어떤 공통된 원칙이라는 것이다.

---

10 이러한 생각에 대한 상세한 논의는 뒤크로의 다음 책을 참조할 것 – O. Ducrot, *Les échelles argumentatives*, Paris, Minuit, 1980.

11 Anscombre, Ducrot(1983; 13).

한편, 라스티에(1987; 276)의 경우에는 구조주의 의미론의 전통으로부터 출발해서 토포스를 언어적 표현의 해석에 유효한, "사회화된 귀속관계의 기초가 되는 규범적 공리(axiome normatif sous-tendant une afférence socialisée)"로 규정한다. 이 경우 토포스는 텍스트 속에서 종합화되는 언어의 체계 내재적 측면과 규범적 측면 그리고 개인적 측면 중에서 규범적 측면에 속하는 현상, 즉 "사회어(le sociolecte)"에 속하는 현상이 된다. 가령 다음의 예를 보자.

10) 여우 /'동물'/ ⇒ /'교활함'/ ; 귀속적
11) 여우 /'사람'/ ⇒ /'교활함'/ ; 내재적

10') 멍청한 여우가 덫에 걸렸다.
11') ?멍청한 여우가 돈을 잃었다.[12)]

여우를 교활하다고 여기는 것은 사회적 통념에 따른 것이지 여우 자체에 논리적으로 내재하는 속성이라고 볼 수는 없다. 따라서 10)에서 "여우"라는 단어에 /'교활함'/이라는 의미 자질은 내재적이 아니라 귀속적이다. 따라서 10')는 자연스러운 예이다. 반면 10)으로부터 비롯된 11)과 같은 경우에는 그 자질은 논리적으로 필요한 전제이므로 내재적이 된다. 따라서 11')는 불가능하거나 아니면 비꼼과 같은 예외적인 경우에나 가능해진다. 이처럼 토포스는 언어의 내재적 체계의 혹은 소쉬르 식으로 하면 랑그(langue)의 사실은 아니지만 의미 해석에서는 종종 필수적으로 고려할 필요가 있는 사실이라고 볼 수 있다. 이것은 텍스트 속에서 작용

---

12 이 예는 다음에 근거한 것이다 – Rastier(1987; 45–46).

하는 코드화는 단순히 랑그에 의거하는 것만이 있는 것이 아니기 때문이다. 요컨대 텍스트 속에는 세 가지 층위의 코드화들이 — 언어 내재적 체계, 사회적 규범, 개인적 용법[13] — 중첩적으로 작동하고 있으며, 토포스는 이 중에서도 사회적 규범의 중요성을 잘 보여주는 현상인 것이다.

그러면, 만일 이상과 같이 살펴본 문예학과 언어학에서의 토포스의 개념들이 어떤 동일한 현상의 일부나 상이한 측면을 부각시키고 있다면, 즉 상호 수렴의 가능성이 있다면, 그것들을 어떻게 비판적으로 종합화시킬 수 있을까? 이와 관련해서 탐색의 출발은 당연히 언어학으로부터 문예학으로 나아가는 것이 좋을 것이다. 발화와 텍스트 일반과 관련해서 적용될 수 있는 토포스의 개념화를 찾아본 후에 그것을 보다 특수한 유형의 텍스트인 문학 텍스트에서도 적용될 수 있는지 검증해 보는 방식이 방법적으로 더 효율적이기 때문이다.

먼저 토포스에 대한 라스티에 식의 규정을 살펴보면, 그것은 텍스트 속에서 발현되는 현상의 규명에 초점을 맞춘 것이기 때문에 텍스트를 대상으로 하는 제반 분야들(언어학, 문예학, 해석학, …)에서 공통적으로 활용될 수 있는 가능성을 가지고 있는 것 같다. 이 점은 뒤이어 발표된 그의 일련의 연구들에서 잘 보여주고 있다.[14] 이에 따르면, 토포스는 텍스트 안에서 테마의 전개나 테마들의 결합을 위한 사회화된 의미적 토대로서 기능한다(가령, "사랑" ⇒ /'맹목적'/, "죽음" ⇒ /'절망적', '비탄',

---

13 소쉬르에 의한 랑그(langue)/빠롤(parole)의 구분에 대한 비판과 더불어 새롭게 제안되는 이러한 구분에 관해서는 다음을 참조할 것 – L. Helmslev, "Langue et parole", *Cahiers Ferdinand de Saussure*, 2, 1942, pp. 29–44; E. Coseriu, *Teoria del lenguaje y lingüística general*, Madrid, 1962.

14 F. Rastier, *Sens et textualité*, Paris, Hachette, 1989; "La sémantique des textes et l'approche interprétative", *Champs du signe: Sémantique, Rhétorique, Poétique*, Presses Universitaires de Mirail, 1992, pp. 181–192; "La sémantique des thèmes ou le voyage sentimental", *L'analyse thématique des données textuelles*, Paris, Didier, 1995, pp. 223–249; *Arts et science du texte*, Paris, PUF, 2001.

…/; 이로부터 "떨쳐버릴 수 없는 절망적 사랑으로 인한 죽음", "정사(情死)" 등). 또한 텍스트화를 위한 의미적 정형화의 프로그램으로도 기능한다 (가령, "바라보는 것이 즐거운 장소(locus amoenus)로서의 정원" ⇒ /'조화'/, /'정돈'/, /'조용함'/, /'외부로부터의 차단'/ 등; 러시아 미래파에게 있어서의 "도시" ⇒ /'현대성'/, /'빠른 속도'/, /'건설'/, /'콘크리트의 견고성'/ 등[15]). 그리고 마치 전제 생략 삼단논법의 비명시적 전제처럼 텍스트의 연결성과 정합성을 확립해주는 기능도 한다.[16] 가령, 보들레르의 〈악의 꽃(*Les Fleurs du Mal*)〉 중에서 "악의 꽃"의 장(章)을 구성하는 시편들(CIX - CXVII)은 모두 성적 쾌락을 죽음과 동일시하는 "에로스-타나토스"라는 토포스를 전제로 하고 있는 것이다. 그런데 라스티에가 이처럼 토포스의 개념을 사회화된 규범적 공리라는 규정으로부터 출발해서 문학텍스트의 분석적 해석으로까지 그 적용 범위를 넓혀가는 것을 살펴보면, 애당초 그가 토포스에 대해서 설정한 의미론적 출발점이 너무 과도한 개념 규정으로 이루어졌음을 쉽사리 알 수 있다. 즉, 특정한 의미 자질들의 귀속적 추론을 위한 "규범적 공리"라는 규정 자체가 실제 사실에 대한 과도한 개념화인 것이다. 실제로, 그가 예로 들었던 "여우/'동물'/"의 /'교활함'/은 규범적 공리에 의거한 추론이라기보다는 오히려 특정한 언어-문화 공간에서 "여우의 교활함"에 관한 발화들과 텍스트들의 수많은 반복을 통해서 형성된 의식의 사회적 타성, 혹은 통념에 의거한 느슨한, 혹은 자연적인 추론인 것이다. 이 점은 여우를 전혀 보지 못한 사람들조차도 "여우의 교활함"에 대해서 자연스럽게 이야기한다는 사실을 생각해보면 보다 명확해진다. 만일 토포스가 규범적 공리라면 위의 예 10')처

15 Бочкарев(2003; 169) 참조.
16 Rastier(2001; 217) 참조.

럼 "멍청한 여우"라고 말하는 것 자체가 비규범적인 표현이 되는데, 실제로 우리에게 '여우는 교활한 동물'이라는 규범적 의식이나 언어적 규범이 있는 것은 아니다. 단지 "여우"라는 단어와 결부되는 개념적 "디폴트 값(default value)"들의 비폐쇄적인 추정 경로들이 있을 뿐이다. 가령, 예 10')의 해석 과정을 살펴보자.

10') 멍청한 여우가 덫에 걸렸다.
  i) '여우는 교활한 동물이다.'
  ii) '멍청한 동물이 덫에 잘 걸린다.'
  iii) '그렇다면 덫에 걸린 여우는 멍청하다.'

위에서 명제 i)과 ii)의 디폴트 값을 따져보면, 여우는 동물에 속하기 때문에 ii)가 i)보다 더 일반적이다. 따라서 i)을 취소하는 iii)이 가능해지며, 이로써 10')는 비규범적이라기보다는 자연스러운 의미를 표현하게 된다. 이것은 결국 토포스가 사회화된 규범적 공리라기보다는 느슨하지만 자연스러운 추론, 즉 추정과 관련된 것임을 보여준다. 여기서 "여우"의 예를 좀 더 살펴보자.

12) 교활한 여우가 덫에 걸렸다.
  i) '멍청한 동물이 덫에 잘 걸린다.'
  ii) '여우는 교활한 동물이다.'
  iii) '그럼에도 불구하고 여우가 덫에 걸렸다.'

13) 이 숲에는 멍청한 여우가 살고 있었다.
  i) '여우는 교활한 동물이다.'
  ii) '그런데 이 숲에 살던 여우는 멍청하다.'
  iii) '따라서 그것은 여우 중에서도 좀 유별난 여우였다.'

예 12)와 13)의 의미 해석과 결부된 추정들의 이행과정을 보면, 확실히 '여우는 교활한 동물'이라는 추정을 위한 토포스가 규범성보다는 디폴트 값으로서의 전형성을 특징으로 하고 있다는 것을 알 수 있다. 그리고 10'), 12), 13)의 해석 과정에서 볼 수 있듯이 그러한 전형성은 공리와 같은 고정적 특성보다는 발화의 논증적 지향성에 따라서 취소되거나 더 강화될 수도 있는 유연성을 특징으로 하고 있다.

그렇다면, 토포스를 앙스콩브르와 뒤크로 식으로 개념화하는 것이 이러한 전형성과 유연성을 좀 더 잘 설명할 수 있지 않을까? 그들이 토포스의 특성으로 주장하는 추정의 점진적 형식은 10'), 12), 13)에 대해서 각각 아래와 같은 논증적 기반을 제시해줄 수 있는 장점이 있다.

10") '여우는 멍청할수록, 더욱더 덫에 잘 걸린다.'

12') '여우는 교활할수록, 더욱더 덫에 잘 안 걸린다.'

13) '여우는 멍청할수록, 더욱더 보통의 여우가 아니다.'

그러나 라스티에와 같이 공리적 정의를 할 목적으로 "여우는 교활한 동물이다"와 같은 발화를 할 경우에는 어떻게 되는 것일까? 이 발화는 토포스를 나타내고 있음으로 앙스콩브르와 뒤크로 식으로는 당연히 아래와 같은 점진적 추정의 형식으로 이해되어야 한다.

14) '전형적인 여우일수록, 교활하다는 사실은 더욱더 확실하다.'[17]

---

17 데프레(Després)에 따르면 이러한 바꿔쓰기는 수정 가능한 추론의 형식으로서 뒤보아(Dubois)와 프라드(Prade)가 제시한 것이다. 이에 관해서는 다음 논문들을 참조할 것 – S. Després, "Enoncés graduels: prédicats graduels ou topoï?", P.-Y. Raccah (éd.), *Topoï et gestion des*

예 14)처럼 말하는 것이 가능한 이상, 토포스를 구성하는 핵심으로서 전형성은 개념적 귀속을 나타내는 추정의 점진성을 특징으로 한다고 볼 수 있다.[18] 그리고 이로부터 당연히 전형성은 개별적인 경우에 대해서는 취소되거나 강화될 수 있는 특성도 갖는다고 이야기할 수 있게 된다. 또한 토포스에 대한 이와 같은 개념화는 아래와 같이 문예학에서도 충분히 활용될 수 있는 가능성을 보여준다.

15) '사랑이 강렬할수록, 더욱더 맹목적이며, 맹목적일수록, 더욱더 절망적이며, 절망적일수록, 더욱더 죽음으로 빠져든다.'

16) '조화로울수록, 정돈되어 있을수록, 조용할수록, 외부로부터 더욱더 차단되어 있을수록, … 정원은 더욱더 locus amoenus가 된다.'

17) '성적 쾌락이 클수록, 더욱더 죽음과 동일해진다.'

물론 문예학에서는 이러한 토포스들이 우리의 공통 상식으로부터 오는 것이 아니라 많은 예술 작품들 속에서 자주 반복됨으로써 형성되었다는 전제조건이 필요하다. 따라서 문학 텍스트가 근거할 수 있는 예술적 토포스에 대한 일반적인 개념화는 다음과 같은 것이 될 것이다.

18) 원칙적으로 우리의 상식과 상관없이 단지 언어적으로만 토포스적 형식

---

connaissances, Paris, Masson, 1996, pp. 57–77; D. Dubois et H. Prade, "Prédicats graduels et modalités nuancées", *Le courrier du CNRS, Dossiers Scientifiques, Sciences Cognitives*, 79, octobre 1992.

18 전형성의 점진적 성격에 대한 상세한 논의는 다음을 참조할 것 – D. Dubois et P. Resche-Rigon, "Champs topiques, catégorisation et expertises", Raccah (éd.) (1996), pp. 27–39.

을 갖는 어떤 표현 T가 더욱더 많은 예술 작품 속에 나타날수록, T는 더욱더 문학 텍스트가 근거할 수 있는 공통성을 갖는다.

이상과 같이 토포스에 대한 언어학적인 고찰과 그것의 문예학적 적용 가능성에 대한 검토를 통해서, 우리는 발화와 텍스트의 실제적 의미화에 공통적 기반으로 작용하는 토포스가 앙스콩브르와 뒤크로가 생각하는 것처럼 본질적으로 점진적 추정을 특징으로 하는 개념 구조임을 확인할 수 있다. 그러나 토포스를 단지 상식의 세계에 국한시켜서 생각하고 있는 앙스콩브르와 뒤크로의 생각과는 달리, 우리는 그것의 범위가 문화적, 예술적, 문학적 차원에서 형성되는 공통 관념의 세계에까지 확대되고 있음을 알 수 있다.[19)]

2.3. 토포스의 의미적 성격

그렇다면, 바로 앞에서 살펴본 바와 같은 개념 구조상의 특징과 더불어 토포스는 의미적으로 어떤 성격을 갖고 있는 것일까? 우선 주목할 것은 토포스의 내용에서 지시적 차원의 참과 거짓은 중요하지 않다는 사실이다. 이것은 가령 앞에서 '여우의 교활함'에 관한 토포스의 예를 통

19 흥미롭게도, 문화나 문예학의 방향이 아니라 정보기술의 방향에서 앙스콩브르와 뒤크로의 생각을 확장, 적용시키려는 시도도 있는데, 가령 다음의 논문 모음집에서 그 좋은 예를 볼 수 있다 - Raccah (éd.) (1996) . 사실 이 방향 역시도 비단 상식의 세계에 국한하지 않고, '보다 더(/덜) P일수록 보다 더(/덜) Q이다'처럼 두 개의 점진적 추정 사이의 함의(implication)를 설정하고 있는 모든 것을 토포스로 간주하려는 시도인데, 이 경우 토포스는 이러한 개념 구조로 표현되는 물리적 법칙이나 기술적 지식들, 경험적 법칙들, 속담이나 일반적 믿음, 상식적 생각 등, 인간 세계에서 통용되는 온갖 종류의 "타당한" 관념이나 지식들을 포괄한다. 그런데 토포스의 개념을 이러한 방향으로 확장할 경우, 문제는 토포스에 내재한 본질적 특성을, 즉 토포스란 일정한 언어-문화 공간 내에서 공통적인 관념의 틀이라는 특성을 - 이것이야말로 이미 아리스토텔레스에서부터 토포스의 핵심적 특징으로 간주되고 있다 - 간과할 위험이 있다.

해서 잘 드러나고 있다. 여기서 만일 토포스를 일종의 복합적인 명제(proposition)로 간주한다면, 그것의 기능은 논리학에서처럼 사물이나 사태에 대한 속성의 기술 혹은 속성의 부여에 있는 것이 아니라 사물이나 사태의 속성과 일반적 화자-청자의 존재 사이의 연결 관계를 설정해주는 데 있다. 다시 말해서 토포스-명제는 지시나 지칭의 차원에서 고려되어서는 안 되며, 의미의 차원에서 바라보아야 하는 것이다.

그런데 이처럼 "의미의 차원"이라고 말했을 때 문제가 되는 것은 바로 이 "의미"라는 용어의 모호성이다. 우리가 어떤 주어진 명제의 의미에 관해서 말할 때, 좁게는 그것이 담고 있는 진리 조건으로 간주할 수도 있고 아니면 넓게는 그 명제가 주어지는 일련의 상황들과의 관계 속에서 그것이 담게 되는 내용으로 이해할 수도 있다. 전자의 경우 명제의 의미를 가령 축어(逐語)적 의미(literal meaning), (좁은) 의미라고 한다면(cf. 영어: meaning, 독일어: Bedeutung, 러시아어: значение [značenie], 프랑스어: signification), 후자의 경우는 (넓은 혹은 실제적) 의미 혹은 뜻이라고(sense, Sinn, смысл [smysl], sens) 명칭상으로 구분해볼 수도 있을 것이다. 의미에 관한 이러한 구분의 명확한 이해와 더불어 생각해야 할 것은 사람들이 통상 "의미"라고 말할 때는 넓은 혹은 실제적 의미를 가리키며, 또한 축어적 혹은 좁은 의미는 궁극적으로 넓은 혹은 실제적 의미에 속하는 특정한 한 양태라는 사실이다. 따라서 별다른 한정 없이 "의미"라고 말할 때는, 그리고 이로부터 형성되는 단어들의 경우도 — "의미적", "의미화", "의미론", "의미작용",… — 마찬가지지만, 당연히 후자의 경우를 염두에 두고 있는 것으로 이해하는 것이 마땅하다.

그리고 이러한 예비적 고찰로부터 당연히 토포스-명제의 내용도 명제의 진리치나 진리 조건보다 상위 관점에서, 즉 실제적 의미의 차원에서 생각해보아야 한다는 것을 알 수 있다. 사실 토포스-명제의 의미는 하나의 단일한 공통의 언어-문화권에 속하는 다수의 사람들에게 당연한 것으로 받아들여지는, 사물이나 사태와 그들 사이의 관계에 관한 추상적인 관념이 아니라 오히려 일반적인 관념이다. 그것도 더 일반적이거나 덜 일반적일 수도 있는 점진적 성격을 지닌 것으로서. 여기서 어떤 관념이 일반적이라고 함은 그 관념의 현실적 타당성에 대해서 더욱더 많은 사람의 견해가 일치한다는 것을 뜻한다. 따라서 일반적 관념은 초월적 진리를 나타내는 보편적, 추상적 관념이나 정언적 규정과 같은 추상적 관념과는 달리, 무한히 다양하고 가변적인 현실에 대한 그것의 적용 가능성은 구체적일 뿐만 아니라 심지어 상대적일 수 있기까지도 하다.

그리고 흔히 주어진 언어-문화 공간 속에서 해당 문화의 고유성이나 특징을 잘 나타내준다고 여겨지는 단어나 어휘 항목들은, 혹은 보다 정확히 말해서 어휘소들은 아주 종종 토포스(topos)의 개념 구조를 지닌다. 물론 이러한 어휘나 어휘소들을 다루는 많은 문헌들에서는 통상 이 "토포스"라는 용어대신에 고유한 문화적 "개념(concept)"이나 "정신성(mentality)"이라는 용어들이 사용되거나, 혹은 문화적 "상수(constant)"라는 용어도 사용된다. 이것은 특히 어휘 의미론이나 문화학, 인류학 등과 같은 분야의 연구들에서 특히 그렇다. 그러나 이러한 연구들이 안고 있는 문제점은 그 같은 어휘나 어휘소들이 해당 언어 체계 내에서 갖고 있는 의미 혹은 개념 전체를 그중에서 다소 핵심적인 부분일 수 있는 고유한 문화적 내용과 동일시한다는 것이다. 때문에 이러한 연구들이 그 같은 어휘나 어휘소들에 고유한 문화적 개념 혹은 정신성이라고 규정하는 것들은 해당 언어-문화 공간 안에서 나타나는 실제 언어 사실과는 잘 들어맞지 않는 측면이 있을 뿐만 아니라 또한 어떤 어휘적 개념이나 명제적 개념의 특정한 부분이 문화적 전형성을 갖게 될 때 수반하게 되는 토포스적인 개념 구조도 간과될 수밖에 없게 되는 것이다.

가령, 이러한 점들을 단적으로 잘 보여주는 것이 통상 '참'에 대한 러시아적 개념화를 혹은 정신적 특성을 잘 나타낸다고 여겨지는 어휘소 правда [pravda≃진실, 참, 진리, 옳음, 사실]와 그리고 이 어휘소로 지칭되는 '러시아적 참'의 토포스일 것이다.[20] '참'에 대한 고유한 러시아적 관념 혹은 개념으로서 이 "프라브다"가 과연 무엇인가에 대해서는 지금까지도 많은 연구와 주장들이 있지만,[21] 그럼에도 불구하고 "프라브다"에 관해서 어떤 외연적 경계가 명확한 개념을 설정하거나 또는 '참'에 관한 러시아적 정신성을 경험적 차원에서 실제로 — 혹은 통일적으로 단일하게 — 규정한다는 것은 애당초 불가능한 일로 보인다. 만일 그러한 설정이나 규정이 가능하다면, 그러한 것들은 러시아어를 모국어로 하는 화자들이 실제로 이 어휘소 правда [pravda≃진실]를 갖고 보여주는 수많은 다양한 지칭 행위들을 통괄할 수 있는 것이어야 한다. 그러나 이것이 처음부터 불가능할 수밖에 없는 이유는 이 어휘소의 대표적 용법 중에는 아래와 같은 것이 있기 때문이다.

19) У каждого своя правда.
[U každogo svoja pravda.]
각자에게는 자신의 진실이 있다.

20) Моя правда более истинная, чем твоя.

20 이에 대한 보다 자세한 논의와 분석은 다음을 참조할 것 – 이기웅(2007), p. 254 이하.

21 러시아어에서 통상 '초월적 진리와 총칭적 진리'를 의미하는 어휘인 истина [istina≃진리]와 대비되는 이 правда [pravda≃진실]와 연관된 고유한 문화적 특성에 대해서, 가령 러시아인들은 "프라브다"를 위해서는 자기 삶의 모든 것을 다 걸 수 있다는 특성에 대해서는, 그리고 그것이 담고 있는 개념이 과연 정확히 무엇인가에 대해서는 19세기부터 러시아뿐만 아니라 외국의 여러 저자들의 다양한 견해들이 있어 왔는데, 이에 대한 개괄적인 소개로는 다음의 책들을 참조할 것 – Ю. С. Степанов, *Константы. Словарь русской культуры*, Москва, Языки русской культуры, 1997; Н. Д. Арутюнова, *Язык и мир человека*, Москва, Языки русской культуры, 1998.

[Moja pravda bolee istinnaja, čem tvoja].
나의 진실이 너의 진실보다 더 참되다.

요컨대, 이 예들이 명확히 보여주는 것처럼, "프라브다"라는 어휘소는 그리고 그것으로 지칭되는 토포스는 그 자체의 의미 안에 '참'에 대한 상대성을 내재적으로 함축하고 있다. 따라서 "프라브다"라는 토포스-어휘소가 담고 있는 '참'에 대한 러시아적 개념 혹은 정신성을 객관적으로 외연이 명확한 개념으로 정의하는 것은 불가능해 보인다. 그리고 또한, 내용적으로 이 같은 특징을 보여주는 어휘소에 대해서는 현대 언어학에서 구조주의 의미론의 시기부터 통상 행해온 기술 방법, 즉 [주어진 어휘소의 의미로서의 개념 C = 일정한 변별적 의미 자질들의 집합 S = {s1, s2, …, sn}]과 같은 형식적 방식으로 기술하는 것도 어려워 보인다. 그렇다면 이 "프라브다"는 도대체 '참'에 대한 어떤 러시아적 관념을 나타내는 어휘소일까? 단순히 표면적으로 위의 예 19), 20)이 가리키는 것처럼 '상대적 참'만을 나타낸다면, 애당초 이 어휘소가 담고 있다고 여겨지는 '참'의 내용은 성립할 수가 없다. 당연히 무한히 상대적인 참이란 참이 아니기 때문이다. 그러나 이 어휘소가 보여주는 실제 텍스트상의 용법들을 살펴보면, 그러한 상대성을 제한해주는 일정한 의미적 한정들이 있음을 알 수 있다. 다음의 예들을 보자.

21) Не у них — Бухарина, Рыкова, Зиновьева — была ленинская правда. И не у Троцкого была она. Они ошибились. Никто из них не стал продожателем дела Ленина. Но и Ленин до последних своих дней не знал и не понимал, что дело Ленина станет делом Сталина.

[В. Гроссман, 〈Жизнь и судьба〉]

그들, 부하린, 릐코프, 지노비예프에게는 레닌적인 옳음(=프라브다)이 있지 않았다. 그것은 트로츠키에게도 있지 않았다. 그들은 실수했다. 그들 중 아무도 레닌의 과업의 승계자가 되지 못했다. 그러나 레닌도 자신의 마지막 날까지도 그것이 스탈린의 과업이 될 것이라는 것을 알지도 못했고, 이해하지도 못했다.

[바실리 그로스만, 〈삶과 운명〉]

22) Истина не может доставить блаженства... Вот Правда может. Это человеческое, наше земное дело... Правда и Справедливость! За Правду и умереть согласен.

[И. С. Тругенев, 〈Истина и Правда〉]

진리는 지복(至福)을 줄 수 없다... 실로 그럴 수 있는 것은 바로 프라브다이다. 이것은 우리 인간의, 이 땅의 것이다... 프라브다와 정의! 프라브다를 위해서라면 나는 죽는 것도 받아들인다.

[이반 투르게네프, 〈진리와 프라브다〉]

먼저 예 21)의 경우, "프라브다"는 '참'이 함축하는 바로서 '옳음'을 — 이 예에만 한정한다면 '정치적 옳음'을 — 가리키고 있다. 그러나 이러한 '옳음'만 가지고는 보다 앞의 예 19)와 20)이 명시적으로 보여주고 있는 것처럼 "프라브다에 본원적으로 내재한 '참'의 상대성을 극복할 수 없다. 투르게네프의 산문시의 한 구절인 예 22)의 경우에는 초월적 진리를 가리키는 истина [istina≃진리]와 인간적 진리를 가리키는 "프라브다"를 대비시키면서, 이것이 함축하는 바로서의 '옳음'과 함께 '정당성'에도 초점을 맞추고 있다. 그러나 이 경우 역시도 내재된 상대성의 한계에 봉착할 수 있다. 사람들 각자는 저마다 자신의 진실이 더 옳고 정당하다고 여길 수 있기 때문이다. 이러한 사정 하에서 "진정한" 진실의 문제는 결국 당사자들 간의 실제적인 힘의 문제로 전락하거나, 아니면 공평무사하다고 생각되는 제삼자에 의한 객관적인 판단의 장으로 넘어가 버릴 수밖에 없다. 사실 볼셰비키가 주창한 "프라브다"는 역사 속에서 첫 번째 경우로 전락해버린 사례로 볼 수 있다(그들의 기관지의 명칭이 〈프라브다〉였고, 적군(赤軍)의 "붉은 별"이 "프라브다"의 빛에 대한 상징이었지만 말이다). 그리고 두 번째 경우의 흔한 사례가 바로 사법적 재판이라고 할 수 있는데, 이 경우는 고대 교회슬라브어와 고대 러시아어에서 이 단어의 원뜻이 '법, 심판, 재판, 법령' 등이었으며, 그리고 이 때문에 고대 러시아의 최초의 법전의 명칭이 〈프라비다 루시스카야(Правьда роусьскаia, Pravĭda rusĭskaia; '루시의 법')〉(11세기 초)였다는 사실과도 연관을 지을 수가 있다. 그렇지만 근대로 오면서 이러한 연관성은 사라졌으며, 근대의 사법 제도 속에서는 엄밀히 말하자면 재판은 법의 영역이지 진실이나 참의 영역이 아닌 것이다. 비록 간접적으로는 서로 연관되어 있지만 말이다. 따라서 "프라브다"에서 '옳음'과 '정당성'을 함축하는 위의 예 21)과 22)만을 가지고는 러시아적인 '참'에 대한 토포스를 온전히 설명할 수 없다. 그런데 아래의 예 23)을 자세히 보면, "프라브다"의 역설이 갖는 흥미로운 면을 파악할 수 있다.

23) А с вашей стороны я нахожу, что всё это очень дурно, потому что очень грубо так смотреть и судить душу человека, как вы судите Ипполита. У вас нежности нет: одна правда, стало быть - несправедливо.[22)]

[Ф. М. Достоевский, 〈Идиот〉]

22 Арутюнова(1998; 569)에서 재인용.

그런데 당신으로 말하자면, 나는 이 모든 것이 아주 나쁘다고 생각해요. 당신이 잇폴리트를 판단하는 것처럼 그렇게 사람의 영혼을 바라보고 판단하는 것은 아주 무례하기 때문이죠. 당신에게는 다정함이 없어요. 단지 진실(=프라브다) 하나뿐인데, 따라서 올바르지 않아요.

[도스토예프스키, 〈백치〉]

이 예에서 화자 아글라야는 주인공 믜슈킨에게 당신이 과대망상적인 폐병환자 잇폴리트에 대해서 옳게 말하고 있을지라도, 그래서 비록 그것이 "진실(=프라브다)"일지라도, 거기에 그 사람에 대한 진지한 이해심이 없기 때문에 정당하지 않다고 지적하고 있다. 이러한 지적의 요체를 보다 일반화시켜서 말한다면, 아무리 "프라브다"의 '옳음'이라 할지라도 그것이 진정으로 대상을 이해하려는 참된 마음이 없다면 '정당함'을 얻지 못하거나 혹은 '공허한 정당성'만을 얻게 된다는 것이다. 요컨대, "프라브다"의 '옳음'과 '정당함'은 마음으로부터의 '이해심'이 있어야 하는 것이다. 다음의 예는 이 점을 잘 보여주는 사례라고 할 수 있다.

24) Она рассказала ему всю историю, (...). Правда во всей истории была лишь одна, необычайно простая, — её любовь с Мухиным. Всё разрешилось благополучно, приговор отменили, Мухина перевели в другой полк.

[В. Гроссман, 〈Жизнь и судьба〉]

그녀는 장군에게 모든 이야기를 했다 (...). 그 모든 이야기 속의 진실(=프라브다)은 오직 하나였는데, 그것도 놀랄 만큼 단순한 것으로서 바로 무힌과 그녀의 사랑이었다. 모든 것은 다행스럽게 해결됐으며, 총살 선고는 취소됐고, 무힌은 다른 대대로 전출됐다.

[바실리 그로스만, 〈삶과 운명〉]

먼저 이해를 돕기 위해서 문맥 설명을 하자면, 이 예는 전선으로 투입되기를 기다리는 비행대대에서 일어난 전투비행사 무힌과 통신병 리다 사이의 연애 사건과 관련된 것이다. 둘 사이의 데이트 중에 일어난 엉뚱한 일을 리다가 그녀의 여자 친구에게 이야기했는데, 그것이 와전되면서 무힌이 리다를 강간했다는 소문이 부대 내에 돌게 되자, 부대의 정치위원 베르만은 그를 군법회의에 회부해서 총살형에 처하게 한다. 그런데 막 총살형이 집행되려는 현장에 공군 소장 알렉세예프가 도착하자, 리다는 장군에게 자초지종을 이야기한다. 위의 예 24)는 바로 이러한 문맥 속에 위치하고 있다. 따라서 이 예에서 언급되고 있는 리다의 이야기의 "진실(=프라브다)"은 정치위원인 베르만에게는 진실이 아니었다면, 공군 소장 알렉세예프에게는 진실인 것으로 드러나는 셈이다. 사정이 이러한 것은 무힌이나 리다의 이야기를 누가 어떤 마음을 갖고 듣고 이해했느냐의 차이이다. 물론, "프라브다"를 놓고 이러한 구도를 설정한 것은 바실리 그로스만의 대하소설 〈삶과 운명〉의 내용 전반에 깔려 있는 스탈린 체제에 대한 비판적 고발과도 관련이 있다. 스탈린의 억압적인 체제가 유지되고 가동될 수 있었던 것은 맹목적인 당 관료들과 그리고 거대한 내무인민위원회(НКВД, NKVD)가 있었기 때문인데, 특히 이 내무인민위원들은 제2차 세계대전 중에는 군에 대거 투입되어서 가차없이 병사들을 감시하고 전투를 독려하는 임무를 수행한 것으로도 유명하다. 어쨌든, 위의 예 24)를 통해서 우리가 파악할 수 있는 것은 어떤 것에 대한 "프라브다"의 '옳음'과 '정당함'은 그것을 대하는 진정한 마음에 달려 있다는 점이다. 그리고 이로부터 우리는 러시아 언어-문화 공간에서 '참'의 토포스로서 правда [pravda ≃ 진실]에 대해서 그것이 아래와 같은 두 개의 토포스 구조를 특징으로 하고 있다는 것을 이끌어 낼 수 있다.

25) “프라브다”의 토포스 1 : ‘어떤 것의 본질에 대해서 우리의 인식이 더욱더 구체적으로(혹은 실체적으로) 다가갈수록, 그 인식은 더욱더 옳은 것으로 여겨진다.’

26) “프라브다”의 토포스 2 : ‘토포스 1에 따라서, 우리는 실제 사실에 대한 판단에서 더욱더 정당해지며, 그리고 이러한 정당성은 단순히 맹목적이기보다는 더욱더 많은 이해심을 동반하게 된다.’

다시 말해서, 이 러시아어의 토포스-어휘소 “프라브다”가 나타내는 ‘참’에 대한 러시아 언어-문화적 관념이란 위의 25)와 26) 같은 두 개의 토포스 구조의 불가분의 결합인 것이다. 그리고 특히 26)은 “프라브다”가 갖는 참에 대한 인식에 덧씌워지는 러시아적 실천-윤리적 한정을 잘 드러내준다고 할 수 있다. 그리고 또한 이것은 ‘보다 더/보다 덜 이해심을 가질수록, 보다 더/보다 덜 정당해진다’와 같은 형식의 정도의 등급화에 기대는 추정 구조를 특징으로 하기에, 우리는 “프라브다”의 내재적 상대성을 이해하면서도 거기에 어떤 주체사이적인 경계의 설정이 가능한 것에 대한 설명적 타당성도 제시할 수 있다. 바로 이러한 추정 구조를 특징으로 하기에, 내재적 상대성에도 불구하고 “참된 프라브다”가, 그리고 사회-문화적으로 특정한 시기나 특정한 상황에서 보다 많은 러시아인들이 일종의 일반적인 공통 관념으로 기댈 수 있는 바로서 “프라브다”의 내용적 윤곽이 성립할 수 있게 되는 것이다.

위에서 살펴본 것처럼, 토포스의 의미를 특징짓는 이러한 일반적 구체성은 동일한 언어-문화권에 속하는 수많은 구성원들 사이에서 다소간 공통적이라고 여겨지는 일련의 의미적 상황이 무수히 반복되는 과정으로부터 기인하는 것으로 볼 수 있다. 그런데 이렇게 형성된 토포스의 의미는 참과 거짓의 초월적 혹은 논리적 가치의 영역이나 경험적 사실에 대한 엄밀한 규정의 영역과는 상관없는 "그럴듯함"의 세계에서 주체사이적인 실재로 떠돌면서 그것을 받아들이는 구성원들의 의식 속에서 실제적인 작용을 하게 된다. 이로부터 토포스의 의미는 경험적으로 개별적인 사실에 의해서 외부로부터 침투되거나 반박될 수 없는 독특한 성격을 갖게 된다. 가령 우리가 보다 앞에서 살펴본 "여우 ⇒ 교활함"이라는 토포스의 경우, 멍청한 여우를 목격하게 되는 개별적인 경험이 이 토포스의 의미를 변형시키거나 부정할 수 없는 것이다. 토포스의 의미가 참이나 거짓과는 상관없는 그럴듯함의 세계에 위치하는 이상, 그것과 어긋나는 경험이 갖는 대립되는 의미 효과는 '유별남, 터무니없음, 황당함'과 같은 것일 수밖에 없는 것이다.

따라서 동일한 언어-문화권에 속하는 구성원들 각자는 자신의 고유한 경험과는 상관없이 그리고 이미 그 언어-문화권에 속한다는 사실로 인해서 일련의 토포스들을 공유하게 된다. 그리고 또한 각자의 의식 속에서 토포스들은 당연한 것으로 받아들여지게 되며, 각자의 지각·판단·행위 등에 있어서 상당한 정도로 유관한 작용을 하는 요인으로 기능하게 된다. 이 때문에, 보다 일반적인 차원에서 보면, 토포스는 한편으로는 그리고 본질적으로 언어-문화적 한정성을 특징으로 하지만, 또 다른 한편으로는 인지적으로, 미학적으로, 또는 윤리적으로, 그것이 함축하는 그럴듯함이 수많은 다양한 인간들에게 수용되는 범위의 확대에 따라서는 특정한 언어-문화권의 경계를 넘어서는 경우들도 있다. 토포스의 내용에서 후자와 같은 일반성의 확대는 특히 여러 언어-문화권에 걸쳐서 공통적으로 성립하는 토포스들이나 심지어는 거의 보편적으로 여겨질 수 있는 토포스들을 만들어낸다. 가령, "에로스-타나토스"의 토포스나 "미인-꽃"의 토포스, "위대한 시조(始祖)/선조/조상"의 토포스 등과 같은 것들이 그러한 것들이다.

그런데 특정한 언어-문화권에 속하든 그보다 더 넓은 범위의 것이든 간에 왜 문화적 전형성을 내용으로 하는 토포스들은 점진적 추정에 기초하는 의미 구조를 특징으로 하는 것일까? 왜 [원형(原形, prototype) + 주변적 경우들] 혹은 [일정한 변별적 의미 자질들의 집합] 등과 같은 형태의 개념적 규정 대신에 "보다 더(혹은 보다 덜) P일수록 보다 더(혹은 보다 덜) Q"라는 점진적 성격의 추정을 특징적인 의미 구조로 갖게 되는 것일까? 우리의 생각에, 이러한 질문에 대한 적절한 해명은 무엇보다도 우선 언어-문화 공간을 구성하는 존재의 다수성(多數性, multiplicity)에 대한 생각으로부터 출발해야 할 것이다.

2.4. 토포스와 다수성

먼저, 다수성이란 말 그대로 다양한 많음을 상정하는 속성이자 실제로 그러한 존재 양태나 현상에 대한 명칭이다. 당연히 이 용어에서 중요한 것은 수의 많음뿐만 아니라 오히려 자신의 내적 차이를 전제로 하는 존재의, 있음의 많은 다양함이다.[23] 사실 이러한 다수성이야말로 언어-문화 공간의 구성적 역동성의 출발이자 또한 그 결과라고 볼 수 있다. 이렇게 볼 수 있는 이유는 언어-문화 공간에서 발화(énoncé, utterance)와 텍스트의 실제적 의미는 그리고 이것들을 구성하는 언어 요소들의 구체적 의미는 다음과 같은 일련의 사실적 전제들을 근거로 하기 때문이다.

첫째, 언어-문화 공간을 구성하는 존재들은 — 언어 요소들뿐만 아니

---

23 리만(Riemann)의 수학적 이론에 영감을 받아서 현대 철학에도 도입된 이 다수성이란 용어는 베르그손을 거쳐 들뢰즈에 오면서 가령 시간 등과 같은 순수한 내적 차이에 근거하는 존재나 사고가 펼치는 차이화와 개별화, 되어가기(devenir)의 역동적 과정을 설명하는 중요한 개념으로 자리 잡는다. 이에 관해서는 G. Deleuze, *Le Bergsonisme*, Paris, PUF, 1966, p. 29 이하, 그리고 *Différence et répétition*, Paris, PUF, 1968, p. 236 이하를 참조할 것.

라 화자-청자까지도 — 본질적으로 다수성을 특징으로 한다. 이것은 언어적 소통 자체가 코드, 메시지, 화자, 청자, 문맥, 목적 등과 같은 여러 가지 일반적 구성 요소들의 무한히 많은 다양한 경우들을 상정하는 과정이라는 것을 생각해보면 쉽사리 납득이 갈 것이다.[24)]

둘째, 언어 체계 내에서 대부분의 경우 그 자체로 유의미한 단위들은 — 어휘소, 관용어소 같은 — 관념 혹은 개념을 구현하는 것이기에 바로 그 자체로 잠재적 다수성으로 간주될 수 있다. 가령 '이미지나 글 등이 있는 낱장들을 묶어서 제본한 것'을 지칭하는 한국어 어휘소 "책"의 경우조차도, 실제 발화 속에서 그 구체적 용례는 원칙적으로 무한히 다양하다. 이것은 대상으로서 책뿐만 아니라 거기에 대한 관념으로서 책에 대해서 한국어 사용자가 결부시킬 수 있는 속성들이나 양태들이 실로 다양하고 많다는 것을 생각해보면 자명하다. 사람들이나 학자들이 통상 생각하는 이 어휘소의 사전적 정의나 의미기술이란 단지 "책"의 몇몇 대표적 용법들일 뿐인 것이다. 이러한 사정은 한국어의 "책"에 대응되는 프랑스어의 "livre"나 러시아어의 "книга [kniga]"의 경우도 마찬가지이다.[25)]

셋째, 하나의 언어 기호에 대해서 화자가 행하는 의미화 행위 또한 잠재적 다수성을 특징으로 하는데, 이것은 이중의 다수성으로부터의 귀결이라고 할 수 있다. 하나는 바로 위에서 언급된 사실, 즉 순수한 차이로

---

24 이에 대한 보다 상세한 기술로는 다음 논문을 참조할 것 – 이기웅 · 김정일 · 백경희 · 임수영, "언어적 소통의 일반모형", 〈언어학〉 56호, 2010.

25 어휘소의 이러한 열려 있는 의미적 가능성에 대한 기술상의 난점을 극복하려는 진지한 노력은 흥미롭게도 전산언어학 분야에서 다음과 같은 케이제르의 작업에서 볼 수 있다 – D. Kayser, "Une Sémantique qui n'a pas de sens", *Langages*, 87, 1987, pp. 33–45; "Ambiguïté, paraphrase et profondeur variable", C. Fuchs (ed.), *L'Ambiguïté et la paraphrase, Actes du colloque de Caen, avril 1987*, Univ. de Caen, 1988, pp. 237–249; "La notion de définition dans les systèmes de traitement du langage naturel", J. Chaurand et F. Mazière (éds.), *La Définition, Actes du colloque, nov. 1988*, Paris, Larousse, 1990, pp. 113–124. 그리고 이에 대한 소개와 비판적 검토는 다음 논문을 참조할 것 – 이기웅(1993).

서 언어 기호가 갖는 잠재적 다수성이다(가령, "책" ≠ "음악" ≠ "그림" ≠ … ≠ 나무 ≠ …). 그리고 다른 하나는 바로 그러한 잠재적 다수성을 하나의 특정한 발화, 구체적인 텍스트화를 통해서 현실화하는 장본인으로서 화자를, 그의 언어 의식을 특징짓는 잠재적 다수성이다. 요컨대, 그는 자신의 발화로써 믿음, 상상, 회상, 표상 등과 관련된 다양한 많은 가능 세계들을 표현하는 존재인 이상, 잠재적 다수성으로서 기호의 현실화 과정에 개입하는 또 다른 잠재적 다수성인 것이다.

그럼 이상의 예비적 고찰을 바탕으로 여기서 우리가 다뤄야 할 문제로, 왜 토포스는 점진적 추정 형식의 개념 구조를 특징으로 하는가에 대한 해명으로 들어가 보자. 그리고 이를 위해서, 가령 방금 위에서 거론한 어휘소 "책"의 경우와 앞서 서문에서 언급한 바 있는 어휘소 "한(恨)"의 경우를 비교·고찰해 보는 것도 유용한 출발점이 될 수 있을 것이다.

먼저 "책"의 경우, 그것의 개념 구조는 어떤 모습을 지니고 있을까? 만일 이 어휘소의 무수히 다양한 용례에서 나타나는 실제적인 의미들을 기계에게 이해시키려는 목적을 갖는 전산언어학자라면, 아마도 "책"의 미리 정해진 의미나 사전적 정의 같은 것은 애당초 없다고 주장할 것이다.[26] 이러한 입장이 성립할 수 있다는 것은 "이 책은 책도 아니다"와 같은 단적인 경우를 생각해보면 자명할 법하다. 사실 "책"이라고 지칭되는 사물에 대한 개념화는 대단히 다양하고 많기 때문에 언어-문화적 차원에서 이것은 다음과 같은 방식으로 반영될 수밖에 없다. 즉, "책"은 다른 모든 어휘소들이 아님과 동시에 잠재적으로 다른 어휘소들과 대단히 다양하고 많은 연합적 그리고 통합적 계열들을 형성할 수 있는 구성적 가능성을 갖는 것이다. 그럼에도 불구하고 물론 다소 편의적으로 우리는 이

26 Kayser(1987)의 입장.

"책"이라고 지칭되는 것의 많은 다양한 경우들 사이에서 발견되는 일련의 공통적인 속성들을 바탕으로 어떤 전형적인 개념을 설정할 수는 있다. 그러나 "내용 없는 책", "파도의 책", "시작과 끝이 없는 책"과 같은 예들에서 보듯이, "책"의 이러한 전형적 개념에 반드시 "책"의 모든 다른 개념화들이 수렴한다는 보장은 없다. 따라서 비록 "책"의 개념적 정형화가 가능하다고 할지라도, 본질상 잠재적 다수성을 특징으로 하는 "책"의 의미는 개념상 그러한 전형성을 중심으로 연속적인 수렴이나 발산을 보이는 방식으로, 혹은 그러한 내용적 중심에 점점 더 가까워지거나 점점 더 멀어지는 방식으로 구조화되고 있지 않다. 오히려, 개념적 전형성을 바탕으로 그것과 일치하거나 어긋나는 다양한 많은 용법들이 마치 불연속적이고 산개된 점들처럼 퍼져나가는 방식으로 구조화되고 있다고 말하는 것이 더 옳을 것이다. 그리고 바로 이러한 방식이 "책"과 같이 대상을 지칭하는 어휘소들이 갖는 개념 구조의 특징인 것이다.

반면 어떤 어휘소가 언어-문화적으로 특징적인 토포스의 의미를 나타낼 경우, 그것의 개념 구조는 이미 언급했듯이 의미적 스칼라의 연속성 위에서 펼쳐지는 점진적 추정 구조를 특징으로 한다. 이것은 토포스가 일정한 범위의 언어-문화 공간 속에서 공통적으로 당연하다고 받아들여지는 문화적 전형성을 지향하는 개념화 현상이기 때문이다. 이와 연관해서 어휘소 "한"의 경우를 살펴보면, 먼저 그것의 어휘적 의미나 어휘적 개념 전체는 원칙적으로, 그것이 보여주는 수많은 실제 용법들의 총합적인 집합이라고 할 수 있다. 그러나 편의상 그러한 수많은 용법들로부터 정리해서 일반화한 내용을 보통 "한"의 의미라고 제시하게 되는데, 이러한 것들 중의 하나가 가령 국립국어연구원의 〈표준국어대사전〉에 나오는 "몹시 원망스럽고 억울하거나 안타깝고 슬퍼 응어리진 마음"이라는 설명적 정의이다. 어쨌든 그와 같은 "한"의 전체적 의미 중에서 핵심적인 내용이 문화적 토포스가 되었다고 할 수 있다. 그렇다면 문화적 토포스로서 "한"의 의미 구조는 무엇일까? 우선 단적으로 말한다면, 그것은 '슬픔'이라는 보편 정서의 한국적 변용을 나타내고 있는 것이라는 점이다.[27] 여기서 '기쁨', '슬픔', '원망', '분노', '즐거움' 등과 같은 정서의 보편성이 인간들 사이에서뿐만 아니라 삼라만상 속에서도 당연히 성립할 수 있다고 본다면,[28] 이러한 보편 정서의 지칭이나 언어적 개념화와 관련해서 개별 언어-문화의 차원에서 두 가지 복잡하고 미묘한 문제가 나타난다. 하나는 이미 문화적 상대성 내지는 차이화를 전제로 하고 있는 개별 언어를 이용해서 어떻게 정서의 보편적 차원을 지칭하거나 설명할 수 있느냐는 문제이며, 또 다른 하나는 개별 언어의 어휘소들이 함의하고 있는 정서적 의미들을, 즉 보편 정서의 개별 언어-문화적 변용을 어떻게 되도록이면 정확히 기술해낼 수 있는가의 문제이다. 그러나 어쨌든 특정한 유형의 메타-언어(metalanguage) 사용과 결부되는 분석적 전제의 테두리를 — 철학적, 심리학적, 종교적, 뇌신경적, 생리학적 전망 등과 같은 — 인정하는 한에서 첫 번째 문제가 궁극적으로 해결될 수 있다고 본다면, 이와 맞물려서 두 번째 문제의 해결은 개별 언어의 감정 어휘소들의 의미 속에서 해당 감정의 보편적 규정과 개별 언어-문화적 한정이 어떻게 특징적으로 결합되고 있는가를 밝혀내는 일이 될 것이다. 이러한 방법적 시각에서 한국어 토포스 "한"의 의미에 접근해보면, 개별 언어-문화적 차원의 한정에서 두드러지는 것은 아마도 '겉으로 아주 많이 드러내놓고 표출하지는 않지만 마음 깊숙한 곳에서 평생 풀리지 않고 지속되는, 원

27 이와 관련해서, 가령 한국학중앙연구원에서 간행한 〈한국 민족문화 대백과〉에서 "한"의 항목을 참조해볼 수도 있을 것이다. 그러나 이 사전의 설명의 문제점은 "한"을 너무 "원망"의 감정과 동일시하고 있다는 점이다.

28 일차적으로 감정이나 정서가 우리 밖에서 떠도는 보편적 실재라는 이 – 언뜻 기묘하게도 보이는 – 견해의 타당성에 대해서는 이 책의 Ⅲ부에서 감정의 실재성을 다루는 부분을 참조할 것.

망이나 후회가 동반되는 슬픔'이라는 복합적 감정일 것이다. 그런데 문제는 슬픔의 이러한 변용에 있어서 사람마다 개별적 차이화가 있다는 것이다. 즉, 어떤 사람에게는 이것이 한이 될 수 있다면 다른 사람에게는 이것보다는 오히려 저것이 한이 될 수 있으며, 또 어떤 사람에게는 이러한 정도의 슬픔과 원망/후회가 한이 될 수 있다면 다른 사람에게는 그보다 더한/덜한 정도의 슬픔과 원망/후회가 한이 될 수 있는 것이다. 따라서 잠재적 다수성으로 "한"의 의미에는 두 가지 종류의 다수성이, 슬픔과 원망/후회의 경우에 대한 다수성과 슬픔과 원망/후회의 정도에 대한 다수성이 함축되어 있다. 그런데 "한"의 이러한 특징적 의미 구조는 — 아마도 그것을 형상화하는 여러 가지 문화적 산물들, 가령 〈아리랑〉, 김소월의 〈진달래꽃〉과 같은 것들을 통해서 문화적 토포스가 되면서 — 원망이나 후회가 동반된 슬픔의 어떤 문화적 전형성을 지향, 수렴하는 과정을 나타내고 있는 것이다. 문화적 토포스로서 "한"의 이러한 개념 구조의 형성에는 다음과 같은 세 가지 요인이 결정적인 작용을 한다고 볼 수 있다. 첫째, "한"을 특징짓는, 원망이나 후회가 동반되는 슬픔의 전형성은 사람들에게 익히 경험되어진 혹은 경험되어지는 바의 것이지만 그러나 명확히 딱 잘라서 "바로 이것이다"라고 할 수 없는 어떤 감정적 실재가 된다. 따라서 사람들은 어떤 표현, 어떤 예술 작품 등이 "한"을 잘 나타내주고 있다고 이야기할 수는 있지만, 특수한 문화적 정서로서 "한"의 본질이 무엇인지는 명확히 정의내리기 어렵게 된다. 둘째, 사정이 이렇게 되는 데는 물론 "한"의 무수히 많은 다양한 개별적 경우들만 있지 이것들을 하나로 통합하는 "한"의 일반적 단일성 혹은 추상적 개념이란 당연히 없는 것이기 때문이다. 이것을 다른 말로 하면, 특수한 문화적 정서로서의 "한"은 이미 그 자체 내에 내적 차이를 깔고 있는 개념 구조를, 이 내적 차이가 — 들뢰즈 식으로 한다면 — 매번 달라져가면서 반복됨으로써

"한"의 개별적인 경우들이 직접적으로 통합되는 개념 구조를 갖는다고 이야기할 수 있다. 셋째, 토포스로서 "한"의 개념 구조는 일반적 차원에서 보자면 점진적 추정 구조를 갖게 된다. 즉, '원망/후회가 동반되는 더욱더 해소될 수 없는 슬픔일수록, 그래서 더욱더 밖으로 표출이 안 될수록, 그것은 더욱더 한이 된다'와 같은 추정 구조를 갖게 되는 것이다. 요컨대, 어떤 한 사람에게 깃드는 "한"의 감정은 그에게는 그 자체로 유일하고 또 절대적이지만 이와 같은 다른 경우들이 또한 무수히 많기에, 일반적 층위에서 토포스로서 "한"의 개념 구조는 점진적 추정의 형식으로 드러날 수밖에 없는 것이다.

토포스가 갖는 개념 구조의 이러한 형식적 특성은 물론 "한"과 같은 감정의 영역에서만 성립하는 것은 아니다. 그것은 대상의 영역에서도 성립한다. 가령 중세 라틴어 문학에서 이상적인 풍경의 관념으로서 "locus amoenus('사랑스러운 곳')"의 토포스를 보면, '더욱더 조화롭고, 더욱더 평화롭고, 더욱더 한적하고, 더욱더 자연의 속삭임만이 있는 풍경의 장소(넓은 정원, 작은 숲, 산책로 같은)'라는 개념 구조를 특징으로 한다.[29] 이처럼 대상의 영역에서도 토포스가 형성될 수 있는 것은 물론 그것이 일정한 문화적 전형성의 개념적 담지자이기 때문이며, 또한 그와 동시에 바로 그러한 전형성을 구성하는 일련의 속성들과 결부된 어떤 이상적 기준에 더욱더 수렴하는 것을 방향성으로 하는 잠재적 다수성이기 때문이다.

2.5. 토포스의 유형들

지금까지 토포스의 기원, 개념 규정, 의미적 성격, 그리고 내적 다수성

---

29 Curtius(1953; 192–202), tr. by W. R. Trask, 참조.

을 특징으로 하는 잠재적 의미 구조의 특징을 살펴보았다. 이로부터 쉽사리 짐작할 수 있는 것은 실제로 우리의 언어-문화 세계에 무수히 많은 다양한 토포스들이 주체들 사이에 존재하고 있으며, 그들의 의식, 인지, 판단, 표현 등에 적잖은 영향을 미치고 있다는 사실이다. 따라서 이러한 토포스들에 대해서 어느 정도 일반적이고 개략적인 윤곽을 파악하기 위해서 여러 가지 유형화를 시켜볼 필요가 있다. 문제는 이 같은 유형화의 시도가 수많은 다양한 토포스들에 대해서 얼마나 객관적이고 체계적인 분류가 될 수 있느냐는 것인데, 이 문제에 이론적이든 방법적으로든 명쾌한 실마리를 제공해줄 만한 일반론적 연구가 지금까지 없는 이상, 여기서는 토포스의 내용들에 대한 구체적 관찰을 토대로 다음과 같은 이분법적인 틀들을 설정하고자 한다. (1) 다문화권적/단일문화권적 토포스들, (2) 구체적/추상적 토포스들, (3) 일상적 또는 생활 문화적 차원의 토포스들/예술적, 문학적 차원의 토포스들, (4) 그리고 역사적으로 내용이 불변하거나 거의 변하지 않고 안정적으로 지속되는 토포스들/역사적으로 내용이 변화하거나 혹은 아주 소멸해버리는 토포스들. 물론 이러한 이분법적인 분류의 틀들은 서로 교차할 수 있는 것이기에, 이것들을 가지고 중첩적으로 개별 토포스들을 고찰해나가다 보면 특정한 유형의 토포스가 갖는 두드러진 특징이나 경향이 드러날 수도 있을 것이다.

2.5.1. 다문화권적/단일문화권적 토포스들

문화적 전형성에 관한 언어적 개념 구조로서 토포스의 발생적 공간은 물론 개별적인 언어-문화권이다. 따라서 토포스의 형성은 일차적으로 언어-문화적 상대성을 특징으로 한다. 그리고 이것은 우리로 하여금 다시 역으로 토포스는 언어-문화권에 따라 당연히 다르다고 생각하도록 유도하게 된다. 그러나 비록 발생론적으로는 그렇다고 할지라도, 역사적으로

나 지리적으로 아주 특별한 경우가 아니라면 그 자체로 자족적이고 폐쇄적이며 고립된 언어나 문화란 존재하지 않으며 서로 접촉과 영향을 주고 때로는 상호수렴도 하기 때문에, 그리고 또한 서로 상이한 언어나 문화에도 불구하고 인지적인 차원에서 인간들 사이에 존재하는 공통점들이 토포스의 형성에 반영될 수도 있기에, 다문화권적인 토포스들도 존재하기 마련이다.

가령 앞에서 예로든 "여우의 교활함"이라는 토포스는 한국어나 독일어, 러시아어, 영어, 프랑스어 문화권들이 모두 같은데, 이것은 여우라는 동물의 행태에 대해서 덧씌워지는 문화적 정형성의 내용이 서로 수렴하기 때문이며, 따라서 이러한 토포스는 다문화권적이라고 할 수 있다. 그렇지만 "부엉이"에 관한 토포스는 아래에서 보듯 전혀 다르게 나타난다.

27) 부엉이 ⇒ '어리석음'
сова [sova] ⇒ '∅'[30]
Eule, owl, hibou ⇒ '지혜로움'[31]

이처럼, 어떤 토포스는 아주 일반적인 언어-문화적 성격을 지니지만 또 어떤 토포스는 개별 언어 문화적 한정성을 보이는 것이다. 그리고 바로 위의 예 27)은 토포스의 언어-문화적 차별성을 보여주는 아주 간단한 경우처럼 보이지만, 보다 자세히 생각해보면 보다 복잡한 문제들이 얽혀 있는 예이다. 우선 "부엉이의 어리석음"이라는 한국어 토포스는 사실 나

30 카라울로프 외(Караулов и др. 2002)의 〈러시아어 연상 사전(*Русский ассоциативный словарь*, Москва, АСТ, 2002)〉을 보면, "лиса [lisa, 여우]"는 '교활함'과 연결되는 토포스를 갖지만, "сова [sova, 부엉이]"의 경우는 형성된 토포스가 없는 것으로 나온다.

31 가령, 보들레르의 〈악의 꽃〉 중에서 "부엉이(Les hiboux)"라는 시는 바로 이 토포스에 근거하고 있다.

이가 어느 정도 든 세대 이상의 모국어 화자들에게만 공통적일 수 있는 토포스일 것이다. 가령, "부엉이셈(즉, '자기의 이해관계를 제대로 따지지 못하는 어리석은 셈')", "부엉이 소리도 제가 듣기에는 좋단다(즉, '자기의 결점도 제대로 모르는 어리석음')" 등과 같은 표현들을 자연스럽게 이해할 수 있는 언어 세대에만 유효할 수 있는 토포스인 것이다. 따라서 이것은 한 언어-문화권에서 형성된 토포스가 부단히 안정적이지 않고 어느 시기엔가는 소멸될 수도 있는 가능성을 예시해주는 토포스인데, 이 문제는 보다 아래에서 다루기로 하자. 그리고 다음, "부엉이의 지혜로움"이라는 토포스는 왜 독일어, 영어, 프랑스어 문화권들에는 공통적이지만 러시아어 문화권에는 해당되지 않는 것일까? 사실, 이 물음에 대해서 실증적으로 정확하고 확실한 답을 찾기란 용이한 일이 아닐 것이다. 그렇지만 여기서 아마도 어느 정도 설득력 있는 하나의 가설로서 제시해볼 수 있는 것은 그리스·로마 신화가 공통적인 배경으로 작용하는 문화권과 그렇지 않은 문화권 사이의 차이일 것이다. 가령 헤겔(G. W. F. Hegel)이 자신의 〈법철학 개요(*Grundlinien der Philosophie des Rechts*)〉의 서문에서 철학을 비유적으로 지칭하면서 한 유명한 말 "미네르바의 부엉이는 황혼이 깃들 때야 비로소 자신의 비상을 시작한다(die Eule der Minerva beginnt erst mit einbrechenden Dämmerung ihren Flug)"에서도 볼 수 있듯이, 부엉이는 그리스 신화에서 지혜와 전쟁, 건축, 공예 등의 여신 아테나의 상징 새로서 그리고 뒤이어 로마 신화에서는 아테나에 대응되는 미네르바의 상징 새로서 유럽 문화의 공통적 배경 속에 깊이 자리 잡고 있는 것이다. 그리고 그리스 신화와 로마 신화 속에서 지혜의 상징으로 기능하는 이 토포스의 유래는 아마도 어둠 속에서 사물을 꿰뚫듯 잘 보는 부엉이의 속성과 연관이 있을 것이다(참고로, 그리스어에서 γλαύξ(glauks, '부엉이')는 '응시하는 눈'을 의미하는 γλαυκός(glaukos)로부터 만들어졌다). 반면, 러시아 문화권에는 이러한 그리스·로마 신화의 문화적 배경이 광범위하게 뿌리내리지 못했을 것이다. 만일 그렇다면, 또 다른 질문이 있을 수 있을 것이다. 왜 한국어 문화권에서는 유럽의 문화권과는 상반되는 "부엉이의 어리석음"이라는 토포스가 형성된 반면, 러시아어 문화권에서는 "부엉이"에 관한 토포스가 아예 존재하지 않는 것일까? 이 질문에 대해서 우리가 대답할 수 있는 것은 아마도 다음과 같은 정도일 것이다. 즉, 한국어 문화권에서는 낮 동안에는 무기력하게 있는, 그리고 미련하고 탐욕스럽고 때로는 자기 둥지도 제대로 구분 못 하는 부엉이의 속성이 문화적으로 유의미한 전형적 특성으로 부각된 반면, 러시아어 문화권에서는 일상적으로든 문화적으로든 부엉이가 특별히 관심을 가질 만한 속성을 지닌 새로 인지되지 않았을 것이라는 점이다.

어쨌든 이러한 간단한 예로부터도 쉽게 볼 수 있듯이, 비록 동일하게 지칭되는 대상이라고 할지라도, 그것에 관한 토포스는 여러 언어-문화권들 사이에서 수렴되거나 일반적일 수도 있고 또한 아주 개별화될 수도 있다. 또한 그러한 동일한 지칭 대상과 관련된 다문화권적인 토포스들과 단일문화권적인 토포스들에 대한 대조와 비교로부터 우리는 토포스들 간의 수렴이나 차별화 양상 속에 내포되어 있는 언어-문화적 과정의 본질적인 특성을 새삼스럽게 확인할 수 있다. 요컨대, 언어-문화 공간 밖에 있는 혹은 그보다 앞서 존재하는 어떤 사물이나 현상, 사건 등에 언어-문화적 내용이나 형상을 덧씌우는 과정이란 불가피하게도 우연의 유사(類似) 필연화 과정일 수밖에 없는 것이다. 가령 논리학적으로 혹은 과학적으로 본다면, 위의 예의 경우 문화적으로 유의미하게 되는 것은 여우나 부엉이의 내재적 속성들 자체가 아니라 임의적으로 그것들 중의 어떤 것과 연관되는 특정한 양태이다. 따라서 이것은 여우나 부엉이의 우연적 속성, 혹은 우연적 사실이라고 볼 수밖에는 없다. 그리고 바로 이러한 우연적 속성이나 사실에다 우리는 필요하면 언어-문화적으로 일정한 해석을, 언어-문화적으로 일정한 개념 구조를 부여하는 것이다. 그리고 결과적으로 이것은 주어진 언어-문화 공간 속에서는 필연적인 것처럼 보인다. 마치 주어진 언어 체계 혹은 랑그(langue) 내의 모든 언어 기호들에서 공시적으로는 표현면(시니피앙, signifiant)과 내용면(시니피에, signifié)의 상호 결합이 필연적인 것처럼 말이다.[32] 따라서 이것을 주어진 언어-문화 공간 내에서만 고려하면 우연의 필연화로 보일 수 있겠지만, 그러나 다른 언어-문화 공간 속에서의 사실들과 대조, 비교해보면 그러한 필요성이란 유사 필연성일 수밖에 없다는 점이 드러날 수밖에 없다.

이러한 고찰과 더불어, 다문화권적인 토포스나 단일 문화권적인 토포스를 대할 때 우리가 유의해야 할 점은 성급한 일반화나 보편화에 대한 유혹이나 단일문화권적 특수성에 대한 과도한 강조나 집착으로부터 벗어나야 한다는 것이다.

하나의 언어-문화적 사실로서 주어진 토포스의 내용이 다양한 여러 문화권에서 동일하게 발견될 경우 그것은 쉽사리 일반적인 것이나 보편적인 것으로 간주되기 쉽다. 가령 "미인-꽃", "여우의 교활함" 등과 같은 토포스들은 동양과 서양에 걸쳐서 아주 광범위하게 다양한 많은 문화권에서 발견되는 것들이기에, 역으로 사람들은 이러한 토포스들은 어느 문화권에서나 통용되는 일반성이나 보편성을 갖는다고 생각하는 경향이 있다. 그러나 "미인-꽃"이라는 토포스의 일반성은 "꽃의 아름다움"이라는 토포스의 일반성에 달려 있다. 따라서 만일 "꽃"에 관한 그러한 문화

---

32 언어 기호의 자의성에 대한 소쉬르의 유명한 테제에 대한 보완으로서, 언어 기호의 이러한 필연성에 대한 보다 자세한 논의는 벤베니스트의 다음의 논문을 볼 것 – E. Benveniste, "Nature du signe linguistique", *Acta linguistica*, I, 1939. 이 논문은 다음의 논문집에 재수록되었다 – E. Benveniste, *Problèmes de linguistique générale 1*, Paris, Gallimard, 1966.

적 관념이 없는 문화들이 있다면, 그만큼 “미인-꽃”이라는 토포스의 일반성은 축소될 수밖에 없는 것이다. 따라서 인류 전체의 많은 다양한 언어-문화들의 관점에서 볼 때, 어떤 토포스의 다문화권적인 일반성이나 혹은 이로부터 더 나가서 상정될 수 있을 법한 보편성이란 경험적으로는 그 범위가 한정되지 않은 추정적 일반성이나 추정적 보편성일 뿐이다. 요컨대, 이것이 말해주는 바는 아주 광범위한 다문화권적인 토포스로부터 어떤 문화적 한정이나 속단, 문화적 편견을 이끌어내서 그것을 상이한 모든 문화의 개별적인 경우들에 일방적으로 적용시키는 시도에 타당한 근거란 결코 성립될 수 없다는 점이다.

그리고 이와는 반대로, 단일문화권적인 토포스에 대해서는 그것이 갖는 문화적 개별성과 특수성을 너무 과도하게 강조하는 경우들도 있다. 흔히 여기에는 종종 민족문화의 고유성이라는 말도 함께 따라붙는다. 가령, 앞에서 예로든 한국어의 “한”의 경우를 보면 이것이 종종 한국 민족만의 고유한 정서를 나타내는 개념으로 논의되는 것을 볼 수 있다. 마찬가지로 이미 앞에서 우리가 언급한 것처럼 러시아어의 правда [pravda ≃진실]의 경우는 ‘참’에 관한 러시아 민족의 고유한 세계관으로 혹은 러시아 문화에 고유한 정신적 가치들 중의 하나를 개념화하는 어휘로 자주 언급되곤 한다. 그리고 한국인들이나 러시아인들은 통상 그렇게 믿곤 한다. 그런데 민족적 정체성이나 문화적 고유성과 밀접하게 연관되어 있다고 간주되는 이러한 토포스들의 기저를 이루는 개념 구조를 분석적으로 살펴보지 않을 경우, 마치 그것들은 다른 어떤 언어-문화로도 구현될 수 없는 독특한 내용의 것을 배타적으로 가리키고 있는 것으로 과도하게 해석될 위험이 있다. 그럴 경우 이러한 토포스들에 담겨 있는 내용의 문화적인 차별적 양상만이 과도하게 강조될 수밖에 없게 된다. 그러나 이러한 토포스들의 문화적인 고유함이란 다른 언어-문화권들 속에서 그것들과 비견되는 경우들과의 동일성과 차이가 독특한 방식으로 결합되고 있다는 데 있는 것이다. 달리 말하자면, 많은 경우 이러한 토포스들이 담고 있는 개념적 내용 전체를 문화적 차별성으로 환원시킬 수 없으며, 또 그래서도 안 되는 것이다. 그럴 경우 역설적이게도, 자기 문화에 고유한 토포스가 담아내고 있다고 여겨지는 내용은 신비화되고, 느낄 수는 있지만 설명될 수 없는 것으로 되어버리는 것이다.[33] 그렇지만 분석적으로 접근해보면, 이러한 토포스들의 내용적 기저를 이루는 개념 구조는 많은 경우 보편성이나 다른 언어-문화권들과의 공통성을 갖는 부분과 해당 언어-문화권의 특수성이나 고유한 차별성을 특징으로 하는 부분이 독특하게 결합되는 양상으로 드러나는 것이다. 가령 아래와 같은 분석은 이 점을 잘 보여준다고 하겠다.

28) 한국어의 "한" : {가) '슬픔'에 대한 보편적 개념 혹은 정의 + 나) '원망'/'후회'에 대한 보편적 정의 혹은 개념 + 다) '더욱더 해소될 수 없는 슬픔일수록, 그래서 더욱더 밖으로 표출이 안 될수록, 그것은 더욱더 가슴에 응어리지는 감정이 된다'}
⇒ {'X'}
(X = 이러한 종류의 슬픔이거나 혹은 그것과 결합되어 나오는 감정 효과)

29) 러시아어의 правда [pravda≃진실] : {가) '어떤 것의 본질에 대해서 우리의 인식이 더욱더 구체적으로(혹은 실체적으로) 다가갈수록, 그 인식은 더욱더 옳은 것으로 여겨진다' + 나) '토포스 가)에 따라서, 우

33 "한"이나 правда [pravda≃진실]가 과연 무엇이냐는 질문에 대해서 통상 평범한 한국인이나 러시아인이 겪게 되는 설명적 곤란함이나 막연함은 바로 이러한 사정으로부터 기인하는 것인지도 모른다. 심지어 앞에서 언급한 〈한국 민족문화 대백과〉의 경우조차도 "한"의 항목에 관한 설명은 "한 또는 원한의 의미는 모호하나, (...)"로 시작하고 있다.

리는 실제 사실에 대한 판단에서 더욱더 정당해지며, 그리고 이러한 정당성은 단순히 맹목적이기보다는 더욱더 많은 이해심을 동반하게 된다'}

⇒{'X'}

(X = 이러한 복합적인 인지 과정이 궁극적으로 도달하게 되는 정신적 가치로서의 참이거나 혹은 참의 가치 효과)

한국어 문화권에 고유하다고 여겨지는 "한"의 토포스의 개념 구조에서, 28)의 가)와 나)는 보편적인 차원에서 설명될 수 있는 부분이라면, 다)의 부분이 그리고 {가) + 나) + 다)}라는 결합 방식이 한국어 문화권에 고유한 것이라고 할 수 있다. 러시아 문화권에 특징적이라고 여겨지는 правда [pravda≃진실] 토포스의 복합적인 개념 구조의 경우에도, 29)의 가)는 경험주의에 근간을 둔 언어-문화권에 공통적인 토포스라면, 나)의 부분과 {가) + 나)}의 결합이 러시아 언어-문화에 고유한 특징으로 간주될 수 있는 것이다.[34)]

여기서 위와 같은 분석적 관찰로부터 보다 일반적인 가정을 시도해본다면, 다음과 같은 것이 될 것이다. 만일 어떤 주어진 두 개의 언어-문화권 A, B에 각각 속하는 토포스 Ta, Tb가 서로 내용적 유사성과 차별성을 지니면서 비교될 수 있다면, 우리는 이것들을 각각 Ta = T(c + a'), Tb = T(c + b')와 같은 형식으로 설명할 수 있다(T = 토포스 형식, c = 보편적인 것이나 공통적인 것). 요컨대, 어떤 한 언어-문화 공간 속에서 단절되고 고립된 유니크한 문화적 현상에 관한 토포스가 아니라면 따라서 비교

34 이러한 러시아의 문화적 전통과 확연히 대비되는 경우로는 아마도 영국의 앵글로 – 색슨 식 전통을 들 수 있을 것이다. 즉, '참'의 인식에 관한 경험주의의 토대 위에서, 한편으로는 실천 – 윤리적으로 사회적 도덕과 개인의 덕을 이야기하면서 다른 한편으로는 사유재산권과 그것을 보호해주는 통치권의 신성불가침을 이야기하는 경우 말이다.

되고 분석적으로 설명될 수 있는 토포스라면, 그것은 다른 언어-문화권의 토포스와 다소간 공통적인 면(= c)과 차별적인 면(= a', b')을 갖고 있을 것이다. 이러한 일반적 가정으로부터, 우리는 상이한 두 언어-문화권 사이의 토포스들에 대한 비교 작업을 구상해볼 수 있으며, 또한 이 같은 작업을 통해서 각각의 언어-문화권에 내재한 보편성이나 일반성을 그리고 상대성이나 특수성을 보다 잘 이해할 수 있는 방향으로 이론적으로, 방법적으로 구체적이면서도 명확하게 더 나아갈 수 있다.

2.5.2. 구체적 토포스/추상적 토포스

위에서 살펴본 한국어의 "한"이나 러시아어의 правда [pravda≃진실]와 같은 토포스들의 내용적 기저가 되는 개념 구조들이 다소 복잡한 성격을 띤다면, 구체적인 대상이나 과정, 활동의 영역과 내용적으로 연관된 토포스들의 개념 구조는 상대적으로 단순한 양상을 보인다. 가령 보다 앞에서 언급된 바 있는 "미인-꽃", "여우의 교활함", "부엉이의 지혜로움", "부엉이의 어리석음" 등은 모두 이러한 구체적 토포스의 예들이다. 또한 내용은 추상적 속성을 지칭하더라도 그것이 구체적인 대상이나 과정, 활동에 대한 문화적으로 한정적인 특성과 연결되는 경우들 역시도 구체적 토포스로 간주될 수 있다. 가령, 러시아 언어-문화 공간의 경우 черносотенство [černosotenstvo, 흑백인단(黑百人團)주의]나 уют [ujut≃(집의) 안온함] 같은 것들이 그 좋은 예일 것이다.[35]

원래 черносотенство [černosotenstvo, 흑백인단(黑百人團)주의]라는 토포스는 역사적으로 20세기 초 모스크바 중소상공인들을 기반으로 하

35 이 두 러시아 예에 관한 설명은 앞에서 인용한 스테파노프의 사전(Степанов 1997; 606–609, 694–698)을 바탕으로 한 것이다.

는 극우적인 정치적 활동을 가리키는 데서 연유한 것이다. 그리고 이 단어의 기원이 되는 “흑백인단” 혹은 “검은 백인단(чёрная сотня [čërnaja sotnja])”이라는 명칭은 동일한 이름으로 불리던 특정한 모스크바 중소상공인들의 자치조합들이나 공동체들, 즉 “검은 백인단들(чёрные сотни [čërnye sotni])” 그리고 이들과는 역할이 다른 또 다른 중소상공인 공동체들인 “검은 자유민 거류지들(чёрные слободы [čërnye slobody])”과 밀접한 연관이 있다. 원래 “검은(чёрный [čërnyj])”이라는 형용사는 고대 러시아 시대에 지위가 낮은 자유민을 — 도시민과 농민 모두 포괄해서 — 지칭할 때 사용되었다(이와 연관지어서, 가령 한국어에서도 과거에 농부, 상인, 대장장이, 목수와 같은 이들의 용모에 대해서 “까무잡잡한”, “거무스름한” 등의 표현을 자주 썼을 것이라는 점을 생각해보라). 이러한 언어적 배경을 바탕으로 모스크바에는 “검은 자유민 거류지(чёрная слобода [čërnaja sloboda])” 그리고 “검은 백인단(чёрная сотня [čornaja sotnja])”이라는 명칭의 두 개의 중소상공인 집단이 여러 구역과 거리들에 많이 존재하게 되었으며, 전자는 주로 궁중의 주문에 따라 납품하는 일을, 즉 궁중의 수요를 충족하는 일을 담당한다는 데서 후자와 차이가 났다. 이 두 부류의 모스크바 중소상공인들은 한편으로는 자신들이 속한 공동체나 조합의 자치주의를 고수하면서 다른 한편으로는 정치적으로 보수적이고 반유대주의적인 성향을 가지고 있었는데, 20세기 초에 바로 이들을 기반으로 차르 체제의 수호를 목적으로 하는 “흑백인단” 조직들이 결성되었던 것이다. 그런데 이러한 조직들에 대해서 “흑백인단”이라는 명칭이 붙은 것은 이 명칭이 일면으로는 모스크바 중소상공인들의 특정한 공동체와 조합들을 가리킨다는 사실에서 기인하지만, 또 다른 면으로는 이미 모스크바 공국 시대에 하층 자유민들인 상공인들로 구성된 보병대의 명칭이 말 그대로 “까무잡잡한 사람들(즉, 상공인들) 백 명으로 편성된 부대”라는 의미에서의 "흑백인단"이었다는 사실과도 연관이 있다. 왜냐하면 내부 구성원들 사이의 자치에 입각한 정치적 결사로서 20세기 초에 등장한 "흑백인단"은 단순히 극우적인 입장, 즉 국가주의적이고 반유대주의적인 입장을 표방하는 데만 머무르지 않고 직접 차르 체제를 수호하는 물리적인 행동들도, 혁명가들과 유대인들에 대한 폭력적인 탄압과 테러도 자임했던 것이다. 그리고 이러한 "흑백인단"의 특성과 경향에 대해서 레닌은 다음과 같이 지적하고 있다. "우리의 흑백인단주의 속에는 대단히 독창적인 그리고 대단히 중요한 특징이 하나 있는데, (...) 그것은 음울하고 투박한 민주주의이다. 아주 거칠지만 그러나 아주 깊숙하기도 한.(1913년 9월)"[36] 이상과 같은 고찰을 통해서 우리는 러시아 언어-문화에서 черносотенство [černosotenstvo, 흑백인단주의]라는 토포스가 담고 있는 본질적인 내용적 특징을 '중소상공인을 중심으로 극우 민족주의와 국가주의를 표방하면서 차르 권력의 친위대를 자임하지만 내부 구성원들의 자치를 고수하기에 공식적인 국가 기구에 편입되지 않거나 그 외곽에 남아 있으려는 경향'으로 규정할 수 있다. 그런데 흥미로운 것은 "흑백인단주의"의 본질적 특징에 관한 우리의 이러한 규정에서 역사적 한정을 빼버리고 수정하면, 즉 "중소상공인을 중심으로"라는 표현을 삭제하고 "차르 권력의 친위대"를 "국가 권력의 친위대"로 바꿔버리면, "흑백인단주의"의 내용은 역설적이게도 스탈린주의 시대부터 오늘날까지도 러시아에서 정치적으로 그 명맥을 유지하고 있음을 보게 된다. 비록 그 명칭은 더 이상 공식적으로는 사용이 되지 않을지라도 말이다. 가령 오늘날 러시아에 널리 퍼져 있는 친정부적 시민운동 조직인 Наши [Naši, 우리 사람들]의 핵심 세력에게서도 그러한 경향을 볼 수 있는 것이다.

---

36 В. И. Ленин, *Полн. собр. соч.*, т. 24, p. 18.

유리 로트만(Ju. Lotman)의 문화 기호학에서 유형론적 기술을 위한 메타-언어를 구성하는 중요한 대립 중의 하나가 내부 ↔ 외부라는 대립인데, 이로부터 자기 것 ↔ 타인의 것, 우리 ↔ 그들, 우리 민족(인종, 부족) ↔ 타 민족(인종, 부족), 문화 ↔ 야만, 지식인 ↔ 민중 등과 같은 다양한 대립들이 나온다.[37] 이에 따른다면, 위의 черносотенство [černosotenstvo, 흑백인단주의]라는 토포스는 러시아인들의 사회-정치 세계에서 내부 ↔ 외부의 대립으로부터 나오는 우리 ↔ 그들이라는 대립이 특이하게 구현되는 한 경우를 보여준다면, 러시아인들의 생활 문화에서 중요한 위상을 차지하는 토포스 중의 하나인 уют [ujut≃(집의) 안온함]는 이 내부 ↔ 외부의 대립이 어떻게 사회적 세계가 아니라 개인적 세계의 내면으로 투영되면서 사적인 공간의 형상으로 구체화되는지를 잘 보여주는 경우라고 할 수 있다.

러시아를 잘 모르는 외국인들이 가령 모스크바 시내의 외관상 낡고 좁아 보이는 아파트나 교외의 허름한 가옥을 들어가 보면, 내부는 오히려 깨끗하고 나름대로 잘 꾸며져 있으며 조용한 분위기를 띠고 있다는 사실에 의외로 놀랄 것이다. 그러나 그것은 러시아인들의 생활 문화에서 이 уют [ujut≃(집의) 안온함]라는 토포스가 당연한 것으로 받아들여지고 있기 때문이다. 다시 말해서, 러시아인들에게 있어서 집 안이란 уют [ujut≃안온함]가 깃든 공간, 즉 '험악하고 시끄럽고 힘든 세상으로부터, 낯설고 추운 외부로부터 되도록이면 격리된, 그래서 되도록이면 자신만이 갖고 누릴 수 있는 편안하고 따듯하고 쾌적하고 자그

37 이에 관해서는 다음 논문을 참조할 것 – Ю. М. Лотман, "О метаязыке типологических описаний культуры", *Избранные статьи*, Т. I, Таллинн, Александра, 1992. 이 논문에 담긴 로트만의 생각에 대한 설명으로는 다음의 책을 참조할 것 – 김수환, 〈사유하는 구조〉, 문학과지성사, 2011, 제3장 '공간'으로서의 예술 텍스트.

마한 구석'이며(이것은 프랑스어의 chez-soi '편안한 곳으로서 자기 집, 자기만의 공간'과 비견될 수 있다), 또 당연히 그렇게 꾸며야 하는 공간인 것이다. 그리고 이를 구현하는 여러 가지 인테리어들이, 가령 농부의 집, 상인의 집, 귀족의 집, 다양한 유형의 아파트들, 저택들의 "안온함"을 구현하는 인테리어들이 구상되고, 스타일화되고, 정형화되고 있는 것이다.

이처럼 구체적 토포스의 경우, 위의 두 가지 예들의 고찰이 잘 보여주고 있듯이, 우리는 그것의 내용적 특성을 결정하는 실제적인 요인들을 파악할 경우 쉽사리 설명적으로 기술할 수 있다. 또한 이러한 기술을 통한 문화적 이해와 더불어, 구체적 토포스를 가리키는 어휘나 표현들은 별 어려움 없이 무난하게 다른 외국어로도 번역될 수 있다.

반면 관념이나 감정의 영역과 결부된 토포스들의 경우에는 아주 종종 설명적 기술뿐만 아니라 번역에 있어서도 복잡함과 어려움에 마주치게 된다. 물론 그러한 추상적 토포스들도, 앞에서 제시된 분석과 기술의 예 28)이나 29)처럼, 그것들이 실제로 사용되고 있는 다양한 발화나 텍스트들의 사례 분석을 통해서 그리고 기존의 여러 연구들의 종합적 검토를 통해서 궁극적으로는 상당한 정도로 타당성이 있는 분석적 설명이 가능할 수 있다. 그러나 가령 앞의 29)처럼 분석된 러시아 언어-문화권의 правда [pravda≃진실] 토포스만 하더라고 그것을 "진실" 혹은 "참"이라고 번역하는 것은 어딘가 부적절하게 느껴진다. 또 다른 예로, 프랑스 언어-문화권의 angoisse(≃불안)라는 토포스를 "불안" 혹은 "고뇌"로 번역하는 것 역시 마찬가지의 문제점을 느낄 수 있다. 더구나 한국어 토포스 "한"의 경우는 예를 들자면 기껏해야 러시아어로는 печаль-раскаяние [pečal'- raskajanie≃회한의 슬픔], 프랑스어로는 tristesse-regret [≃후회의 슬픔]과 같은 다소 억지스러운 번역의 가능성밖에는 없어 보인다. 그러면 번역상의 이러한 어려움은 도대체 어디에서 오는 것일까? 이에 대해서는 아마도 다음과 같은 이유들이 거론될 수 있을 것이다.

첫째, 관념이나 감정의 명칭으로 기능하는 어휘들은 그 다의성 때문에 언어들 사이에서 직접, 문맥적 고려 없이 일대일 방식으로 등가적 대응을 설정하는 것이 어렵다. 물론 대상이나 활동, 과정을 지칭하는 어휘들도 엄격히 따져보면 언어들 사이에서 완전히 의미적으로 겹치는 대응관계는 성립하기 어렵다. 그렇지만 이 경우에는 적어도 대표적인 지시적 동일성에 의거한 등가적 관계의 설정이 별다른 거부감 없이 설정될 수 있다. 두 부류의 어휘들 사이의 번역상의 이러한 대조적 차이는 가령 러시아어의 воля [volja≃의지, 의욕, 뜻, 뜻대로 하는 것, 자유, 속박 받지 않는 상태]와 книга [kniga≃책]에 대해서, 후자는 우선 자연스럽게 한국어로 "책"이라는 등가적 관계를 설정할 수 있다면 전자는 이러한 설정이 곤란할 수밖에 없다는 사실에서도 잘 드러난다.

둘째, 의미상으로 단어 대 단어 혹은 어휘소 대 어휘소 대응의 이러한 어려움과 더불어서, 관념이나 감정의 토포스에 내재한 특정한 언어-문화권적 한정은 그것이 갖는 의미적인 잠재적 다수성으로 인해서 다른 언어로 적절한 번역으로서의 명칭붙이기가 더더욱 어려워진다. 가령, '슬픔'에 대한 러시아 언어-문화권의 독특한 토포스라고 할 수 있는 тоска [toska≃애수]의 경우, 우선 번역 텍스트들의 관찰을 통해서 어휘적 층위에서 프랑스어의 대응 요소들을 찾아보면 다음과 같이 나타난다.

30) тоска [toska] : angoisse(번민), tristesse(슬픔), cafard(울적함), chagrin(애통), anxiété(불안), ennui(권태), détresse(비탄), inquiétude(걱정), spleen(침울), mélancolie(우수), tournement(고통),

trouble(동요), désir(바램), nostalgie(애절함), regret(회한) …[38)]

이처럼, 번역 과정에서 문맥에 따라 다양한 의미-명칭으로, 혹은 어휘 항목으로 옮겨지는 러시아어의 тоска [toska]에 대해서 프랑스어로 된 적당한 등가적 대응을 찾는다는 것은 확실히 거의 불가능해 보인다.

셋째, 그럼에도 불구하고 만일 위에서 제시된 프랑스어 대응 어휘 항목들 중의 어느 하나를 대표적인 번역으로 설정한다면, 여전히 그러한 대표 명칭 혹은 번역으로서의 어휘 항목은 러시아어의 тоска [toska]를 특징짓는 내용상의 잠재적 다수성과는 본질적으로 다른 것을 함의하고 있을 수밖에 없다. 가령 통상 러시아어-프랑스어 어휘 사전에서 하는 대로 사전 편찬자의 머리 속에 가장 먼저 떠오르는 등가적인 어휘 항목을 제시한다면, 아마도 тоска [toska]에 대한 프랑스어 대표 번역은 tristesse (≃슬픔)가 될 것이다.[39)] 그러나 이렇게 될 경우 당연히 '슬픔'의 러시아적 변용으로서 тоска [toska]가 담고 있는 내용적으로 고유한 한정성은, 즉 '더욱더 가슴이 아프고 더욱더 깊고 더욱더 지속적인, 그리고 더욱더 해소될 수는 없지만 또한 자신이 처한 슬픔의 상황을 바꾸려는 욕망도 더욱더 동반되는 슬픔'이라는 개념 구조의 특징적 의미를 잃어버리게 된다.[40)] 그리고 바로 이러한 문제 때문에, 가령 이미 이 책의 서문 각주 4)에서 이미 언급했듯이, 릴케는 자기 삶의 가장 주된 감정은 러

---

38 이 예는 다음을 참조한 것임 – Е. В. Дмитровна, "Трансляция эмотивных смыслов русского концепта 《тоска》 во французскую лингвокультуру", Диссертация кандидата, Волгоград, 2001.

39 다음 사전 참조 – Л. В. Щерба, М. И. Матусевич, *Русско-французский словарь*, Москва, Русский язык, 1983.

40 이 러시아 어휘 тоска [toska]에 대한 자세한 의미 분석은 다음 논문을 참조할 것 – 이기웅, "감정과 언어: 러시아어의 "toska"에 대한 고찰을 중심으로", 〈러시아어문학연구논집〉 41집, 2012, pp. 137–163.

시아어의 이 тоска [toska]인데, 이것을 어떤 독일어 단어로도 표현할 수 없다고, 기껏 대응된다고 여겨질 수 있는 독일어의 "Sehnsucht (≃갈망)"는 어떤 좋은 것도 결코 나오지 않는 감정 상태를 가리킨다고 쓰고 있는 것이다.

그렇다면, 우리의 관념이나 정서, 감정의 영역과 결부된 추상적 토포스들은 어떻게 번역하는 것이 그나마 바람직한 것일까? 비록 "번역하는 것은 배신하는 것이고(tradurre e tradire), 번역자는 배신자(traduttore, traditore)"일지라도 말이다. 물론 이 질문에 대한 어떤 단일한 해답을 제시할 수는 없으며, 다음과 같은 두 가지 측면을 고려하면서 섬세하게 여러 가지 경우들을 생각해보아야 할 것이다.

첫째, 추상적 토포스의 명칭 역할을 하는 단어 혹은 어휘 항목에서 해당 토포스의 개념 구조와 상관없는 다의성을 되도록 제거하면서 번역의 가능성을 생각해볼 필요가 있다. 즉, 되도록이면 어휘소의 차원에서 번역의 문제를 생각해보는 것이 바람직하다. 가령 위에서 예를 든 러시아어 토포스 воля [volja≃의지, 의욕, 뜻, 자유, 속박 받지 않는 상태]를 보자면, 같은 단어 혹은 어휘 항목 아래 서로 연관성은 있지만 개념적으로 구분될 수 있는 두 가지 어휘소의 경우를 적어도 생각해볼 수 있다. 즉, воля 1 [volja 1≃의지, 의욕, 뜻]과 воля 2 [volja 2≃거침없이 뜻대로 하는 것, 자유, 속박 받지 않는 상태]라는 두 개의 어휘소로 세분해볼 수 있는 것이다. 이로부터 러시아 언어-문화 공간에서 토포스로서 воля [volja]는 두 번째 것, 즉 '자유'와 관계된 개념 구조임을 알 수 있다. 그리고 이로부터 이 러시아어 토포스에 대해서 우리는 한국어로 "자유", "러시아적 자유", "자유의 러시아적 관념", "볼랴(volja)"와 같은 번역 가능성들을 생각해볼 수 있게 된다.

둘째, 이러한 번역 가능성들 중에서 어떤 것을 선택하느냐는 문제는 다음과 같이 해당 번역의 목적과 결부되어서 해결될 수밖에 없다. (1) 텍스트 대 텍스트 번역의 경우. 이 경우에는 해당 토포스를 특징짓는 의미를 그때그때마다 문맥에 맞는 적절한 혹은 자연스러운 번역어 표현으로 옮기는 것이 중요하다. 가령, 알렉산드르 블로크(А. Блок)가 쓴 시의 제목 Осенняя воля [Osennjaja volja]에 대해서는 "가을의 자유"로[41], 속담 Хороша воля да с умом и с деньгами [Xoroša volja da s umom i s den'gami]에서는 "돈도 있고 머리도 있다면 맘대로가 좋다"로 옮길 수 있을 것이다. 그리고 тоска [toska]의 경우는 문맥에 따라서 이보다 훨씬 더 많은 번역어들이 있을 것이라는 것은 — "슬픔", "애수", "비애", "우수", … — 여기서 굳이 개별적인 예들을 들지 않아도 쉽사리 짐작할 수 있을 것이다. (2) 번역어가 일종의 메타-언어적 기능을 하는 경우. 어떤 언어-문화권의 토포스들에 대한 다른 언어로 된 문화 사전이나 의미론적 고찰 등과 같은 설명적·해석적 텍스트들이 이 경우에 해당한다. 이 경우 중요한 것은 토포스의 특징적 의미를 번역어의 일반적 차원에서 어떤 개념어로 옮길 수 있느냐는 문제이다. 가령 바로 앞의 러시아어 예 воля [volja]와 тоска [toska]에 대해서 그냥 단순히 "자유"와 "슬픔"으로 옮긴다면, 이 토포스들이 속하는 관념과 정서의 영역에 대한 설명은 되겠지만 그것들을 구성하는 또 다른 본질적인 면이, 즉 러시아적이라는 특수한 한정성이 사라져버린다. 따라서 이 같은 한정을 표시해주는 어떤 텍스트적 규약이 필요할 수밖에 없다. 따라서 가령 '러시아적 자유', '러시아적 슬픔', 혹은 ≪자유(volja)≫, ≪슬픔(toska)≫과 같은 방식의 특별한 옮기기 규약을 텍스트화 단계에서 설정해서 일관되게 사용하는 것이

41 이에 대해서는 다음 논문을 참조할 것 – 최종술, "시와 러시아 정신 – 자유, 그리고 애수에 관하여", 〈러시아 연구〉, 21권 2호, 2011, pp. 52–55.

바람직할 것이다. 물론 이러한 규약을 정하는 데 있어 핵심적인 것은 해당 토포스들이 일반적 차원의 '자유'와 '슬픔'에 속하지만 동시에 그러한 일반적인 것의 특징적인 러시아적 변용이라는 사실을 적절하게 나타내줄 수 있어야 한다는 점이다. 그리고 바로 이 때문에 번역어로 쓰이는 자연 언어의 단어나 어휘 항목들 자체는 보다 일반적인 개념의 폭을 지니는 것이 바람직하다. 즉 "뜻대로"보다는 "자유"가 그리고 "애수", "비애", "우수"보다는 "슬픔"이 바람직한 것이다. (3) 만일 앞의 (1)이나 (2)의 경우가 불만족스럽다고 혹은 부적당하다고 생각하는 경우에는 해당 토포스의 고유한 명칭으로서 원어 단어 그대로를 표기해줄 수도 있을 것이다. 위에서 언급한 릴케에게 있어서의 toska [toska]에 대한 의미적 느낌이 바로 그러한 경우에 속하는 예일 것이다. 그러나 이 경우에도 설명 대상인 언어-문화권이나 혹은 적어도 관련 토포스에 대한 어느 정도 이상의 친숙함이 독자들에게 있어야 할 것이다. 가령 한국에서는 이러저러한 이유들 덕택에, 프랑스 언어-문화의 tolérance를 "톨레랑스"로 하는 것이나 러시아 언어-문화의 правда [pravda]를 "프라브다"로 하는 것 정도는 적어도 일정한 수준 이상의 독자들에게는 익숙해진 상황일 것이다. 물론 이러한 경우에도 상응하는 적당한 한국어로 된 개념적 대응을 — '(정치-윤리적) 관용', '러시아적 진실'과 같은 — 텍스트의 첫 번째 인용에서는 제시해주는 것이 바람직할 것이다. 반면 실존적 불안과 고뇌를 나타내는 독일어의 Angst나 프랑스어의 angoisse를 "앙스트"나 "앙구와스"로 하는 것이나 러시아어의 тоска [toska]를 "토스카" 혹은 "또스까"로 하는 것은 비단 생소할 뿐만 아니라 또한 부적절하기조차 한 것이다.

이상과 같이, 추상적 토포스의 번역은 그야말로 토포스의 본래적 성격 때문에, 즉 주어진 토포스의 의미는 해당 언어-문화 공간에서 그 구성원들이 기대는 "공통의 장소"로서의 공통 관념이자 잠재적 다수성이라는 것 때문에, 실로 까다로운 작업이 될 수밖에 없다. 특히 추상적 토포스들의 번역은 그것이 함축하고 있는 반복 가능한 어떤 공통적인 것이자 언어-문화적 특이성으로서의 의미를 되도록이면 있는 그대로 또 다른 언어-문화 공간 속에 옮겨놓는 일이 될 수가 없다. 이것은 애당초 불가능한 이상인데, 왜냐하면 공통의 장소들을 규정하고 배치하는 개별 언어-문화적 지형들이 결코 동일할 수 없기 때문이다. 따라서 토포스의 번역은 오히려 그것이 함축하는 문화적 특이성이 받아들여지고 이해될 수 있는 접속과 소통의 가능성으로서 새로운 공통의 장소를 또 다른 언어-문화 공간 속에서 발견하거나 만들어내는 일이 될 것이다. 그리고 그러한 바로서 번역의 결과는 당연히 해당 언어-문화 공간 속에서 번역의 목적에 따라서 궁극적으로 자연스럽게 받아들여지고 반복이 가능해질 수 있는 형태의 표현으로 나와야 하는 것이다.

2.5.3. 일상적 토포스/문학적 토포스

일반적으로 일상적 토포스는 언어-문화 공간 속에서 그것이 갖는 일반성으로 인해서 그 기원이나 형성 과정을 명확히 추적하기 어렵다. 가령, 앞에서 살펴본 “여우의 교활함”, уют [ujut≃(집의) 안온함], воля [volja≃거침없이 뜻대로 하는 것, 자유, 속박 받지 않는 상태] 등과 같은 토포스들이 어떻게 형성되었는지를 정확히 알 수 없는 것이다. 반면, 문학적 토포스는 원칙적으로 예술적 공간에서의 반복을 통해서 형성되는 것이기에 그 기원이나 형성 과정이 비교적 명확하게 드러난다. 이 점은 또한 일상적 토포스는 자연 언어의 일반적 공간에 근거하고 있는 반면, 문학적 토포스는 자연 언어와 같은 일차적 기호 위에 다소 인위적으로 구축된 “이차적 모델링”의 구조화가 전개되는 보다 특수한 공간으로서의 예술 언어에 그리고 특히 이것의 한 유형으로서 문학 텍스트의 언어에 기반하고 있다는 것과도 관련이 있다.[42] 그런데, 닫힌 체계들로서 음운 체계, 문법 체계, 그리고 열린 체계로서 어휘 체계 등과 같이 자연 언어는 잠재적으로 이러한 내적 체계성을 특징으로 한다면, 애당초 규정될 수 없는 규약들의 열린 집합으로서 예술 언어나 문학 언어는 그러한 내적 체계성을 특징으로 하지 않는다. 그것보다는, 예술 언어나 문학 언어는 가령 몸동작의 요소들, 음향적 요소들, 형상과 색의 요소들, 자연언어 등과 같은 일차적 모델링의 기호들을 예술 텍스트 안에서 이차 모델링의 요소들로 구조화하는 과정들의 열린 집합으로 존재할 뿐이다. 따라서 문학 텍스트의 언어란 자연 언어와는 다른 별도의 체계성을 갖는 문학 언어에 속하는 기호체가 아니라, 그보다는 자연 언어가 그 자체로 잠재적으로 갖고 있는 여러 가지 기능들 중의 하나가 — 가령, 시적 기능이나 미학적 기능이 — 두드러지게 구현되는 유형의 언어라고 볼 수 있다.[43] 그리고 이러한 유형의 언어로 구성되는 문화적 공간에서 토포스는, 즉 문학적 토포스는 이미 앞에서 우리가 토포스에 대한 일반적 개념 규정을 시도할 때 제시한 바 있는 아래와 같은 형성적 특징을 갖는다.

---

42 현실에 대한 재현에 있어서, 자연 언어와 같은 기호들이 일차적 모델의 역할을 한다면 예술 언어는 이러한 기호들 위에 구축되는, 즉 이러한 기호들을 활용하는 이차적 모델의 역할을 한다는 것은 특히 로트만의 생각이라고 할 수 있다. 이에 관해서는 다음을 참조할 것 – Ю. М. Лотман, "Проблема знака в искусстве"(1964), *Об искусстве*, Санкт–Петербург, 1998; *Структура художественного текста*, Brown Univ. Pub., 1971; 이기웅 · 서선정 · 이남경 · 이강은, "텍스트화: 언어–문화 공간의 구성과 재구성", 〈소통의 구성적 역동성과 러시아 언어–문화 공간의 다차원성〉, 경북대학교 출판부, 2010, pp. 77–107; 김수환(2011), 제1부 도상.

43 로트만처럼 예술 텍스트의 언어를 자연 언어와는 다른 체계로서의 언어로 상정하는 입장의 한계에 대해서는, 이기웅 · 서선정 · 이남경 · 이강은(2010; 101–105)을 참조할 것. 그리고 자연 언어에 내재한 소통적 기능의 여러 가지 기능들에 관해서는, 가령 야콥슨의 다음 논문을 참조할 것 – R. Jakobson, "Linguistics and Poetics"(1960), *Selected Writings III*, The Hague, Mouton, 1981. 혹은 야콥슨보다 더 세분하려는 시도로는 바흐친의 "담화 장르"를 생각해 볼 수도 있다 – M. M. Бахтин, *Собр. соч.*, T. V, Москва, 1997, pp. 159–286.

18) 원칙적으로 우리의 상식과 상관없이 단지 언어적으로만 토포스적 형식을 갖는 어떤 표현 T가 더욱더 많은 예술 작품 속에 나타날수록, T는 더욱더 문학 텍스트가 근거할 수 있는 공통성을 갖는다.

그럼 여기서 이러한 형성적 특징을 잘 보여주는 구체적인 예로서 러시아 문학에서 "정원과 공원의 토포스(садово-парковый топос [sadovo-parkovyj topos])"와 그리고 "시베리아의 토포스(топос Сибири [topos Sibiri])"를 살펴보자.[44]

먼저 러시아 문학에서 "정원과 공원"의 토포스는 라틴어 문학으로부터 시작해서 중세 문학 그리고 서유럽 문학으로까지 이어지는 locus amoenus(바라보는 것이 즐거운 장소로서의 정원) 토포스와도 밀접한 연관이 있다. 이러한 외부적인 문화적 영향이 러시아적 전통과 결합되면서 "정원과 공원"의 토포스는 18세기 말에서부터 19세기 전반의 1830년대까지 펼쳐지는 초기 낭만주의 시인들의 창작 활동 속에 가장 중요한 요소 중의 하나로 반영되었던 것이다. 즉, 다비도프(Д. В. Давыдов), 쥬코프스키(В. А. Жуковский), 바튜슈코프(К. Н. Батюшков), 뱌젬스키(П. А. Вяземский), 그리고 초기의 푸슈킨(А. С. Пушкин) 등과 같은 시인들의 작품들 속에서 "정원과 공원"은 반복적으로 '우주적 질서와 조화 그리고 아름다움이 구현된 이상적 장소'로 전제되곤 하는 것이다. 그리고 이러한 공통적 토대 위에서 개별 시인들 각자의 내적 자의식이, 시적 개성이 펼쳐지는데, 이것은 그러한 이상적 장소로서의 정원과 공원, 그리고 그렇지 못한 현실,

---

44 이에 대한 설명은 다음의 논문들을 바탕으로 한 것임 – Е. В. Сахарова, "Садово-парковый топос в русской литературе первой трети XIX века", Диссертация кандидата, Томск, 2007; И. Б. Гладкова, "Топос Сибири в русской очерковой прозе 1960–1980-х годов", Диссертация кандидата, Омск, 2004.

그리고 아름다움과 조화의 자유로운 창조자로서의 인간 혹은 시인, 이 셋 사이의 관계 설정의 구체적인 내용 부여로 드러나게 된다. 이러한 시적 개별화에 따라서, "정원과 공원"은 보다 구체적으로, '현실 생활과 대비되는, 아름다움과 조화가 충만한 자유로운 사적인 삶의 공간으로(다비도프)', '실제 세계와 비극적으로 단절된 이상적인 꿈의 세계로(바튜슈코프)', 또는 '이상적이고 주관적인 세계가 객관적인 세계와 나란히 존재하면서 양자가 보편적인 상호관계를 맺는 장소로(쥬코프스키)', 또는 '자유로운 창조의 기쁨과 즐거움의 장소로(뱌젬스키)', 혹은 '낭만적인 청년이 혹은 서정적인 시적 자아가 풍요로운 정신적 세계를 향하여 몽상과 사색을 자유롭게 펼치는 곳으로(초기 푸슈킨)' 형상화되는 것이다.

그러나 초기 낭만주의에서 활발하게 형성된 이러한 "정원과 공원"의 토포스는 그 이후 문학적인 공통적 기반으로서의 가치를 잃어버리게 된다. 이유는 아마도 그것에 근거해서 더 이상 새로운 개성적 형상화를 추구하기 힘든 문학적 상황이 되었기 때문일 것이다. 이처럼 문학적 토포스는 어느 짧은 시기 동안 집중적으로 활발히 나타날수록, 그 이후에는 공통적 기반으로서 예술적 가치가 급격히 축소되어버리는 경향이 있다고 볼 수 있다. 따라서 오늘날 러시아 언어-문화 공간에서 "정원과 공원"의 토포스는 문학적인 것이 아니라 단지 일상적인 것으로서 존재한다고 보아야 할 것이다. 그리고 러시아인들의 생활 문화에서 자연스럽게 환기되는 토포스, 즉 일상적 토포스로서 "정원과 공원"은 '초목이 자라고 있는 잘 정돈된 넓은 장소, 산책과 휴식의 장소, 그리고 역사적, 문화적 기념물들이 있는 장소'일 것이다.

이와는 달리, "시베리아"의 토포스는 러시아 문학에서 꾸준히 공통적 기반으로서의 가치를 유지하고 있으며, 그것의 개별적인 구체적 형상화는 시대적 상황이나 작가의 문제의식에 따라서 변화한다고 볼 수 있다.

통상 시베리아를 특징짓는 관념이 '광활함, 자연 조건의 냉혹함, 원시성, 미개척, 다양한 원주민들' 등과 같은 것들이라면, 이러한 것들이 역사적으로 러시아와 그리고 러시아인들과 어떤 관계로 설정되느냐에 따라서 시베리아의 형상은 차별화되기 마련이며, 그리고 이에 따라서 시베리아에 대한 러시아와 러시아인들의 현실적 활동 또한 달라지게 마련이다. 가령 차르 시대부터 스탈린 시대까지 러시아의 역사에서 시베리아는 악명 높은 유배지, 유형지, 수용소, 굴락(GULAG)의 땅이었다면, 이것은 '낯선 광활함, 냉혹한 자연 조건, 미개척'이라는 관념을 기반으로 러시아와 러시아인들이 시베리아를 부정적인 방식으로 접근했기 때문이다. 그리고 당연히, 이러한 부정적인 접근과 평행하여 문학에서는 유배지 문학이나 수용소 문학의 배경 공간으로서 시베리아가 설정되기도 했던 것이다.

그러나 이러한 것 말고도 러시아 문학에서는 이미 19세기부터 20세기 초에 이르기까지 시베리아에 대한 긍정적인 접근을 특징으로 하는 문학적 토포스도 형성되는데, 이것은 러시아와 러시아인들이 시베리아와 맺고 있는 그리고 맺어야 하는 관계를 시베리아에서 작가 자신이 직접적으로 겪은 체험에 대한 반성적 성찰로써 조망하는 데서 얻어진다. 따라서 이러한 긍정적인 "시베리아" 토포스는 소위 "보고 문학 형태의 산문(очерковая проза [očerkovaja proza])"을 통해서 형성되는데, 여기에 기여한 대표적인 작가들로는 라디쉬체프(А. Н. Радищев), 곤챠로프(И. А. Гончаров), 도스토예프스키(Ф. М. Достоевский), 체호프(А. П. Чехов) 등을 들 수 있다. 요컨대, 이들에게 있어서 "시베리아"란 '한편으로는 자기 자신이 익숙한 러시아에 비해서 거칠고 험한 자연 조건을 가진 광활한 곳이지만, 이곳에서 적응하며 살아가는 원주민들의 온전한 삶은 자신에게 인간과 자연 그리고 우주의 존재론적 관계에 대한 깊은 내면적 각성과 정신적 해방을 도덕적으로, 예술적으로 불러일으키는 곳'인 것이다. 이러한 문학적 토포스의 형성과 더불어, 심지어 체호프, 곤차로프, 도스토예프스키는 유럽과 아메리카, 즉 구세계와 신세계 사이에 위치하는 연결 공간으로서 미래의 시베리아라는 진보적 모형까지도 생각해 본다.

그런데 이러한 긍정적인 내용의 "시베리아" 토포스는 1960~1980년대에 동일한 장르적 전통의 연장선에서 마르티노프(Л. Н. Мартынов), 라스푸틴(В. Г. Распутин), 레브린(П. Н. Ребрин), 페트로프(И. Ф. Петров)와 같은 일련의 시베리아 "향토" 작가들에게 수용되면서 시대적 변화에 따른 새로운 한정적 내용들이 추가되는 변형을 겪게 된다. 1960년대에 들어서면서 러시아의 정치적, 사회적 상황은 소비에트연방 체제의 국가적 가치에 대한 보호와 선전에 주력하는 분위기였는데, 중앙에서 멀리 떨어진 시베리아에서는 그 같은 임무 혹은 사명을 바로 이들과 같은 "향토" 작가들이 맡게 되는 것이다. 물론 이들에게 서술 대상이 되는 것은 19~20세기 초의 작가들처럼 여행자나 유배자로서의 경험과 이에 대한 내적 성찰이 아니라, 이미 상당히 개발된 거점 도시나 이것과 연계를 맺고 있는 농촌에서의 — 즉, 향토에서의 — 시베리아적인 삶과 이에 대한 내적 성찰이다. 그렇지만 이들 역시도 이전 시대의 작가들로부터 형성된 긍정적인 "시베리아" 토포스의 핵심적인 틀, 즉 '시베리아에서의 삶과 이로부터 얻어지는 깊은 내적 성찰과 자각을 통한 자연과 인간의 일치'라는 형식의 틀은 그대로 받아들이고 있다. 하지만 이들에게 부과된 시대적 상황으로 인해서 이들의 "시베리아" 토포스에는 애국심이라는 방향성이, 시베리아적인 삶으로부터 얻는 인간 존재의 각성이야말로 소비에트연방 전체를 아우르는 것이라는 문제의식이 부가되고 있는 것이다.

러시아 문학에서 "정원과 공원" 그리고 "시베리아"라는 두 개의 토포스에 대한 이상과 같은 고찰은 문학적 토포스의 형성과 펼침, 그리고 시대적 변화에 대한 일반적 해명의 구체적 실마리를 제공해준다. 잠재적인 공통 관념이자 다수성으로서 문학적 토포스의 형성은 문학적 공간 안에서 전통의 계승이나 단절, 혁신, 이러한 것들과는 필연적인 관계가 없다. 그것은 19세기 초 "정원과 공원"의 토포스에서 보듯 라틴어 문학과 유럽 문학이라는 외부적 전통, 혹은 외부적인 문학적 토포스의 수용과 변형이 될 수도 있고, 또 19~20세기 초의 작가들에서 보듯 전통과는 상관없는 새로운 공통적 관념의 형성이 될 수도 있는 것이다. 이러한 관찰로부터 만일 일반적으로 이야기할 수 있는 것이 있다면, 그것은 문학적 토포스의 형성이 동일한 시대적 상황 속에서 일련의 작가들이 갖게 되는 유사한 문제의식과 밀접한 연관이 있다는 점이다. 이 점은 19세기 러시아 문학에서의 "잉여 인간"이나 19~20세기 초 서유럽 문학에서의 "딜레탕티즘"처럼 다른 문학적 토포스의 경우들에서도 확인될 수 있다. 그렇다면, "아름다운 여자 ⇒ 꽃"이라는 아주 일반적인 문학적 토포스는 어떨까? 사실, 이 토포스는 문학적이기도 하지만 그 이전에 우선 "꽃의 아름다움"이라는 토포스와 더불어 아주 일반적인 다문화권적 특성을 갖는 일상적 토포스이기도 하다. 따라서 이 경우 엄밀히 보자면 문학적 토포스가 형성된 것이라기보다는 일상적 토포스가 자연스럽게 문학적 공간 속에 정착한 것으로 간주되어야 할 것이다. 본질적으로 이처럼 문학적 토포스의 형성이 전통과는 상관없으며, 그보다는 오히려 일련의 작가들과 관련된 시대적 상황의 동일성과 문제의식의 유사성에 달려 있다면, 역으로 이렇게 형성되는 잠재적인 공통 관념으로서의 문학적 토포스는 각각의 예술 텍스트란 또한 특이성의 표현이기에 작가들 개개인에게서 그리고 각각의 작품 속에서 구체적 개별화로, 예술적 개성의 구현으로 실현되기 마련이다. 이것이 문학적 토포스의 펼침에 내재한 일반적 특징이라면, 그러한 펼침이 반드시 지속되어야 할 까닭은 문학적 공간 자체 내부에 필연적으로 있는 것이 아니기에, 시대적 상황의 흐름에 따라서 어떤 토포스는 그 생명력을 다하기도 하고, 또 어떤 토포스는 변형을 동반하면서 다시 나타나기도 한다. 우리의 고찰에서, "정원과 공원"의 문학적 토포스가 전자의 경우라면 "시베리아"의 토포스는 후자의 경우인 것이다.

문학적 토포스에 대한 이상과 같은 구체적이면서도 일반적인 고찰과 더불어, 한편 추가적으로 하나 더 생각해 볼 문제는 일상적 토포스가 문학적 공간 속에서 활용되는 양상들에 관한 것이다. 일반적으로, 일상적 토포스들도 문학적 토포스들과 마찬가지로 작가가 자신의 글쓰기에 있어서 기대는 공통적 근거로 활용된다. 그러나 문학적 토포스들에 기대는 이유가 시대적 상황에 대한 문제의식의 수렴이나 유사한 예술적 인식의 연장이나 공유 등과 같은 데 있다면, 일상적 토포스들을 활용하는 주된 이유는 원칙적으로 문학 텍스트화를 지배하는 다음과 같은 메타-문학적 토포스에 있다.

31) 작가의 텍스트화가 더욱더 효과적으로 참을 말할수록, 독자는 그것을 더욱더 진정한 것으로 여기게 된다.

이것은 소위 "참을 말하는 것(veridiction)으로서의 문학"이라는 토포스인데, 이에 따라 문학 텍스트화는 한편으로는 일상적 토포스들을 적절히 활용해서 내용적으로 "그럴듯한" 형상적 윤곽들이나 구성 요소들을 빚어내야 하지만 다른 한편으로는 이러한 것들 자체로는 너무 당연해서 실체적 생동감이 없기에 특이성을 불어넣어야 하는 것이다. 이를 위해서, 작가는 일련의 일상적 토포스들을 특이하게 결합시키거나, 반대로 대립적인 토포스들을 충돌시키기도 하고, 또는 주어진 일상적 토포스에 독특한 한정을 가하기도 하는 것이다.[45] 가령, 다음의 예들을 보자.

32) 푸슈킨의 소설 〈대위의 딸〉에서 주인공의 아버지인 안드레이 페트로비치의 형상화:

가) '윗사람이 아랫사람들에 대해서 더욱더 엄격하면서도 공정할수록, 더욱더 많은 권위를 얻는다.'

나) '성격이 더욱더 급하고 완고할수록, 화를 낼 때 더욱더 평정심을 잃기 쉽다.'

다) '이에 따라, 화를 낼 때 더욱더 공정함을 잃기 쉽다.'

라) '화를 더 쉽게 낼수록, 용서 또한 더 쉽게 한다.'

마) '자식이 조국을 위해 더욱더 훌륭한 일을 할수록, 아버지는 더욱더 커다란 명예와 자부심을 느낀다.'

바) '마음이 보다 너그러운 주인일수록, 기쁜 일이 있을 때는 아랫사람의 잘못을 더욱더 너그럽게 용서한다.'

33) 도스토예프스키의 소설 〈백치〉에서 미슈킨의 형상화:

가) '더욱더 어린아이와 같을수록, 영혼은 더욱더 맑다.'

나) '현실성이 결여될수록, 이상은 더욱더 공허해진다.'

다) '이상으로부터 멀어질수록, 현실은 더욱더 구원될 수 없다.'

34) 하이네의 시 〈너는 한 송이 꽃과 같다(Du bist wie eine Blume)〉에서:

가) '너는 한 송이 꽃과 같다.'

나) "나는 너를 보네, 그리고 고통이
내 마음 속에 살며시 들어오네."

(Ich schau dich an, und Wehmut
Schleicht mir ins Herz hinein.)

---

45 이에 대한 보다 자세한 설명 및 일반적 결론들은 다음을 참조할 것 – 이기웅(2007; 260–263); 이강은 · 이기웅, "리얼리즘의 서사구조에서 전형과 탈전형의 논리", 〈러시아연구〉 18권 2호, 2008, pp. 98–107.

예 32)에서 군인으로 복무한 후 명예롭게 은퇴해서 고향의 영지에서 소박하고 조용하게 살고 있는 귀족 안드레이 페트로비치를 특징짓는 권위주의적 성격은 기본적으로 토포스 가)에 기반을 두고 있다. 그러나 이것만을 통한 주인공의 아버지의 형상화는 실로 권위주의적인 인물은 되겠지만, 바로 위에서 제시된 메타-문학적인 토포스의 구조 31)에 의거하는 "참"다운 인물은 못될 것이다. 그렇지만 "권위"의 일반적 토포스인 32-가)는 이어서 나), 다), 라), 마), 바)와 같은 일련의 토포스들과 엮이면서 주인공의 아버지의 권위주의적인 형상은 구체적인 생동감을 얻게 되는 것이다. 그리고 예 33)의 경우에는, 일반적 토포스 가)는 주인공 믜슈킨의 지배적인 성격을 한정하는 것이라면, 서로 상반되는 토포스 나)와 다)는 이러한 성격의 주인공의 의식과 행동 속에서 해소되지 못하는 방식으로 충돌함으로써 비극적 생동감이 만들어지고 있는 것이다. 그리고 하이네의 잘 알려져 있는 소박한 짧은 시의 예 34)에서는, 일상적이자 문학적이기도 한 아주 일반적인 토포스 가)에 관한 표현이 시적 기조를 이룬다면, 여기에 나)와 같은 독특한 한정이 덧붙여지면서 특이한 시적 서정으로 개별화되고 있는 것이다.

일상적 토포스와 문학 텍스트화 사이의 이러한 고찰과 더불어, 마지막으로 덧붙일 일반적 언급은 주어진 언어-문화권의 특징을 잘 보여주는 일상적 토포스들 중에서 어떤 것들은 예술적, 문학적 형상화의 중요한 구성 요소로 빈번하게 채택되면서, 그 언어-문화권의 문화적 정체성을 사회적 통념의 차원에서 단적으로 나타내주는 핵심적 토포스로의 위상을 얻게 되는 경우도 있다는 것이다. 이러한 경우의 대표적인 예가 이미 앞에서 자주 언급한 한국어의 "한"이나 러시아어의 правда [pravda ≃진실], тоска [toska≃애수] 같은 일상적 토포스들일 것이다.

2.5.4. 안정적 토포스/불안정적 토포스

어떤 토포스가 언어-문화 공간의 시간적, 시대적 변화 속에서도 공통 관념으로서의 가치를 지속적으로 유지할 경우, 우리는 그것을 안정적이라고 부를 수 있다. 그러한 지속적인 가치란 물론 통시적으로도 공시적으로도 그 토포스가 해당 언어-문화 공간을 공유하는 사람들의 의식 속에서 자연스럽게 당연한 바의 것으로 받아들여지고 그러한 자연스러운 수용이 담론의 세계에서 공통적인 기반으로 작용한다는 것을 의미한다. 반면 형성된 토포스가 그러한 지속적인 가치를 유지하지 못할 경우, 당연히 그것은 불안정적인 것으로 간주될 것이다.

그런데 우리의 이러한 구분에서의 문제는 주어진 토포스가 과연 통시적으로 얼마나 긴 시간적 흐름 동안 그 같은 가치를 꾸준히 유지해야 안정적인 것으로 간주할 수 있느냐는 것이다. 이에 대한 어떤 객관적으로 명확하고 절대적인 기준의 설정이란 불가능하기 때문에, 우리는 결국 우리 자신이 속하는 시대를 중심으로 판단해볼 수밖에 없다. 즉, 만일 어떤 토포스가 현재에도 유효하고 그리고 시대적으로 어느 정도의 시기까지 거슬러 올라가는 것으로서의 과거에도 유효한 것으로 드러난다면, 그것은 안정적이라고 간주할 수 있을 것이다. 그리고 만일 그렇지 못할 경우에는, 다시 말해서 과거에는 유효했지만 지금은 더 이상 유효하지 않거나 또는 지금에만 유효한 경우에는(여기에는 가까운 미래적 추세에 대한 고려도 포함된다), 그 토포스는 불안정적인 것으로 볼 수 있을 것이다.

따라서 "안정적/불안정적"이라는 이분법적 틀에 대한 이러한 고려와 더불어 지금까지 우리가 예로 들었던 토포스들 중의 몇몇 개를 생각해 본다면, 아래와 같이 분류될 것이다.

35) 안정적 토포스들: "한", "가을 전어", "여우의 교활함", "미인-꽃", "부엉이의 지혜로움(서유럽의 경우)", уют [ujut≃안온함], правда [pravda ≃진실] 등

36) 불안정적 토포스들: "부엉이의 어리석음", "딜레탕티즘", locus amoenus(사랑스런 장소), "정원과 공원의 토포스(садово-парковый топос)", "시베리아의 토포스(топос Сибири)", "흑백인단주의(черносотенство)" 등

이와 같은 구체적인 분류의 예로부터 추론할 수 있는 것은 우선 문학적 토포스들이 전형적으로 불안정적인 토포스들이라는 것이다. 반면 다문화권적이자 추상적이고 일상적인 토포스들은 가장 안정적인 토포스들일 것이다. 위의 예에서 제시된 것들 중에서는 이러한 토포스의 경우가 없지만, 가령 '자유'나 '정의'에 관련된 토포스들을 생각해 볼 수 있을 것이다. 이어서 단일문화권적이고 추상적이며 일상적인 토포스들도 전형적으로 안정적 토포스의 유형에 속하는데, 위에서는 "한"이나 правда [pravda≃진실]가 이 경우의 예이다. 한편, 다문화권적이거나 단일문화권적이면서 구체적이고 일상적인 토포스들은 개별 경우에 따라서 안정적이거나 불안정적일 수 있다. 위에서 제시된 구체적인 토포스들 중에서, 다문화권적이며 안정적인 경우로는 "여우의 교활함", "미인 ⇒ 꽃", "부엉이의 지혜로움"이 있다. 그리고 단일문화권적인 경우들로는 "가을 전어"와 уют [ujut≃안온함]가 있다. 그리고 불안정한 토포스의 경우로는 "부엉이의 어리석음"과 "흑백인단주의(черносотенство)"가 있다.

이상과 같이, 몇 개의 다양한 토포스들에 대해서 "다문화권적/단일문화권적", "구체적/추상적", "일상적/문학적", 그리고 "안정적/불안정적"이라는 이분법적 분류 틀들을 서로 중첩해가면서 추론해 본 결과, 가장 두드러진 경향은 문학적 토포스의 불안정성과 그리고 추상적이고 일상

적인 토포스의 안정성이다. 이렇게 놓고 볼 때, 비록 비교문화학적으로는 흥미로울지 몰라도, 토포스의 다문화성이나 단일문화성은 그것이 갖는 공통적 관념으로서의 가치의 지속성과는 상관없는 것으로 판명된다. 이렇게 되는 것은 당연히, 토포스의 그러한 가치가 지속되는가의 여부는 본질적으로 그것이 위치하는 개별적인 언어-문화 공간의 시간적 변화와 직접적으로 연결되어 있기 때문이다. 물론 개별 언어-문화 공간의 변화에 다른 언어-문화 공간들이 영향을 미칠 수도 있지만, 이러한 것은 어디까지나 개별 토포스의 안정성 여부와는 직접적인 연관관계가 없는 것이다. 또한 추상적이고 일상적인 토포스들이 가장 안정적이라는 사실은 우리의 관념과 감정의 영역에서 공통적인 형태로 일반화된 문화적 전형성들이야말로 실제로 아주 오랜 시간 동안 그것들이 위치하는 개별적인 언어-문화 공간의 특징적 윤곽을 내용적으로 구성하는 핵심적 요소들로서 기능한다는 것을 말해준다고 볼 수 있을 것이다. 그리고 그러한 토포스들은 단순히 해당 언어-문화 공간의 특징적인 개별성 그 자체만을 보여주는 것이 아니라 우리의 관념과 감정의 보편성이나 일반성과 연결되어 있는 바로서의 개별성을 드러내주는 것이다.

그리고 마지막으로 이상의 관찰에서 유의해야 할 것은 토포스의 불안정성이 반드시 그것의 소멸을 의미하는 것이 아니라는 점이다. 이 점은 서로 맞물려 있는 두 가지 차원에서 그러한데, 그중 하나는 비록 지금은 더 이상 유효하지 않더라도 문화적 기억으로 남아 있다는 사실이며, 다른 하나는 바로 그렇기 때문에 언젠가 적절한 때가 오면 재유효화될 수 있는 잠재적 가능성이 존재한다는 사실이다.

Topos

III.

감정에 대하여

3.1. 일반적 고찰

3.2. 감정의 실재성

3.3. 감정의 언어적 개념화와 세분화

3.4. 감정의 언어적 표현

3.1. 일반적 고찰

감정이란 무엇인가? 사실 이 질문에 대해서 이론적으로 통일된 견해는 오늘날까지도 없다. 고대부터 지금까지 이 질문에 대한 주된 논의의 기본 축을 담당해왔던 것이 철학이라면, 19세기 후반부터는 심리학 또한 경험 과학적인 접근이 또 다른 중요한 축의 역할을 하게 된다. 그리고 지난 세기 말부터는 철학, 심리학뿐만 아니라 언어학, 생리학, 뇌신경학 등이 결합하는 인지과학적인 연구방향도 활성화된다. 이처럼 감정에 대한 연구는 비교적 최근에 와서야 여러 분야로 확대되어 가면서 더욱더 활발하고 다양한 이론적 입장과 논의들로 나타나는데, 이것은 인간의 사고와 활동에 있어서 감정의 중요성을 생각해본다면 좀 늦은 감은 있지만 당연한 일일 것이다. 특히, 근대의 합리주의적 인간관의 근저에 깔려 있던 믿음이, 즉 우리의 이성적 사고나 판단은 되도록이면 감정을 배제해야 한다거나 혹은 인간이 펼치는 세계의 구성적 활동에서 이성이 감정보다 우위를 점한다는 믿음이 차츰 근거가 없는 것으로 드러나면서, 이제 보다 바람직한 입장은 되도록이면 지성과 감정의 통일성을 확보하는 방식으로 인간에 대한, 인간의 실제 존재 방식에 대한 설명의 추구로 바뀌게 되었다. 그러나 경험적으로는 실로 자명하지만 일반 이론적으로는 해명하기 어려운 것이 바로 "감정이란 무엇인가?"라는 이 질문인 이상, 인간 존재에 대한 해명에서 이성과 감정의 통일성의 확보란 제대로 도달하기까지는 여전히 갈 길이 먼 과제로 남아 있는 실정이다. 아마도 이러한 이유를 기본적인 배경으로 해서 최근에는 감정에 대한 관심이 개별 분과 학문의 틀 안에서든 또는 다분야적인 종합적 방식으로든 상당히 활성화되는 양상을 보여주고 있는 것으로 보인다.

감정에 대한 연구의 이러한 현재적 위상과 그 맥락을 염두에 두면서,

우리는 여기서 우선 그 단적인 예로서 철학적 접근과 언어학적 접근을 살펴보기로 하자. 러시아 언어-문화 공간의 특징을 잘 보여주는 감정의 토포스들에 대한 설명이라는 우리의 연구 목적에 맞는 일반적인 이론의 정립에는 이러한 두 가지 분야에 대한 고찰만으로도 충분한데, 그것은 이미 철학적 연구 속에 다양한 심리학적 입장들에 대한 이러저러한 비판적 고찰과 검토가 반영되고 있기 때문이며, 또한 언어학적 접근 속에도 — 특히 최근의 인지 의미론의 분야 같은 데서는 — 인류학, 심리학, 철학, 뇌신경학 등과 같은 다른 분야들의 성과가 이론적 구축이나 분석적 설명 속에 활용되고 있기 때문이다.

먼저, 감정에 대한 고찰에 있어서 플라톤, 아리스토텔레스 같은 고대의 철학자들을 위시해서 현대의 현상학자들이나 분석철학자들에게 이르기까지 실로 오래 된 그리고 풍부한 전통을 갖고 있는 철학의 경우, 전체적으로 커다랗게 분류하면 다음과 같은 두 가지 경향으로 요약될 수 있을 것이다. 첫째는 플라톤, 아리스토텔레스, 그리고 스토아 철학자들로부터 시작돼서 현재까지 이어지고 있는 인지주의(cognitivism)의 경향인데, 이것은 감정을 본질적으로 세계를 향한 우리의 인지적, 지향적(intentional) 상태의 일종으로 간주한다. 크게 본다면, 이 경향에는 가령 우리의 억압당한, 무의식적인 감정의 실체적 존재를 주장하는 프로이트의 심리학이나 우리의 감정 상태는 세계에 대한 우리의 인지 및 지각 활동과 특정한 방식으로 연결되어 있다고 보는 하이데거나 사르트르와 같은 현상학적 실존주의도 포함된다고 할 수 있을 것이다. 둘째는 데카르트나 스피노자처럼 감정을 본질적으로 우리의 신체적 변용(affection)의 일종이자 그와 동시에 이것이 우리 정신에 영향을 미치거나 반영되는 것으로 간주하는 신체적 변용주의(affectionism)의 경향인데, 크게 보면 이 경향에는 가령 감정을 신체적 느낌(bodily feeling)이나 혹은 신체적 느낌의 지각으로 주장하는 19세기 후반~20세기 초 미국의 심리학자 윌리엄 제임스(William James)의 이론도 포함된다고 볼 수 있을 것이다.[1] 물론 이 양대 경향은 서로 전혀 별개이거나 차별적인 혹은 상반되는 흐름들이 아니다. 둘 사이의 차이란 요컨대, "감정이란 무엇인가?"라는 문제를 해명하는 데 있어서 우리의 정신이나 마음의 변화 양상을 우선적으로 보느냐 아니면 신체적 변화의 양상을 출발점으로 고려하느냐에 따른 것이지, 어느 한편의 변화만이 전적으로 본질적인 것이라고 주장하는 데 있는 것은 아닌 것이다. 가령 아리스토텔레스만 하더라도 다음과 같이 말하고 있다. "영혼의 모든 변용들은 — 분노, 기분 좋음, 두려움, 연민, 신뢰, 그리고 더 거론하자면, 기쁨 그리고 사랑과 미움 — 신체를 포함하는 것처럼 보이는데, 왜냐하면 이러한 것들과 동시에 신체는 일정하게 변용되기 때문이다."[2]

그러면 이러한 유의점과 더불어, 양대 경향의 장점과 단점을 살펴보도록 하자. 먼저 인지주의적인 경향의 장점은 가령 현상학적 심리학을 기획하던 젊은 시절의 사르트르가 비판적으로 제기하는 질문, 즉 "우리에게서 감정이란 과연 무슨 의미를 갖는가?" 혹은 "어떤 것에 대한 우리의 감정이란 과연 무엇을 의미하는가?"라는 근본적이고 비판적 질문에서 잘 드러난다. 감정에 관한 자신의 소책자에서 바로 이러한 질문을 통해서 사르트르는 윌리엄 제임스, 피에르 쟈네(Pierre Janet) 등과 같은 심리학자들로 대표되는 감정에 대한 고전적 이론을 비판하고 있는 것이다.[3] 확실히 철학이든 심리학이든 신체적 변용주의 경향의 이론들은 이러한

---

1 최근 옥스퍼드 대학교 출판사에서 펴낸 감정에 관한 포괄적인 철학적 편람에서는, 기묘하게도 이 양대 경향을 거론하면서 데카르트나 스피노자를 전혀 고려하지 않고 오히려 윌리엄 제임스(William James)의 이론을 신체적 변용주의의 출발점으로 소개하고 있다. P. Goldie (ed.), *The Oxford Handbook of Philosophy of Emotion*, Oxford University Press, 2010.

2 *De Anima* 1.1.403a16–9. 이것은 A. W. Price, "Emotions in Plato and Aristotle", Goldie (ed.) (2010), p. 131에서 재인용한 것이다.

3 J.-P. Sartre, *Esquisse d'une théorie des émotions*, Paris, Hermann, [1938]/1995.

질문에 대해서 제대로 대답하기가 힘들다. 물론, 사르트르 자신은 스스로 제기한 이러한 질문에 대해서 감정이란 우리의 의식이 세계에 대해서, 대상에 대해서, 지향하는 특정한 방식으로서의 의미를 갖는다고 답하고 있다.[4] 가령 어떤 문제가 안 풀리는 상황에서 우리가 화를 낼 경우, 이 경우 분노라는 감정은 그 상황에 대한 우리의 의식이 그것의 거부나 타개를 위해서 스스로 변하는 방식으로서의 의미를 갖는다고 말할 수 있다는 것이다. 혹은 또 다른 방식의 예를 든다면, "나는 그가 가증스럽기 때문에 화가 났다"가 통상적인 상황이며, "나는 화가 났기 때문에 그가 가증스럽다"라는 것은 아주 이상한 경우인 것이다.[5] 요컨대, 감정을 유발하는 지향 대상이 있기에 나의 감정은 의미가 있는 것이지, 나의 감정이 있기에 지향 대상이 있고 나의 감정에 의미가 있게 되는 것은 아닌 것이다. 이처럼, 인지주의 경향은 우리의 감정이 명백히 세계를 향해서 갖고 있는 지향성(intentionality)을 그리고 그러한 지향성의 의미를 적합하게 설명할 수 있는 장점이 있다.

그렇다면 단점은 무엇일까? 그것은 크게 두 가지를 생각해 볼 수 있다. 첫째, 우리가 방금 소개한 사르트르 식의 설명에서도 보듯, 인지주의적인 경향의 이론들은 인간의 감정 속에 지향 대상에 대한 가치평가적인 판단이라는 계기와 그리고 이에 대한 의식이나 마음 쪽에서의 반응이나 행동이라는 계기를 본질적인 것으로 간주하는데, 이것만을 가지고는 제대로 설명할 수 없는 감정의 경우들이 있는 것이다. 가령, 번지점프처럼 안전하다는 것을 알면서도 자동적으로 느끼는 두려움, 갓난아기의 감정, 그리고 인간이 아닌 동물들의 감정 등이 그러한 경우들인데, 여기서

4 Sartre([1938]/1995), p. 45 이하.
5 Sartre([1938]/1995; 62–63).

는 가치평가적인 판단이라는 계기가 제대로 적용될 수 없는 것이다.[6] 그리고 둘째, 감정에 대한 감정으로서 공감의 문제, 즉 다른 사람의 감정에 대해서 내가 "정말로 그렇다"라고 느끼는 감정의 문제가 있다. 이 경우에 대해서 인지주의적인 이론은 설명적으로 적절한 가치판단의 계기를 설정하기가 어렵다. 물론, 예술 공연, 운동 경기, 결혼, 장례 등과 같은 것을 매개로 해서 느끼는 공감의 경우는 이 이론으로 설명이 가능하다. 그러나 그야말로 측은지심의 발로나 갑자기 까닭 없는 감정적 전염과 같은 순수한 공감의 경우에는 다른 사람의 감정에 대해서 내가 그것과 같은 혹은 유사한 감정을 느끼도록 하는 가치판단적인 계기가 성립할 수 없기 때문에 인지주의적인 설명 틀로는 난점이 생길 수밖에 없는 것이다.

감정에 대한 설명에서 인지주의적인 경향의 이론들이 갖고 있는 이상과 같은 장점과 단점은 대체로 신체적 변용주의 경향의 이론들에서는 역전되어 나타난다고 볼 수 있다. 가령, 신체적 변용이 정신에 감정을 발생시키고 이로부터 정신은 신체에 운동을 발생시킨다고 생각하는 데카르트의 생각이나[7] 어떤 신체적 변화에 대한 느낌이 의식 상태 속에 일어나는 것 또는 그 같은 변화가 의식에 투영된 상태가 감정이라고 주장하는 윌리엄 제임스의 이론은[8] 확실히 감정의 본질적 계기인 지향성 및 지향성의 의미를 제대로 고려할 수 없다. 왜냐하면 당연히 어떤 자극적인 것의 지각으로부터 신체의 변화가 발생하고, 이러한 신체의 변화가 정신에

---

6 이에 대한 보다 분석적인 설명은 다음을 참고할 것 – J. Deigh, "Concepts of Emotions in Modern Philosophy and Psychology", Goldie (ed.) (2010), p. 25 이하; R. de Sousa, "The Mind's Bermuda Triangle: Philosophy of Emotions and Empirical Science", Goldie (ed.) (2010), pp. 98–102.

7 Descartes, *Les passions de l'âme*(1649), I, art. 27 및 그 이하를 참조할 것 – PDF 파일, www.ac.grenoble.fr/.../passions.pdf.

8 James Williams, *The Principles of Psychology*(1890), vols. 1 & 2, New York, Dover, 1950, p. 499. – 이것은 Deigh(2010; 20)에서 재인용한 것이다.

야기하는 느낌이나 투영이 감정으로 간주되기 때문이다. 그렇지만 이러한 단점에도 불구하고, 명백히도 신체적 변용주의 경향의 이론들은 자각 대상에 대한 가치판단적인 계기 없이 자동적으로 유발되는 감정이나 갓난아기의 감정, 다른 동물들의 감정, 그리고 순수 공감이나 까닭 없는 정서적 전염으로서의 감정을 설명하는 데 어려움이 없어 보인다.

이상과 같은 사정이라면, "감정이란 무엇인가?"에 대한 바람직한 해명은 양대 경향을 올바르게 종합화할 수 있는 가능성에서 찾아봐야 할 것이다. 오늘날 전체적으로 이것은 인지주의 경향을 중심으로 이루어지고 있는데, 그 이유는 아마도 두 가지 이유 때문인 것 같다. 첫째, 심리학, 철학, 언어학, 생물학, 인류학, 뇌신경학, 컴퓨터 공학과 같은 다양한 분야들이 교차하는 "인지 과학"의 등장 및 성장과 더불어 인간의 "마음(mind)"에 대한 탐구가 새로운 — 그러나 상당한 영향력도 있고 유망해도 보이는 — 학문적 전망이나 과제로 혹은 학문적 시류나 유행으로 부각되면서, 다방면적인 고찰이나 경험 과학적인 근거를 필요로 하는 감정에 대한 연구들도 당연히 이러한 학문적 환경의 영향 하에 놓이게 되었다는 점이다. 더구나 인간의 마음을 심층적인 차원에서는 보편적일 수도 있는 어떤 추상적인 기계나 체계로 가정하는 이러한 학문적 흐름은 과거에 이성이나 의식을 중심에 놓고 인간을 탐구하던 전통에 비해 보다 분석적이고, 경험적 사실에 의한 검증에 보다 열려 있는 것처럼 보이는 매력도 있는 것이다. 둘째, 이론적 개선이나 보완의 가능성에 있어서 인지주의적인 이론은 "마음(mind)"의 구조에 대한 가정으로부터 출발하기에 보다 열려 있는 전망을 갖는다면,[9] 신체적 변용주의적인 이론은 원인-결과의

---

9 이에 대한 보다 자세한 이론적 사례들로는 다음을 참조할 것 – Deigh(2010; 28–39), Sousa(2010), p. 100 이하. 그리고 감정은 마음의 독특한 양태(mode)이며 감정 범주들은 원형적(prototypical)이라고 주장하는 다음의 논문도 그러한 이론적 사례의 하나일 것이다 – A. Ben–Ze'ev, "The Thing

고리에 기반을 두고 몸과 마음 사이의 관계를 설정하기에 그러한 전망이 별로 없어 보인다. 다시 말해서, 후자의 입장은 도식적으로 요약하자면 {(자극적인 것의 지각으로서의 원인 → 생리적 결과로서의 신체적 변화) & (생리적인 원인으로서의 신체적 변화 → 심리적 결과로서의 감정) & (심리적 원인으로서 감정 → 생리적 결과로서의 감정 표출)}이라는 원인-결과의 연쇄적 고리에 기초하고 있는 것이다. 따라서 만일 신체적 변용주의 이론에 어떤 이론적 수정이나 보완의 가능성이 있다면, 그것은 마지막 고리, 즉 감정의 표출 과정에 대한 관찰을 근거로 감정의 그리고 감정 범주들의 일반적 기능에 대해서 이러저러한 추론적 가정들을 제시하는 정도가 될 것이다. 그렇지만 이러한 가능성은 감정 및 감정 범주의 일반적 기능에 대한 가정이 곧 나의 감정의 지향적 의미가 될 수 없는 한 그 설명적 한계가 여전할 수밖에는 없는 것처럼 보인다.

그런데 이상과 같은 일반적 고찰과 비판적 검토에도 불구하고, 우리 생각에는 신체적 변용주의의 입장에 근거해서 인지주의적인 입장을 수용할 수 있는 획기적인 가능성이 하나 남아 있는 것으로 보인다. 그리고 이것은 "마음(mind)"이라는 다소 모호한 인지적 중심을 굳이 설정하지 않아도 되기에 이론적으로 훨씬 더 단순명료하고 경험적으로도 보다 보편적일 수 있는 장점을 갖고 있다. 이러한 가능성을 우리에게 열어주는 것은 바로 인간 감정에 대한 스피노자의 성찰이다.

잘 알다시피, 스피노자의 〈에티카〉의 후반부는, 특히 III부와 IV는 감정에 관한 철학적, 윤리학적 성찰이 주된 내용을 이루고 있다.[10] 그 목적

Called Emotion", Goldie (ed.) (2010), pp. 41–62.

10 이 책에서 필자의 논의는 주로 다음과 같은 독일어 번역본에 의거하고 있다 – Spinoza, *Die Ethik*, hrsg. von O. Baensch, Hamburg, Felix Meiner, 1976. 그리고 필요한 경우에는 다음과 같은 영어 번역본도 참조하고 있다 – *Ehtics*, in *The Collected Works of Spinoza*, vol. 1, ed. and tr. by E. Curley, Princeton University Press, 1985.

은 〈에티카〉의 마지막 부분인 V부의 서문에서도 밝히고 있듯이, 인간 정신의, 이성의 힘은 올바른 앎에 있는 이상, 인간 감정의 참된 본성에 대한 이해야말로 이성의 힘을 통해서 감정들을 다스리고, 제어, 완화함으로써 — 물론 이것은 스토아 철학자들이나 그들의 추종자들이 생각하듯 우리 의지에 의한 감정의 절대적인 다스림이 아니다 — 우리를 자유의 길로 인도한다는 데 있다. 그렇다면 이러한 목적과 더불어 그의 어떤 생각이 위에서 말한 가능성을 우리에게 열어줄 수 있는 것일까? 그것은 다른 무엇보다도 우선 감정에 대한 그의 다음과 같은 정의에 있다. "나는 감정(Affekt, affectus)이란 신체의 활동력을 증대시키거나 감소시키는, 촉진시키거나 저해시키는 신체의 변용이자 동시에 이러한 변용에 대한 생각이라고 규정한다(III부/정의 3)."[11] 이 정의에서 주목할 것은 "감정은 신체의 변용이자 동시에 그것에 대한 생각"이라는 규정이다. 앞에서 언급한 바 있는 데카르트 식의 정의가 신체적 원인에 의해서 정신 속에서 발생해서 다시 신체에 영향을 미치는 것을 감정으로 규정하고 있는 반면, 스피노자의 정의에서는 육체와 정신 사이에 이러한 원인-결과 방식의 상호작용이 없다. 즉, 육체적 원인에 의해서 정신이 영향을 받는 것이 아니라, 육체의 변용과 이에 대한 정신의 생각이 서로 대응하면서 나란히 평행하게 전개되는 것이다. 물론 스피노자의 이러한 접근방식은 다음과 같은 유명한 정언들이 잘 보여주고 있는 그의 고유한 인식론적 태도에 근거한 것이다. 즉, "생각의 질서와 상호연결은 사물의 질서와 상호연결과 동일하다(ordo et connexio idearum idem est ac ordo et connexio rerum; II부/정리

11 따라서 스피노자의 이 라틴어 용어 "affectus"를 프랑스어나 독일어로는 이로부터 나온 단어인 "affect"나 "Affekt"로 옮기는 것이 가능하지만, 한국어에서는 그러한 가능성이 없기 때문에 그냥 "감정"으로 옮기는 것이 바람직해 보인다. 단, 스피노자에게서 "감정"이라는 용어가 대부분의 경우 이러한 정의의 함께 사용된다는 것을 유의할 필요가 있다(간혹 "affectio(변용)"의 뜻으로 사용되는 경우도 있지만 말이다).

7).” 그리고 “실로, 빛이 자기 자신과 어둠을 명백히 드러내주듯이, 진리는 자기 자신과 거짓에 대한 규준이다(verum index sui et falsi; II부/정리 43, 주석).” 따라서 스피노자 식의 접근방법에 따른다면, 감정에 대한 고찰에 있어서 중요한 것은 육체의 변용에 대해서 정신의 편에서 형성하는 것이 어떤 생각인가를 규명해서, 적절하게 기술하는 것이 된다. 그리고 이러한 해명과 기술의 결과가 만일 옳다면, 즉 대응하는 육체적 변용에 대한 관찰과 상동적인 것으로 판명된다면, 그것은 곧 감정의 보편적인 본질로 간주될 수 있다. 그러나 만일 틀렸다면, 그것은 지금이든 언제든 간에 다른 옳은 설명에 의해서 드러나게 될 수밖에 없다. 왜냐하면 “진리는 자기 자신과 거짓에 대한 규준이기 때문이다.”

위와 같은 스피노자의 생각을 오늘날의 관점에서 다시 해석한다면, 우리는 그가 “신체”라고 말한 것을 경험 과학적인 관점에서 좀 더 사실적으로 생각해 볼 수 있게 된다. 사실, 신체란 뇌를 포함해서 우리의 몸 전부를, 그것도 신체 기관들과 같은 거시적 차원뿐만 아니라 그것들을 구성하는 세포나 분자 조직들의 미시적 차원까지도 고려해서 생각해 볼 수 있는 것이다. 따라서 이렇게 생각되는 것으로서의 신체가 겪는 특정한 유형의 변용들과 그리고 그와 동시에 그것들에 대한 정신 편에서의 생각을 감정이라고 정의할 때, 그리고 그것은 내용적으로 혹은 지향성이나 의미화의 차원에서 정신 편에서 형성되는 생각에 대해서 행하는 우리 자신의 — 그냥 단순한 감정적 경험의 담지자로서든 아니면 연구자로서든 — 설명으로 간주할 수 있으며 또한 그러한 설명은 대응하는 신체적 변용과의 일치 여부에 대한 관찰을 통해서 검증될 수 있다고 생각한다면, 이러한 이론적 입장이야말로 앞에서 우리가 언급한 획기적인 가능성을, 즉 신체적 변용주의의 입장에 근거해서 인지주의적인 입장을 수용하는 보다 단순명료하고 경험적 보편성도 갖춘 종합화의 가능성을 열어주는 것이다. 그렇다면, 이에 따라서, 이제 "감정이란 무엇인가?"에 대한 보다 구체적인 고찰로 들어가 보도록 하자.

3.2. 감정의 실재성

먼저 개별 감정에 대한 스피노자의 설명을 구체적으로 살펴보는 것으로부터 논의를 시작하자. 가령, 우리가 "나는 그의 불행에 슬프다"라고 말할 때, 여기서 "슬픔"은 무엇을 뜻하는 것일까? 사용된 언어들 사이의 가능할 수 있는 의미적 차이를 무시하고 우선 메타-언어적인 차원에서 스피노자의 말을 따라가면, "슬픔(Trauer, tristitia)이란 보다 큰 완전성으로부터 보다 적은 완전성으로 인간의 이행이다(III부/감정의 정의 3)." 이 정의를 제대로 파악하려면 우선 "완전성"의 감소가 무엇을 뜻하는지를 알아야 하는데, 여기서는 그것을 인간의 활동력의 감소로, 특히 정신의 활동력의 감소로 이해하면 될 것이다.[12] 스피노자의 이러한 정의에서 주목할 점은 육체의 어떤 변용에 대한 정신 편에서의 생각이 바로 완전성의 감소, 즉 활동력의 감소일 때 "슬픔"이라고 규정한다는 것이다. 다시 말해서, 육체의 활동력의 감소가 곧바로 정신의 활동력의 감소의 원인이 되는 것이나 전자가 곧바로 후자와 대응하는 것만을 "슬픔"으로 규정하고 있지 않다는 점이다. 때문에 기묘하게도 스피노자는 "슬픔"의 감정이 육체와 정신 둘 다와 동시에 관련될 때, 그것을 "고통(Schmerz, dolor)"과 "애수(Trübsinn, melancholia)"라고 칭하는 것이다. 그것도 "고통"은 육체 편에서의 완전성의 감소가 정신 편에서의 그것보다 더 큰 경우로, 그리고 "애

12 이에 관해서는 다음을 참조할 것 – III부 정리 11 주석, IV부 서문 마지막 부분, 그리고 V부 정리 40.

수"는 양편에서의 변용이 동등한 경우로 구분하면서.[13] 따라서 "슬픔"이라는 일반적 감정은 육체의 변용과 정신의 변용 사이의 대응 양상에 따라서 보다 한정적으로 세분될 수도 있는 것이다.

따라서 이러한 스피노자의 정의에 따르자면, 우리가 "나는 그의 불행에 슬프다"라고 말할 때, 실재의 차원에서 "나의 슬픔"이란 '그의 불행에 대해서 직접적으로든 간접적으로든 알게 됨으로 인해서 발생한 나의 완전성의 감소, 즉 나의 신체의 어떤 변화와 동시에 정신의 활동력의 어떤 감소'를 가리킬 것이다. 그런데 이 같은 설명 방식이 단순한 의미론적 설명 방식보다 더 실재에 가깝다는 것은 가령 러시아어를 대상으로 베쥬비츠카(Wierzbicka)나 우릐손(Урысон)이 제시한 어휘 의미 분석과 비교해 보면 쉽사리 드러난다. 베쥬비츠카는 자신이 보편적이라고 상정하는 의미원소들(semantic primitives)로 구성된 일종의 의미론적 메타-언어를 활용해서 러시아어 어휘 тоска [toska≃애수]의 의미를 '어떤 좋은 것이 일어나기를 원하지만, 그것이 무엇인지는 모르고, 그것이 일어날 수 없다는 것은 알고 있는 사람이 느끼는 것'으로 분석하고 있다.[14] 그리고 우릐손은 '슬픔'에 관한 러시아어 어휘들, тоска [toska≃애수], уныние [unynie≃우수], печаль [pečal'≃슬픔], грусть [grust'≃서글픔] 사이의 공통적인 의미를 '어떤 사람이 원하는 것이 없을 때, 그리고 원하는 것이 불가능하다고 생각할 때, 종종 있는 불유쾌한 감정'으로 제시하고 있다.[15] 사실, 앞선 베쥬비츠카의 분석에서 "그것이 무엇인지는 모르고"라는 부분을 빼버리

---

13 Ⅲ부 정리 11 주석을 참조할 것.

14 다음을 참조할 것 – A. Wierzbicka, *Semantics, Culture, and Cognition*, Oxford University Press, 1992, p. 172. 베쥬비츠카는 영어를 기반으로 한 메타-언어로 분석했지만, 여기서는 그것을 한국어 메타-언어로 옮겨서 소개한다.

15 Е. В. Урысон, "Тоска 1", Ю. Д. Апресян и др., *Новый объяснительный словарь синонимов русского языка*, Т. I, Москва, Языки русской культуры, 1999, p. 441. 우릐손은 러시아어에 기반을 둔 메타-언어로 분석하지만, 마찬가지로 여기서도 한국어 메타-언어로 옮겨 놓았다.

면, 두 저자 모두 "슬픔"이라는 의미를 대동소이하게 분석하고 있음을 쉽사리 알 수 있다. 문제는 이러한 의미론적 분석들이 보다 앞에서 본 스피노자 방식의 분석보다도 일반성이 결여되었으며 또 현실성도 떨어진다는 것이다. 가령 우리가 처음에 든 예 "나는 그의 불행에 슬프다"라는 말에 "슬픔"에 대한 이들의 의미론적 기술을 적용시켜 보면, '나는 그가 불행하지 않기를 바랐지만 이것이 불가능하다는 생각에 어떤 불유쾌한 감정을 느낀다'와 같은 식의 해석이 될 수밖에 없는데, 그러나 이것이 적합하지 않은 의미 설명이라는 것은 어렵지 않게 알 수 있다. 베쥬비츠카나 우리손의 의미론적 시도가 이렇게 된 것은 "슬픔"의 원인을 '원하는 것이 불가능하다는 것을 아는 것'으로 규정하고 있기 때문이다. 물론 비단 슬픔뿐만 아니라 모든 감정에는 그것을 출현하게 만드는 원인이 있겠지만, 그러나 미리 감정의 유형에 따라서 그 원인을 내용적으로 한정해서 정의에 반영할 필요가 없으며, 또 그럴 수도 없는 것이다. 그 이유는 "아무 것이라도 우연적으로 어떤 욕망이나 어떤 기쁨, 혹은 어떤 슬픔의 원인이 될 수 있다(〈에티카〉, III부/정리 13)"는 점 때문이다. 따라서 일반적 차원에서 어떤 감정 범주를 분석, 기술할 때 중요한 것은 해당 감정과 대응되는 우리의 변용에 대한 일반적 기술 그 자체 속에 원인에 관한 지향적 내용을 제시해줄 수 있는 형식이어야 한다는 것이다. 가령, "슬픔이란 인간의 완전성의 감소"와 같은 형식으로 말이다. 이 경우 "슬픔"의 원인은 "인간의 완전성의 감소"를 출현시킬 수 있는 것이면 아무 것이라도 다 될 수 있는 것이다. 이로부터 우리는 모든 감정은 원인과 결부되지만 그러나 미리 원인을 한정함으로써 감정을 내용적으로 규정하는 방식의 설명이나 기술은 일반적인 차원에서 성립할 수 없다는 것을 알 수 있다.

그렇다면 이러한 고찰로부터 우리는 한걸음 더 나아가서, 감정의 실재성은 감정의 원인과는 상관없이 별도로 상정할 수 있는 것으로 생각할 수 있지 않을까? 사실 사람들은 "이러니까 기쁘다", "저러니까 슬프다", "그러니까 화가 난다" 등등에서 보여지는 것처럼 특정한 유형의 원인이 특정한 유형의 감정을 유발시킨다고 생각하는 데 익숙해 있으며, 이것은 비단 일반 사람들의 통념에서뿐만 아니라 연구자나 전문가들의 견해에서도 대부분 그렇다. 그러나 우리가 방금 위에서 보았듯이, 감정의 실재성을 구성하는 내용 자체가 혹은 이것에 대한 의미 기술 자체가 따로 무엇이 감정의 원인인가에 대한 설정이나 고찰을 필요로 하지 않는다는 것이다. 분명, 우리들 안에 감정의 출현에는 원인이 있다. 그러나 이것이 곧 우리로 하여금 반드시 원인에 의해서 감정이 만들어진다고, 즉 생겨난다고 단언할 수 있게 만들지는 못한다. 실제로 우리들 각자는 어떤 원인 때문에 우리 마음이나 의식이 어떤 감정 상태에 처하게 되는 일을 경험하지만, 확실한 것은 이 원인이 직접 그 감정을 만들어내는 것도 또 마음이나 의식이 직접 그것을 만들어내는 것도 아니다.

그렇다면 우리들 각자에게서 감정은 어떻게 해서 존재하게 되는 것일까? 이 질문에 대해서는 원칙적으로 두 가지 입장이 가능할 수 있다. 하나는 자기중심적인 관점인데, 이것은 어떤 원인으로 인해서 어떤 감정이 나에게서 생겨난다는 입장이다. 즉, 비록 어떤 것에 영향을 받더라도 본질적으로 감정의 발생 주체는 자기 자신이라는 것이다. 사실 감정에 관한 일반적 통념들, 전문적인 논의들이나 연구들 거의 모두 이 입장에 서 있다고 해도 과언이 아닐 것이다. 그러나 이처럼 지배적인 입장과는 다른 또 다른 입장이 가능할 수 있는데, 그것은 우선 존재의 잠재적 차원에서 감정들이란 우리들 각자와는 상관없이 이미 존재하고 있다고 생각하는 입장이다. 즉, '기쁨'이나 '슬픔'과 같은 감정들은 실재로서 그것들이 갖는 내용적 한정과 더불어 이미 잠재적으로 존재하고 있으며, 그것도 우리들 각자의 자아 속에 있는 것이 아니라 우리들 사이에서 떠돌아다니는 주체사이적(intersubjective)인, 비물질적인 실재들로 있다는 것이다. 이러한 두 번째 입장은 널리 퍼져 있는 일반적 통념이나 지배적인 학술적 견해에 어긋나는 것이기에, 다소 낯설고 기묘해 보일 수도 있을 것이다. 그러나 우리가 앞에서 살펴 본 스피노자의 생각도 실제적으로는 이 입장이 아닐까? 물론 인간 감정의 발생 메커니즘에 대한 그의 설명은 분명히 자기중심적인, 혹은 주체중심적인 틀에 근거하고 있는 것처럼 보인다. 그러나 그가 〈에티카〉의 III부 서문에서 인간의 감정은 그 자체로 고찰된다면 다른 것들과 마찬가지로 자연의 필연성과 힘을 따르는 것으로 간주될 수 있으며 또 그래야 한다는 관점을 피력했을 때, 그리고 그가 여기에 근거한 방법론에 따라서 각각의 감정들에 대한 일반적인 정의들을 제시했을 때, 실질적으로 그의 작업 내용의 결과는 감정들을 우리 각자의 내면과 상관없이 존재의 잠재적 차원에서 독립적으로 존재하는 것들로 간주하고 있는 셈 아닐까? 실제로 서구에서 주체중심이나 자기중심의 형이상학적 입장이 비판적으로 해체되는 것은 20세기 후반 구조주의의 본격적인 대두 이후에나 가능해지며, 따라서 이러한 역사적 맥락과 더불어 스피노자의 철학에 잠재해 있던 감정의 고찰에 관한 이러한 새로운 가능성의 명료한 표명은 들뢰즈와 가타리에게서나 이루어지게 되는 것이다.[16] 그렇다면 우리가 처음에 제시한 예 “나는 그의 불행에 슬프다”라는 말은 두 번째 입장에 따르면 어떻게 설명될 수 있는 것일까? 그것은 ‘잠재적 차원에서 사람들 사이에 존재하는 일반적 감정으로서의 ‘슬픔’이 내가 그의 불행을 알게 되면서 나에게 깃들어 있는 상태’를 나타내

16 특히, 다음의 것들을 참조할 것 – G. Deleuze, *Logique du sens*, Paris, Minuit, 1969; F. Guattari, “Ritornellos and existential affects”, *Discourse* 12-2, 1990; G. Deleuze et F. Guattari, *Qu'est-ce que la philosophie?*, Paris, Minuit, 1991.

는 것으로 해석될 수 있을 것이다. 요컨대, 감정이란 어떤 원인에 영향을 받아서 우리들 각자가 만들어내는 것으로 간주하는 첫 번째 입장과는 달리 두 번째 입장에서는 '기쁨', '슬픔', '분노'와 같은 감정들이란 어떤 원인을 계기로 우리들 각자에게 깃드는 것으로 여기게 되는 것이다.

그런데 여기서 우리가 이러한 두 번째 입장을 채택하면서 추가로 생각할 점은 '어떤 원인 X를 계기로 어떤 감정 Y가 나에게 깃든다'는 것은 잠재적 실재로서의 '감정 Y가 현실화된다는 것'을 뜻한다는 것이다. 즉, 보편적이거나 일반적인 것으로서의 '감정 Y가 어떤 구체적인 상황 속에 있는 특정한 경우로서의 나에게서 개별화된다는 것'이다. 이것을 다소 형식적으로 표현한다면, 다음과 같은 것이 될 것이다. 즉, Y = { y1, y2, y3, ⋯, yn/ n = ∞ } (y는 Y의 개별화의 경우).

이어서 고려해야 할 점은 주체사이적인, 비물질적 실재로서의 감정은 경험적으로 적어도 세 개의 층위, 즉 보편적 층위와 개별 언어-문화 공간의 층위, 그리고 구체적인 개인의 층위를 전제한다는 것이다. 가령, '슬픔'이라는 감정은 보편적 층위에서 주체사이적으로 존재하지만, 만일 자연 언어의 메타-언어적 활용을 전제하지 않는다면 우리는 그것에 어떻게 이름을 붙일 방법이 없다. 보편적인 자연 언어란 없으니까 말이다. 반면 특정한 언어-문화 공간의 층위에서는 이런 문제가 없다. 메타-언어적으로 "슬픔"이라고 일컬어지는 보편적 감정은 현실화되면서 가령 러시아 언어-문화 공간의 층위에서는 тоска [toska≃애수], уныние [unynie≃우수], печаль [pečal'≃슬픔], грусть [grust'≃서글픔]와 같은 어휘들을 이름으로 갖는 감정들로 세분화되는 것이다. 따라서 러시아 언어-문화 공간에서 이러한 어휘들로 지칭되는 감정들은 보편적인 감정으로서의 '슬픔'이 거기서 보다 한정적인 양태들로 현실화된 것들, 혹은 보편적인 '슬픔'이 그 공간 속에서 각각 일정한 한정적 내용들이 추가되면서 세분화된 유형의 감정들이라고 할 수 있다. 그러나 이 층위에서 이러한 어휘들의 존재만으로는 보편적 실재로서 '슬픔'의 현실화 혹은 개별화가 아직까지 완전히 이루어진 것은 아니다. 완전한 현실화 혹은 최종적인 개별화가 이루어지려면, 보편적인 '슬픔'이 혹은 러시아어로는 тоска [toska≃애수], уныние [unynie≃우수], печаль [pečal'≃슬픔], грусть [grust'≃서글픔] 등으로 불려지는 감정들이 구체적인 개별 발화자에게 깃들면서 느껴지고 또 표현되어야 하는 것이다. 따라서 가령 븨소츠키(В. С. Высоцкий)가 어떤 특정한 순간에 자신에게 깃든 '슬픔'의 감정을 다음과 같이 노래했을 때, 보편적인 감정으로서 '슬픔'의 최종적인 개별화가 이루어진 어느 한 경우가 된다.

1) И знаю я: печаль-тоску эту
Век носить с собой.

[В. С. Высоцкий, 〈Свои обиды каждый человек〉]

그리고 아네 나는, 이 애수의 슬픔을
평생 안고가야 함을.

[블라디미르 븨소츠키, 〈각자 자신의 울분들이 있다네〉]

그리고 특별한 것은 이 같은 '슬픔'의 최종적인 개별화는 표현되는 순간 그것을 구체적으로 느끼고 표현한 사람을 떠나서 독립적으로 존재하게 된다는 것이다. 다시 말해서, 븨소츠키에 의해서 위의 예 1)과 같이 특이화된 '슬픔'의 감정은 그를 떠나서 러시아 언어-문화 공간에서 주체사이적인 것으로 존재하게 되는 것이다. 이것이 가능한 것은 당연히 최종적으로 개별화되고 특이화되는 감정을 담아내는 물질적 표현이 존재하기 때문이다. 물론 일상적인 상황에서는 거의 대부분의 경우 최종적으로 개별화된 감정들은 — 그리고 따라서 그것들의 물질적 표현들은 — 거의 기억되지 않고 사라져버린다. 그러나 몇몇 특이한 경우들은 느끼고 표현한 사람을 떠나서 가족이나 친지들, 혹은 관련되는 사람들 사이에서 오랫동안 존재할 수 있다. 특히, 예술이나 대중문화 영역의 경우에는 개별화되어서 표현된 감정은 위의 1)처럼 특정한 언어-문화 공간 안에서 그것이 기억되는 한 오랫동안 존재할 수 있는 가능성을 갖게 될 수도 있는 것이다.

사실, 구체적인 상황 속의 구체적인 개인을 통해서 현실화되는 감정들이 이처럼 언어-문화 공간 안에서 주체사이적인 비물질적 실재성을 갖게 되는 것은 이전에 최초로 스토아 철학자들이 우리들 사이에서 마치 바람처럼 떠돌아다니는 비물질적인, 비현존적인 실재로서 "의미(λέκτα, lekta; 즉, '말하여진 것')"에 대해서 이야기했던 것과 흡사하다. 의미에 대한 그들의 이러한 생각에 따르면, 가령 ἄνθρωπον ζητω(anthrōpov zētō, '나는 사람을 찾고 있네')라는 디오게네스(Diogenes of Sinope)의 발화는[17] 그 의미가 발화의 주체와는 상관없이 비물질적인 실재로서 떠돌아다니기에 다른 언어로도 번역될 수 있고 또 오늘날까지 우리에게 알려질 수도 있는 것이다. 마찬가지로 표현된 바로서의 감정 역시도 우리들 각자의 내면이나 의식 밖에 실재하는 것이 되며, 바로 그렇기 때문에 개인들 사이에서 이행성(transitivity)을, 옮겨 다닐 수 있는 특성을 갖고 있는 것이다. 그리고 앞에서 우리가 잠재성의 차원에서 보편적인 실재로서의 감정이란 우리들 사이에 있는 것이라고 말했을 때 또한, 감정의 바로 이러한 본질적인 특성을 염두에 둔 것이라고 할 수 있다.

---

17 *Διογένης Λαέρτιος*, VI/41 – www.mikrosapoplous.gr./dl/dl106.html. 대낮에 디오게네스가 등불을 들고 가는 것을 보고 사람들이 왜 그러느냐고 묻자, 그는 '진정한 사람을 찾고 있다'는 의미에서 이렇게 대답했다고 한다.

그렇다면, 감정이란 어떤 원인에 의해서 인간에게서 만들어지는 것이나 혹은 인간 스스로가 만드는 것이라고 간주하는 널리 퍼져 있는 지배적인 견해에 대해서 우리는 다른 입장을, 즉 감정이란 이미 있는 주체사이적인, 비물질적 실재로서 어떤 원인을 계기로 우리들 각자에게 깃드는 것이라는 견해를 표방한다면, 전자의 입장에 대해서 후자는 과연 어떤 설명적 장점들을 가질 수 있는 것일까? 이에 관해서 우리는 다음과 같은 세 가지를 이야기할 수 있다.

첫째, 인식론적 차원에서, 후자의 입장은 감정의 보편성이나 일반성 그리고 개별성 사이의 연관성을 놓치지 않고 보다 체계적으로 설명할 수 있다. 사실, 감정에 관한 거의 대부분의 연구들이 이루어지는 방식은 이미 '기쁨', '슬픔', '분노'와 같은 감정들의 보편성이나 일반성이 당연히 있다는 것을 전제로 하고 있다. 그렇지만 전자의 입장을 취하는 한, 엄밀히 따져보면 그러한 보편성이나 일반성이 선험적으로 있다고 생각할 수 있는 인식론적 근거란 있을 수 없다. 왜냐하면 먼저 각각의 개인들에게서 감정이 만들어지는 개별 사례들에 대한 고찰이 이루어진 다음에야 비로소 이것의 일반화로서 감정의 일반성이나 보편성을 상정할 수 있기 때문이다. 그럼에도 불구하고 이러한 연구들이 처음부터 감정의 보편성이나 일반성을 전제로 하는 관찰이나 분석, 설명, 서술 등을 할 수 있는 이유는 당연히 그러한 전제를 언어적 명명(命名, naming)에, 즉 "기쁨", "슬픔", "분노"와 같은 어휘들의 존재에 기대고 있기 때문이다. 따라서 당연히 이것 덕택에, 가령 {"분노" = "분노"의 개별적 사례들의 관찰로부터 나오는 일반화 혹은 일반적 모형} 등과 같은 틀의 설명이나 연구가 가능해질 수 있는 것이다. 그러나 이러한 방식의 설명에서는 그 일반화의 정도에 따라서 보다 많은 혹은 보다 적은 경험적 타당성이야 있을 수 있겠지만, 결코 '분노'란 과연 무엇인가에 대한 본질적인 규명에 제대로 도달할 수 있는 가능성은 없다. 왜냐하면 이러한 방식의 연구는 애당초 존재의 잠재적 차원에서 존재하는 보편적인 것 혹은 일반적인 것으로서의 '분노'라는 감정의 실재성을 명확히 제시하지 않은 까닭에, 얻어진 일반화의 결과를 '분노'의 본질적 해명으로 간주할 수 있도록 만들어 주는 어떠한 인식론적 토대도 갖추고 있지 못하기 때문이다. 여기서 실례로 "분노(anger)"에 관한 원형적(prototypical) 시나리오를 제시하는 레이코프(G. Lakoff)의 인지 의미론적 설명을 보자.[18] 그는 우리 마음에서 이 "분노(anger)"가 생겨나는 것을 다음과 같은 원형적인 단계들이 이어지는 시나리오로 기술한다. 즉, 1단계: 분노하게 만드는 사건 ⇒ 2단계: 분노(anger) ⇒ 3단계: 통제의 시도 ⇒ 4단계: 통제의 실패 ⇒ 5단계: 보복 행위. 이러한 시나리오에서 우리 마음에 생겨나는 "분노(anger)"의 본질적인 정의는 당연히 2단계에, 즉 "분노(anger)" 자체에 대한 기술에 있어야 한다. 그러나 레이코프의 기술에서 우리가 발견하게 되는 것은 이 감정의 세기와 관련된 몇몇 생리적 현상들과 보복 행위의 가능성 여부 등과 같은 것들이지, "분노(anger)"란 무엇인가에 대한 본질적인 규정이나 설명은 발견할 수 없다. 사정이 이럴 수밖에 없는 것은, 이미 우리가 앞에서 지적했듯이, 존재의 잠재적 차원에서 보편적인 것으로 존재하는 '분노'의 실재성에 대한 — 비록 가정을 통해서나마 — 일정한 해명으로부터 출발하지 않았기 때문이다. 그러나 우리가 존재의 잠재적 차원에서 '분노'에 대한 다음과 같은 보편적 정의로부터 출발한다면 사정은 달라진다.

2) 분노란 미움으로 인해서 우리가 미워하는 자에게 해를 가하도록 자극하

18 G. Lakoff, *Women, Fire, and Dangerous Things*, The University of Chicago Press, 1987.

는 욕망이다."[19)]

3) 분노란 이 세계의 모든 존재들이 어떤 것이 해를 가하는 상황에 대해서 그것을 원하지 않기에, 예기치 못한 세기의 자기변화로써 거부하는 감정적 반응이다.[20)]

요컨대, 2)나 3)과 같은 정의로 표현될 수 있는 '분노'를 보편적으로 상정함으로써, 우리는 세 가지 가능성을 가질 수 있게 된다. 첫째, 이것이 개별 언어-문화 공간에서 어떻게 실현되는가를 체계적으로 관찰, 분석할 수 있게 해준다. 가령, 위의 2)나 3)을 'A'라고 한다면, 영어의 anger는 {'A' + 'a'}, 러시아어의 гнев [gnev≃분노]는 {'A' + 'b'}와 같은 방식으로 현실화되는 일반적인 경우들로 설명할 수 있는 것이다(이 경우, 영어 anger의 내용적 한정 'a'는 '사적, 행동 촉구적'으로, 러시아어 гнев [gnev≃분노]의 내용적 한정 'b'는 '도덕적 판단 지향적'으로 간주할 수 있다). 물론, 이러한 방법은 동일한 언어-문화 공간 내에서 현실화되는 다양한 유형의 "분노"들의 설명에 대해서도 적용될 수 있다. 가령, 러시아 언어-문화 공간에서 гнев [gnev≃분노], бешенство [bešenstvo≃광분], ярость [jarost'≃격분], возмущение [vozmuščenie≃분개]로 불리는 감정들에 대해서 우리는 각각 {'A' + 'a'}, {'A' + 'b'}, {'A' + 'c'}, {'A' + 'c'}로 설명할 수 있는 것이다. 둘째, 이를 통해서, 개별 언어-문화 공간 내에서 어떤 구체적인 상황 속에 있는 어떤 특정한 개인에게 깃드는 '분노'에 대해서 {'A' + 'a' + 'α'}, 혹은 {'A' + 'a' + 'β'}, 혹은 {'A' + 'a'

19 〈에티카〉, Ⅲ부, 감정의 정의 36. 스피노자의 이 정의를 제대로 이해하기 위해서는 적어도 "욕망", "미움" 등에 대한 그의 다음 정의들도 참조할 필요가 있다 – Ⅲ부, 감정의 정의 1과 7.

20 이것은 스피노자의 정의를 수정, 보완한 것이다. 자세한 것은 다음 논문을 참조할 것 – 이기웅, "감정과 언어 – 러시아어에서 '분노'에 대한 표현을 중심으로", 〈러시아어문학연구논집〉 34집, 2010.

+ 'γ'} 식으로 설명할 수 있게 된다(여기서 'α', 'β', 'γ' 등은 가령 영어의 anger 혹은 러시아어의 гнев [gnev≃분노]가 특정한 상황의 특정한 개인에게서 특이화된 내용적 한정을 가리킨다). 셋째, 바로 이러한 방식으로 첫 번째와 두 번째 같은 분석적, 설명적 작업들을 해나가면서 우리는 위의 2)나 3)과 같은 '분노'의 보편적 정의도 필요하다면 좀 더 적합한 보다 좋은 것으로 수정·보완할 수 있는 것이다.

그리고 감정에 대해서 이상과 같은 방식의 체계적인 고찰을 가능하게 하는 이론적 입장이 갖는 두 번째 장점은 사실에 대한 설명력에 있다. 특히, 나의 감정 표현에 대해서 상대방이 이해가 가능하다는 사실 그리고 순순한 공감과 같은 사실에 대한 설명력이 문제가 된다. 만일 감정이란 어떤 외부적 원인에 의해서 내가 만들어내는 심리-생리적 현상일 뿐이라면, 타자가 나의 감정 표현을 그 즉시로 느끼거나 알아차리거나 헤아릴 수 있는 것을 어떻게 설명할 수 있을까? 만일 사람들이 어떤 감정을 표현할 때 일반적으로 공통된 행동 패턴을 보인다는 사실 때문에 그러한 사실에 대한 설명이 가능하다고 한다면, 수많은 사람들 각자가 무수히 많은 구체적인 상황들 속에서 만들어내는 개별화된 감정들 사이의 동일성이나 유사성이 여전히 문제가 된다. 다시 말해서, 모든 사람들 각자는 자신의 고유한 감정적 경험들이 있는데, 이것들이 어떻게 서로 소통되고, 공유되고, 또 동일화될 수 있는가는 여전히 설명되어야 할 문제로 남는 것이다. 그러나 우리들 각자의 개별적인 감정적 경험들과는 별도로 감정들이란 이미 우리들 사이에 있는 비물질적인 실재라고 한다면, 이 문제를 따로 힘겹게 설명하지 않아도 된다. 가령, 우리들 사이에 이미 '기쁨', '슬픔', '분노' 등의 감정들이 있어서 그것들이 나에게 이미 깃든 경험이 있기에 나는 그것들이 깃든 타자의 표현들을 이해하고 느낄 수도 있으며, 또 타자의 감정들에 공감하거나 전염될 수도 있는 것이다. 스피노자에 따르면, "감정 모방(Nachahmung der Affekte, affectuum imitatio)"은 비개인적(impersonal) 감정인데, 가령 타자의 불행에 대해서 그리고 불행으로 인한 "슬픔"에 대해서 "슬픔"을 느끼는 "동정(Mitleid, commiseratio)"이 그 대표적인 것이다.[21] 요컨대, '슬픔'의 개별적인 경우들은 달라도 모두 '슬픔'일 수 있는 것은 이미 이 감정이 우리들 사이에 이미 보편적이거나 일반적인 비물질적 실재로 존재하고 있기 때문인 것이다.

이러한 이론적 입장이 갖는 세 번째 장점은 감정과 언어의 관계를 혼동하지 않도록 해줄 수 있다는 데 있다. 앞에서 보았듯이, 존재의 잠재적 층위에 위치하는 비물질적 실재로서 감정은 그것의 현실화, 개별화 과정에서 적어도 세 가지 층위의 존재를, 잠재적 보편성의 층위와 개별 언어-문화 공간의 층위, 그리고 구체적 개인의 층위를 전제한다. 따라서 이러한 구분이 이루어지는 한, 우리는 감정에 대한 보편적 혹은 일반적 담론을 펼치는 데 있어서, 어떤 층위에 위치하는 감정을 언어적으로 지칭하는가를 명확히 할 수 있는 것이다. 먼저, 존재의 잠재적 보편성의 층위에서는, 가령 실재로서 '기쁨'이라는 감정을 지칭하는 명칭들이란 단지 어떤 사람이 "나는 그것을 이렇게 부르겠다"라고 명명하는 것에 지나지 않는다. 따라서 원칙적으로, 보편적 실재로서의 '기쁨'에 대해서 우리는 이러한 명명 행위만 명확히 밝혀준다면 그 어떤 것으로 불러도, 가령 "Frued", "joy", "joie", "ἡδονή [hēdonē]", "laetitia", "радость [radost']" 등이나, 심지어 "A"라고 불러도 상관없다. 이 층위와 대응하는 자연 언어란 존재하지 않는 것이다. 단지 우리가 이러한 이름 지정 행위에서 통상 자연 언어의 어휘를 사용하는 것은 내용적 유사성이 있는 명칭을 사용함으로써 지칭되는 대상에 대한 기억이나 이해를 쉽게 하

21 〈에티카〉, III부 정리 22, 27.

기 위한 이유에서이다. 따라서 잠재적인 보편적 실재로서 감정이 위치하는 보편적 층위에서의 핵심적인 과제는 이러한 인위적인 명칭 부여를 통해서 보이지 않는 것을 명시하는 것, 즉 가시적인 것으로 만들어서 본질적 특징을 파악할 수 있도록 해주는 것이다. 이것은 가령 “기쁨”, “슬픔”, “분노” 등으로 불려지는 보편적 실재로서의 감정들 각각이 갖는 본질적인 속성의 개념적 설명이나 기술로써 이루어진다. 이러한 설명이나 기술은 물론 다분히 가정적인 성격을 띤다. 이어서 개별 언어-문화 공간의 층위에서 감정은 자연 언어에 의한 명칭 부여와 개념화 그리고 세분화를 통해서 현실화된다. 그런데 이러한 현실화는 아직 완전히 개별화하지 않은 것이기에 이중적 양상을 보인다. 즉, 이 층위에서는 감정 어휘들 속에 한편으로는 보편적 실재로서 감정이 갖는 본질적 속성들도 반영되지만 다른 한편으로는 사회적, 언어적, 문화적 관습성도 반영된다. 가령, ‘슬픔’이라는 감정은 러시아 언어-공간에서 감정의 세기(intensity)에 따라서 다음과 같은 일련의 어휘들로 세분화된다. тоска [toska≃애수], уныние [≃우수] 〉 горе [gore≃비통] 〉 печаль [pečal’≃슬픔] 〉 грусть [grust’≃서글픔].[22] 이처럼, ‘슬픔’이란 — 그리고 다른 감정들 역시도 — 세기에 따라 변화한다는 본질적 속성이 어휘적 세분화의 토대가 되고 있는 것이다. 그러나 ‘슬픔’의 세기라는 잣대 위에 어떻게 어휘적으로 눈금을 긋느냐는 전적으로 러시아어 고유의 문제이다. 그리고 이러한 어휘적 세분화에는 세기뿐만 아니라 다른 내용적 한정도 활용되기 마련이다. 만일 이러한 어휘들 중에서 통상 печаль [pečal’≃슬픔]이 내용적으로 무표적인 것이라면, 이에 대해 тоска [toska≃애수]는 ‘막연한 지향 대상에 대한, 그리고 극복하고자 하는 욕망은 있으나 그럴 수 없는 강

22 ‘슬픔’과 관련된 러시아 어휘들의 보다 상세한 고찰은 다음 논문을 참조할 것 – 이기웅(2012).

한 슬픔'을, уныние [unynie≃우수]는 '병리적인 침울함이 동반되는 강한 슬픔'을, горе [gore≃비통]는 '상실감에 젖은 슬픔'을, 그리고 грусть [grust'≃서글픔]는 '비교적으로 얕은 감정의 슬픔'을 가리키는 것이다. 그리고 이 가운데서 тоска [toska≃애수]가 '러시아적 슬픔'을 전형적으로 나타낸다고 하는 문화적 한정도 나타난다. 다시 말해서, тоска [toska≃애수]가 '슬픔'의 러시아적 전형성으로 간주되고, 토포스로 받아들여지는 문화적 과정도 발생하는 것이다. 이처럼, 보편적 실재로서의 감정은 그것이 갖는 제반 양태들과 더불어 개별 언어-문화 공간의 층위에서 세분화되면서, 또한 사회적, 언어적, 문화적 한정성들을 얻게 되는 것이다. 따라서 위의 러시아어 예가 잘 보여주고 있듯이, '슬픔'이라는 보편적 실재에 대해서 개별 언어-문화 공간에서 그것을 가리키는 자연 언어적 명칭들로서 일련의 감정 어휘들이 담고 있는 내용은 단순히 '슬픔'이 그 자체의 고유한 양태에 따라서 세분화되고 분류화되고 범주화되는 것과 반드시 일치하지는 않으며, 거기에는 다양한 사회적, 언어적, 문화적 요인들로부터 나오는 의미적, 개념적 한정성들도 반영되게 마련이다. 바로 이 때문에 감정의 언어적 개념화 및 세분화는 가령 물리적 연속체로서의 색채에 대해 개별 언어에 따라 상대적인 어휘적 구분 및 세분화와 일견 비슷해 보이면서도 본질적으로는 다른 양상을 보이는 것이다. 그러면 다음의 논의를 통해서 이 점을 보다 구체적으로 상세히 살펴보도록 하자.

3.3. 감정의 언어적 개념화와 세분화

보편적 실재로서의 어떤 한 감정에 대해서 그것이 개념화되고 어휘화되는 양상은 개별 언어에 따라서 상대적으로 달라질 수 있다. 따라서 감정의 세기라는 잣대 위에서의 어휘적 세분화는 개별 언어마다 상대적으로 다른 구조적 분할의 모습을 보여준다. 가령, '슬픔'이라는 감정의 강도에 따라서 러시아어와 영어가 각각 보여주는 어휘화의 양상을 다소 피상적인 수준에서 대조적으로 살펴보면, 다음과 같은 구조적 분할의 모습을 보인다. 즉, 러시아어에서는 тоска [toska≃애수] 〉 горе [gore≃비통] 〉 печаль [pečal'≃슬픔] 〉 грусть [grust'≃서글픔]와 같은 모습을 보인다면, 영어에서는 blues (≃우수) 〉 grief (≃비통) 〉 sorrow (≃비애) 〉 sadness (≃슬픔)와 같은 양상으로 나타난다.[23] 그리고 만일 두 언어 모두 슬픔의 세기를 4개의 어휘들을 통해서 세분하고 있다는 것을 사실로 받아들인다면, 언뜻 다음과 같은 대응관계를 착안해볼 수도 있을 것이다. 요컨대, тоска ≃ blues 〉 горе ≃ grief 〉 печаль ≃ sorrow 〉 грусть ≃ sadness. 그런데, 이러한 다소 피상적인 대조로부터 과연 우리는 러시아어와 영어가 슬픔의 강도를 거의 동일한 방식으로 세분화하고 있다고 말할 수 있는 것일까? 결코 그렇지는 않은데, 그것은 가령 тоска [toska]와 blues 각각의 실제 용례에 대한 아래와 같이 아주 간단한 언어 사실들만을 보더라도 자명하다.

4) безнадежная [beznadežnaja]/ чёрная [čërnaja]/ отчаянная тоска [otčajannaja toska]
≃ hopeless/ black/ desperate blues
희망 없는/ 암담한/ 절망적인 우수

5) - сохнуть от тоски [soxnut' ot toski]
슬픔에 초췌해지다
*dry with blues; dry with anguish

23 이러한 대조는 다음의 논문에 근거한 것이다 – В. Ю. Апресян, "Опыт кластерного анализа: русские и английские эмоциональные концепты", *Вопросы языкознания* № 2, 2011.

- повеситься с тоски [povesit'sja s toski]
  슬픔에 목매달다
  *hang oneself with blues; hang oneself with anguish

위의 예 4)는 '강한 슬픔'을 지칭하는 어휘로서 러시아어의 тоска [toska]와 영어의 blues 사이의 의미적 유사성을 보여준다면, 예 5)는 그럼에도 불구하고 둘 사이에 차이가 있다는 것을 보여주고 있다. 요컨대, 러시아어의 тоска [toska]는 영어의 blues가 지칭하는 것보다 더 강한 슬픔을 나타낼 뿐만 아니라 또한 경우에 따라서는 의미적으로 영어에서 anguish '애통', grief '비통' distress '비탄'과 같은 일련의 다른 단어들과도 대응될 수 있는 것이다.[24)]

이처럼 비교적 간단한 언어 사실의 대조적 고찰에서도 잘 드러나고 있듯이, 감정의 개념화 및 어휘적 세분화는 개별 언어들 사이에 유사성이 존재하는 경우에조차도 여전히 서로 일대일로 대응될 수 없는 차별화의 양상을 보여준다. 사정이 이럴 수밖에 없는 것은 필연적으로 다음과 같은 세 가지 이유 때문이다.

첫째, 보편적 실재로서의 어떤 한 감정에 대해서 그것을 개념적으로 그리고 따라서 어휘적으로 세분화하는 방식은 언어 체계들마다 상대적으로 다르기 때문이다. 가령, 바로 위의 관찰에서 본 것처럼, '슬픔'이란 보편적 실재의 범주적 경계 내에서 러시아어의 тоска [toska]가 개념화하는 슬픔의 영역은 영어의 blues가 개념화하는 것과 동일하거나 그보다 더 강한 감정의 영역을 대상으로 하며, 마찬가지로 러시아어의 грусть

---

24 이러한 다양한 대응 양상은 이미 이 책의 2.5.2절에서 예 30)을 통해 우리가 프랑스어를 대상으로 살펴본 경우와 유사하다고 할 수 있다.

[grust']는 영어의 sadness에 대응되는 다소 약한 슬픔의 영역과 동일하거나 그보다 더 미약한 영역을 대상으로 하도록 개념화되어 있다고 말할 수도 있을 법한 것이다. 만일 이 정도의 피상적인 수준에서 분석적 설명이 멈춘다면, 감정에 대한 언어적 개념화와 세분화에 대해서 그것이 그려내는 언어학적, 의미론적 모형은 훔볼트(W. von Humboldt), 워프(L. Whorf), 바이스게르버(L. Weisgerber) 등으로 이어지는 언어 상대주의의 이론적 틀 속에, 즉 언어들 사이의 차이는 상이한 문화적 개념화나 세계관들의 차이의 반영이라는 입장에 안주하는 것이 될 것이다. 혹은 소쉬르의 〈일반 언어학 강의〉 속에서 표명된 생각, 즉 현상들의 연속체로서 언어 외적 세계의 불연속적인 구분과 나눔은 언어 기호들 사이의 대립과 구분에 의해서 이루어진다는 생각을, 그리고 이를 계승해서 발전시킨 구조주의 의미론자들의 관점을,[25] 혹은 보다 상세히 말하자면 가령 어떤 한 감정 범주에 대한 개념적, 어휘적 세분화를 만들어내는 단어들 중에서 적어도 기본적인 것들은 — 즉, 차용이나 복잡한 파생에 의한 것들이 아닌 경우라면 — 전체적으로 상보적 분류를 만들어내는 개념 체계를 형성한다는 이론적 관점을 벗어나지 않는 것이 될 것이다. 그러나 적어도 감정의 언어적 개념화 및 어휘적 세분화와 관련해서 실제로 관찰되는 언어 사실들은 일반적으로 이 같은 단순한 이론적 틀들을 벗어나는 양상들을 보인다. 이것은 한국어의 경우를 보더라도 쉽사리 알 수 있다.[26] 가령, '슬픔'의 어휘들은 감정의 세기를 놓고 본다면 적어도 다음과 같은 세분화의 양상을 보이는 것 같다. 즉, "애수", "우수" 〉 "비애" 〉

25 이들 중 몇몇을 꼽는다면, 가령 옐름슬레우(L. Helmslev), 코세리우(E. Coseriu), 발딩거(K. Baldinger), 그레마스(A. Greimas) 등을 열거할 수 있을 것이다.

26 '분노' 그리고 '슬픔'의 어휘들과 관련된 러시아어에서의 이와 유사한 고찰은 다음 논문들을 참조할 것 – 이기웅(2010), 이기웅(2012).

“애통”, “애통함”, “비통”, “비통함” 〉 “슬픔” 〉 “서러움”, “서글픔”. 그렇지만 이러한 구분의 경계는 해당 어휘들의 실제 용법상 절대적이지도 고정적이지도 않으며, 또한 다른 차별적 변수들도 고려해야 한다. 아래의 예들을 보자.

6) 친구의 죽음에, 서러움/ 서글픔/ 슬픔/ 비통/ 애통/비애/ *우수/ *애수를 느끼다.

7) 서러움/ 서글픔/ 슬픔/ 비통함/ 애통함/ *비애/ *우수/ *애수의 감정이 복받쳐 오르다.

8) 늦가을 쓸쓸한 계곡의 풍경에, *서러움/ *서글픔/ 슬픔/ *비통/ *애통/ *비애/ 우수/ 애수를 느끼다.

9) 그 시인의 일생은 *서러움/ *서글픔/ 슬픔/ 비통함/ 애통함/ 비애/ 우수/ 애수로 가득 찼다.

10) 오갈 데 없는 처지에, 서러움/ 서글픔/ 슬픔/ 애통함/ 비통함/ 비애/ *우수/ *애수를 느끼다.

11) 깊은 *서러움/ *서글픔/ 슬픔/ 비통함/ 애통함/ 비애/ 우수/ 애수.

12) *서러움/ *서글픔/ 슬픔/ ?비통함/ ?애통함/ ?비애/ 우수/ 애수에 빠져 망연자실하다.

13) 그의 *서러움/ *서글픔/ 슬픔/ *비통함/ *애통함/ *비애/ 우수/ *애수는 병적이다.

14) 한없는 서러움/ 서글픔/ 슬픔/ 비통/ 애통/ 비애/ 우수/ 애수

무수히 많은 이러한 식의 관찰들을 통해 두드러지는 점은 한국어에서 “슬픔”이 가장 일반적인 용례를 특징으로 하는 어휘이며, 때문에 이 어휘

는 나머지 다른 어휘들을 의미적 뉘앙스의 유무와는 상관없이 대체할 수 있다는 사실이다. 또한 서로 교체될 수 있는 문맥에 위치하는 어휘들의 경우에는 그것들 사이에 객관적으로 명확히 규정될 수 있는 어떤 개념적, 의미적 차이가 잘 감지되지 않는다는 사실이다.

따라서, 개별 언어들 사이에서 내용적으로 동일한 감정의 범주에 속한다고 여겨지는 어휘들의 대조비교가 그리고 마찬가지로 적절한 번역이 어려운 것은 어휘 체계들 간의 구조적 차이라는 첫 번째 이유도 있지만, 또한 위와 같은 고찰에서 잘 드러나고 있는 것과 같은 두 번째 이유도 있다. 즉, 개별 언어 내에서 어떤 한 감정의 범주를 언어적으로 개념화하고 세분화해서 지칭하는 일련의 어휘들은 그것들 사이에서 단순히 대립적인 상보적 분포와 용례를 보이는 것이 아니라 그중에서 가장 일반적인 용례를 갖는 어휘를 중심으로 일정한 의미론적 원칙에 따라서 때로는 서로 배타적인, 때로는 개념적 경계가 서로 겹치는, 그리고 때로는 서로 동의적인 관계를 보이는 것이다. 그리고 우리는 한 언어 내에서 내용적으로 동일한 감정 범주에 속하는 일련의 어휘들을 특징짓는 이러한 유동적이고 역동적인 양상에 대해서 그것을 관통하는 의미론적 원칙으로서 아래와 같은 두 가지를 제시할 수 있다.

15) 의미적 한정의 대체 원칙:

만일 동일한 의미적 잣대 'S' 상에 위치하는 동의어 A, B 사이의 의미적 차별화가 의미적 한정 'a', 'b'에 의한 것이라면, 다시 말해서 A = 'S' + 'a', B = 'S' + 'b'라면, 그리고 A, B 중에서 A가 무표항이라면, 즉 의미적 한정 'a'의 적용범위가 'b'의 적용범위를 포괄하거나 더 넓다면, 그렇다면 유표적 의미적 한정 'b'가 반드시 요구되지 않는 문맥에서는 무표항 A가 유표항 B를 대체할 수 있다.

16) 의미적 한정의 비배타성 원칙:
동의어인 A = 'S' + 'a', B = 'S' + 'b'에 대해서, 만일 문맥적으로 허용 또는 요구되는 경우에는 의미적 한정 'a'와 'b'는 서로를 배제하지 않는다.

이 두 원칙 중에서 15)는 가령 개별 언어 내에서 '슬픔'에 관한 개념적 세분화들을 나타내는 일련의 어휘들에 대해서 왜 한국어에서는 "슬픔"이, 러시아어에서는 печаль [pečal'≃슬픔]이, 영어에서는 sadness가, 그리고 프랑스어에서는 tristesse가 동의적인 다른 어휘들을 대체할 수 있는 일종의 무표적 어휘로서 기능하는지를 설명할 수 있게 해준다. 마찬가지로, 가령 '분노'에 대한 어휘적 세분화에 대해서도 무표항으로서 우리는 한국어에서는 "분노"를, 러시아어에서는 гнев [gnev≃분노]를, 영어에서는 anger를 그리고 프랑스어에서는 colère를 들 수 있는 것이다. 한편, 위의 원칙 16)은 일반적으로 동일한 감정의 범주에 속하는 개념들을 내용면으로 갖는 일련의 어휘들 사이에서 발견되는 문맥적 상호 대체 가능성의 현상을 설명해준다. 이 현상 또한 언어 일반적이며, 그리고 또한 앞의 한국어에 관한 예 6)~14)에서 보듯 감정에 관한 동의어들 사이에 용법상 대단히 유동적이고 역동적인 관계들을 만들어낸다. 언어 상호간의 감정 어휘 체계의 구조적 차이뿐만 아니라 또한 한 언어 내에서 나타나는 바로 이러한 관계화의 복잡한 양상들 때문에, 한 언어의 어떤 감정 어휘를 다른 언어의 특정한 감정 어휘와 일대일로 고정적으로 대응시켜서 파악하거나 혹은 통·번역하는 것이 불가능해지는 것이다. 요컨대, 우리가 앞에서 이미 언급한 것처럼, '슬픔'에 관한 어휘 체계들에 있어서 가령 тоска [toska] = blues = "애수" 〉 горе [gore] = grief = "비통" 〉 печаль [pečal'] = sorrow = "슬픔" 〉 грусть [grust'] = sadness = "서러움" 등과 같은 단순한 방식으로 고정적으로 대응해서 파악하거나 번역하는 것은 비록 편의상 허용될 수 있을지라도 결코 실제 사실과 부합할 수는 없다.

한편 감정 어휘들과 관계해서 이러한 식의 파악이나 통·번역을 어렵게 만드는 또 다른 세 번째 이유가 있는데, 이것은 어떻게 보면 바로 앞에서 설명한 두 번째 이유와는 다소 상반되는 성격의 것이기도 하다. 말하자면, 두 번째 이유는 같은 내용적 범주에 속하는 어휘들 사이에 성립할 수 있는 문맥적 동의성 혹은 동일성으로부터 나오는 것이라면, 이 세 번째 이유는 그것들 사이에 가능한 한 차별화되려는 경향으로부터 기인하는 것이다. 일반적으로, 주어진 동의적 표현 A, B 간의 차별화된 실제 의미는 아래와 같이 정식화된다.

17) 실제-의미(A, Ci) = {x | 선호되는-이유('S' + 'a', x, Ci)},
실제-의미(B, Cj) = {y | 선호되는-이유('S' + 'b', y, Cj)}
(C = 문맥, Ci ≠ Cj, 그리고 x, y = 타당한 언어적 진술)

다시 말해서, 동의적인 A와 B가 각각 서로 다른 문맥에서 선호되는 이유에 대한 타당한 언어적 설명이 이것들의 차별화된 실제 의미인 것이다. 물론, 이 같은 방식의 정식화는 어휘 층위에만 국한되지 않으며, 원칙적으로 자연 언어의 형태소 이상의 층위에 위치하는 모든 구성적 단위에 적용될 수 있는 아주 일반적인 성격의 것이다(가령, "목" 대 "모가지", 능동문 대 피동문 등과 같은 동의적 표현들에 있어서의 실제 의미상의 차이를 생각해 보라). 이로부터, 한 언어 내에서 동일한 감정 범주들의 개념적, 언어적 세분화를 보여주는 일련의 어휘들은 비록 그것들 중에 무표적인 것이 존재할지라도 각각 다른 것들과는 차별화되는 혹은 선호되는 개별적인 용법들과 결부되려는 경향을 보이게 되는 것이다. 이러한 경향을 실제로 잘 보여주는 것이 가령 앞의 한국어 예 13)과 같은 것들이다. 즉, “우수”와 “애수”가 아주 강한 슬픔의 감정을 지칭하는 공통점이 있을 지라도 ‘병적인 우울함이 동반되는 슬픔’의 문맥에서는 “우수”가 선호되는 것이다. 이러한 구분을 보다 선명하게 보여주는 것은 가령 러시아어에서 тоска [toska≃애수] 대 уныние[unynie≃우수] 사이의 차별화일 것이다. 둘 다 모두 아주 강한 슬픔을 지칭한다는 공통점이 있지만, ‘병리적 침울함을 특징으로 하는 슬픔의 상태’에 대해서는 уныние [unynie]가 선호되며, 바로 이 때문에 ‘슬픔’에 관한 여러 어휘들 중에서 이것만이 я был в унынии [ja byl v unynii, 나는 슬픈 침잠의 상태에 있었다]와 같은 구문이 가능해지는 것이다.[27] 이러한 사실에 대한 또 다른 예로서, 가령 “슬픔”, печаль [pečal’], sadness, tristesse 등과 같은 ‘슬픔’에 관한 무표적인 어휘들은 각자 해당 언어에서 ‘가까운 존재의 상실의 슬픔’이라는 의미적 한정을 갖는 “비통함”, горе [gore≃비통], grief, deuil 등과 같은 어휘들과도 많은 경우 자유롭게 대체될 수 있는 관계에 있지만, 그러나 역으로 바로 이러한 의미적 한정성으로 인해서 가령 “??달콤한 비통함”, ??сладкое горе [sladkoe gore≃??달콤한 비통], ??sweet grief, ??deuil doux 등과 같은 결합적 제약을 갖게 되는 것이다. 물론, 무표적인 어휘들은 그 자체로 이러한 결합적 제약이 없다. 그런데 한 언어 내에서 감정 어휘가 갖는 특징적인 의미적 한정성들 중에는 그 언어가 사용되는 공동체나 나라에 고유한 사회-문화적 맥락과 결부되는 내용들도 있다. 그리고 바로 이 같은 측면이 부각되거나 혹은 거기에 초점이

27 이에 대한 보다 자세한 설명은 다음을 참조할 것 – Е. В. Урысон(1999), “Тоска 1”, “Тоска 2”. 또는 이것을 활용하고 있는 이기웅(2012)의 논문을 참조할 것.

맞춰지는 경우에는 해당 언어의 독특한 감정 어휘에 대한 적절한 등가물이나 대응물을 다른 언어에서 찾기 어렵게 되는 것이다. 이 점을 전형적으로 잘 보여주는 것이 — 물론 다른 다양한 언어-문화적인 한정적 경우들도 있지만 — 바로 토포스의 경우일 것이다. 즉, 한 언어 내에서 특정한 감정을 혹은 그것에 대한 관념을 지칭하는 어떤 어휘의 경우, 그것이 갖는 다의적인 내용들 중에서 — 모든 어휘는 다의적이다 — 일부가 해당 감정에 대한 토포스를, 다시 말해서 해당 감정의 제반 양태들 중에서 그 언어가 속한 언어-문화권의 사람들이 자신들에게 고유한 전형적인 것이라고 여기는 다소간 어떤 공통적인 내용을 갖게 될 수 있는 것이다. 가령 '슬픔'과 관련해서, 한국어의 "한"이나 러시아어의 тоска [toska]로 지칭되는 토포스들이 그 단적인 예라면, 또한 근대 서유럽의 경우에는 "멜랑콜리아"로(라틴어 melancholia, 프랑스어 mélancolie, 영어 melancholy, 독일어 Melancholie 등으로) 지칭되는 토포스가 대표적인 예일 것이다.[28] 그리고 이러한 어휘들로 지칭되는 토포스의 내용이 왜 다른 언어-문화권의 어휘로 적절히 옮겨지거나 대응되는 데 난점이 생기는가는 이미 이 책의 2.5.2절에서 추상적 토포스에 대해 설명하면서 이야기한 바 있다.

이상의 고찰들을 통해서, 우리는 언어 체계 내에서 이루어지는 감정 어휘들에 의한 감정의 언어적 개념화 및 세분화가 언어 상대주의나 고전적인 구조주의 의미론의 주장과는 다른 양상을 보인다는 것을 구체적으로 알 수 있다. 상이한 언어들 사이에서, 동일한 감정 범주와 관련된 일련의 어휘들을 일대일로 혹은 평행적으로 대응시켜 가면서 감정의 언어적

28 "멜랑콜리아"의 토포스는 다음과 같이 정의될 수 있다 – MELANCHOLIA: { (A) '슬픔의 보편적 정의' + (a1) '이 세계 내 실존의 비극성에 대한 자각' + (a2) '어떤 기다림의 태도' } ⇒ {'X'} (X = 이러한 종류의 슬픔의 감정, 혹은 그것과 결합되어서 나오는 감정 효과). 이에 대한 보다 자세한 설명은 이 책의 부록을 참조할 것.

개념화와 세분화를 설명하려는 시도들이 그리고 이러한 것들로부터 언어와 세계의 관계에 대한 어떤 일반론적 것을 이끌어내는 입장들이 실제 사실과 얼마나 차이 나는지는 그러한 시도들의 곤란함에 관해서 우리가 지금까지 위에서 설명해온 세 가지 이유를 통해서 명백히 드러나고 있다.

가령, 언어들 간의 차이는 세계관의 차이라고 주장하는 빌헬름 폰 훔볼트의 입장이나 이것을 좀 더 언어학적으로, 문화학적으로 세련화한 일상적 세계상(naive picture of world, наивная картина мира) 의미론에 따르면, 어떤 언어의 특정한 어휘로 표현되는 내용은 만일 다른 언어에 그것과 개념적 등가를 이루는 어휘나 어휘들 혹은 표현이 없다면, 그렇다면 그것은 다른 언어로는 온전히 이해될 수 없다. 그렇지만 이러한 식의 주장은 원칙상 본말을 전도하고 있는데, 왜냐하면 주어진 한 어휘의 실제 의미란 경험적으로 볼 때 그것이 쓰일 수 있는 모든 문맥적 의미의 총합이며, 더구나 이것은 열려 있는 총합이기 때문이다. 따라서 어떤 감정 혹은 그것에 대한 어떤 관념을 지칭하는 어휘들에 있어서도, 그리고 이것들 중에서 내용 파악이 가장 어려운 특정한 감정의 토포스적 양태를 내용으로 담고 있는 어휘들의 경우에 있어서조차도, 우리는 그것들 각각이 보이는 무수히 많은 개별적인, 문맥적인 의미들의 파악을 통해서 감정이나 감정의 토포스를 나타내는 어휘들의 내용적 실체에 다가갈 수 있는 것이다.[29] 이 점에 있어서는 원칙적으로 해당 어휘의 모국어 사용자나 비모국어 사용자 사이에 어떤 본질적인 차이도 존재하지 않는다(단지, 그러한 경험적 습득의 자연스러움과 부자연스러움, 빠름과 느림, 쉬움과 어려움

29 옐름슬레우에 따르면, 기호의 의미면의 층위에서 볼 때, 서로 체계가 다른 언어에 속하는 어휘나 표현들은 상이한 내용 형식(forme du contenu)들을 갖는다. 그렇지만 이러한 차이에도 불구하고 이것들 사이에 등가적 대응이 가능해지는 것은 서로 내용 실체(substance du contenu)가, 즉 그것들이 사용되는 실제 목적이나 의도가 동일할 수 있기 때문이다. L. Helmslev, *Prolégomènes à une théorie du langage*, trans. par Una Canger, Paris, Minuit, [1943]/1971.

등과 같은 실제적인 차이가 존재할 뿐이다). 요컨대, 가령 한국어의 "한"이나 러시아어의 тоска [toska] 같은 토포스적인 어휘들과 내용적으로 대응하는 등가적인 어휘가 다른 언어에 없다고 할지라도, 우리는 그러한 토포스들을 구성하는 대단히 많은 개별적인 실제 의미들에 대한 경험적인 검토를 통해서 그것들 각각의 내용적 실체를 파악할 수 있는 것이다.

한편, 소쉬르의 〈일반 언어학 강의〉에 나오는 생각에 따르면, 언어 밖의 세계는 혹은 현상 자체로서의 세계는 그리고 그것에 대한 지각으로서 우리의 생각 자체는 마치 성운의 흐름처럼 불명확한 연속체의 양상을 보이는데, 서로 평행적인 이러한 불명확한 두 흐름 사이에 매개해서 명확하게 단위들을 구분지어주고 그와 동시에 이에 기초해서 양자 사이에 분절적인 대응관계를 부가해주는 것이 바로 언어 체계, 혹은 보다 넓게 기호들의 체계이다.[30] 그런데 여전히 그의 생각을 충실히 따르자면, 랑그(langue)란, 자연 언어 기호들의 체계란 차이들의 체계이다. 따라서 세계와 그리고 세계에 대한 우리의 생각 사이의 대응관계의 분절은 그 사이에 어떤 차이들의 체계가 매개하느냐에 따라서 달라진다. 가령 그가 제시하는 예를 보자면, 양(羊)의 존재와 관련해서 프랑스어에서 '양고기'와 '양'을 구분하지 않는 것은 단지 mouton이라는 하나의 단어밖에 없기 때문이며, 반면 영어에서는 그러한 구분을 하는 것은 mutton과 sheep이라는 두 가지 단어가 있기 때문이다. 이러한 그의 생각은 세계와 그것에 대한 우리의 인지 그리고 언어 사이의 관계를 명확하게 그려내는 데 편리한 이론적 매력을 가졌는데, 그의 생각을 충실히 계승해서 이를 십분 활용한 것이 바로 옐름슬레우의 경우일 것이다. 그는 〈일반 언어학 개론〉에서 다소 불명확하게 표명되고 있는 소쉬르의 언어 구조에 대한 본질적

30 F. de Saussure, *Cours de linguistique générale*, Paris, Payot, [1916]/1983, chap. IV를 참조할 것.

인 성찰들을 나름대로 명확하게 정리하고 발전시켜서, 언어에 대한 그리고 그것의 과학적인 분석과 기술을 위한 일종의 공리 체계와도 이론을 제시하는데,[31] 거기서 그는 동종적인 것들의 연속체로서 자연 현상이 어떻게 개별 언어에 따라서 어떻게 개념적으로 다르게 분절되는가를 우리에게 명쾌하게 도식적으로 보여주고 있다. 가령 이러한 분절적 차이들을 그는 개별 언어에 따라 다르게 나눠지는 색깔의 구분이나 나무와 숲에 대한 구분에 관련된 아래와 같은 예들을 들어가며 설명한다.

18) 색깔의 언어적 구분의 차이

프랑스어: 〈 vert '녹색' | bleu '청색' | gris '회색' | bruns '갈색' 〉
웨일스어: 〈 gwyrdd | glas | llwyd 〉

19) 나무와 숲의 언어적 구분의 차이

덴마크어: 〈 træ | skov 〉
독일어 : 〈 Baum '나무' | Holz '숲' | Wald '산림' 〉
프랑스어: 〈 arbre | bois | forêt 〉

주어진 물리적 연속체 혹은 이에 대한 지각적 연속체가 이처럼 개별 언어에 따라 상대적으로 다른 어휘적 구분 및 세분화를 보이는 것으로부터 쉽사리 언어 상대주의의 유혹에도 빠질 수 있지만, 소쉬르나 옐름슬레우 모두 거기까지는 나아가지 않는다. 이들이 이론적으로 초점을 맞추고자 한 것은 언어 밖의 세계가 혹은 그것에 대한 우리의 생각이 개별 언어들의 체계와 구조가 다른 이상 다르게 분절된다는 사실이다. 그렇지만 이러한 상대적으로 다른 분절이 반드시 우리의 지각이나 인지 활동

31 Helmslev([1943]/1971; 71–72).

에 혹은 의식의 형성에 절대적인 영향을 미치는 것은 아니다. 이 점은 가령 한국어에서 "푸른 하늘, 푸른 산, 푸른 들판, 푸른 강"이라고 한다고 해서, 한국어를 모국어로 하는 사람들이 청색과 녹색을 구분해서 지각하지 못하는 것이 아니라는 것을 생각해봐도 명백하다. 그렇다면, 가령 위의 18), 19)가 보여주는 것처럼 세계에 대한 상대적으로 다른 언어적 분절은 우리 의식의 차원에서 무엇을 의미하는 것일까? 아마도 그것은 일상 언어의 차원에서 개별 언어마다 세계에 대해서 상대적으로 다른 개념화를, 아니 보다 정확히 말하자면 상대적으로 다른 개념적·의식적 타성화를 보여준다는 것 그 이상도 그 이하도 아닐 것이다.

그런데 이미 앞에서 우리가 말한 것처럼, 감정에 대한 언어적 개념화 및 세분화는 위와 같은 물리적 대상에 대한 것들과는 다른 방식으로 구조화되어 있다. 가령, 우리가 만일 보편적 차원에서 존재하는 주체사이적인 실재로서 '슬픔'이나 '분노'를 현상적으로는 무수히 많은 개별적인 경우들의 연속체로 가정할 수 있을지라도, 언어에 의한 그러한 연속체 분절은 위의 18)이나 19)와는 다른 양상을 보이는 것이다. 왜냐하면 분류와 세분화에 있어서 순수한 감정의 영역에 속하는 변수들도 있지만 또한 다른 언어-문화적 변수들도 있을 수 있기 때문이다. 이 점은 아래와 같은 러시아어의 경우를 보더라도 명백하다.

20) '슬픔'에 대한 러시아어의 분절

어휘	슬픔의 강도	의미적 한정들	한국어 근사치 역어
тоска [toska]	+++	속절없음, 극복의 바람	"애수, 비애, 애상, 고뇌"
уныние [unynie]	+++	병리적 상태	"우수, 침울"

⇒

어휘	슬픔의 강도	의미적 한정들	한국어 근사치 역어
горе [gore]	++(+)	상실감	"애통, 비통, 비탄"
печаль [pečal′]	*⟨++⟩	*⟨무표항⟩	"슬픔"
грусть [grust′]	+	비교적 얕은 감정	"서러움, 서글픔"

21) '분노'에 대한 러시아어의 분절

어휘	분노의 강도	통제성	다른 의미적 한정들	한국어 근사치 역어
бешенство [bešenstvo]	+++	−	과도한 불안정, 공격성	"광분"
ярость [jarost′]	+++	−	공격성	"격분"
гнев [gnev]	*⟨++⟩	+/−	*⟨무표항⟩, 외향적	"분노"
возмущение [vozmuščenie]	+	+	내향적, 비판적	"분개"
злоба [zloba]	+	+	악의, 행동성	"성, 성깔"
злость [zlost′]	+	+	악의	"성, 노기"

위의 예 20)과 21)은 전체 러시아어 중에서도 일상어의 차원에서 '슬픔'과 '분노'에 대한 어휘적 세분화를 예시한 것이다. 확실히 이러한 언어적 분절 양상은 물리적 연속체에 대한 분절의 경우들인 위의 18)과 19)와는 전혀 다르다. 더구나 이미 앞서 우리가 의미적 한정에 관한 원칙

들 15)와 16)을 통해서 이야기한 것처럼, 그것은 무표항 어휘를 중심으로 개별 어휘마다 이러저러한 의미적 한정들이 부가되는 방식의 세분화이기 때문에, 즉 동의어들 사이의 의미적 세분화의 양상이기 때문에, 물리적 연속체에 관한 언어적 분절과는 달리 단어들 사이에 용법상의 경계가 종종 명확하지도 않은 것이다. 때문에 감정 어휘들 간의 차이는 색채 어휘들 간의 차이와는 다른 구조화의 모습을 보인다. 색채어의 경우, 가령 한국어의 "푸른"이라는 단어는 녹색의 경우나 청색의 경우를 모두 지칭할 수 있지만, 이에 대응해서 러시아어는 зелёный [zelënyj, '녹색의'], голубой [goluboj, '연한 하늘빛의'], синий [sinij, '청색의']라는 세 가지 구분과 대립이 있으며 때문에 зелёный [zelënyj, '녹색의']를 가지고 하늘색이나 청색의 경우를 지칭하는 것은 틀린 것이 되는 것이다. 그러나 우리가 이미 보았듯이, 동일한 감정 범주를 지칭하는 어휘들의 경우에는 문맥적으로 허용되는 한 종종 서로 대체가 가능할 수 있는 것이다. 한국어에서 가령 "한으로 굴곡진 인생"에 대해서 "슬픔과 후회로(또는 슬픔과 원망으로) 굴곡진 인생"로 교체가 가능하며, 러시아어에서 가령 Это моя тоска! [Eto moja toska!, 이것이 나의 비애다!]를 Это моя печаль! [Eto moja pečal'!, 이것이 나의 슬픔이다!]로 대체해도 무방한 것이다. 비록 표현적 적합성의 의미 효과에 관한 위의 공식 17)에 비춰보면 후자의 경우들이 다소 밋밋한 느낌을 줄지라도 말이다.

이처럼, 한 언어 내에서 어떤 동일한 감정 범주를 의미적으로 세분화하는 일련의 어휘들이 만일 일종의 체계와 구조를 형성한다고 보면, 그것은 구성 요소들 사이의 관계가 한편으로는 의미적 한정에 관한 원칙 15)와 16)에 따라 유동적인 양상을 보이며 또 다른 한편으로는 표현적 선호성에 관한 공식 17)에 따라 서로 차별화의 경향도 보이는 아주 복잡한 성격의 것이라고 할 수 있다. 따라서 이 점을 제대로 고려하지 않은 채로 개별 언어들 사이에서 감정 어휘들을 예 18)처럼 단순히 색채 어휘들과 같은 방식으로 대조, 비교하는 것은 실제 언어-문화적 사실들을 간과하고 왜곡하는 일이다. 동일한 감정 범주에 대한 언어마다의 다른 개념적, 어휘적 세분화들을 적절히 대조, 설명하기 위해서는 먼저 그러한 세분화가 각 언어마다 내적으로 의미적 한정에 관한 원칙 15)와 16) 그리고 의미적 차별화에 관한 공식 18)에 따라서 어떻게 유동적으로 그리고 역동적으로 분절되고 있는가를 제대로 파악할 필요가 있는 것이다.

3.4. 감정의 언어적 표현

앞에서는 언어의 체계 내에서 이루어지는 감정의 개념적 세분화와 어휘화의 특징적 양상들을 살펴봤다면, 여기서는 이제 이와 같은 언어 내부적 고찰을 넘어서 감정의 언어적 표현의 문제를 고찰해보자. 이것은 다른 말로 하면 감정의 언어적 발화에 관한 문제라고 할 수 있는데, 왜냐하면 감정의 언어적 소통을 구성하는 본질적 계기들을 역동적으로 종합화하는 것이 바로 주체사이성의 구체적 실현행위로서의 발화이기 때문이다.[32] 따라서 어떤 감정에 대한 언어적 표현 역시도 바로 발화를 통해서만 개별화된 구체적인 감정을 의미할 수 있게 된다. 그런데 감정의 언어적 표현을 이처럼 발화의 층위에서 바라볼 경우, 그것을 지칭하는 어휘들은 그 자체로 주된 기능적 위치를 점하는 것 같지는 않다. 이 점을 여기서 우리는 '분노'에 대한 러시아어의 표현을 통해서 살펴보도록 하자.[33]

32 이에 대한 일반 이론적 고찰은 다음을 참조할 것 – 이기웅 · 김정일 · 백경희 · 임수영(2010).
33 이하의 내용은 다음의 것을 수정, 보완한 것이다 – 이기웅(2010: 191–197).

먼저, 대화적 상황에서 '분노'의 발화는 구어의 경우, 강한 부정적 감정과 관계하기에 특별히 그러한 것의 표현에 적합한 기능을 갖는 특정한 억양, 음성적 강화, 감탄사, 욕설 등이 나타나기 마련이다. 가령, 다음의 예를 보자.

22) "Молчать, подследственный!" - заорал Андрей, грохнув кулаком по столу.[34)]

"입 닥쳐, 미결수!", 안드레이는 쾅하고 주먹으로 책상을 치며 고함치기 시작했다.

23) "Я не врррру!"[35)]

"나는 거짓말하는 게 아니란 말야!"

24) "У-у!, Чёрт!, Чёрт его знает!, Чёрт-те-сколько ещё топать!"[36)]

"야!, 제기랄!, 사람짓 맞아! 제기랄 대체 얼마나 더 기다려야지!"

위의 예 22)에서 직접 인용 부분, 그리고 23), 24)는 모두 억양 구조-7(ИК-7, Intonational Construction-7)로 특징지어진다. 그리고 이와 더불어 23)은 음성적 강화가, 24)는 감탄사와 욕설이 추가될 수 있음을 보여준다. 그렇지만 엄밀히 보자면 이러한 수단들은 그 자체로는 다양한 부

---

34 이 예는 스트루가츠키 형제(А. и Б. Стругацкие)의 작품에서 따온 것으로, 다음 사전에서 재인용한 것이다 – С. А. Григорьева и др., *Словарь языка русских жестов*, Москва, Языки русской культуры, 2001, p. 143.

35 영화 〈Водитель для Веры(베라의 운전수)〉에서 여주인공 베라가 아버지에게 대들면서.

36 다음에서 인용 – Л. Л. Федорова, "Эмоции в грамматике", *Эмоции в языке и речи*, Москва, РГГУ, 2005.

정적 감정들을 표현할 수 있기 때문에, 대화적 상황에서 가령 '지금 내가 발화하는 이 부정적인 감정의 표현들은 나의 분노를 가리킨다'는 것을 보다 명확히 추정시켜줄 수 있는 문맥적 요소가 전제되기 마련이다.[37] 그것은 예 22)에서 보듯 '분노'의 몸짓이나 표정들이 될 수도 있으며, 아니면 хладный гнев [xladnyj gnev, 냉담한 분노]라는 표현에서 보듯 '분노'가 깃드는 그야말로 당연한 상황 전체가 될 수도 있을 것이다. 어쨌든 문맥적 요소를 전제로 하는 이러한 수단들에 의한 '분노'의 직접적 발화는 화자가 다른 언어적 유형의 발화로는 표현적 출구를 찾지 못하는 발화적 상황을 강하게 제시함으로써 청자가 이에 끌려들어가서 적절한 반응을 하도록 촉구하는 화용적 기능을 특징으로 한다고 볼 수 있다.

그런데 위와 같은 언어적 수단들의 활용에 의한 발화들을 옮겨서 다시 재현하는 서사(narration) 형식의 대화적 상황에서는 '분노'의 직접적인 언어적 표출을 나타내는 데, 즉 '분노'의 언어적 지표성(indexicality)을 나타내는 데 필연적으로 제약이 가해질 수밖에 없다. 이러한 소통적 상황에서는, 당연히 '분노'의 감정적 상황이 되는 발화 문맥이 아니라 그것의 언어적 재현이 문제가 되기 때문이다. 따라서 이러한 경우에는, 가령 위의 예 22)처럼 재현되는 '분노'의 발화가 지표적으로 연결될 수 있는 언어적 문맥을 만들어주어야 한다.

25) Иван с размаху шлепнул себя ладонью по лбу и засипел: - Понимаю, понимаю.[38]

---

37 올러와 윌샤이어에 따르면, 감정 표현들은 지표적(indexical)이다 – J. W. Oller, Jr. & A. Wiltshire, "Toward a semiotic theory of affect", *The Language of Emotions*, Amsterdam, J. Benjamins, 1997.

38 이 예는 불가코프(М. Булгаков)의 작품에서 따온 것으로, 다음 사전에서 재인용했다 – С. А. Григорьева и др.(2001).

이반은 손바닥으로 힘껏 자신의 이마를 철썩 때리곤 씩씩거렸다. "이해합니다요, 이해해."

26) ≪Ну подожди...≫, - с холодным бешенством подумал Давыдов.[39]

"자, 기다려라..." 냉정한 분노와 더불어 다브이도프는 생각했다.

27) - Ну, пошла! - рассердилась генеральша.[40]

"자, 그녀는 갔다!"라며, 장군 부인은 화나서 말했다.

보다 앞의 예 22) 그리고 위의 25)에서는 '분노의 몸짓'을 나타내는 언어적 표현들이 지표적 문맥으로 제시되고 있다. 그리고리예바 등이 편찬한 〈러시아인의 제스처 언어 사전〉(Григорьева и др. 2001)에 따른다면, топнуть ногой [topnut' nogoj, 갑자기 발을 짧게 구르것], ударить кулаком по столу [udarit' kulakom po stolu, 주먹으로 책상을 치는 것], ударить себя по лбу [udarit' sebja po lbu, 이마를 손으로 치는 것] 등과 같은 몸짓은 러시아에서 '분노'의 표현과 관련된다. 반면, 예 26), 27)과 같이 직접적으로 '분노'를 지칭하는 어휘들을 발화의 재현적 발화에서 지표적 문맥으로 제시하는 방식도 있다. 특히, 예 27)이 잘 보여주고 있듯이, 러시아어에서는 '분노'를 지칭하는 거의 모든 동사들이 '분노'의 발화를 직접 화법으로 재현할 수 있는 독특한 특징을 지니고 있다는

39 숄로호프(М. Шолохов)의 작품에서 따온 예로서, 다음의 책에서 재인용했다 – Н. А. Красавский, *Эмоциональные концепты в немецкой и русской лингвокультурах*, Москва, Гнозис, 2008, p. 323.

40 도스토예프스키(Достоевский)의 〈백치(Идиот)〉에서 따온 예로서, 다음의 논문에서 재인용했다 – L. N. Iordanskaja & Mel'čuk, I. "On a Class of Russian Verbs That Can Introduce Direct Speech", *Dependency Syntax*, SUNY Press, [1981]/1988.

것은 잘 알려진 사실이다.[41]

그렇지만 이처럼 감정 표현에 직접적인 지표적 문맥을 제공하는 예 27)과 같은 경우와 비교해서, 아래의 발화는 명백히 전혀 다른 경우이다.

28) Александра Васильевна рассердилась, что он испугал её, и, оттолкнув его рук, почти побежала от него.[42]

알렉산드라 바실리예브나는 그가 그녀를 놀라게 한 것에 화가 났다. 그래서 그의 두 손을 밀어제치고 거의 뛰다시피 달아났다.

예 28)과 같은 발화의 경우는 당연히 간접 화법을 도입하는 구조가 아니라, 보문소 что [čto, ~것] 이하의 성분은 감정의 원인을 나타낸다. 그렇다면 이런 서사적 발화에서 감정의 표현 구조는 근본적으로 아래의 예와 하등 다를 바 없다.

29) Я очень сержусь на вас за то, что меня испугали!

나를 놀라게 한 데 대해서 나는 당신에게 아주 화가 난다!

즉, 발화의 주체가 감정의 주체가 느끼는 감정의 종류와 양태를 직접 지칭하는 것이다. 단지 예 29)에서는 이 두 주체가 동일하다면, 28)에서는 다를 뿐이다. 그렇다면, 감정의 표현에서 예 29)와 같은 발화와 앞의

41 이에 대한 보다 상세한 것은 다음 논문을 참조할 것 – Jordanskaja & Mel'čuk([1981]/1988).

42 부닌(И. Бунин)의 작품에서 따온 예로, 다음에서 재인용 – Апресян и др.(1999; 366).

23)과 같은 발화의 차이는 무엇일까? 예 23)과 같은 경우에 감정의 표현은 스스로 자기 지시성이 없이 상황적 문맥과 결부해서 발화자인 '나의 감정'을 가리키는 지표성만을 지닐 뿐이다. 반면, 29)와 같은 발화에서는 화자 스스로가 발화를 통해서 '나의 감정'을 명명하고 있다. 요컨대, 예 23)과 같은 경우가 '나의 감정을 상황에 투사'하는 표현이라면, 반대로 29)와 같은 경우는 '상황을 나의 감정에 투사'하는 표현인 것이다. 그리고 이로써, 발화자는 비로소 자신의 감정을 상황과 독립적인 실재로, 상황과 분리해서 표현할 수 있는 가능성을 갖게 된다. 바로 이러한 가능성이 있기에, 화자는 아래와 같이 자신의 감정을 부인할 수도 있게 되는 것이다.

30) - Я не сержусь, - сказала директор с тяжёлым вздохом.[43)]

"나는 화내는 것이 아니다"라고, 책임자는 깊은 한숨을 내쉬며 말했다.

바로 이상과 같은 표현 메커니즘을 통해서, 감정의 발화는 상황과 분리될 수 있을 뿐 아니라 심지어 감정의 주체와도 분리될 수 있는 가능성을 갖는 단계까지 도달한다고 볼 수 있다. 그렇다면, 마지막으로, 이제 이 지점에서 우리는 감정에 대한 예술화의 문제를, 즉 시적 발화를 규명할 수 있는 이론적 근거가 마련되었다고 할 수 있다. 그럼, 파스테르나크의 마지막 유작 시들 중의 하나를 예로 들어보자.

---

43 스트루가츠키 형제(А. и Б. Стругацкие)의 작품에서 따온 예로, 다음 사전에서 재인용했다 – Апресян и др.(1999; 368).

31) Перед красой земли в апреле
Опять как вкопанный стою.
Но север держит в чёрном теле
Тебя, родимую мою.

Зачем отмерены так куце
Дерзанья наши и мечты,
И не дано нам развернуться
От сил и сердца полноты.

Мне мир открыт, я миру ведом,
Зачем мне даром пропадать
И за общественным обедом
Из хлеба шарики катать.

Зачем отмалчиваться робко,
Свое заветное тая,
Зачем расхлёбывать похлёбку,
Которую варил не я.

Столом с посудой лучше грохну,
Пускай и отобью кулак,
Но с общим стадом не заглохну
В толпе ничтожеств и кривляк.

В компании личин и кукол
Комедии я не ломал,
И в тон начальству не сюсюкал
В толпе льстецов и прихлебал.[44)]

(1958)

---

44 Б. Пастернак, *Избранные сочинения*, Москва, Рипол Классик, 1998, p. 650.

사월의 대지의 그 아름다움 앞에서
나는 마치 땅에 박힌 듯 다시금 서 있다.
그러나 북방은 그 검은 몸뚱이로
내 소중한 이여, 너를 붙잡고 있다.

우리의 용기와 꿈들은
어째서 그토록 비참히도 왜소해졌으며,
우리는 충만한 가슴과 원기를 가지고도
활짝 펼칠 수 있도록 허락돼 있지 않네.

나에게는 세계가 열려 있고, 나는 세상에 알려져 있는데,
어째서 내가 값싸게 파멸해 갈 수 있겠는가.
하여 공동의 식사자리에서
빵부스러기나 동그랗게 말아 굴리겠는가.

자신의 내밀한 진심을 감춘 채,
어째서 소심하게 입닥치고 있겠는가.
내가 끓이지도 않았건만,
어째서 맛없는 죽을 게걸스럽게 비우겠는가.

정찬의 식탁이야 그저 쿵 내려쳐버리고,
그래서 주먹을 다쳐버려도 좋으련만,
그러나 하잘 것 없거나 거만만 떠는 것들의 무리 속에서
함께 가축 떼처럼 무심해지지는 않으리.

가면들과 인형들과 한패가 되어
나는 익살을 부려본 적도 없고,
아첨꾼들과 기식자들의 무리 속에서
수뇌부에 음조를 맞추며
쉰소리를 해본 적도 없다.

(1958)

이 시는 네 걸음(стопа, foot, 韻步)의 약강 격 리듬을 바탕으로, 말년의 자신이 처해 있는 사회적 현실 속에서 파스테르나크가 혹은 그냥 단순히 어떤 시적 발화자가 가지고 있는 구체적인 지각 이미지(percept)들과 착잡함, 한탄, 분노, 자긍심의 감정들을 서정적 형식을 통해 복합적으로 엮어내고 있다. 여기서 발화자의 지각 이미지들은 그의 이러한 감정들에게 구체적인 언어적 형상을 부여해 주고, 감정들은 지각된 것의 이미지들에게 가치 평가적 한정을 덧붙여 준다. 그리고 이러한 상호작용들은 언어적 리듬의 일정한 서정적 형식에 의해서 통일성을 부여받고 있다. 이러한 과정의 결과로서, 감정의 시적 발화는 앞의 예 31)에서 보여주듯이 일상적 발화와는 달리 발화자로부터 떨어져 나와 별개의 언어적 존재가 되며, 이로써 하나의 독립적인 독특한 예술 텍스트가 만들어진다. 이렇게 해서, 감정의 발화는 한순간 화자로부터 나와서 대화자들 사이에 잠시 머물다 사라져버리는 의미화로부터, 영원히 원발화자에서 떨어져 나와서 우리들 사이에서 끊임없이 떠돌아다니는 의미화로 상승하게 되는 것이다.

이상과 같이, 우리는 감정의 언어적 표현의 여러 가지 경우들을 발화를 중심으로 '분노'의 러시아어 표현들을 구체적인 예로 들어가면서 살펴봤다. 이로부터 일반화를 이끌어낸다면, 감정의 언어적 표현이 발화로써 실현되는 데는 크게 봐서 대조적인 세 가지 유형으로 나눠질 수 있다는 점일 것이다. 즉, 감정의 직접적인 언어적 표출로서의 발화, 감정의 언어적 명명에 근거해서 자신의 감정을 표시해주는 발화, 그리고 자신의 감정을 어떤 독자적인 특이한 실재로 대상화하는 발화의 구분이 그것이다. 첫 번째 유형의 발화의 경우, 발화자는 자신에게 깃든 감정의 직접적인 분출을 자신의 발화행위 및 발화 속에 실어냄으로써 자신이 처한 상황에 반응하거나 대처하려 한다. 이 경우, 감정의 언어적 표현에 종종 음성적 수단이나 감탄사, 욕설 등과 같은 것들이 담기지만, 이러한 것들은 그 자체로 다기능적이고 다의적인 것이기 때문에 발화자의 감정이 제대로 소통되기 위해 필수적인 것은 발화의 문맥적 상황이 명시적인 형태로든 비명시적인 형태로든 갖는 해당 감정에 대한 지표성이다. 이와는 달리, 두 번째 유형의 발화의 경우에는 감정의 문맥적 지표성이 필수적이지 않은데, 이것은 당연히 발화자가 자신에게 깃드는 감정의 종류와 양태를 언어적으로 지칭하고 있기 때문이다. 따라서 첫 번째 유형의 발화가 발화자의 감정을 상황에 투사하는 방식의 표현이라면, 두 번째 유형의 발화는 상황을 발화자의 감정에 투사하는 방식의 표현이다(가령, 갑의 어떤 행동에 대해서, 을이 무작정 화를 내는 경우와 을이 "당신의 그 행동에 나는 화가 난다"라고 말하는 경우를 생각해보라). 끝으로, 두 번째 유형의 발화에서처럼 감정에 대한 명명이 가능해지게 되면, 이로부터 감정의 언어적 표현은 발화 상황뿐만 아니라 심지어 감정의 주체와도 분리될 수 가능성을 갖게 된다. 바로 이러한 가능성에 기반하고 있는 것이 세 번째 유형의 발화인데, 그 대표적인 경우가 앞에서 예 31)을 통해서 구체적으로 살펴본 것과 같이 감정의 예술적 형상화이다.

T o p o s

IV.

러시아 언어-문화 공간과 감정의 토포스

4.1. 러시아어 감정 어휘와 토포스

4.2. 감정의 내적 장소

4.3. 감정의 토포스들의 분류

4.1. 러시아어 감정 어휘와 토포스

한국어, 영어, 프랑스어 등 다른 여러 언어들과 마찬가지로 러시아에서도 감정 어휘들은 풍부한 다어휘성을 특징으로 한다. 다시 말해서, 보편적 실재로서의 어떤 감정에 대해서 그것을 일련의 여러 어휘들이 개념적으로 세분화하는 양상을 보이는 것이다. 이 점은 앞 장에서 '슬픔'과 '분노'의 감정 어휘들을 통해서 어느 정도 구체적으로 보았으며, 또한 이러한 다어휘성이 보이는 복잡한 특징적인 양상도 살펴보았다. 그런데 바로 이 같은 양상으로 인해서 실제로는, 동의적인 부류에 속하는 일련의 감정 어휘들은 어떻게 보면 한편으로는 일종의 클러스터(cluster, 군집 혹은 무더기, 송이의 형태)를 형성하는 것과 같은 모습으로 모여 있으며, 다른 한편으로는 그 속의 개별 어휘들 각각이 인접하는 다른 감정의 클러스터들과 연결되어 있는 모습을 보인다.[1] 또한 이러한 어휘적 클러스터들은 원칙적으로 폐쇄적인 것이 아니어서, 통시적으로 볼 때 그 속의 어떤 어휘는 밀려나거나 소멸되고 또 새로운 어휘가 추가되기도 한다. 따라서 공시적인 관점에서 보면, 그것들은 역동적 공시태(dynamic synchrony)의 모습을 보이는 작은 어휘 체계라고도 할 수 있다.[2] 즉, 활발하게 널리 사용되는 요소들이 체계의 중심부에 자리하고 낡은 요소들과 새로운 요소들이 주변부에 위치하고 있는, 그러면서도 주변부의 새로운 요소들 중의 어떤 것들은 중심부로 밀고 들어오고, 중심부의 어떤 것들은 밀려 나가

---

1 비록 러시아어와 영어의 간단한 대조에 기초한 연구로서의 한계가 있지만, 감정 어휘들이 보이는 클러스터의 모습에 대한 언급으로는 다음을 참조할 것 – В. Ю. Апресян, "Опыт кластерного анализа: русские и английские эмоциональные концепты", *Вопросы языкознания* № 1, 2, 2011.

2 이 역동적 공시태에 관한 생각을 처음으로 피력한 것은 보두앵 드 쿠르트네(J. N. I. Baudouin de Courtenay)지만, 그것이 명확하게 개념화된 것은 1920년대에 프라하학파에 의해서였다.

고, 옛 요소들 중의 어떤 것들은 사라져 가는 모습을 보이는 것이다. 중심부와 관련해서 이 점은 가령 앞 장에서 현대 표준 러시아어의 일상어 차원에서 살펴본 '슬픔'의 어휘 목록 대신에 보다 더 상세히 확대한 아래와 같은 목록을 살펴보면 쉽사리 알 수 있다. 이것은 물론 현대 표준 러시아어의 공시태적 경계를 19세기 초 푸슈킨과 고골의 시대까지 확장하면서 비단 일상어뿐만 아니라 다른 기능 문체의 차원들까지도 포괄적으로 고려한 관찰이다.

1) '슬픔'의 어휘 클러스터
  a) тоска [toska] ≃ 애수, 비애, 애상, 고뇌
  b) тоскливость [tosklivost'] ≃ 우수의 상태; 문어체
  c) кручина [kručina] ≃ 애수, 우수; 민요시
  d) сплин [splin] ≃ 낭만적 우수; 문학 문체
  e) меланхолия [melanxolija] ≃ 멜랑콜리; 문학 문체
  f) ипохондрия [ipoxondrija] ≃ 병리적 침울, 불안; 의학용어
  g) хандра [xandra] ≃ 애수, 우수; 구어체에서 문어체로
  h) уныние [unynie] ≃ 병적인 우울, 침울
  i) мрачность [mračnost'] ≃ 음울함, 침울
  j) горе [gore] ≃ 애통, 비탄, 비애
  k) горесть [gorest'] ≃ 비탄
  l) горечь [goreč'] ≃ 쓰디씀, 비탄
  m) огорчение [ogorčenie] ≃ 비통
  n) скорбь [skorb'] ≃ 비통(집단적 감정); 비일상적 문체
  o) сокрушение [sokrušenie] ≃ 비참
  p) прискорбие [priskorbie] ≃ 애석
  q) траур [traur] ≃ 애도, 추모
  r) отчаяние [otčajanie] ≃ 낙담, 절망
  s) печаль [pečal'] ≃ 슬픔; 무표적 어휘
  t) грусть [grust'] ≃ 서러움, 서글픔

u) грустинка [grustinka] ≃ 설움, 서글픔; 구어체
v) грустца [grustca] ≃ 설움; 구어체, 드물게 사용됨
⋮

러시아어 동의어 사전들에서 가령 печаль [pečal']이나 грусть [grust'] 항목을 찾아보면 위에서 v) 항목까지 제시한 어휘들 이상으로 나오는데, 이러한 다어휘적 현상은 언뜻 한국어의 경우를 떠올려 봐도 하등 이상한 일이 아니다. 심지어 프랑스어 동의어 사전을 펼쳐보면, 무표적인 어휘 tristesse를 중심으로 무려 50개가 넘는 다양한 어휘들이 제시되기도 한다. 어쨌든, 위와 같은 '슬픔'의 러시아어 클러스터가 아주 작은 규모의 비폐쇄적인 체계로서 역동적 공시태의 모습을 보이는 것은 다음과 같은 몇몇 사실들만으로도 알 수 있다.

우선, 외국어로부터 직접 차용되어서 기능적 변화 과정을 겪는 단어들이 있다. 이러한 것들 중에서, d) сплин [splin]은 영어의 spleen으로부터, e) меланхолия [melanxolija]와 f) ипохондрия [ipoxondrija]는 각각 고대 그리스어의 μελαγχολία [melancholia]와 ὑποχόνδρος [hypochondros]를 기원으로 하는 라틴어 melancholia와 hypochondria로부터,[3] 그리고 траур [traur]는 독일어의 trauren '애도하다'로부터 차용된 것이다. 가령 푸슈킨의 경우처럼 주로 19세기 문학 작품들 속에서 '바이런 풍의 낭만적 우수'를 가리키는 의미로 사용되던 d) сплин

---

3 고대 그리스어에서 melancholia (μελαγχολία ⟨ μέλας [melas, 검은] + χολή [cholē, 담즙])는 '검은 담즙이 과도한 상태 및 이로부터 유발되는 과도한 슬픔'을 뜻했다. 그리고 hypochondros (ὑποχόνδρος ⟨ ὑπο [hypo, 밑에] + χόνδρος [chondros, 갈비뼈의 물렁한 부분])는 갈비뼈 밑에 위치한 신체 부위를 지칭하는데, 이것을 기원으로 하는 라틴어의 hypochondria는 '(의사가 직접 관찰할 수 없었던) 이 부분의 병적인 상태 및 이로 인한 과도한 불안과 근심'을 의미한다. 과거에는 이 부분이 멜랑콜리아를 유발하는 부위로 간주되기도 했다.

[splin]은 오늘날에는 거의 사용되지 않는 어휘라고 할 수 있다. 한편 16~17세기에 주로 '병적인 슬픔'을 가리키는 의학용어로 사용되던 e) меланхолия [melanxolija]와 f) ипохондрия [ipoxondrija]는 그 사용영역에 있어서 대조적인 모습을 보인다. 후자는 심리학이나 정신의학 등에서 쓰이는 전문적인 학술용어로 굳어진 반면, 전자의 쓰임새는 문학의 영역으로 옮겨가면서 의미의 변화를 겪는다. 예컨대, меланхолия [melanxolija]는 18세기 말~19세기 초에는 그 당시 프랑스 문학의 영향을 받은 카람진(Н. М. Карамзин)과 같은 감상주의 작가들의 영향으로 '가벼운 감상적인 슬픔'을 의미했다면, 나중에 안톤 체호프 같은 작가들에게서는 '정신이 불만족스러운 상태의 까닭 없는 강한 슬픔'이라는 의미를 지니게 된다. 그러나 오늘날에 와서는 문학 문체에서도 드물게 쓰이는 단어가 된다. 한편 독일어로부터 온 траур [traur]는 '상(喪)과 관련된 슬픔의 표시나 애도'라는 좁은 의미적 한정을 갖는다.

이러한 차용어들과는 달리, 민중어로부터 표준 러시아어로 들어온 단어들도 있는데, 가령 c) кручина [kručina]와 g) хандра [xandra]의 경우가 그렇다. 이 중에서 кручина [kručina]는 주로 민요시에 나타나는 어휘로서 일상어에서 쓰이는 경우는 드물다. 원래 хандра [xandra]는 차용어 ипохондрия [ipoxondrija]의 간소화된 민중어 형태로서 발생했으며, 따라서 19세기에는 구어적인 뉘앙스를 지녔다면 오늘날에는 옛 어감을 지닌 단어로, 따라서 잘 사용되지 않는 문어적 뉘앙스를 지닌 것으로 변화된다.

또한 1)의 목록에서 눈에 띄는 것은 중심적인 어휘들로부터 다양하게 파생어들이 만들어지고 있다는 사실이다. 가령, a) 〉 b), j) 〉 k)와 m), n) 〉 p), t) 〉 u)와 v) 등과 같은 파생 관계들을 볼 수 있다. 이것은 러시아어에서 감정의 어휘적 클러스터가 러시아어 형태론의 특징인 풍부한 어휘형성 수단들과 과정들을 통해서 구성적으로 계속 열려 있을 수 있는 가능성을 지니고 있음을 시사해준다.

그리고 눈에 띄는 또 다른 사실은 어휘들 각각이 의미상 다른 영역의 클러스터들과도 연관되어 있다는 것이다. 가령, a) тоска [toska]는 '사람을 무기력하게 하는 하염없는 슬픔의 감정'이라는 점에서 скука [skuka ≃권태, 무기력]의 클러스터와 연관되며, 이로 인해서 분화된 두 번째 어휘소를 갖게 되는데 그것의 의미는 물론 더 이상 슬픔과는 연관이 없는 '따분함'만을 뜻하는 것이다.[4] 그것은 또한 '소중한 대상을 어쩔 수 없이 그리워하는, 갈망하는 슬픔'이라는 점에서 ностальгия [nostal'gija≃향수, 노스탤지어, 그리움]의 클러스터와도 연결된다. 유사하게, t) грусть [grust']의 경우는, 그리고 이것의 파생형인 u)와 v) 또한, жалость [žalost'≃동정, 측은함]의 클러스터와 연결되며, 또한 сентиментальность [sentimental'nost'≃감상, 감상적인 것]의 클러스터 등과도 연관될 수 있다.

이상의 몇몇 사실들의 관찰을 통해서, 우리는 러시아어에서 위의 1)과 같이 비폐쇄적인 소규모의 어휘적 체계의 모양을 보이는 '슬픔'의 클러스터의 역동적 공시성을 구체적으로 확인할 수 있었다. 그런데 우리는 여기서, '슬픔'의 클러스터가 보여주는 이 같은 역동적이고 복잡한 모양이 다른 감정 어휘의 클러스터들의 구성적 특징을 설명하는 데도 유사하게 적용될 수 있을 만큼 아주 일반적인 것이라는 가정을 해볼 수가 있다. 물론 이러한 가정은 경험적으로 확인할 수 없는 사실에 대한 일종의 작업가설이 아니라 여기서의 작업의 경제적 효율성을 위한 것이다. 다시

4 이 의미를 우릐손은 тоска 2 [toska 2]로 어휘 항목을 분리해서 설명하고 있다. 그녀의 설명의 문제점은 тоска [toska] 원래의 의미와 이것이 겹치는 부분을 명확히 분석, 설명하고 있지 못하는 데 있다 – Урысон(1999), "Тоска 1", "Тоска 2".

말해서, '슬픔'의 클러스터뿐만 아니라 다른 감정 어휘의 클러스터들도 그 구성적 역동성과 복잡성이 대동소이함이 경험적으로 입증될 수 있지만, 그것을 일일이 밝혀내기보다는 우리의 주된 주제인 감정의 토포스의 해명에 관한 문제로 넘어가는 것이 논의의 효율성에서 더 낫다는 생각에서이다.

그렇다면, 러시아 언어-문화 공간에서 위의 1)과 같은 '슬픔'의 어휘적 클러스트 속에서 왜 다른 어휘가 아니라 바로 a) тоска [toska]가 내용상 토포스로서의 지위를 얻게 되었을까? 사실 이 질문에 대한 직접적인 답을 찾기는 어려우나, 적어도 그 단서가 될 수 있는 몇 가지 언어적 사실들을 생각해볼 수 있다.

먼저, 통시적인 사실로서 이 단어의 어원적 배경을 생각해볼 수 있다. 가령, 스레즈녜프스키(И. И. Срезневский)의 고대 러시아어 자료나 파스메르(M. Vasmer)의 어원사전을 참조해보면,[5] 그것의 고대 러시아어 형태인 тъска [tŭska]는 무엇보다도 우선 '압박감, 답답함'의 의미를 지녔으며 바로 이로부터 '비통, 애통, 슬픔, 불안'과 관련된 감정의 영역으로까지 확장되어 가고 있었음을 알 수 있다. 이러한 의미적 확장은 종종 '깊은 슬픔'이나 '강렬한 슬픔'과 결부되는 신체적 변용을 생각해보면 자연스러운 과정이라고 할 수 있다. 그리고 그 결과로, 이 단어는 원래 고대 러시아어에서 그러한 '슬픔'의 양태들을 의미하던 어휘였던 туга [tuga]를 밀어내게 된다.

그리고 공시적으로 볼 때, 가령 앞에서 제시된 '슬픔'의 클러스터 1)을 살펴보면, 통상 무표적인 어휘인 печаль [pečal'≃슬픔]보다 강한 슬

---

5 И. И. Срезневский, *Материалы для словаря древнерусского языка по письменным памятникам*, Т. 3, Санкт–Петербург, 1890–1912; М. Фасмер, *Этимологический словарь русского языка*, Т. 3, Москва, Прогресс, 1986.

픔의 감정을 지칭하는 어휘들이 압도적인 다수를 차지하고 있음을 알 수 있다. 이것은 러시아 언어-문화 공간에서는 강한 슬픔의 무수히 많은 다양한 경우들을 개념적으로 그리고 따라서 언어적으로 세분화하는 경향이 혹은 필요성이 두드러지게 존재하고 있음을 시사한다. 그런데 강한 슬픔을 세분화하고 있는 어휘들 가운데 문체적으로나 내용적으로 가장 공통적인 슬픔의 감정을 지칭할 수 있는 어휘는 바로 이 a) тоска [toska]이다. 다시 말해서, 러시아 언어-문화 공간의 구성원들이 '슬픔'이 강렬하게 깃드는 특정한 상황 유형들과는 상관없이, 그리고 이것들과 결부되는 특정한 의미적 한정들과는 상관없이 자신에게 깃드는 어떤 강렬한 슬픔을 지칭할 때, 의미적으로 자신의 감정의 강렬함만을 부각시키며 사용할 수 있는 가장 일반적인 어휘가 이 тоска [toska]인 것이다. 이에 비해서, 예를 들자면, j) горе [gore]나 n) скорбь [skorb'] 같은 어휘는 '어떤 소중한 존재의 상실의 슬픔'이라는 의미적 한정을 특징으로 하며, h) уныние [unynie] 같은 경우는 '병적으로 우울한 슬픔'이라는 의미적 한정이 두드러지고 있다. 바로 이러한 이유로 인해서, 통상 가장 강한 슬픔의 영역을 지칭하는 тоска [toska]가 어느 정도 이상의 슬픔을 지칭하는 데 있어서 가장 널리 활용될 수 있는 공통적인 내용을, 혹은 문화적 배경을 갖는 어휘로 러시아어 화자들의 의식에 각인되고 있는 것이다.

이러한 사실은 어휘들의 통사적 구성력에 대한 관찰을 통해서도 실제로 확인된다. 즉, 러시아어에서 앞에서 제시된 1)과 같은 '슬픔'의 클러스터에 속하는 어휘들 중에서 통사적으로 가장 넓은 구성적 가능성을 갖고 있는 것은 바로 тоска [toska]인 것이다. 이 점은 어떻게 보면 의미적으로 무표적인 것이 печаль [pečal']이라는 점과 상충되는 것처럼 보인다. 의미적으로 혹은 내용적으로 가장 무표적인 것이 통상 통사적 구성력에 있어서도 덜 제약을 받는 것이 아닐까? 그러나 감정 어휘는 추상어이기 때문에, 너무 일반적인 내용을 담고 있는 경우 오히려 그 자체로, 즉 다른 한정적 요소의 동반이나 문맥적 동반 없이는 문장 내 특정한 통사적 기능을 독립적으로 담당하는 데 한계가 있을 수도 있다. 이것은 가령 한국어의 경우에도, "?나는 슬픔이 있다", "나는 깊은 슬픔이 있다", "나는 비애가 있다" 등과 같은 예에서 확인될 수 있는데, 러시아어의 경우에도 유사하다고 볼 수 있다. 가령, ?у меня печаль [u menja pečal', ?나는 슬픔이 있다]가 그 자체로 부자연스러운 반면 у меня тоска [u menja toska, 나는 비애가 있다]는 자연스럽다.[6] 또한 원인의 전치사 구문 ??от печали/ *с печали [??ot pečali/ *s pečali, 슬픔에서/ 슬픔으로부터]는 러시아어에서 불가능하지만 от тоски/ с тоски [ot toski/ s toski, 애수에서/ 애수로부터]는 가능하다. 이 같은 예들이 말해주고 있듯이, 의미적으로 더 많이 한정된 내용면을 갖고 있는 тоска [toska]가 내용적으로 무표적인 печаль [pečal']보다 통사적으로 더 넓은 구성적 가능성을 갖고 있는 것이다.

결국, 이러한 일련의 언어적 사실들을 근거로 우리는 왜 тоска [toska]가 러시아 언어-문화 공간에서 '슬픔'의 문화적 전형성을 혹은 문화적인 공통 관념을 나타내는데 가장 적합한 어휘로서의 가능성을 갖게 되었는지 짐작할 수 있다. 그런데 언어 내적으로 또는 어휘적 클러스터 내에서 나오는 이러한 구조적인 가능성은 문화적 맥락에 의해서 그리고

---

6 우리손에 따르면, 러시아어에서 '슬픔'의 기본적인 어휘들 중에서 이런 통사적 구문의 구성 가능성을 가진 것은 오직 тоска [toska]뿐이며, 다른 어휘들은 불가능하다. 그러나 모국어 사용자의 직관에 의거한 그녀의 이러한 단정적 규정은 유보적일 필요가 있다, 왜냐하면 구글(Google) 검색을 해보면, 비록 드물긴 해도, 함축적으로 내용적 한정을 갖는 문맥에서는 печаль [pečal']도 그런 통사적 구문을 구성하는 예들이 발견되기 때문이다. 그렇지만 이러한 유보를 전제로, 두 어휘 사이의 통사적 구성 가능성의 차이에 대한 몇몇 상세한 지적들은 여전히 그녀의 설명을 참조할만하다 – Урысон(1999).

그 속에서의 실제 발화들에 의해서 뒷받침될 필요도 있다. 그렇게 될 때 비로소 그 가능성은 문화적 전형성에 대한 실제적인 공통 관념으로, 즉 토포스의 관념으로 현실화되는 것이다. 이러한 현실화 과정은 당연히, 러시아 언어-문화 공간 속에서 수많은 발화자들이 자신에게 혹은 다른 이에게 깃든 '슬픔'의 강렬하고 깊은 양태를 тоска [toska]로 지칭하면서 — 이러한 지칭은 "차이와 반복"의 메커니즘을 깔고 있다[7] — 언어적 소통을 행한다는 것을 뜻한다. 그리고 종종 이 속에서, 혹은 이를 바탕으로 해서, 문학의 영역에서도 тоска [toska]에 관한 예술적 발화들이나 형상화들이 행해지는데, 이러한 것들은 тоска [toska]를 러시아 언어-문화 공간 속에서 독립적인 개별적 실재로 존재하게 만든다. 이에 대한 구체적인 설명은 우리가 앞에서, III부의 마지막 부분에서 '분노'의 예술적 발화를 다루면서 이야기한 내용과 비슷한 것이 될 수 있을 것이다. 실제로, 러시아 문학에서는 푸슈킨을 위시해서 많은 시인들과 작가들이 작품 속에서 тоска [toska]를 언급하고 있는데, 여기서는 우선 그것과 동일한 제목을 갖고 있는 체호프의 단편으로부터 발췌한 아래와 같은 단락 하나만을 제시하고자 한다.

2) Опять он одинок, и опять наступает для него тишина... Утихшая ненадолго тоска появляется вновь и распирает грудь ещё с большей силой. Глаза Ионы тревожно и мученически бегают по толпам, снующим по обе стороны улицы: не найдётся ли из этих тысяч людей хоть один, который выслушал бы его? Но толпы бегут, не замечая ни его, ни тоски... Тоска громадная, не знающая границ. Лопни грудь Ионы и вылейся из неё тоска,

---

7 토포스에 내재한 이 "차이와 반복"에 대해서는 이 책의 앞부분, 2.4절 '토포스와 다수성'에서 이미 상세히 다룬 바 있다.

> так она бы, кажется, весь свет залила, но, тем не менее, её не видно. Она сумела поместиться в такую ничтожную скорлупу, что её не увидишь днём с огнём.
>
> [А. Чехов, 〈Тоска〉]

> 다시금 그는 혼자고, 다시금 그에게 정적이 엄습한다... 얼마 전에 가라앉았던 비애가 다시금 나타나서 가슴을 여전히 아주 강하게 찢는다. 이오나의 눈동자는 불안하게 그리고 고통스럽게 거리 양편을 따라 서둘러 움직이는 군중들을 따라 이리저리 빠르게 움직인다. 이 수천의 사람들 중에서 그의 말을 제대로 들어줄 법한 단 한 사람이라도 있을까? 허나 군중들은 그의 존재도 비애도 아랑곳하지 않고 뛰다시피 걷고들 있다... 비애는 끝 모른 채로 엄청나게 큰데. 이오나의 가슴이 터지면 거기서 비애가 마치 온 세상을 다 잠기게 해 버릴 것같이 쏟아지겠지만, 그럼에도 그것은 보이지 않는다. 그것은 그 누구도 대낮에 등불을 밝히고도 알아차리지 못할 정도로 그렇게 보잘것없는 외피 속에 제대로 자리 잡고 있었다.
>
> [안톤 체호프, 〈비애〉]

이것은 물론 작가가 자신이 느끼는 감정을 소설이라는 상상적 시공간에 투사시켜서, 개별적 실재로서 тоска [toska]의 모습을 그려낸 것이다. 문화적 전형성을 띤 공통 관념으로서의 тоска [toska]는 아닌 것이다. 그렇지만 체호프에 의한 위와 같은 형상화 또한 그러한 일반적 차원의 것의 존재에 기대고 있으며, 그리고 러시아 언어-문화 공간 내에서 이러한 예술적 형상화들의 지속적인 축적은 тоска [toska]라는 어휘에 담겨 있는 토포스적인 내용을 일반적인 차원에서 더욱더 강화시켜 준다고 볼 수 있다.

이상의 고찰들로부터, 즉 러시아 언어-문화 공간에서 '슬픔'의 감정 어휘들의 클러스터에 대한, 그 속에서 тоска [toska]가 가질 수 있는 토포스적 잠재성으로서의 구조적 가능성에 관한, 그리고 이것의 현실화 과정과 문화적 강화에 대한 고찰들을 통해서, 우리는 감정 어휘들의 클러스터들로부터 토포스 형성의 구조적 잠재성이 나올 수 있다는 추정을 할 수 있다. 그러나 그러한 잠재성이 감정 어휘들의 모든 클러스터들로부터 반드시 나오는 것은 아니다. 적어도, 클러스터 내의 특정한 어휘의 내용면과 표현면이 문화적 전형성으로 이행해가거나 이미 이행한 특정한 감정적 양태를 담아내는 데 적합해야 한다. 이 말은 어떤 감정 어휘의 토포스적 잠재성이 성립하기 위해서는 그것이 담아낼 문화적으로 전형적인 혹은 그럴 가능성이 있는 감정의 양태가 이미 존재해야 한다는 것을 의미한다. 그러한 감정의 양태가 언어적으로 적절히 명명될 수 있을 때, 그리고 이러한 언어적 명명이 무수히 많은 발화를 통해서 현실화되고 또 예술이나 다른 문화적 영역의 발화들에 의해서 강화될 때, 해당 감정에 관한 확고한 형태의 토포스가 성립되는 것이다.

감정의 토포스의 형성에 관한 이 같은 조건을 고려하면서, 여기서 우리는 우선 러시아어에서 다음과 같은 다섯 가지 감정에 관한 어휘 클러스터들을, 즉 '욕망', '기쁨', '슬픔', '사랑', '분노'에 관한 어휘 클러스터들을 살펴보자(이미 앞에서 제시된 '슬픔'의 어휘 클러스터는 제외하고).

3) '욕망'의 어휘 클러스터

желание [želanie≃원함, 바램],
воля 1 [volja 1≃의지, 뜻],
алкание [alkanie≃갈망],
охота [oxota≃기호, 원함],
жажда [žažda≃갈망(문어적)],
аппетит [appetit≃식욕, 욕망(문어적)],
алчность [alčnost'≃열망],
хотение [xotenie≃원함(문어적)],

вожделение [voždelenie≃정욕, 욕망(속어적)],
зуд [zud≃가려움, 열망(구어적)],
свербеж [sverbež≃근질거림, 욕망(구어적)], …

4) '기쁨'의 어휘 클러스터
радость [radost'≃기쁨],
восхищение [vosxiščenie≃희열],
ликоваине [likovanie≃광희],
восторг [vostorg≃환희],
отрада [otrada≃환희, 즐거움],
веселье [vesel'e≃즐거움(유쾌함)],
удовольствие [udovol'stvie≃즐거움(만족)],
удовлетворение [udobletvorenie≃즐거움, 흡족(충족)],
наслаждение [naslaždenie≃즐거움(향유)],
услада [uslada≃즐거움(위락)],
утеха [utexa≃즐거움(위안)],
экстаз [ekstaz≃황홀],
экзальтация [ekzal'tacija≃희열, 고양(문어적)], …

5) '사랑'의 어휘 클러스터
любовь [ljubov'≃사랑],
страсть [strast'≃열정],
влечение [vlečenie≃끌림],
увлечение [uvlečenie≃매혹],
симпатия [simpatija≃호감],
пристрастие [pristrastie≃편애, 애착],
тяготение [tjagotenie≃이끌림, 애정],
привязанность [privjazannost'≃애착],
склонность [sklonnost'≃기울어짐, 경도],
наклонность [naklonnost'≃애호],
мания [manja≃편집(偏執)],
благорасположение [blagoraspoloženie≃호의, 관심],

благоволение [blagovolenie≃총애], …

6) '분노'의 어휘 클러스터
гнев [gnev≃분노],
бешенство [bešenstvo≃광분],
ярость [jarost'≃격분],
возмущение [vozmuščenie≃분개, 울분],
раздражение [razdraženie≃노여움, 흥분],
злоба [zloba≃성, 부아],
злость [zlost'≃성, 노기],
досада [dosada≃짜증],
немилость [nemilost'≃언짢음],
озлобление [ozloblenie≃성깔, 성냄],
негодование [negodovanie≃분개, 노여움],
неистовство [neistovstvo≃진노],
исступление [isstuplenie≃흥분, 성냄],
запальчивость [zapal'čivost'≃역정],
остервенение [ostervenenie≃격노, 격분], …

위의 클러스터들은 모두 무표적인 감정 어휘를 첫 번째로 놓고 이어서 앞쪽에는 의미적으로 보다 가깝고 기본적인 어휘들을 그리고 뒤쪽으로는 의미적으로 덜 가깝거나 사용빈도가 낮은 것들을 배열하는 방식으로 제시되었다. 그러면 각각의 클러스터들을 토포스와의 관련 속에서 살펴보기로 하자.

먼저 3) '욕망'의 어휘 클러스터에는 그 자체로 토포스를 지칭하는 어휘가 없다고 봐야 할 것이다. 물론 거기에 토포스로서의 내용을 갖는 воля 2 [volja 2≃거침없이 뜻대로 하는 것, 자유, 속박 받지 않는 상태]와 밀접하게 연관된 어휘소 воля 1 [volja 1≃의지, 뜻]이 있지만, 다른 사회-문화적 한정이 없이 이것만으로는 토포스로 간주될 수 없다('자유'의 토포스로서 воля [volja]에 대해서는 이 책의 VI장에서 다루게 될 것이다). 이러한 이유는 아마도 '욕망'의 감정이란 인간 개개인의 실존을 추동하는 너무나도 보편적인 감정이기에,[8] 그자체로는 특별히 문화적인 전형성과 연관되는 의미적인 한정을 받기가 어렵기 때문일 것이다. 아마도 이러한 사실이 반영되어서인지, 더 이상 분해해서 설명할 수 없는 자연언어 어휘들에 기초해서 일종의 보편적인 의미 원소들(semantic primitives)이나 기본 의미소들의 설정을 통해서 의미 기술을 위한 일종의 메타-언어(metalanguage)를 구축하려는 이론적 시도들에서는 모두 '욕망'을 나타내는 동사를 일종의 의미적 원자로 간주하고 있다.[9] 가령, 그러한 의미론적 메타언어가 영어에 기반하는 것이면 'WANT'가, 러시아어에 기반하는 것이면 'ХОТЕТЬ' [XOTET', 원하다]가 더 이상 쪼개서 설명할 수 없는 의미를 나타내는 것이 된다.

이어서 4) '기쁨'의 어휘 클러스터의 경우, 러시아어에서는 무표적인 어휘 радость [radost'≃기쁨]를 중심으로 두 가지 계열의 어휘들로 구성되고 있음을 알 수 있다. 그중 하나는 이 радость [radost'≃기쁨]보다 더 강렬한 '기쁨'을 지칭하는 어휘들이며, 다른 하나는 '즐거움'의 여러 양태들을 가리키는 어휘들이다. 그런데 만일 러시아 언어-문화에서 '기

---

8 가령, 스피노자의 〈에티카〉, Ⅲ부 감정의 정의 1을 보면, "욕망이란 인간의 실제적 본질"로 정의, 설명되고 있다.

9 이러한 시도들의 대표적인 두 경향은 다음과 같다. 즉, 베쥬비츠카를 중심으로 하는 경향은 되도록 많은 개별 언어들에 대한 관찰과 동시에 영어를 기반으로 일거에 보편적인 의미론적 메타-언어를 설정하려 한다. 반면, 아프레샨을 중심으로 하는 "모스크바 의미론학파(the Mocow Semantic School)"는 가령 러시아어 같은 한 개별 언어 내에서 우선 유효할 수 있는 의미론적 메타-언어를 구성한 다음, 이에 따라 가능할 수 있는 여러 메타-언어들을 비교해가면서 일반화로 나가야 한다고 주장한다. 이러한 차이에 관한 소개로는 다음을 참조할 것 – 이기웅(2001); А. Гладкова, *Русская культурная семантика*, Москва, Языки славянской культуры, 2010, pp. 24–48.

쁨'의 토포스가 다른 여러 언어-문화권들에서처럼 무엇보다도 먼저 '내적인 즐거움(만족이나 충족으로서)'을 가리킨다면,[10] 결국 이러한 다문화권적인 기조를 내용적으로 깔고 있는 추상적인 토포스를 담아내기에 적합한 어휘는 무표적인 радость [radost'≃기쁨]일 수밖에 없다.

그리고 '사랑'의 어휘 클러스터 5)의 경우는 그 안에서 여러 개의 어휘들이 토포스와 연관이 있다고 볼 수 있다. 먼저 '사랑'의 토포스를 생각해 볼 수 있는데, 이것은 바로 위 '기쁨'의 토포스의 경우와 비슷한 양상을 보인다고 할 수 있다. 러시아 언어-문화 공간에서 '사랑'의 토포스란 고대 그리스 문화를 거쳐 기독교 문화로 이어지는 '사랑'의 관념의 다문화권적인 기조에 '천상의 사랑과 세속의 사랑의 합일'이라는 독특한 관념적 특성이 더해진 추상적인 토포스이기에, 그것을 담아내기에는 아무래도 무표적인 어휘 любовь [ljubov'≃ 사랑]가 적합할 것이다. 그런데 '사랑'이란 인간들 사이에서 모두들 원하는 그래서 모두가 서로 초점을 맞추는 감정이기에, 사회-문화적으로는 그것의 아주 일반적인 양태로서의 토포스뿐만 아니라 보다 특별한 양태의 토포스들도 형성될 수 있다. 이것은 당연히 러시아 언어-문화 공간에서도 마찬가지여서, 위의 클러스터 5)에서 적어도 страсть [strast'≃열정], мания [manja≃편집(偏執)], благоволение [blagovolenie≃총애] 등의 어휘는 '사랑'의 특별한 양태를 가리키는 토포스들과 대응된다고 볼 수 있을 것이다. 이처럼 동일한 클러스터 내의 여러 어휘들이 각각의 의미에 따라서 토포스를 내포하고 있다는 점은 바로 이 '사랑'이란 감정의 클러스터가 갖는 두드러진 특징이다.

반면 이와 대조적으로, '분노'의 클러스터 6)은 비교적 많은 어휘들이 있음에도 불구하고 무표적인 어휘 гнев [gnev≃분노]가 내용적으로 토

---

10 Степанов(1997), радость [radost'] 항목을 참조할 것.

포스의 잠재성을 갖고 있다. 그것은 이 어휘의 내용면이 '기본적인 윤리적 원칙들에 상반되는 것에 대한 분노'를 가리킬 경우이다.[11] 물론 이처럼 윤리적 판단이 동반되는 '분노'를 возмущение [vozmuščenie≃분개, 울분]나 негодование [negodovanie≃분개, 노여움] 같은 어휘들도 가리킬 수 있다. 그러나 гнев [gnev]는 이 어휘들에 의해 지칭되는 감정들보다 더 강하고 외향적인 감정을 가리킨다는 점에서,[12] '분노'의 러시아적 토포스에 더 적당하다고 볼 수 있겠다. 왜냐하면 러시아어의 경우와 영어의 경우를 비교해보면, 러시아식의 '분노'가 보다 감정 표출적이고 보다 행동 지향적이기 때문이다.[13] 그리고 보다 앞에서 제시된 1) '슬픔'의 클러스터와 마찬가지로 '분노'의 클러스터도 비록 그 속에 비교적 많은 어휘들이 있지만, 거의 대부분 부정적인 감정, 벗어나야 할 감정의 양태들을 지칭하는 것들이기 때문에, 긍정적인 감정으로서 모두의 관심사이기도 한 '사랑'에 관한 클러스터와는 대조적으로 단 하나의 어휘만이 토포스를 형성한다는 것은 자연스러운 일일 것이다.

이상의 관찰들과 더불어 마지막으로 토포스 역할을 하는 감정 어휘들의 통사적 구성력의 문제를 생각해보자. '슬픔'의 클러스터인 1)에서는 유표적인 어휘인 тоска [toska]가 토포스가 되면서 다른 어휘들보다도 넓은 통사적 결합 가능성을 보여주었다면, '기쁨'과 '사랑' 그리고 '분노'의 클러스트들인 4), 5), 6)에서는 각각 무표적인 어휘 항목이 토포스가 되면서 가장 넓은 통사적 구성 가능성을 보여주고 있다. 결국 이로부터

11 이 어휘의 이러한 내용 분석에 대해서는 다음의 사전을 참조할 것 – И. А. Мельчук, А. К. Жолковский, *Толково-комбинаторный словарь современного русского языка*, Wien, 1984.

12 이에 관해서는 다음 논문을 참조할 것 – 이기웅(2010).

13 이러한 지적으로는 가령 다음의 논문을 참조할 것 – A. Wierzbicka, ""Sadness" and "Anger" in Russian", *Speakings of Emotions: Conceptualization and Expression*, Berlin, Mouton de Gruyter, 1998.

내릴 수 있는 일반적인 결론은 감정의 클러스터에서 가장 큰 통사적 구성력을 갖는 어휘는 그것이 유표항이냐 무표항이냐의 문제를 떠나서 토포스가 되느냐 아니냐의 문제에 달려 있다는 점이다. 그리고 위의 5) '사랑'의 클러스터처럼 여러 개의 어휘들이 토포스가 되는 경우에는, 물론 그중에서 무표적인 것이 가장 큰 통사적 구성력을 갖게 될 것이다.

4.2. 감정의 내적 장소

앞에서 러시아 언어-문화 공간에서 기본적인 감정들을, 즉 '욕망', '기쁨', '사랑', '슬픔' 그리고 '분노'를 지칭하는 어휘들과 어휘 클러스터들 그리고 토포스 사이의 관계를 살펴봤다면, 여기서는 그러한 감정들이 우리 각자에게 깃드는 내적 장소에 관해서 고찰할 필요가 있다. 왜냐하면 개별 언어에 따라 그러한 내적 장소에 대한 관념이 달라질 수 있기 때문이다. 러시아어에는 통상 감정을 느끼거나 혹은 감정이 존재하는 내적 장소를 가리키는 데 쓰이는 다음과 같은 세 가지 어휘, душа [duša≃영혼, 혼, 마음], сердце [serdce≃심장, 가슴], грудь [grud'≃가슴]가 있다.

이 셋 중에서 сердце [serdce]나 грудь [grud']가 신체의 일부분을 가리킴과 동시에 또한 거기에 위치한다고 여겨지는 감정의 내적 장소를 지칭하는 것은 여러 언어에서 흔히 발견되는 현상이다. 가령, 베쥬비츠카는 우리 신체에 있는 상상적인 감정 기관을 지칭하는 경우 러시아어의 сердце [serdce]와 영어의 heart가 정확히 대응되는 것 같다고 이야기한다.[14] 이 경우 러시아어와 영어에서 지칭하는 상상적인 신체 부위는 가슴의 중앙부이며, 우리는 그것의 움직임을 듣거나 감지할 수 있다. 그리

14 Wierzbicka(1992; 47–48).

고 грудь [grud']와 breast는 각자 이것이 포함되어 있는 가슴 부위 전체를 지칭한다는 점에서 сердце [serdce]와 heart의 환유법적인 경우로 볼 수 있다. 때문에 грудь [grud']와 breast는 각각 сердце [serdce]와 heart에 비해 문체적으로 보다 제한적이며 또한 용법상으로도 폭이 좁다. 가령 러시아어의 경우를 살펴보면, 상상적인 감정 기관을 지칭하는 의미로서 сердце [serdce]는 다음과 같은 일련의 표현들을 구성한다.

7) доброе сердце, золотое сердце, мягкое сердце …
[dobroe serdce, zolotoe serdce, mjagkoe serdce …]
선한 마음(가슴), 고결한 마음(가슴), 부드러운 마음 …

8) У него сердца нет.
[U nego serdca net.]
그는 마음(/가슴)이 없다.

명백히 위와 같은 예들에서 сердце [serdce]를 грудь [grud']가 대신할 수 없다. 이러한 사정은 아마도 영어의 경우에도 비슷할 것이다(가령, kind heart/ heart of gold/ tender heart, he has no heart).

그런데 예 7)과 8)의 한국어 번역에서도 알 수 있듯이, 한국어에서는 감정의 내적 장소로서의 의미로 "가슴"이 용법상 러시아어의 грудь [grud']나 영어의 breast보다는 범위가 넓지만, сердце [serdce]나 heart보다는 좁다. 대신에, 감정을 느끼거나 감정이 깃드는 곳으로서 "마음"은 용법상 сердце [serdce]와 грудь [grud'] 혹은 heart와 breast의 경우들을 포괄하고도 남을 정도로 그 범위가 넓다. 사실, 한국 언어-문화 공간에서 이 "마음"은 — 상상적인 것이 아니라 실제로 있다고 여겨지는 — 우리 안에 있는 필연적인 내적인 것으로서, 비유적으로 말하면 어떤 정해진 형태는 없지만 그러나 크기를 갖는 닫힌 공간 형태의 보이지 않는 그릇 혹은 기관과 같은 것이다. 이 점은 가령 "몸과 마음", "마음을 꺼내서 보여줄 수만 있다면", "마음이 크다/ 작다", "마음을 열다/ 닫다"와 같은 표현을 생각해보면 납득이 갈 것이다. 그리고 우리 각자는 태어날 때 그러한 무형의 내적인 그릇 혹은 기관과도 같은 "마음"을 갖고 태어난다고 여겨진다. 이처럼 태어나면서 생기는 "마음"을 국립국어원의 〈표준국어대사전〉에서는 "사람이 본래부터 지닌 성격이나 품성"이라는 세부항목으로 설명하고 있지만, 이것은 옳은 설명이 아닐 것이다. "본래부터 지닌 성격이나 품성"이란 '변하지 않음'을 전제로 한 설명이기 때문이다. 그러나 "성격"이나 "품성"도 변할 수 있듯이 "마음" 또한 변할 수 있는 것이다. 가령, "그 친구는 출세하면서 품성도 성격도 심지어 마음까지도 변했어"라는 표현처럼. 결국 〈표준국어대사전〉의 그러한 설명은 "마음"이라는 어휘 자체에 대한 것이 아니라 "타고난 마음"이라는 표현에 대한 것인데, 우리 각자는 필연적으로 "마음을 갖고 태어나는 것"이지만, 그렇다고 해서 "마음"이 반드시 "타고난 것"이어야 할 필요는 없는 것이다. 요컨대, 한국 언어-문화 공간에서는, 우리가 각자 태어날 때 우리 안에 반드시 "마음"이라는 것이 있다라는 것을 반드시 참으로 여기고 있는 것이지, 반드시 "천성, 천품으로서의 마음이 있다"고 여기고 있는 것은 아닌 것이다. 더구나 "마음"은 변할 수 있을 뿐만 아니라 또한 우리 각자의 노력과 수양에 의해서 좋은 쪽, 훌륭한 쪽으로 발전할 수도 있는 것이다. "마음을 닦다, 마음을 맑게 하다, 마음을 가지런히 하다, 마음을 비우다" 등과 같은 예들이 말해주고 있듯이. 사실, 한국어에서 "마음"이라는 어휘를 내용적으로 제대로 설명하고자 할 때 가장 어려운 문제는 우리들 각각에게 필수적으로 존재하는 무형의 내적인 것을 가리키는 이 어휘가 과연 우리의 인지 능력과 활동의 어떤 것들을 내포하는 존재인가를 규정하는 일이다.

이 문제와 관련해서, 먼저 “마음”이 우리 내부의 어디에 위치하는가를 주목해보면, 한국 언어-문화 공간에서 그것은 우리 몸의 상반신 안에 그러나 목 이상의 부분을 제외한 상반신 안에 있는 것으로 여겨진다. 통상은 가슴 속에 있는 것으로 여겨지지만, 뱃속에 있는 것으로 여겨질 때도 있다. 가령, “저 사람의 뱃속에는 무슨 마음이 담겨 있을까”, “뱃속의 음흉한 마음” 등과 같은 예들에서처럼. 이 사실은 무엇보다도 우선 “마음”이 우리의 인지 능력과 활동 중에서 순수하게 지적이지 않은 영역과 연관된 내적인 부분임을 말해준다. 요컨대, “마음”은 우선 우리의 감정뿐만 아니라 의지, 분별, 상상과도 연관되어 있으며, 또한 어떤 것을 경험하고 체험할 뿐만 아니라 그러한 것들을 담아서 보관도 하는, 마치 형체도 없고 크기도 가변적인 보이지 않는 주머니 같은 내적 존재라는 것이다. 한국어에서 이것을 잘 예증해주고 있는 것이 바로 다음과 같은 언어 사실들일 것이다.

9) 똑똑한 머리/*마음, 슬픔이 가득한 마음/*머리, …

10) 마음에 두다/ 들다/ 끌리다/ 거슬리다, …

11) 분별력/ 상상력/ *판단력 있는 마음

12) 마음에 있는 감정, 느낌, 생각, 기억, 상상, 뜻, 의도, …

13) 그를 죽일 마음/ 뜻/ 생각/ 의도는 없다.

14) 마음속으로 판단한 생각

15) 마음 속으로 들어온 생각

16) 인간의 마음 속에 있는 선천적인 언어 능력

위의 예들 중에서 9)에서 12)까지는 “마음”이 “머리”와 대조적으로 우리의 인지 능력과 활동 가운데 지능에 의거하거나 순수하게 지적인 것들과는 연관이 없음을 말해준다. 그렇지만 예 10)에서 보듯, “마음”은 인지 활동의 결과로 생긴 생각이나 이미지 등을 속에 담아놓을 수 있으며, 또한 그러한 것들에 대한 좋고 나쁨의 감정이나 판단들을 만들어낼 수 있다. 그 결과 “마음”은 분별력, 예지력, 통찰력, 깨달음과 같은 고도의 종합적인 사고력을, 즉 지성과 감성이 통합된 형태의 능력을 가질 수 있다. 그리고 이것이 바로 진정으로 사람을 움직이게 하는 것이라는 것을 생각해본다면, 한국 언어-문화 공간에서는 인간사의 보다 중요한, 보다 본질적인 것들을 담당하고 있는 부분이 “머리”가 아니라 “마음”으로 여겨지고 있다는 것을 알 수 있다. 이처럼, “마음”은 지적 능력과 전혀 상관없는 것이 아니라, 그것을 감정과 윤리와 결부시켜서 헤아리고 통합하는 보다 높은 차원의 인지 능력을 갖고 있는 것이다. 물론 바로 이 때문에 “마음”을 단순히 감정과 상상을 위한 내적 기관으로만 간주할 수 없는 것이다. 이와 관련해서, 예 13)은 “마음”이 갖고 있는 고유한 의미가 제유법적으로 활용되고 있는 경우를 보여준다. 다시 말해서, 우리를 움직이는 혹은 우리에게 행동의 동기나 의지를 부여하는 최종적인 것이 “마음”에서 이루어진다고 간주할 때, 수사법적으로는 어떤 행동의 구체적인 의도나 생각, 동기 등을 지칭하는 대신에 그러한 것들을 낳는 포괄적인 전체로서 “마음”을 갖다놓을 수 있는 것이다.

문제는 예 14)와 15)에서 보는 것처럼 복합어 “마음속으로”와 그렇지 않은 “마음 속으로”와 같은 경우들 사이의 혼동과 구분이다. 양자 사이의 혼동을 보여줄 뿐만 아니라 또한 조장하기까지도 하는 대표적인 사례가 띄어쓰기 규정이다. 즉, 예 14)와 같이 붙여서 “마음속으로”로 써야지 15)처럼 “마음 속으로”처럼 쓰면 안 된다는 규정이다. 그 이유는 “마음

속"으로는 복합어라는 것이다. 그러나 실제로 이러한 복합어는 존재하지 않는다. 단지 "마음 속, 꿈 속, 생각 속, 머리 속"과 같은 공간적 규정의 표현이 있을 뿐. 따라서 "마음속"이라는 있지도 않은 복합어를 상정해서는 이것으로 띄어쓰기를 획일적으로 통일하려는 규정은 잘못된 시도이다. 그렇지만 우리는 분명히 예 14)와 같은 경우들은 "마음속으로"로 붙여서 그리고 15)와 같은 경우들은 "마음 속으로" 띄어서 표기해야 한다. 전자의 경우들은 '남들이 알 수 없게, 간파할 수 없게, 보지 않게, 듣지 않게, …'라는 의미를 지닌 부사구들로서, 이런 의미는 물론 우리의 "마음 속"이 바로 그러한 속성을 본원적인 특징으로 하는 곳이라는 생각으로부터 나온 것이다. 그러나 예 15)에서처럼 "마음 속으로 (들어왔다)"의 경우는 이런 전성된 의미가 아니라 원래의 의미를 갖는 경우이므로 당연히 띄어서 적어야 맞다. 요컨대, '남들이 알 수 없는 내면 깊은 곳'이라는 의미를 갖는 복합어 "마음속"이란 어휘는 존재하지 않는다. 그렇지만 "마음 속"이라는 표현을 한정하는 본질적인 특징들 중의 하나가 바로 그런 의미이기에, 이것에 기반을 두고 파생된 몇몇 부사어들의 경우는, 가령 "마음속으로 읊조리다", "마음속에서 저주하다" 등에서의 "마음속으로", "마음속에서"와 같은 부사어들은 한 낱말로 적을 수도 있는 것이다.

그리고 한국 언어-문화 공간에서 "마음"이 갖는 원래 의미가 확장된 16)과 같은 경우들은 영미 언어-문화권의 영향에 의한 것이라고 볼 수 있다. 즉, 영어로는 인간의 "mind(≃마음, 심성)"로 지칭되는 것의 본질과 그 메커니즘을 탐구 대상으로 하는 인지 과학(cognitive science)의 대두와 발전으로 인해서, 한국 언어-문화권에서도 이러한 학문적, 지적 경향에 영향을 받는 담론들에서는 영어의 이 mind를 — 어쩔 수 없이 — 한국어의 "마음"으로 번역하고 자기화하는 흐름이 생겨난 것이다. 그런데 인지 과학에서 생각하는 이러한 "mind(마음)"에는 지각, 기억, 사고, 판단, 언어, 감정 등과 같은 인간의 본질적인 인지 능력들과 그것들의 운용 메커니즘들이 들어 있는 것으로 여겨진다. 이러한 가정은 물론 한편으로는 애당초 인지 과학의 구상이 인공지능(artificial intelligence)의 연구로부터 촉발되었으며, 다른 한편으로는 이러한 연구 경향에 적절하게도 이 mind라는 단어의 지칭 범위가 꽤나 넓다는 사실에도 기대고 있다. 가령 mind and body(≃마음과 몸)라는 예에서 보듯이, 영미 언어-문화권에서 이 mind는 분명히 인간에게서 몸과 대비되는 인간의 내적인 부분의 존재를 가리킨다. 그런데 한국어의 "마음"과는 달리 영어의 mind는 인간에게서 감정의 영역뿐만 아니라 지적인 영역까지도 포괄하는 것으로서의 내적인 부분을 가리킨다. 아니, 현대 영어에서는 특히 감정이나 심적 차원보다는 우리의 앎과 사고에 초점을 맞추는 의미로서의 내적인 부분을 가리킨다.[15] 예컨대, smart(/brilliant /inquiring /keen /sharp, …) mind 등과 같은 표현에서 보듯, 지적인 측면이 부각될 수 있다는 점에서 그리고 지적인 부위를 가리키는 head나 brain과 차별적으로 대립되지 않는다는 점에서 영어의 mind는 확실히 한국어의 "마음"과는 본질적으로 다른 내적인 부분을 가리킨다. 더구나 지적으로 그리고 문화적으로 영국의 경험주의적인 전통이나 미국의 프래그머티즘의 전통을 고려해본다면, 그리고 만일 이 mind가 인간을 움직이게 내적 동기가 구성되는 곳이라는 가정을 해본다면, 그 속에서 이루어지는 차원 높은 종합적인 생각이나 판단의 과정은 경험적 근거를 갖는 앎에 다른 지적이 아닌 요소들이

15 Wierzbicka(1992; 44–47)를 참조할 것. 그녀의 주장에 따르면, 예전 영어에서는 mind의 정서적, 심적, 윤리적 차원들이 우세했다면, 현대 영어에서 이러한 것들은 고풍스럽게 여겨진다. 그러나 용법상으로나 의미상으로나 mind에 관한 예전 영어와 현대 영어 사이의 이러한 차이를 명확히 그려낸다는 것은 거의 불가능한 일일 것이다. 따라서 단지 우리가 경험적 사실에 근거해서 할 수 있는 것은 mind의 의미를 구성하는 잠재적 다의성의 구조를 고찰하고, 그것이 현대 영어에서 어떤 우세한 경향으로 실현되고 있는가를 파악하는 것이다.

— 감정적이거나 상상적인 것들 같은 — 복속되고 통합되는 과정일 것이다. 요컨대, 영미 언어-문화권에서 통상 생각하는 인간의 mind란 그것을 구성하는 지적 측면의 우세함 속에 다른 비지적인 측면들이 통합되는 구조를 갖는 그러한 바의 것으로서 몸과 대비되는 우리의 내적인 부분일 것이다.

이렇게 놓고 볼 때, 비록 앞의 예 16)처럼 한국어의 "마음"이 특정한 언어-문화적 영향에 의해서 그 용법이 확장되고 있을지라도, 감정의 내적 장소로서 의미상 그것과 본질적으로 보다 유사한 구조를 보여주는 것은 바로 맨 앞에서 언급한 러시아어의 душа [duša≃영혼, 혼, 마음]이다. 물론, душа [duša]가 갖는 다면적 다의성 중에서 종교적인 측면과 특정한 역사적 시기의 사회 관습적인 용법을 고려하지 않는다면 말이다.

가령, молитва за упокой души [molitva za upokoj duši, 영혼의 안식을 위한 기도] 등과 같은 표현에서 나오는 душа [duša]는 그 의미가 영어의 soul이나 한국어의 "영혼"과 대동소이한데, 모두 '인간에게서 몸과 같이 있으나 생명에 깃들어 있는 보이지 않는 부분으로서, 사후에 분리될 수 있고 영생할 수 있는 피안의 것이며, 바로 그 존재로 인해서 인간은 선하게 될 수 있고 후손들이 기릴 수도 있으며 또한 구원받을 수도 있는 것'이라는 공통적인 내용을 가지고 있다. 물론 거기서 "구원받을 수도 있는"이라는 마지막 부분의 한정을 빼버리면, 기독교적은 아니지만 그래도 여전히 종교적인 — 영생과 피안을 믿는다는 의미에서 — 측면에서 바라보는 душа [duša], soul, "영혼"의 의미가 될 것이다. 그리고 기독교적인 한정 대신에 '후손들을 돌볼 수도 있는 것'이라는 한정을 붙이면, 유교적인 맥락에서의 "혼, 혼령, 혼백" 등과 같은 의미가 될 것이다.

한편, душа [duša]의 다의성에는 이러한 종교적인 의미와는 달리 보다 주변적인 다른 의미도 있는데, 그것은 가령 니콜라이 고골(Н. Гоголь)

의 유명한 소설의 제목 〈Мёртвые души [Mërtvye duši, '죽은 자들']〉과 같은 경우에서 볼 수 있다. 여기서의 душа [duša]는 '인두(人頭, 라틴어로는 caput)'라는 의미로 쓰였으며, 따라서 소설의 제목은 원래 '이미 죽은 (그러나 농노 명부에서는 삭제되지 않았기에 산 농노처럼 사고팔 수 있는) 머릿수'를 의미한다. 그리고 이러한 의미를 갖는 제목을 독일어, 영어, 프랑스어로는 각각 Die toten Seelen, The dead souls, Les âmes mortes로 옮겨도 무방한데, 그것은 이들 언어 역시도 душа [duša]와 대응하는 Seele, soul, âme에 그런 의미가 있기 때문이다. 물론 이러한 단어들에 내포된 그 같은 의미는 인간을 머릿수로 취급하던 특정한 과거 시대의 잔재일 것이다. 그런데 고골의 이 〈Мёртвые души [Mërtvye duši, '죽은 자들']〉라는 제목을 한국어로 〈죽은 혼〉이라고 번역하면 절묘한 오역이 된다. 왜냐하면, 당연히 한국어의 "혼"에는 그런 뜻이 없기에 이 〈죽은 혼〉이라는 번역은 비유적으로 소설 속에 나오는 살아 있지만 영혼이 죽어 있는 주인공들을 지칭하게 되는데, 소설의 마지막에 가면 이 мёртвые души라는 표현 자체가 바로 그러한 비유적인 뜻을 갖게 되기 때문이다.[16)]

어쨌든 러시아어의 душа [duša]의 다면적인 다의성 속에 내포된 이와 같은 두 가지 의미를 옆으로 제쳐놓으면, 우리는 러시아 언어-문화 공간에서 그것의 잠재적인 의미 구조를 특징짓는 것으로서 다음과 같은 일련의 사실들을 거론할 수 있다. 첫째, 몸과 대비되는 것으로서 그리고 그

16 고골의 소설 〈Мёртвые души(죽은 혼)〉의 제목이 갖는 이러한 다의성에 대해서 다음의 것을 참조할 것 – Л. С. Выгоцкий, *Мышление и речь*, Москва, Лабиринт, [1934]/1996, p. 350–351; 이 책의 한국어 번역본은 다음과 같다 – 레프 비고츠키, 〈사고와 언어〉, 이병훈 · 이재혁 · 허승철 옮김, 한길사, 2013. 비고츠키는 제목 그대로가 갖는 원뜻을 객관적이고 안정적인 "의미"(значение, meaning)의 층으로, 그리고 그것에 내포된 비유적인 내용을 주관적이고 가변적인 "뜻"(смысл, sense)의 층으로 구분하면서, 자아중심적인 말이나 속말, 예술 텍스트 등에서는 후자의 층이 전자의 층보다 훨씬 우세하다는 일반적인 지적을 이끌어내고 있다.

안에 있는 우리 각자의 보이지 않는 내면의 것으로서 душа [duša]는 단지 순수한 지적 기능만을 담당하는 голова [golova, 머리]와는 확연히 대비된다. 따라서 머리의 지적 능력이나 거기서 이루어지는 지적 활동을 가리키는 ум [um≃지력, 총명, 재치]이 душа [duša]에게는 본질적으로 없다. 둘째, 그렇다고 сердце [serdce≃심장, 가슴]처럼 단순히 감정만을 느끼거나, 또는 감정의 느낌으로만 알고, 이해하는 곳이 아니다. 그러한 것들과 더불어 그리고 그러한 것들로부터 душа [duša]는 보다 심오한 앎을, 깨달음이나 분별을 얻을 수 있는 곳인 것이다. 아래의 예는 이러한 차이를 잘 보여준다.[17)]

17) В глубине души/ *сердца он уже понимал, что им придётся расстаться.

17') 마음 깊은 곳에서/ ?가슴 깊은 곳에서 그는 자신들이 헤어져야 한다는 것을 이미 깨닫고 있었다.

그리고 셋째, душа [duša]는 개인들에게 있어서 각자의 경험과 생각들이 자신만의 고유한 방식으로 내면화되는 것이 이루어지는 곳이다. 따라서 다른 이들은 비록 추측은 할 수 있을지라도 알 수도 볼 수도 직접 들을 수도 없는 곳이며, 심지어 자기 자신조차도 제대로 알 수도 분별 할 수도 없는 혼돈스런 어둠의 상태가 일어나기도 하는 곳이어서 그럴 때마다 비춰줄 빛이 — 진리의 빛, 신념의 빛이, 혹은 은총의 빛이나 신앙

17 이 예는 다음에 의거한 것이다 – Е. В. Урысон, "Душа 1, Сердце 2", Апресян и др.(1999), pp. 88–89.

의 빛 등이 — 필요한 곳이기도 하다. 넷째, 그렇기에, 태어날 때부터 각자에게 있는 душа [duša]는 각자 자신의 삶과 더불어 자라날 수도 풍부해질 수도 있으며, 또한 뒤틀리거나 작아질 수도 있으며, 심지어 소멸할 수도 있다(가령, 톨스토이의 〈안나 카레니나〉에서 안나가 달리는 열차 바퀴 밑으로 몸을 던진 때처럼).[18] 다섯째, 이처럼 우리 각자의 삶마다 그 시초에는 생명의 원기로서 깃들어서는 개별화되고 성장, 변화하는 душа [duša]는 육체의 죽음 이후에도 피안의 세계에서 살아 있을 수 있는 것, 즉 초월하는(transcendent) 것이다. 이러한 초월하는 속성은 물론 다음과 같은 душа [duša]의 어원과도 밀접한 연관이 있다. 요컨대, 원시 인도유럽어(Proto-Indo-European)의 어근 *dheus-/ *dhus- '불꽃, 먼지, 숨이 퍼지다' 〉 공통슬라브어 어근 dux- '숨, 바람, 증기' 〉 고대 러시아어 душа (*dux-ja; 아마도 고대 그리스어의 ψυχή (psychē '숨, 혼, 정신')의 의미적 모방으로서).[19]

위와 같은 일련의 사실들 중에서 다섯 번째 것만 제외하고 본다면, 감정의 내적 장소로서 러시아어의 душа [duša]는 확실히 한국어의 "마음"과 유사한 측면이 크다. 둘 다 단순히 감정이 깃드는 혹은 감정을 느끼고 겪는 내면의 곳만을 의미하는 것이 아니라, 그것과 결부돼서 혹은 그것을 바탕으로 각자의 내면세계가 형성되는 곳이자 또한 바로 그러한 형성의 과정 및 결과와 동일시되는 곳을 뜻하는 것이다. 바로 이 때문에, 러시아 언어-문화 공간에서 душа [duša]와 전적으로 감정과 결부된 내적

---

18 душа [duša]를 개념적으로 특징짓는 이러한 네 가지 사실들은 다음의 것들을 필자 나름대로 참고하면서 새롭게 정리한 것임 – Wierzbicka(1992; 31–63), 그리고 길윤미, "진실과 소통을 향하여: 러시아 언어–문화에서 душа의 의미화", 〈러시아어문학연구논집〉 43집, 2013. 각자 상세한 고찰들을 통해서 душа [duša]의 의미적 핵심에 접근하고 있는 이 두 연구에서 공통적으로 발견되는 단점은 여전히 러시아 정교적인 의미부여를 강조하고 있다는 점이다.

19 Степанов(1997; 570–572), 길윤미(2013; 237–239) 등을 참조.

장소만을 뜻하는 сердце [serdce≃심장, 가슴] 사이에 설정되는 의미적 동일성과 차별성의 관계는 한국 언어-문화 공간에서 "마음"과 "가슴" 사이에 설정되는 의미적 관계와 유사한 양상을 보인다. 가령, 아래의 예들을 보자.

18) душа болит [duša bolit]
≃ сердце болит [serdce bolit]

18') 마음 아프다 ≃ 가슴 아프다

19) радость/ печаль в душе [radost'/ pečal' v duše]
≃ радость/ печаль в сердце [radost'/ pečal' v serdce]

19') 마음 속 기쁨/슬픔 ≃ 가슴 속 기쁨/슬픔

20) смирение души [smirenie duši]
≃ смирение сердца [smirenie serdca]

20') 마음의 겸손; *가슴의 겸손

21) Сердцем я люблю тебя, но душою нет.[20)]

21') 가슴으론 나는 너를 사랑하지만, 그러나 마음으론 아니다.

22) Листьев ли шёпот иль ветра порывы
Чуткой душою я жадно ловлю.[21)]

---

20 이 예는 다음 논문에서 인용된 예를 단순화시킨 것이다 – 길윤미(2013; 246) 예 (23).

21 엘리자베타 디테리흐스(Елизавета Дитерихс)의 가사에 보리스 보리소프(Б. Борисов)가 곡을 붙인 로망스 〈Снился мне сад … (나는 꿈에 정원을 보았네 …)〉 중에서.

22') 나뭇잎들의 속삭임인가 또는 급작스런 바람인가,
예민한 마음으로 나는 열심히 포착하려 하네.

예 18)~20) 그리고 18')~20')를 보면, 감정의 내적 장소로서 душа [duša]와 сердце [serdce] 사이의 동의적인 관계가 "마음"과 "가슴" 사이의 동의적인 관계와 아주 유사함을 알 수 있다. 물론 20)과 20') 사이의 차이는 러시아어의 сердце [serdce]의 지칭적 폭이 한국어의 "가슴"의 경우보다 더 넓다는 것을 보여준다. 이미 앞에서 예 7)을 통해서도 보았듯이, 러시아어의 сердце [serdce]의 경우가 한국어의 "가슴"보다도 감정이 내포된 도덕적 가치의 표현과 더 자유롭게 결합할 수 있는 것이다. 그렇지만 한국어에서도 "선한 가슴, 따뜻한 가슴, …" 등의 표현이 가능한 이상, 그러한 차이는 내용상의 본질적 차이라기보다는 언어적 타성들 사이의 차이라고 할 수 있을 것이다. 그리고 예 21)과 21')는 감정의 내적 장소로서 душа [duša]와 сердце [serdce] 사이의 그리고 "마음"과 "가슴" 사이의 의미적 차별화를 보여준다. 그런데 문제는 21) 그리고 21')와 같은 표현이 실제로 가능하지만, 이 경우 과연 "душа [duša] 혹은 마음으로 사랑하는 것"과 "сердце [serdce] 혹은 가슴으로 사랑하는 것" 사이의 본질적인 차이가 무엇이냐는 것이다. 다시 말해서, душа [duša] 혹은 "마음"에서의 감정과 сердце [serdce] 혹은 "가슴"에서의 감정의 차이가 과연 무엇이냐는 것이다. 이에 대해서, 대개는 전자가 우리 내면의 훨씬 더 깊고 영적인 곳에서 나오는 감정을 가리킨다는 식의 주관적인 설명들이 있지만,[22] 그러나 사실 그런 식의 설명의 타당성을 경험적으로 뒷받침해줄 언어적 근거를 대기란 아주 힘든 일이

22 Wierzbicka(1992; 49–50), 길윤미(2013; 246–247).

다. 왜냐하면 감정의 내적 장소를 지칭하는 문맥들에서는, 실제로 전자와 후자 사이의 명확한 의미적 차이를 제대로 보여주는 대립적인 예들을 찾기 어렵기 때문이다. 단지 양자 사이에 어떤 차이가 있다면, 우리는 예 22)와 22') 그리고 보다 앞에서 제시된 17)과 17')와 같은 경우들을 통해서 간접적으로 추정해 볼 수는 있다. 즉, 이 예들에서 자연스럽게 허용되는 것은 душа [duša]의 경우와 "마음"의 경우라는 것을 고려한다면, 우리는 душа [duša]에서, 그리고 "마음"에서 갖는 감정이란 단순히 느끼는 혹은 깃드는 감정일 뿐만 아니라 또한 그와 동시에 해당 감정의 정체 혹은 진실성에 대한 분별과 감지 혹은 자각도 이루어지고 있는 감정인 것이다.

이상과 같은 고찰을 통해서 감정의 내적 장소로서 러시아어의 душа [duša]와 한국어의 "마음" 사이의 개념적 유사성이 파악될 수 있었다면, 이어서 우리가 지적해야 할 것은 당연히 둘 사이의 상이한 언어-문화적 전개 과정이다. 한국 언어-문화 공간에서 "마음"은 사회적 존재로서 개인의 궁극적인 완성을 위한 대상으로 여겨지게 되는데, 이것은 불교적 배경과 결합하느냐 유교적 배경과 결합하느냐에 따라서 다소 상이한 토포스의 형성으로 이어지게 된다. 즉, 불교적 배경에서는 해탈을 위해서 비워야 할 대상으로서의 "마음"이라는 토포스가 형성된다면, 유교적 배경에서는 세상의 올바른 이치를 깨닫고 행하기 위해 수양하고 정진해야 하는 대상으로서의 "마음"이라는 토포스가 형성된다. 물론 내용상 서로 본질적인 차이는 있더라도, 이 두 토포스는 "마음"을 인간의 궁극적 완성을 지향하는 돌봄의 주된 대상으로 간주한다는 점에서 그 공통점이 있다. 그렇지만 "마음"은 육체를 초월하는 것이 아니기에, 사후에도 살아 있을 수 있는 것은 아니다("혼, 혼백, 영혼" 등으로 지칭되는 것들과는 달리). 반면, 러시아어의 душа [duša]는 애당초 어원상으로 초월적이고, 영생의 가능성이 있는 것의 지칭과 관련이 있었기 때문에 종교적인 "영혼"의 토포스의 형성으로 이어진다. 그리고 이 토포스의 내용은 우리가 이미 앞에서 душа [duša]의 다의성 중의 하나인 종교적 의미를 설명하면서 제시했던 것과 별반 다르지 않다. 단지 여기서 좀 더 세분해서, 러시아 언어-문화 공간에서 이 "영혼"의 토포스는 두 가지로 나눠질 수 있다는 점을 지적할 필요가 있을 것이다. 즉, 원래 민중 신앙적인 배경에서는 '영생할 수 있는 것, 초월하는 것'으로의 "영혼"의 토포스가 있다면, 이것에 덧씌워진 정교적인 배경에서는 — 아마도 다른 기독교적인 배경들과 대동소이하게 — '영생할 수 있고 구원받을 수 있는 것'으로서의 "영혼"의 토포스가 있는 것이다.

그런데 이러한 종교적인 토포스들과도 다소 연관성을 가지면서, душа [duša]는 또 다른 토포스의 형성으로 연결되는데, 바로 그것은 흔히 러시아인의 민족성의 차원에서 거론되는 "русская душа" [russkaja duša≃러시아적 마음]라는 토포스이다. 19세기 중반에 벨린스키(В. Г. Белинский)가 고골의 〈죽은 혼〉에 대한 비평에서 이 표현을 사용한 이후로 러시아뿐만 아니라 서구에서도 긍정적인 관점에서든 부정적인 관점에서든 무수히 많이 거론되면서 그것은 마치 러시아인의 민족성을 지칭하는 고유명사와도 같은 표현으로 되어버렸다. 따라서 이제는 토포스로서의 이 표현이 의미하는 바가 과연 무엇인지를 정확히 구체적으로 밝히는 것은 대단히 어려운 일이 되어버렸는데,[23] 여기서는 물론 이러한 작업에 우리의 관심이 있는 것은 아니다. 단지 우리가 지적하고자 하는 것은 이 토포스를 한국어로 "러시아적 영혼"보다는 오히려 "러시아적 마음"이라고 번역하는 것이 실제 사실에 더 적합할 것이라는 점이

23 이에 대한 다소 상세한 일별은, 길윤미(2013), p. 253 이하를 참조할 것.

다. 왜냐하면 이 토포스의 의미 구조의 핵심을 이루는 душа [duša]에서 문제가 되는 것은 어떤 심오한 종교적인 영성보다는 일정한 삶의 조건 하에서 공통적으로 형성된 정서성(emotionality) 및 이로부터 나오는 기질이나 태도, 성향이기 때문이며, 또한 이러한 양상에서의 душа [duša]란 감정의 내적 장소라는 관념에 기반한 것으로서, 그것의 의미 구조의 주된 특징들은 초월성에 대한 한정만을 제외하면 대부분 우리가 앞에서 살펴본 것처럼 한국어에서 "마음"을 특징짓는 한정들과 유사한 것들이기 때문이다.

만일 소통에서 정서성이 지배적인 요소로 작용하는 것이, 다시 말해서 소통 과정 중에 자신의 감정을 그 즉시로 솔직하게 드러내는 것이 러시아인의 소통방식의 주된 특징이라고 한다면, 당연히 러시아인의 발화에서는 감정의 내적 장소를 지칭하는 어휘인 душа [duša]나 сердце [serdce]가 상대적으로 많이 쓰일 것이다. 마치 한국인의 발화에서 "마음"이라는 어휘가 상대적으로 많이 쓰이는 것처럼 말이다. 이것은 곧 소통 속에서 자신의 내적인 곳의 일부를 있는 그대로 상대방에게 드러내 보여주는 것을 의미한다. 바로 그렇기 때문에 러시아 언어-문화 공간에서 소통의 이 같은 정서성은 일상에서는 종종 역설적인 태도로, 즉 무뚝뚝함으로 나타나기도 한다. 다시 말해서, 러시아인에게 있어서 소통의 정서성이란 감정을 진실하게 드러내는 것을 의미하기에, 잘 알지 못하는 낯선 사람에게는 — 같은 아파트에 사는 주민이든, 직장 동료나 상사이든, 고객이든 간에 — 친절이나 호감의 표현을 하기 어려운 것이다. 의례적인 예절이나 친절로서 감정적 표현을 하거나 미소를 짓는 것은 서구인의 태도이지 러시아인의 태도는 아닌 것이다. 그렇다고 사회적으로 관례화된 정서적 표현이 곧 우리들 마음에 깃든 진정한 감정을 의미하는 것은 물론 아닐 것이다.

4.3. 감정의 토포스들의 분류

이 책의 II장의 마지막 부분에서 우리가 제시한 토포스의 이분법적 분류 방식에 따르자면, 감정의 토포스들은 기본적으로 추상적이고 일상적인 토포스들이다. 물론 이것들은 종종 다양한 경우의 예술적, 문학적 형상화들을 통해서 공통 관념으로서의 문화적 속성이 더욱 강화되기도 하지만 말이다. 그렇다면, 감정의 토포스들 사이에서는 어떤 분류가 가능할까? 이러한 질문을 던지는 것은 단순히 감정의 토포스들을 나열하는 것보다는 그것들 사이에 가능한 어떤 분류에 근거해서 제시하는 것이 체계적인 분석과 고찰에 더 도움이 될 것이기 때문이다.

이와 관련해서 우선 참고로 할 수 있는 것은 인간 감정에 대한 철학자들의 분류이다. 서양의 근대 철학에서 대표적인 예를 들자면, 데카르트 경우 그의 책 〈인간의 감정들(*Les Passions de l'âme*)〉에서 "경탄(admiration)", "사랑(amour)", "미움(haine)", "욕망(désir)", "기쁨(joie)", 그리고 "슬픔(tristesse)"이라는 6가지 감정을 기본 감정들(passions primitives)로 제시하고 있다.[24] 데카르트에 따르면, 이것들만이 기본 감정인 이유는 나머지 다른 감정들은 이것들 중 몇몇의 결합으로 간주될 수 있거나 아니면 이것들과 같은 부류에 속하는 것으로 볼 수 있기 때문이다. 이러한 방법은, 즉 기본 감정들과 그것들로부터 파생되는 감정들로 나눠서 고찰

---

24 Descartes(1649), Art. 69 참조. 데카르트가 쓴 용어 "passion"은 통상 한국어에서 "정념"으로 번역되지만 다소 적당치 않아 보인다. 그 원뜻은 아리스토텔레스의 〈영혼에 대하여(Περὶ Ψυχῆς, Perì Psūchês; 라틴어로는 De Anima)〉에 나오는 단어 "πάθος [pathos]"까지 거슬러 올라가며, '수동적으로 겪음 혹은 그러한 상태'를 가리킨다. 따라서 가령 감정들뿐만 아니라 갈증이나 허기 같은 것들도 여기에 해당할 수 있다. 아리스토텔레스나 데카르트 모두 그러한 "겪음"들 중에서 인간 영혼과 관계되는 것들을 감정으로 보았다. 따라서 이러한 맥락을 고려한다면, 데카르트의 *Les Passions de l'âme*를 "영혼의 정념들" 혹은 "영혼의 감정들"로 번역하기보다는 단순히 "인간의 감정들"로 번역하는 것이 원뜻에 더 가까울 것이다.

하는 방법은 데카르트 이전에도 있었다. 가령, 스토아학파의 철학자들의 경우는 "욕망(ἐπιθυμία, epithymia)", "즐거움(ἡδονή, hēdonē)", "괴로움(λύπη, lypē)", "두려움(φόβος, phobos)"을 기본 감정들로 이야기하는데,[25] 이들의 경우 이러한 느낌들은 몸에 해당할 수도 있고 또 영혼에도 해당할 수 있는 것으로도 보았다. 한편 이러한 분류들을 참조하면서, 스피노자는 기본 감정을 "기쁨(laetitia, Fruede)", "슬픔(tristitia, Trauer)" 그리고 "욕망(cupiditas, Begierde)", 이 세 가지로 한정하고,[26] 이것들에 대한 정의에 기초해서 다른 감정들을 설명하는 방식을 채택한다.

물론 동양 사상에도 소위 "칠정(七情)"이라고 해서, 인간의 기본 감정으로 7가지를 규정하는 논의들도 있다. 가령, 불교에서는 "기쁨(喜)", "분노(怒)", "근심(憂)", "두려움(懼)", "사랑(愛)", "미움(憎)" 그리고 "욕망(欲)"을 7가지 기본 감정으로 보는데, 이와 대동소이하게 유교에서는 "근심(憂)" 대신에 "슬픔(哀)"을 넣거나(〈예기(禮記)〉의 경우), 아니면 "근심(憂)"과 "두려움(懼)" 대신에 "슬픔(哀)"과 "즐거움(樂)"을 넣는다(〈중용(中庸)〉의 경우).

이처럼, 어떤 것들을 기본 감정으로 보느냐는 문제는 입장에 따라서 다소 다른 대답들로 이어질 수 있는데, 여러 가지 내용적 그리고 방법적 차이들을 떠나서 가장 확실한 것은 스피노자에 의한 기본 감정의 규정이다. 가장 확실하게 가장 적은 수의 감정만을, 즉 '욕망', '기쁨', '슬픔', 이 세 개의 감정만을 기본 감정으로 규정하고 있기 때문에, 다른 입장들의 경우에도 그것들은 공통적으로 발견될 수밖에 없는 것이다. 그렇지만 그것은 철학적 차원에서의 규정이지, 곧 우리의 문제인 토포스 차원에서의 규정은 아니다. 만일 감정에 관한 스피노자의 고찰이 실재의 차원에

25 H. A. Wolfson, *The philosophy of Spinoza*, Harvard Univ. Press, 1962, pp. 207–298 참조.
26 스피노자, 〈에티카〉, Ⅲ부 정리 11 주석 및 감정의 정의 4 설명.

대한 일종의 보편적인 철학적 서술이라면, 우리의 문제는 이미 개별 언어에 의해서 개념화되어 있는 바로서의 감정 그리고 그러한 개념화 중에서도 문화적으로 공통적 통념으로 여겨지는 부분에 대한 고찰인 것이다. 따라서 여기서 우리에게 필요한 것은 보편적 실재로서의 감정에 대한 스피노자와 같은 고찰들뿐만 아니라 또한 이러한 것들과 더불어서 언어적 차원에서 기본적인 감정 어휘들을 생각해보는 일이다.

그렇다면, 실재의 차원에서의 기본 감정들에 대한 규정과 더불어서 언어적 차원에서는 기본적인 감정 어휘들을 어떻게 설정할 수 있는 것일까? 이 문제와 관련해서 먼저 감정 어휘들에 관한 쾨베췌스(Z. Kövecses)의 접근방식을 보면,[27] 기본 어휘항들의 결정은 다음과 같은 두 가지 조건을 충족시켜야 한다. 첫째, 기본 감정 어휘들은 감정에 관한 개념적 계층구조에서 중간 층위에 위치하는 개념을 가리킨다. 가령 영어에서, 그러한 계층구조의 꼭대기에 emotion(감정)이란 어휘가 가리키는 개념이 있다면, anger(분노)의 개념은 이보다는 아래에 그러나 annoyance(짜증)의 개념보다는 상위에 있다는 것이다. 즉, 기본 감정 어휘는 보다 일반적인 감정 범주의 개념을 가리킨다는 것이다. 둘째, 그것은 중간 단계에 위치하는 감정 범주들 사이에서 보다 대표적이라고 여겨지는 범주를 가리킨다. 예컨대, anger(분노)의 범주가 hope(희망)의 범주보다 더 좋은 대표적인 예라는 것이다.

그러나 이러한 두 번째 조건은 사실 애매모호한 측면이 있다. 감정 개념들의 계층구조에서 중간 층위에 위치하는 범주들 사이에서 과연 어떤 범주가 그러한 범주들에 관한 더 좋은 예인가를 형식적으로 명확하게 규

---

27 Z. Kövecses, "Language and Emotion Concepts", J. A. Russell et al. (eds.), *Everyday Conceptions of Emotion*, Dordrecht, Kluwer Academic Publishers, 1994, pp. 3–15.

정된 방식으로 결정할 길이 없는 것이다. 그렇다고 이 문제와 관련해서, 바로 앞에서 언급한 철학자들의 방식으로 돌아갈 수는 없을 것이다. 그들 중에서는 데카르트나 스피노자의 방식이 방법론적으로 가장 확실하지만, 즉 가장 기본적인 감정 개념들을 혹은 감정들을 설정하고 나머지 다른 감정들은 그것들로부터 파생의 경우들로 설명하는 명확하고 체계적인 — 스피노자에 따르면 기하학적인 — 방식이지만, 실제 언어 사실들을 통해서 경험적으로 확인될 수 있는 차원의 것은 아니기 때문이다. 따라서 이 문제를 해결하려면 경험적으로는 적어도, 다양한 개별 언어들에서 가장 빈번하게 사용되는 감정 어휘들에 관한 관찰과 검토가 필요한 것이다. 가령, 영어를 대상으로 한 그러한 연구들의 결과는 joy(기쁨), sadness(슬픔), fear(두려움), anger(분노) 그리고 love(사랑)이 가장 일반적인 감정 범주들임을 보여주는데, 따라서 바로 이 어휘들이 영어의 기본적인 감정 어휘들이라고 할 수 있다.[28] 그리고 마찬가지로, 대표적인 서구의 언어들에서부터 스라낭 통고어(Sranang Tongo; 수리남의 크레올 언어), 인도네시아어, 일본어, 터키어까지 11개의 다양한 개별 언어들을 대상으로 한 동일한 방식의 비교 연구 역시도 이것들과 동일한 감정 범주들이 일반적임을 보여주고 있다.[29]

이러한 연구들에서는 '욕망'과 관련된 어휘들의 조사가 빠져 있는데, 그것은 아마도 연구자들이 이 범주 항목을 감정의 범주에 넣지 않았기 때문이다. 그렇지만 우리가 앞의 4.1절에서 러시아어의 예 3)에서 보았듯이, 그리고 위에서 철학적 관점들에서도 보았듯이, '욕망'의 범주 또한

28 B. Fehr & J. A. Russell, "Concept of Emotion Viewed from a Prototype Perspective", *Journal of Experimental Psychology: General Section*, 113, 1984, pp. 464–486; P. Shaver et al., "Emotion Knowledge: Further Exploration of a Prototype Approach", *Journal of Personality and Social Psychology*, 52, 1987, pp. 1061–1086.

29 N. H. Frijda et al., "Emotions and Emotion Words", Russell et al. (eds.) (1994), pp. 121–143.

감정의 범주이며, 그것도 또한 다른 범주들보다도 가장 보편적인 범주일 것이다. 따라서 이 항목까지 포함한다면, 언어적인 차원에서 기본 감정의 어휘들은 '욕망', '기쁨', '슬픔', '사랑', '분노' 그리고 '두려움'의 일반적인 범주들을 지칭하는 명칭들이 될 것이다. 이로부터 우리는 러시아어에서도 6개의 어휘를, 즉 желание [želanie≃바람, 욕망], радость [radost'≃기쁨], печаль [pečal'≃슬픔], любовь [ljubov'≃사랑], гнев [gnev≃분노], 그리고 страх [strax≃공포]를 기본적인 감정 어휘로 간주할 수 있다.

이 기본적인 감정 어휘들의 의미 구조는 이 책 III부 3.2절 '감정의 실재성'에서 제시했듯이 원칙적으로 {'A' + 'a' + 'α'} 형식으로 나타낼 수 있다. 여기서 'A'는 개별 언어-문화 공간에서 "A"라는 이름으로 지칭되는 보편적인 실재로서의 감정 혹은 감정 범주에 대한 보편적 정의를, 'a'는 해당 언어 체계 내에서 부가되는 한정을, 그리고 'α'는 그러한 ['A' + 'a']가 개인들 각자의 구체적인 발화 속에서 발생하는 특이성에 의한 한정을 나타낸다. 예를 들자면, 러시아어의 기본 감정 어휘 радость [radost'≃기쁨]의 의미 구조는 다음과 같은 형태의 것이 될 것이다.

23) РАДОСТЬ [RADOST']: {'보편적 실재로서 '기쁨'에 대한 가능한 보편적 정의'(='A') + '그것을 지칭하는 개별 언어의 명칭으로서 радость [radost']에 러시아어 체계가 부가하는 의미적 한정'(='a') + '개별 화자의 구체적인 발화 속에서 발생하는 개성적이고 특이한 한정'(='α')}

이렇게 놓고 볼 때, 러시아 언어-문화 공간에서 '기쁨'의 토포스는, 즉 радость [radost']의 토포스는 위의 의미 구조에서 언어 체계 내의 가치 규정인 의미적 한정 'a'와 개별 발화에서 발생하는 의미적 특이성 'α' 사이에서 형성되는 문화적으로 전형적인 공통적 관념으로 간주될 수 있다. 그리고 이 토포스는 당연히 기본 감정의 토포스에 속하는 것이 된다.

이처럼, 기본적인 감정 어휘가 그 명칭이 되는 혹은 그것과 대응되는 토포스는 기본 감정의 토포스 부류에 속하는 것으로 볼 수 있다. 그런데 기본 감정 어휘가 그 명칭이 되지 않는 토포스들의 경우는 어떻게 되는 것일까? 가령, '슬픔'의 러시아적인 전형성을 의미하는 тоска [toska ≃애수]의 토포스는 어떻게 간주되어야 하는 것일까? 이미 앞에서 보았듯이, 러시아어에서는 '슬픔'의 일반적 범주를 지칭하는 기본 감정 어휘 печаль [pečal'≃슬픔]이 있으며, 따라서 тоска [toska]는 기본 감정 어휘가 아닌 것이다. 그렇지만 이 경우에도 기본 감정의 토포스에 속하는 것으로 볼 수 있는데, 그 이유는 이 тоска [toska≃애수]의 토포스가 러시아 언어-문화 공간에서는 '슬픔'의 범주를 대표하는 토포스이기 때문이다. 더구나 같은 범주에 속하는 다른 어휘들 가운데서 또 다른 토포스를 나타낼 수 있는 경우도 없는 것이다. 반면, 앞에서 '사랑'의 어휘적 클러스터의 예 5)에서 보았듯이, 이 범주 내에는 적어도 네 개의 토포스들이, 즉 любовь [ljubov'≃사랑], страсть [strast'≃열정], мания [manija ≃편집(偏執)], благоволение [blagovolenie≃총애]의 토포스들이 있다. 이런 경우에도 '사랑'의 범주를 가장 대표적으로 나타내는 토포스가, 즉 любовь [ljubov'≃사랑]가 기본적인 토포스이며, 다른 것들은 파생적인 경우들로 보아야 할 것이다. 따라서 이러한 경우들은 파생적 감정의 토포스 부류로 분류할 수 있다.

그리고 당연히 이 부류에 속하는 또 다른 것들로는 기본 감정 어휘로 지칭하는 감정 범주 속에 속하지 않는 감정 어휘들과 대응되는 토포스들을 생각할 수 있다. 예컨대, счастье [sčast'e≃행복], скука [skuka≃권태], жадность [ždnost'≃탐욕], смирение [smirenie≃순종적 겸손] 등과 같은 토포스들도 이 부류에 속하는 것이다.

마지막으로, 엄밀히 보면 감정의 일종이라기보다는 사회적 관념이나 실천-윤리적 관념으로 간주될 수 있는 것들과 연관된 토포스들의 문제가 있다. 가령, честь [čest'≃명예], воля [volja≃자유], правда [pravda≃진실], наши-чужие [naši-čužie≃우리들-남들], патриотизм [patriotizm≃애국심] 등과 같은 토포스들의 경우, 감정보다는 실천-윤리적 관념들과 관련이 있지만, 그러나 자세히 들여다보면 그러한 관념들에는 특정한 감정들이 기저에 깔려 있거나 또는 혼합되어 있다. 따라서 이러한 토포스들 역시도 인간의 감정과 무관한 것이 아니기에 감정의 토포스의 한 부류로 간주될 수 있다. 비록 그것들의 의미 구조에서 감정적 요소가 주된 부분을 차지하지는 않지만 말이다. 그리고 여기서는 그것들을 감정-혼합 관념들의 토포스라는 부류로 분류하겠다.

이상과 같은 감정의 토포스들의 분류와 더불어, 즉 기본 감정의 토포스들, 파생 감정의 토포스들 그리고 감정이 혼합된 실천-윤리적 관념의 토포스들이라는 분류와 더불어, 이제 러시아 언어-문화 공간을 상대적으로 특징짓는 대표적인 토포스들의 분석과 기술을 보다 체계적으로 행할 수 있을 것이다. 그 작업으로서 이 책에서는 일차적으로 다음과 같은 기본 감정들의 토포스를 다룰 것이다 - радость [radost'≃기쁨], тоска [toska≃애수], гнев [gnev≃분노], страх [strax≃두려움], 그리고 любовь [ljubov'≃사랑]. 이어서 감정이 혼합된 실천-윤리적 관념의 토포스들 가운데에서 смирение [smirenie≃순종적 겸손], судьба [sud'ba≃운명], 그리고 воля [volja≃거침없는 자유]를 분석·기술할 것이다.

T o p o s

V.

감정의 토포스들

- 기본 감정들

5.1. '기쁨'의 토포스

5.2. '슬픔'의 토포스

5.3. '분노'의 토포스

5.4. '공포'의 토포스

5.5. '사랑'의 토포스

5.1. '기쁨'의 토포스

'기쁨'이 인간뿐만 아니라 다른 생명체들에게도 가장 중요한 감정들 중의 하나임에도 불구하고, 그것에 대한 개념적 연구가 흔하지 않은 것은 좀 의외의 사실이다.[1] 이와 더불어 재미있는 사실은 많은 언어들에 있어서 긍정적인 감정을 가리키는 어휘들보다는 부정적인 감정을 지칭하는 어휘들의 수가 현저히 많다는 점이다. 이 점과 관련해서, 가령 러시아어와 영어에서 감정의 어휘 클러스터들을 비교해본 아프레샨(В. Ю. Апресян)의 연구에서도 부정적 감정의 어휘 클러스터들이 더 많다는 언급을 하고 있으며,[2] 영어와 카라챠이-발카르어(карачаево-балкарский, Karchay-Balkar Language)에서 가치평가와 감정의 언어적 상관성을 비교하는 알렉세예브나(А. И. Алексеевна)의 작업에서도 명확하게 지적되고 있다.[3] 그렇지만 여기서는, 이러한 사실들에도 불구하고, 삶을 추동하는 감정적 동력이 '욕망'과 더불어 마땅히 '기쁨'이 되어야 할 것이라는 시각에서 '기쁨'에 관한 논의로부터 시작하고자 한다.

우리는 이 책의 IV부 4.3절 '감정의 토포스들의 분류'에서 러시아어에서 '기쁨'을 지칭하는 대표적인 어휘인 радость [radost']의 의미 구조는 다음과 같은 형태의 것이라고 이야기했다(IV부의 예 23) 참조). 즉, РАДОСТЬ [RADOST']: {(A) 보편적 실재로서 '기쁨'에 대한 가능한 보편적 정의 + (a) 그것을 지칭하는 개별 언어의 명칭으로서 радость [radost']에 러시아어 체계가 부가하는 의미적 한정 + (α) 개별 화자의

---

1 이에 대한 지적으로는 Степанов(1997), радость [radost'] 항목 첫 부분을 참조할 것.

2 В. Ю. Апресян(2011; 36).

3 이에 따르면, 긍정적인 감정들을 지칭하는 비율이 영어는 21.8%, 카라챠이-발카르어는 20.6%밖에 안 된다. А. И. Алексеевна, "Корреляция категорий 《оценка》/《эмоция》 в разносистемных языках", Автореферат, Махачкала, 2012.

구체적인 발화 속에서 발생하는 개성적이고 특이한 한정}.

그런데, 이렇게 놓고 볼 때, 의미 기술의 차원에서 부딪치게 되는 일차적인 어려움은 (A)에 관한 문제, 다시 말해서 보편적 실재로서의 이 '기쁨'이라는 감정에 대해서 과연 어떠한 보편적 정의가 가능할 수 있느냐의 문제가 될 것이다. 이와 관련해서 우리가 먼저 확실하게 해두어야 하는 것은 다음과 같은 필수적인 두 가지 고려 사항이다. 첫째, 정의는 명확할 것이며, 개념적으로 순환논법에 빠져서는 안 된다. 둘째, 정의는 '기쁨'이라는 실재를 개념적으로 포착하기 위한 노력이자 가정이지, 실재 그 자체가 아니라는 점이다. 이 같은 두 가지 사항을 전제했을 때, 우리는 (A)에 관한 문제에 직면해서 우선 '기쁨'에 대한 스피노자의 정의로부터 논의를 시작해보자. 왜냐하면 그가 제시하는 정의는 두 가지 사항을 상당한 정도로 충족시킬 뿐만 아니라, 또한 이 책의 3.1절 '감정의 일반적 고찰'에서도 이미 이야기했듯이 감정에 대한 그의 개념화는 기존의 두 가지 이론적 양대 경향을 — 인지주의와 신체적 변용주의 — 올바르게 종합화할 수 있는 가능성을 가지고 있기 때문이다. 이러한 스피노자에 따르면, "기쁨이란 인간에게서 보다 적은 완전성으로부터 보다 큰 완전성으로의 이행이다."[4] 그것도 특히 "정신이 보다 큰 완전성으로 이행하게 되는" 감정이다.[5] 그리고 "정신과 육체가 동시에 관계되는 기쁨", 특히 육체 쪽의 변용이 보다 큰 기쁨들로는 "즐거움(tittilatio, Lust)"과 "쾌활함(hilaritas, Heiterkeit)"이 있는데, 전자가 과도할 수 있고 나쁠 수 있는 감정인 반면, 후자는 과도할 수 없으며 언제나 좋은 감정이다.[6] 스피노자의 이러한 '기쁨'의 정의에서 완전성의 증대란 인간에게서 힘의, 능력과

4 스피노자, 〈에티카〉, Ⅲ부, 감정의 정의 2.

5 Ⅲ부 정리 11 주석.

6 Ⅲ부, 감정의 정의 3 및 주해, 그리고 Ⅳ부 정리 42, 43.

활동력의 증가를 의미하는데, 특히 일반적으로 정신 쪽에서 그렇게 되는 것을 의미한다. 물론 '기쁨' 중에서도 "즐거움"이나 "쾌활함"은 육체 쪽에서의 완전성의 증가가 더 크지만 말이다.

'기쁨'에 관한 스피노자의 위와 같은 정의에 대해서 우리는 약간의 수정이 필요한데, 그것은 스피노자 역시도 감정을 그리고 '기쁨'을 인간 중심으로 그리고 주체중심으로 바라보고 있기 때문이다. 그러나 우리가 이미 이 책의 3.1절 '감정의 실재성'에서 이야기했듯이, 감정이란 잠재적으로 우리 밖에 있는 주체사이적이고, 비물질적인 보편적 실재로서, 그것이 현실화될 때, 즉 구체적인 상황의 구체적인 나에게 그것이 깃들 때, 나의 감정 상태가, 나의 감정이 성립하게 되는 것이다. 이것은 '기쁨'의 경우에도 당연히 마찬가지이다. 잠재적인 층위에서 보편적이고 비물질적인 주체사이적 실재인 '기쁨'이 지금 여기의 나에게 깃들 때 나의 마음 속에 기쁨이, 내가 느끼는 기쁨의 상태가 생겨나는 것이다. 그리고 이처럼 '기쁨'이 지금 여기의 나에게 깃들어서 현실화되는 원인은 우연적으로 아무 것이나 될 수 있으며,[7] 그리고 심지어는 어떤 원인이 과연 있는지를 특정할 수 없는 까닭없음까지도 그 원인이 될 수 있다는 데 — 가령, 이유 없이 그냥 솟구쳐 나오는 기쁨! — 이 '기쁨'이라는 감정의 특징이 있다. 따라서 스피노자의 생각으로부터 출발해서 우리는 감정과 '기쁨'에 대한 그의 정의를 각각 아래와 같이 수정해서 재정의할 필요가 있으며, 이로써 우리가 앞에서 제기한 '기쁨'에 관한 보편적인 정의의 문제는 일단락되었다고 볼 수 있다("진리는 자기 자신과 거짓에 대한 규준이다(verum index sui et falsi)"라는 스피노자의 유명한 격언에 따라서, 이 보다 더 좋은 정의가 가능할 수 있을지도 모르지만).

---

7 Ⅲ부 정리 13을 참조할 것.

1) 감정이란 육체와 정신이 부여된 존재에게서, 어떤 것이 원인이 되어서 육체의 활동력을 증대시키거나 감소시키는, 혹은 촉진 시키거나 저해시키는 육체적 변용과 동시에 이러한 변용에 대한 생각으로 나타나는 것이다.

2) '기쁨'이란 육체와 정신이 부여된 존재에게서, 어떤 것이 원인이 되어서 보다 적은 완전성으로부터 보다 큰 완전성으로의 이행으로 나타나는 비물질적인 실재이다.

이제 2)와 같은 '기쁨'의 정의를 가지고 우리는 처음에 제시한 러시아어의 радость [radost'≃기쁨]의 의미 구조에서 (a)와 관련된 문제, 즉 '기쁨'의 보편적 정의와 더불어 러시아어 체계 내에서 이 радость [radost']라는 어휘에 규정된 의미적 한정을 규정하는 문제로 들어갈 수 있다. 이 문제에 착수하면서 우선 초점을 맞춰야 할 것은 '기쁨'의 어떤 일반적 범주에 관한 대표 명칭 혹은 무표적 어휘로서의 радость [radost']가 아니라, 그보다는 오히려 러시아어의 체계 내에서 서로 다소 동의적인 의미를 갖는 다른 어휘들과 잠재적으로 차별화되는 의미를 갖는 어휘로서의 радость [radost']이다. 이와 관련해서 이 책의 4.1절에서 제시된 '기쁨'의 러시아어 어휘 클러스터를 보면(IV부의 예 4)), 다른 어휘들에 비해서 радость [radost']는 '아주 강한 기쁨의 감정'을 나타내지 않는다는 특징이 있다. 러시아어에는 따로 그러한 '기쁨'을 나타내는 일련의 어휘들, 예를 들자면 восхищение [vosxiščenie≃희열], ликоваине [likovanie≃광희], восторг [vostorg≃환희], отрада [otrada≃환희, 즐거움], экстаз [ekstaz≃황홀], экзальтация [ekzal'tacija≃희열, 고양] 등과 같은 여러 어휘들이 있다. 그리고 이러한 계열의 어휘들과 радость [radost']는 '기쁨'의 강도를 지칭하는 데 있어서 상대적으로 차별화되고 있는 것이다. 이와 동시에 다른 한편으로 радость [radost']는 '즐거움'을 지칭하는 계열의 어휘들과도 차별화되고 있다. 여기서 '즐거움'이란 앞에서 스피노자가 "즐거움(titttilatio)"이나 "쾌활함(hilaritas)"의 경우들에 대해서 언급한 것처럼 육체 쪽에서의 활기의 증대가 더 큰 '기쁨'의 양태들로 이해해도 될 것이다. 러시아어에서 이러한 계열의 어휘들로는 가령 отрада [otrada≃환희, 즐거움(위안)] веселье [vesel'e≃즐거움(유쾌함)], удовольствие [udovol'stvie≃즐거움(만족)], удовлетворение [udovletvorenie≃즐거움(흡족)], наслаждение [naslaždenie≃즐거움(향유)], услада [uslada≃즐거움(위락)], утеха [utexa≃즐거움(위안)] 등과 같은 것들이 있다.

이러한 어휘적 사실들을 염두에 두고 радость [radost']에 잠재적으로 내포된 의미적 한정의 문제를 살펴보면, 기존의 연구들에서 우선 눈에 띄는 것은 통시적인 관점에서의 어원적 설명과 공시적 관점에서의 의미 규정, 이 두 가지이다. 어원적 설명의 경우 이 어휘의 어근 рад- [rad-]의 원래 의미에 대한 여러 가지 불확실한 가정들을 제거하고 확실한 사실만을 고려하면, 이 어근은 고대 러시아어를 거쳐서 공통 슬라브어에서 동일한 형태의 *rad-로 설정될 수 있는데, 이것과 대응되는 형태가 슬라브어들 이외의 다른 인도유럽어에서 발견되는 경우는 아마도 고대 영어의 rót '기쁜', røtu '기쁨'와 고대 아일랜드어 røtask '즐거워하다'가 유일한 것 같다[8](그렇지만 이것들은 소멸된 형태들이기에 그러한 대응은 완전히 확실하지는 않다). 그런데 공통 슬라브어의 이 어근이 원시 인도유럽어에서 어떤 어근과 대응하는가의 문제는 대표적으로 두 가지 가설이 있다. 그것을 파스메르(M. Vasmer)는 원시 인도유럽어의 *ārda- '기쁨의'라

8 가령, Н. Красавский(2008;111–112) 등을 참조할 것.

는 어근과 대응시키며,[9] 스테파노프는 *radh- '상응시키다'라는 어근과의 대응을 설정한다.[10] 그러나 이 두 가설 모두 오늘날 왜 슬라브어들에만 rad- 형태의 어근이 남아 있는가를 설명하지 못하고 있기에, 확실한 근거는 없다고 봐야 할 것이다. 어쨌든 이러한 어원적 고찰과 더불어, 우리는 이 어근이 고대 슬라브 세계의 신들의 이름들 속에서도 발견된다는 것을 알 수 있다 — Radigostŭ (〈rad '기쁨의' + gostŭ '손님, 낯선 이'; 전쟁, 태양, 환대, 경작, 풍요 등과 관계된 신). 또한 고대 러시아어에서 радость [radostĭ≃기쁨]는 이미 주된 감정 어휘들 중의 하나로 확고히 자리 잡고 있다는 것도 알 수 있다.[11] 이어서 공시적 관점에서 기존 작업들이 제시하고 있는 радость [radost']의 의미 규정을 살펴보면, 통상 가장 눈에 띄는 것은 "внутреннее чувство удовольствия [vnutrenee čuvstvo udovol'stvija, 즐거움(만족)의 내적인 감정]" 혹은 "душевное удовлетворение [duševnoe udovletvorenie, 마음의 혹은 정신적인 즐거움(흡족)]"이라는 설명이다.[12] 반면 이러한 식의 설명과 대립적이고 보다 전문적인 다른 방식의 설명도 있다.[13] 요컨대, радость [radost'≃기쁨]와 удовольствие [udovol'stvie≃즐거움(만족)]는 본질적으로 다른 종류의 것이기 때문에 전자를 후자에 기대서 설명하면 안 되는데, 왜냐하면 전자는 순수하게 감정이라면 후자는 단지 감정-생리적 반응일 뿐이라는 것이

9 Фасмер(1986), рад [rad] 항목을 참조할 것. 이 경우, 우리는 아마도 원시 인도유럽어에서 *rēd-라는 중간 단계의 어근을 설정할 수도 있을 것이다.

10 Степанов(1997), радость [radost'] 항목을 참조할 것.

11 고대 러시아어의 예들은 다음을 참조할 것 – Срезенвский(1890–1912), 혹은 이것을 재인용한 Красавский(2008).

12 가령, 다음의 사전들을 참조할 것 – В. И. Даль, *Толковый словарь*, 1863–1866; С. И. Ожегов, Н.Ю. Шведова, *Толковый словарь*, 1949–1992.

13 이하의 설명은 다음 논문을 참조함 – А. Б. Пеньковский, "Радость и удовольстие в представлении русского языка", *Логический анализ языка: Культурные концепты*, Москва, 1991, pp. 148–155.

다. 이것은 다음과 같이 차별화된 언어 사실들에 의해서 확인될 수 있다.

3) - радоваться душой
[radovat'sja dušoj, 마음으로 기뻐하다]
- душевно рад
[duševno rad, 진심으로 기쁘다]
- 그러나 *душевно доволен
[*duševno dovolen, *진심으로 만족스럽다]

4) - плотские удовольствия
[plotskie udovol'stvija, 육신의 즐거움들]
- 그러나 *плотские радости
[*plotskie radosti, ?육신의 기쁨들]

이 예들은 확실히 러시아어 내에서 радость [radost'≃기쁨]와 удовольствие [udovol'stvie≃즐거움(만족)]가 의미적으로 차별화되어 있다는 것을 보여주지만, 그렇다고 해서 이 둘이 본질적으로 다른 종류의 것이라는 주장을 입증해주지는 못한다. 왜냐하면 다른 한편으로는 плотская радость [plotskaja radost', 육신의 기쁨] 같은 표현이 가능하기 때문이다. 이 경우 радость [radost']의 의미는 물론 '기쁨'에 대한 일반적인 범주 명칭이며, 따라서 위의 예 4)와 같은 경우들을 포괄할 수 있다. 그리고 удовольствие в душе [udovol'stvie v duše, 마음 속 즐거움] 등과 같은 표현 또한 얼마든지 가능하다. 이러한 문제점이 발생하는 것은 радость [radost']의 의미를 규정하는 데 있어서 언어 내적으로 규정되는 그것의 의미적 차별성과 문화적 맥락 속에서 그것이 담고 있는 의미적 전형성 혹은 토포스로서의 내용을 혼동하고 있기 때문이다.

그렇다면 러시아어 체계 내에서 규정되는 радость [radost']의 의미는 과연 무엇일까? 먼저 '기쁨'에 대응하는 일반적인 범주 명칭이라는 의미를 그리고 이로부터 수사법적인 메커니즘에 의해서 발생한 주변적 의미들의 경우를(가령, радость моя [radost' moja, 내 기쁨(대상)], на радостях [na radostjax, 기쁜 경우에(사건)] 등) 제외할 필요가 있다. 그런 후에, 우리는 그것과 다른 어휘들 사이의 상관관계를 고려하면서, 그리고 радость в душе [radotst' v duše, 마음/영혼 속 기쁨(보다 조용한, 그러나 깊은 기쁨)]와 много радостей в сердце [mnogo radostej v serdce, 가슴 속 많은 기쁨들(다수의, 그러나 보다 얕은 기쁨)] 등과 같은 미묘한 차이들도 염두에 두면서, 다음과 같은 언어 내적 규정을 제시할 수 있을 것이다.

5) радость [radost']의 의미 구조 내에서 (a) = 외적으로는 아주 강렬하게 표출되지 않는, 그리고 육체 쪽보다는 감정의 내적 장소에서 보다 잘 느껴지는 '기쁨'.

이렇게 해서 (a)에 관한 문제를 해결했다면, 이제 우리는 무한히 다양한 구체적인 개인들의 실제 발화 속에서 나타나는 의미적 특이성의 문제로 넘어갈 수 있다. 그런데 이 문제를 실제로 다룰 수 있는 문제로 만들기 위해서는 우리가 맨 앞에서 제시한 радость [radost']의 의미 구조에 대한 도식을 아래와 같이 약간 변형시킬 필요가 있다.

6) РАДОСТЬ [RADOST']:
{(A) 보편적 실재로서 '기쁨'에 대한 가능한 보편적 정의 + (a) 그것을 지칭하는 개별 언어의 명칭으로서 радость [radost']에 러시아어 체계가 부가하는 의미적 한정}

⇒ {(α) 'X'}

(X = 이러한 종류의 기쁨의 감정이거나 혹은 그것과 결합되어 나오는 특이한 의미나 의미 효과들)

요컨대, (α)의 부분은 원칙적으로 무한히 가능할 수 있는 변이들을 나타내기 때문에, 그리고 그러한 변이는 일반적으로 {(A) + (a)}의 부분에 기초한 것이기에, радость [radost']의 의미 구조를 위와 같이 나타내는 것이 직관적으로나 기술적 방법으로나 더 적합할 것이다. 또한 이를 통해서 우리는 이 어휘의 실제 의미를 구성하는 여러 층위의 요소들을 — 보편적 층위, 개별 언어적 층위, 문화적 층위, 개인적 층위 — 되도록이면 혼동하지 않고 살펴볼 수 있다. 따라서 가령 {(α) 'X'}의 구체적인 경우들을 다음과 같이 살펴볼 수 있게 된다.[14)]

7) '주체할 수 없어 행동으로 나타나는 기쁨':

Другая бы на моём месте, кричала бы от радости.

[А. Н. Островсктий]

내 입장이라면 달랐을 거야, 기쁨으로 소리쳤을 거야.

[알렉산드르 오스트로프스키]

8) '능동적 실재로서의 기쁨':

Острая захватывающая радость вдруг овладела им.

[А. Чехов]

격렬하게 꽉 껴안는 기쁨이 갑자기 그를 사로잡았다.

[안톤 체호프]

14 예 7), 8), 9)는 Красавский(2008; 167–168)에서 재인용했음.

9) '빛으로 발산되는 기쁨':

На всех лицах сияла радость ...

[Ф. Сологуб]

모든 얼굴들에서 기쁨이 빛나고 있었다 ...

[표도르 솔로구프]

그러면 이상의 고찰들을 바탕으로, 이제 우리의 주제인 토포스로서의 радость [radost']의 문제를 규명해보자. 위의 6)과 같은 радость [radost']의 의미 구조에서 토포스 형성의 토대는 언어 내적인 부분과 그리고 무수히 다양한 개인의 발화에서 나타나는 의미적 특이성 사이의 쌍방향적인 관계에 있다. 사실, 이러한 관계는 소극적으로는 안정적이지만, 다시 말해서 개인이 언어의 체계 내적인 잠재적 규정을 따라야 한다는 점에서는 안정적이지만, 그러나 그것을 실제로 어떻게 개념화하고 적극적으로 활용하는가의 측면에서는 역동적 다수성을 특징으로 한다. 이것을 그 자체로만 놓고 본다면 언뜻 무정형적이고 혼돈스럽게 보이지만, 그러나 여기에 언어-문화 공간을 구조화하는 일련의 개념 축들이 작용함으로써 공통적인 것들이, 공통적인 의미화나 관념들이 형성된다. 바로 이러한 것들이 토포스가 되는 것이다.

러시아 언어-문화 공간에서 작용하는 그러한 개념 축들로는 가령 '높음' - '낮음', '안' - '밖', '천상' - '지상', '우리' - '그들'과 같은 것들이 있는데,[15] 이 중에서 радость [radost']의 토포스와 가장 기본적으로 관련

---

15 문화 모형에 작용하는 이러한 개념 축들에 관해서는 다음을 참조할 것 – Ю. М. Лотман(1964), p. 390 이하; 김수환(2011), p. 129 이하. 그리고 이러한 이항 대립적인 개념 축들을 러시아 문화론에 적용하고 있는 작업들로는 다음을 참조할 것 – Ю. М. Лотман, Б. А. Успенский, "Роль дуальных моделей в динамике русской культутры", Б. А. Успенский, *Избранные труды*, Т. I, Москва, 1994; Н. И. Толстой, *Язык и народная культура*, Москва, 1995.

되는 것은 '높음' - '낮음'이라는 개념 축이다. 요컨대, 바로 이 축이 문화적으로 '기쁨'의 감정들 중에서 радость [radost']는 '높은 세계, 정신적인 세계'와 관계되는 감정이라는 공통 관념을 형성하는 데 작용하고 있는 것이다.[16] 그리고 이것과 더불어 또 매개되는 것이 '천상' - '지상'이라는 개념 축이다. 통념상, 지상의 인간 속에 있는 높은 세계, 정신의 세계란 천상과 지상 사이에 위치하는 세계이기 때문이다. 따라서 인간의 정신이 느끼는 '기쁨'은 천상의 것으로, 천상의 세계로 고양될 수 있는 데, 바로 이러한 관념으로서의 радость [radost']는 고대 신화뿐만 아니라 기독교적인 문화적 배경에서도 공통적으로 나타난다고 볼 수 있다. 비록 그것을 구체적으로 형상화하는 방식이 다를지라도 말이다. 가령, 우리는 앞에서 радость [radost']의 어원적 고찰을 하면서, Radigostŭ (〈rad '기쁨의' + gostŭ '손님, 낯선 이'; 전쟁, 태양, 환대, 경작, 풍요 등과 관계된 신)라는 고대 슬라브 신화의 신을 언급했는데, 이 신의 명칭 역시 그 같은 관념과 밀접한 연관이 있다고 볼 수 있다. "기쁨(Радость [Radost'])"을 형상화하는 다음과 같은 신화적 상상력 또한 마찬가지의 경우이다. 즉, "지상과 천상, 이 두 세계 사이에서 사는 아름다운 여성적 존재로서, 얼굴은 천상의 아름다움을 띠고, 두 눈과 눈동자는 천상의 빛을 찬란히 발하고, 따스하고 가벼운 숨을 내쉬며, 손은 친절하고 따듯하며, 왔다갔다 하는 발걸음은 경쾌하고, 가볍지만 힘찬 날개로 날아갔다왔다 하며, 인간을 고무하고, 그에게 기쁨의 날개로 날 수 있는 능력을 선사한다."[17] 그리고 이러한 기쁨이 우리 마음과 영혼에 깃들면, 그것은 — радости души [radosti duši, 마음과 영혼의 기쁨들] — 인간적인 것을 천상의 세

16 Пеньковский(1991)을 참조할 것.

17 인용 및 그 다음 문장의 내용은 Пеньковский(1991; 151–152)에 의한 것.

계로 고양시키며, 만일 우리 가슴에 깃들면, 그것은 — радости сердца [radosti serdca, 가슴의 기쁨들] — 천상의 것을 인간 속에 구현시키는 것이 된다. 이러한 것이 신화적인 배경 속에서의 радость [radost']이라면, 다른 한편 기독교적인 배경 속에서는 그것을 '내적인 조화와 즐거움, 평안의 느낌'으로 바라볼 수도 있다.[18)] 그리고 '기쁨'의 신화적 관념과 다소 유사하게, 우스펜스키는 радость [radost']의 러시아적인 내포적 내용(connotation)을 인간 안에 있는 공기보다도 가볍고, 빛나는 액체로 비유한다. 그래서 그것은 인간 안에서 때로는 고요히 퍼지기도 하고, 때로는 거세게 소용돌이치기도 하고, 또 때로는 한계를 초월하는데, 이에 따라서 인간은 공중으로 떠올라 천상으로 날아가기도 한다는 것이다.[19)]

러시아 언어-문화 공간에서 радость [radost']와 결부되는 이상과 같은 문화적 관념들과 더불어, 우리는 아주 일반적인 현상으로서 огонь радости [ogon' radosti, 축포, 기쁨의 불], пламя радости [plamja radosti, 기쁨의 불꽃] 등과 같은 경우도 생각해볼 수 있다. 일반적으로, 고대부터 인간들은 기쁨의 제전을 불과 결부시켜 왔는데, 아마도 이것은 '기쁨'과 자연스럽게 결부되는 '밝음', '빛' 등과 같은 개념들 때문일 것이다. 따라서 радость [radost']의 토포스의 의미 구조를 구성하는 특징들을 제시하면서, 고유하게 러시아적인 것들과 그렇지 않고 다문화적인 것이나 문화 일반적인 것들을 구별할 필요가 있다. 이러한 고려와 더불어 그리고 앞에서 제시한 어휘적 의미 구조 6)으로부터 출발해서, 우리는 러시아 언어-문화 공간에서 радость [radost']의 토포스의 관념적 특징을 다음과 같이 제시할 수 있을 것이다.

---

18 Степанов(1997; 312–313).

19 Б. А. Успенский, "О вещных коннотациях абстрактных существительных", *Семиотика и информатика*, 35–1, 1997, p. 151.

10) РАДОСТЬ [RADOST']의 토포스:
    РАДОСТЬ [RADOST']의 의미 구조
    ⇒ '인간 마음의 높은 세계'
    ⇒ '지상과 천상 사이'
    ⇒ '천상으로의 고양'
    ⇒ '살아 있는, 날아다닐 수 있는 여성적 존재'(신화적)
    ⇒ '내적인 조화와 즐거움, 평온'(기독교적, 다문화적)
    ⇒ '투명한 액체'
    ⇒ '공기보다 가벼움'
    ⇒ '불, 빛'(문화 일반적)

그러면 러시아 언어-문화 공간에서 내용상 이와 같은 규정될 수 있는 радость [radost']의 토포스의 실제 예들을 살펴보자. 동일한 제목의 아주 짧은 이야기인 안톤 체호프의 〈Радость(기쁨)〉의 내용을 언뜻 보면, 이 이야기에서 형상화되고 있는 기쁨의 감정이 과연 위와 같은 토포스적 특징을 갖는지 의문이 들 수도 있다. 이야기는 아주 단순해서, 14등 문관(коллежский регистратор, collegiate registrator; 제정 러시아 시대 14등급 관등체계의 맨 말단 관리)인 미탸 쿨다로프(Митя Кулдаров)가 부모와 동생들 앞에서 마냥 기뻐하는 모습을 그려내고 있다. 그런데 그의 기쁨의 원인이란 자기가 취한 상태에서 미끄러져 넘어져서 썰매 끄는 말 밑으로 들어가 부상당한 사건이 신문에 나서, 자기 이름을 온 러시아가 알게 되었다는 것이다. 그러나 이러한 터무니없는 이유로 인해서 마음 속에 샘솟는 주체할 수 없는 기쁨이라면, 바로 위와 같은 радость [radost']의 토포스에 함의된 관념적 특징들 중의 일부와 — 즉, '가벼움'이나 '액체성' — 대응되는 감정의 모습인 것이다.

위의 10)과 같은 추정 구조들을 지니는 토포스에 따라 '기쁨'의 감정들 중에서 радость [radost']를 우리 마음 속 높은 세계의 것으로 간주한다면, 이에 대비해서 удовольствие [udovol'stvie≃즐거움(만족)]를 낮은 세계의 것으로 볼 수도 있는데, 이러한 대립은 초기에는 이상적 코뮤니즘을 추구하던 작가였던 안드레이 플라토노프(А. Платонов)에게서 '사회적인 것'과 '개인적인 것'의 대립과 중첩되어서 아래와 같이 활용되기도 한다.[20)]

11) Профуполномоченный от забот и деятельности забывал ощущать самого себя, и так ему было легче; в суете сплачивания масс и организации подсобных радостей для рабочих он не помнил про удовлетворение удовольствиями личной жизни, худел и спал глубоко по ночам.

[А. Платонов, 〈Котлован〉]

지도원은 일 걱정과 활동 때문에 자기 자신을 느끼는 것을 잊어 버리고 있었으며, 바로 그래서 그의 마음은 더 가벼웠다. 대중을 단결시키고 노동자들을 위한 부수적인 기쁨들을 조직하는 소란스러움 속에서 그는 즐거움들로 개인적 삶을 충족시키는 것에 대해선 생각도 하지 못했고, 점점 더 여위어가며 밤마다 깊은 잠을 잤다.

[안드레이 플라토노프, 〈흙구덩이 터〉]

이처럼 체호프나 플라토노프의 예에서 보는 것과 같은 радость [radost']의 토포스의 활용이 이 토포스를 구성하는 러시아적인 관념적 특성들에 기대고 있는 것이라면, 다른 한편 우리는 거기에 포함된 문화

---

20 예와 설명은 다음에 의한 것임 – А. А. Зализняк, "Счастье и наслаждение в русской языковой картине мира", А. А. Зализняк и др., *Ключевые идеи русской языковой картина мира*, Москва, Языки славянской культуры, 2005, p. 157.

일반적인 특성, 즉 '기쁨의 불과 빛'이라는 특성을 활용하는 경우도 볼 수 있다. 가령, 다음의 예들을 보자.[21)]

12) Любил я в детстве сумрак в храме,
(......)
Я приносил туда с собой
В душе и радости и горе;
И в час, когда хор тихо пел
О ≪Свете Тихом≫, - в умиленье
Я забывал свои волненья
И сердцем радостно светлел ...

[И. А. Бунин, 〈Любил я в детстве сумрак в храме〉]

어릴 적 나는 사원 안의 어스름을 좋아했었네,
(......)
나는 거기로 가지고 가곤 했네
마음 속의 기쁨도 비통함도.
그리고 조용하게 "고요한 빛"을 합창이 노래하는
시각에는 감동 속에서
나 자신의 불안들을 잊곤 했네.
그리고 기쁜 가슴으로 환해지곤 했네 ...

[이반 부닌, 〈어릴 적 나는 사원 안의 어스름을 좋아했었네〉]

13) Набегает впотьмах
И узорною пеною светится
И лазурным сиянием реет у скал на песке...
О божественный отблеск незримого - жизни, мерцающей

---

21 다음으로부터 재인용한 것임 – К. В. Шмугурова, "Концепты *Тоска* и *Радость* в художественной картина мира(на материале лирики И. А. Бунина, Ф. Сологуба, и Ф. Анненского)", Диссертациа кандидата, Новосибирск, 2011, pp. 72–73, 97–98.

В мириадах незримых существ!
(......)
И тогда вся душа
У меня загорается радостью;

[И. А. Бунин, 〈Набегает впотьмах〉]

어둠 속에서 밀려와 부딪친다
그리고 수놓은 거품으로 빛난다
그리고 담청의 광채로 절벽 근처서 모래사장 위를 유유히 날고 있네...
보이지 않는 것의 - 수십억의 보이지 않는 존재들 속에서
반짝이는 생명의 - 오 신적인 반사광이여!
(......)
바로 그런 때 나는 내 온 마음은
기쁨으로 타오르기 시작한다

[이반 부닌, 〈어둠 속에서 밀려와 부딪친다〉]

예 12)는 사원 내 어스름 속에서 소년의 마음에 깃드는 '평온함의 기쁨'을 '환한 빛'으로 노래하고 있다. 이러한 것에는 радость [radost']의 토포스의 기독교 문화적인 특징과 문화 일반적인 특징이 함께 결합되어 있다고 볼 수 있다. 그리고 13)의 경우에는 '기쁨-불'이라는 문화 일반적이 특징이 마지막 부분에서 명확히 표현되고 있다.

그렇지만 러시아 언어-문화 공간에서 작가나 시인들이 자신의 문학적 텍스트화를 구성하는 산문적 혹은 시적 발화로 '기쁨'을 형상화할 때, 한편으로는 радость [radost']의 토포스에 의거하지만 다른 한편으로는 이것을 넘어서는 자신만의 고유한 의미화를 추구하려 할 것이다. 안드레이 플라토노프의 〈흙구덩이 터〉에서 따온 예 11)도 이 점을 구체적으로 보여주고 있으며, 그리고 안나 아흐마토바(А. Ахматова)가 이십대 말에 쓴 아래의 서정시도 강약 박자의 설레는 걸음으로 '기쁨'의 독특한 형상화

를 생생히 우리에게 제시하고 있다.

14) Просыпаться на рассвете
Оттого, что радость душит,
И глядеть в окно каюты
На зелёную волну,
Иль на палубе в ненастье,
В мех закутавшись пушистый,
Слушать, как стучит машина,
И не думать ни о чём,
Но предчувствуя свиданье
С тем, кто стал моей звездою,
От солёных брызг и ветра
С каждым часом молодеть.

[Анна Ахматова, 〈Просыпаться на рассвете〉]

새벽에 잠에서 깨어나는 것,
기쁨이 숨을 막히게 함에,
그리고 선실 창문 너머로
초록빛 파도를 바라보는 것,
또는 험한 날씨에 갑판 위에서
포근한 모피에 감싸인 채
기관이 쿵쿵거리는 것을 듣는 것,
그리고 아무 것도 생각하지 않는 것,
그러나 나의 별이 된 사람
그와의 만남을 미리 느낄 때
소금기 머금은 물보라와 바람에
매 시각마다 젊어지는 것.

[안나 아흐마토바, 〈새벽에 잠에서 깨어나는 것〉]

이 시는 사랑하는 이와의 만남을 고대하며 배로 여행 중인 여인의 '들

뜬 기쁨'을 온전히 그려내고 있다. 이런 기쁨을 아흐마토바는 첫 두 행에서 다소 모순적이게도 이른 새벽에 잠에서 깨도록 "숨을 막히게 하는 것"으로 표현하고 있다. 나머지 행들은 이런 기쁨에 잠긴 여인의 이러저러한 모습을 그리고 있다. 통상 "숨을 막히게 하는 것"은 '분노'와 같은 부정적인 감정들이란 것을 생각한다면(가령, меня душит гнев/ злоба [menja dušit gnev (/zloba), 분노에(/부아가 나서) 나는 숨이 막힌다]), 이 시에서의 표현은 확실히 радость [radost']의 토포스가 함의하는 의미적 특성을 벗어나는 것으로 볼 수 있다. 그렇지만 이 점을 뒤집어 보면, "기쁨이 숨을 막히게 한다"라는 표현의 특이한 의미 효과가, 시적 가치화가 가능한 것은 그것과 대비되면서 두드러지게 하는 배경으로서 радость [radost']의 토포스가 이미 러시아 언어-문화 공간에 존재하고 있기 때문이다.

5.2. '슬픔'의 토포스

앞에서 радость [radost']의 토포스의 분석과 기술에서는 우리의 작업이 이 어휘의 의미 구조에 대한 파악으로부터 그것이 언어-문화적 차원에서 함축하는 토포스적 특징들에 대한 규명까지 단계적으로 이루어졌다면, 여기서는 소위 "러시아적인 슬픔"의 토포스를 고찰하는 데 있어서 단지 тоска [toska≃애수]의 의미 구조만 제시하는 것으로 충분할 것이다. 왜냐하면 радость [radost']는 러시아어 내에서 '기쁨'에 관한 여러 어휘들을 포괄하는 대표적인 어휘인 반면, 다시 말해서 '기쁨'의 어휘적 클러스터 내의 무표적인 어휘인 반면(IV부에서 제시된 예 4)를 참조할 것), тоска [toska≃애수]는 '슬픔'의 어휘적 클러스터 내에서 특정한 양태의 '슬픔'을 지칭하는 의미를 이미 가지고 있으며, 또한 통상 이 의미가 바로 "러시아적 슬픔"으로 여겨지고 있기 때문이다.

그리고 이미 이 책의 앞 3.2절, 3.3절, 4.1절에서 여러 차례에 걸쳐서 тоска [toska]에 대해서 어느 정도 상세히 언급했기 때문에, 우리는 여기서는 단숨에 러시아 언어-문화 공간에서 '슬픔'의 토포스를 나타내는 어휘로서 그것의 의미 구조를 다음과 같이 제시할 수 있다.[22)]

15) ТОСКА [TOSKA]:
{(A) '슬픔'의 보편적 정의 + (a) '슬픔'의 지향성의 속절없음 + (b) 주어진 상황을 바꿔보려는 불가능한 바램을 마음 속에 깔고 있는 아주 강렬한 그래서 때로는 육체적 고통도 동반되기도 하는 '슬픔'}
⇒ {(α) 'X'}
(X = 이러한 종류의 슬픔의 감정, 혹은 그것과 결합되어서 나오는 특이한 의미나 의미 효과)

여기서 먼저 (A) '슬픔'의 보편적 정의에 관한 문제의 해결은 이미 앞에서 '기쁨'에 대해서 했던 것과 방법적으로 동일하다. 요컨대, 스피노자의 정의에 따르면, "슬픔(tristitia, Trauer)이란 보다 큰 완전성으로부터 보다 적은 완전성으로 인간의 이행이다(〈에티카〉, III부, 감정의 정의 3)." 그런데 감정에 대한 그의 정의와 더불어 이 정의 또한 여전히 인간중심적이고 주체 중심적이기에 아래와 같이 약간 수정될 필요가 있다. 왜냐하면 감정이란 본질적으로 이 세계 내에서 인간뿐만 아니라 다른 모든 삼라만상 사이에서 떠돌아다니고 있는 잠재적인 보편적 실재이기 때문이다.

---

22 이기웅(2012; 153).

15) (A) '슬픔'의 보편적 정의:
'슬픔'이란 육체와 정신이 부여된 존재에게서, 어떤 것이 원인이 되어서 보다 큰 완전성으로부터 보다 적은 완전성으로의 이행으로 나타나는 비물질적인 실재이다.

이어서, 이러한 (A)에 대한 러시아어 내에서의 의미적 한정으로서 (a)와 (b)에 관한 문제를 살펴보자. 사실, 러시아어에서 тоска [toska]의 의미가 과연 무엇인가는 19세기부터 러시아뿐만 아니라 서유럽에서도 여러 저자들이 제기해왔던 질문이다.[23] 그렇지만 이에 대해서 최초로 명증하고 분석적인 방식으로 접근한 것은 베쥬비츠카(A. Wierzbicka)의 시도인데, 그녀는 언어 보편적이라고 상정되는 의미 원소들(semantic primitives)로 구성된 일종의 의미론적 메타-언어를 사용해서, тоска [toska≃애수]의 의미를 '어떤 좋은 것이 일어나기를 원하지만, 그것이 무엇인지는 모르고, 그것이 일어날 수 없다는 것은 알고 있는 사람이 느끼는 것'으로 분석, 기술하고 있다.[24] 물론 이러한 식의 정의는 '슬픔'을 보편적인 차원에서 설명하는 데 문제가 있다. 많은 저자들이 그렇듯이 여기서도 '슬픔'을 원인의 문제로 환원시켜서는, '원하는 것이 불가능하다는 것을 알기에 발생하는 감정'이라는 식으로 설명하고 있는 것이다.[25] 그러나 앞에서도 이미 언급했듯이, 스피노자와 더불어 우리가 알고 있는 것은 원칙적으로 아무 것이라도 우연적으로 감정의 원인이 될 수 있다는 점이다. 그러나 이러한 문제점에도 불구하고 베쥬비츠카의 정의에서 우리가 주

23 이에 대한 간략한 일별로는 다음을 참조할 것 – 이기웅(2012; 140).

24 Wierzbicka(1992; 172). 베쥬비츠카는 영어를 기반으로 한 메타-언어로 분석, 기술했지만, 여기서는 그것을 한국어로 된 메타-언어로 옮겨서 소개한다.

25 이에 대한 상세한 비판은 이미 이 책의 3.2절에서 제시되고 있다.

목할 것은 тоска [toska≃애수]의 의미를 '무엇인지는 모르는 어떤 (좋은) 것의 부재'와, 다시 말해서 '슬픔이 지향하는 대상의 막연함'과 연관시키고 있다는 점이다. 베쥬비츠카에 따르면, тоска [toska≃애수]의 의미에 함축되어 있는 이러한 '막연한 슬픔'은 러시아의 다음과 같은 독특한 두 가지 문화적 배경과 관련이 있다. 하나는 러시아 자연의 끝없는 광활함인데, 이것은 가령 예세닌(С. Есенин)의 시구 тоска бесконечных равнин [toska beskonečnyx ravnin, 끝없는 평원들의 우수] 같은 데서 잘 표현되고 있다. 또 다른 하나는 피안성에 대한 갈구 혹은 기독교적인 종말론적 지향인데, 가령 기피우스(Э. Гиппиус)의 시구 мне нужно то, чего нет на свете [mne nužno to, čego net na svete, 나는 세상에 없는 것이 필요하네] 같은 데서 잘 드러나고 있다.[26)]

슈멜료프(А. Д. Шмелёв) 또한 베쥬비츠카의 이러한 설명에 전반적으로 동의하면서 약간의 보충적인 설명을 덧붙인다.[27)] 만일 이 러시아식의 막연한 슬픔에 지향 대상이 설정될 경우 그것은 혼돈된 회상 속에서만 나타난다는 것이다. 가령, тоска по родине [toska po rodine, 고국에 대한 향수], тоска по ушедшим годам молодости [toska po ušedšim godam molodosti, 지나가버린 젊은 날들에 대한 애수]처럼.

베쥬비츠카와 슈멜료프가 지적하고 있는, тоска [toska]를 특징짓는 이러한 개념적 특징을 우리는 위의 15)에서 "(a) '슬픔'의 지향성의 속절없음"이라는 의미적 한정의 설정을 통해 고려할 수 있다. 그리고 '슬픔'에 관한 동의적인 러시아어 어휘들 тоска [toska≃애수], уныние [unynie

26 베쥬비츠카는 자신의 이러한 견해를 뒷받침하는 것들로 다음의 저자들을 인용하고 있다 – Н. А. Бердяев, *Самосознание*, Paris, YMCA Press, 1950; Г. Федотов, *Россия и свобода*, New York, Chalidze Publications, 1981.

27 Шмелёв(2002; 359–362).

≃우수], печаль [pečal'≃슬픔], грусть [grust'≃서글픔] 사이의 공통점과 차이를 상세하게 기술하고 있는 우릐손(Е. В. Урысон)에 따르면,[28] тоска [toska]의 의미는 단 한 가지 점에 있어서는 결정적으로 나머지 다른 어휘들과 다르다. 요컨대, тоска [toska]가 의미하는 '아주 강한 슬픔'에는 그것을 느끼는 주체가 주어진 상황을 바꾸려는 바람이 있다면, 다른 어휘들의 경우에는 그러한 바람이 없다는 것이다. 그리고 이 점은 위의 15)에서 (b)와 같은 의미적 한정의 설정을 통해서 반영될 수 있다.

이상과 같이 해서 위의 15)와 같은 тоска [toska]의 의미 구조가 설정되었다면, 이와 동시에 곧 그것이 러시아 언어-문화 공간에서 '슬픔'의 토포스임을 알려주는 규정이 필요하다. 다시 말해서, 15)와 같은 의미 구조에 관한 기술과 더불어 이것이 곧 토포스임을 지시해주는 아래의 16)과 같은 형태의 다소 형식적인 규정도 있어야 하는 것이다.

16) 러시아 언어-문화 공간에서 누군가에게 깃드는 '슬픔'이 тоска [toska]의 의미와 더욱더 상응될수록 그것은 더욱더 러시아적인 '슬픔'으로 여겨진다.

이렇게 해서 тоска [toska]의 토포스의 의미 구조에 대한 기술이 완결되었다면, 이제부터 그것이 개인의 구체적인 발화 속에서 어떻게 실현되고 있는지 살펴보도록 하자. 먼저 위의 15)와 같은 의미 구조를 전형적으로 잘 나타내고 있는 것으로 이미 앞에서 제시한 바 있는, 동일한 제목의 체호프의 작품 〈Тоска(비애)〉에 나오는 한 대목을 다시 보자.

---

28 Урысон(1999; 442). 그녀의 분석은 러시아어에 기반을 둔 메타-언어이지만, 마찬가지로 여기서도 한국어 메타-언어로 옮긴다.

17) 다시금 그는 혼자고, 다시금 그에게 정적이 엄습한다... 얼마 전에 가라앉았던 비애가 다시금 나타나서 가슴을 여전히 아주 강하게 찢는다. 이오나의 눈동자는 불안하게 그리고 고통스럽게 거리 양편을 따라 서둘러 움직이는 군중들을 따라 이리저리 빠르게 움직인다. 이 수천의 사람들 중에서 그의 말을 제대로 들어줄 법한 단 한 사람이라도 있을까? 허나 군중들은 그의 존재도 비애도 아랑곳하지 않고 뛰다시피 걷고들 있다... 비애는 끝 모른 채로 엄청나게 큰데. 이오나의 가슴이 터지면 거기서 비애가 마치 온 세상을 다 잠기게 해 버릴 것같이 쏟아지겠지만, 그럼에도 그것은 보이지 않는다. 그것은 그 누구도 대낮에 등불을 밝히고도 알아차리지 못할 정도로 그렇게 보잘 것 없는 외피 속에 제대로 자리잡고 있었다.

[안톤 체호프, 〈비애〉][29]

작품 전체는 물론 그 속의 이 대목에서도 우선 우리 눈에 두드러지는 것은 주인공의 가슴 속에 깃든 тоска [toska≃비애, 애수]를 보이지 않는 실재로, 그러나 그의 온 존재를 사로잡고 가슴 찢는 고통을 주는 한없이 큰 실재로 형상화하고 있다는 것이다. 그리고 이처럼 엄청난 고통을 주는 감정적 실재가 그를 사로잡게 된 상황의 묘사가 체호프의 이 짧은 이야기의 줄거리라고 할 수 있다. 요약하자면, 며칠 전에 아들이 죽어 상실감과 슬픔에 — 러시아어로는 горе [gore≃비탄]라고 지칭될 수 있는 슬픔의 감정에 — 빠져 있는 마부 이오나 포타노프(Иона Потанов)가 눈 내리는 저녁에, 마차를 타는 손님들이나 주변 사람들에게 자신의 슬픔을 이야기하고자 하나 무관심한 그들은 아무도 그의 말을 귀담아들으려 하지 않아서, 결국 자기가 끄는 말에게 이야기하게 된다는 애처로운 이야기이다. 이러한 상황에서 주인공이 느끼는 슬픔은 우리가 위의 15)에서 제시

29 러시아어 텍스트는 앞부분 4.1절의 예 2)를 볼 것.

한 тоска [toska]의 의미 구조와 전형적으로 일치한다고 볼 수 있다. 아들 잃은 슬픔을 낯선 이들에게 이야기하고 위로나 교감을 받고자 하는 외로운 주인공의 바램은, 즉 그의 슬픔이 지향하는 것은 밑도 끝도 없이 모호한 것이며, 그렇기에 자신의 외롭고 슬픈 처지를 조금이나마 극복해보려는 그의 바램은 아주 강렬하면서도 불가능한 것일 수밖에 없는 것이다.

한편, 동일한 제목의 또 다른 작품인 고리키(M. Горький)의 단편 소설에서는 다른 처지에 있는 다른 상황의 인물에게 깃든 тоска [toska]의 형상화를 발견할 수 있다. 고리키가 1896년에 발표한 단편 〈Тоска(우수)〉의 경우에는 부유한 제분소 주인인 티혼 파블로비치(Тихон Павлович)에게 우연하게 찾아든 까닭모를 슬픔의 감정을 라이트모티프(Leitmotiv)로 하고 있다. 시내에 갔다가 우연히 장례 행렬과 매장 광경을 본 제분소 주인이 삶의 허망함으로부터 тоска [toska≃우수]를 느끼는데, 이렇게 해서 그를 사로잡은 이 감정은 실무적인 인간으로서 평소 그가 일상에서 느껴온 평온함과 안정감을 깨트린다. 소설의 1부는 그러한 감정에 까닭모르게 시달리는 그가 그것을 벗어나려 이러저러한 행동을 하는 모습을 그렸다면, 2부는 결국 그러한 슬픔의 감정과 더불어 삶을 살아갈 수밖에 없다는 생각에 도달하는 주인공의 모습을 보여주고 있다. 주인공이 이러한 생각에 도달하게 되는 것은 시내 산책로에서 우연히 만난 하층민 여인 아누슈카(Аннушка)와 선술집에 갔다가 그녀의 허름한 일행과 조우하면서 함께 술판을 벌이게 된 사건 때문이다. 그 술판에서 두 팔 없는 사내와 그의 일행이 부르는 구슬픈 노래들은 가난한 이들의 사연 많은 고단한 삶 속에서 깃드는 тоска [toska≃애수, 비애]가 짙게 배어나오는 것이기에, 취한 상태에서 이러한 노래들을 들으면서 제분소 주인은 자신을 사로잡고 있는 тоска [toska≃우수]가 달콤한 고통으로 바뀌는 것을 느낀다. 이렇게 해서 아마도 나흘간 정신없이 술판을 벌이고(소설 속에서는 이에 대한 직접적인 언급은 없지만), 마침내 집으로 돌아오는 조용한 밤길에서 부유한 제분소 주인은 "삶이란... 한낱 동요일 뿐... 잔물결이야(Жизнь... Колебание одно только... рябь)"라고 중얼거리면서도 스스로 어떤 죄책감을 느끼게 된다. 대체로 이러한 내용을 풀어내고 있는 고리키의 동일한 제목의 소설에서도 이처럼 тоска [toska≃애수, 우수]는 모호한 것을 원인으로 해서 사람들의 마음을 짓누르는 그리고 떨쳐버리고 싶으나 그럴 수 없는 깊은 슬픔의 감정으로 묘사되고 있다.

위의 두 작품의 예가 보여주듯이 러시아인들 사이에서 떠도는 이러한 다소 모호하면서도 깊은 '슬픔'의 정조는 당연히 많은 시인들에게서도 시적 발화의 대상이 되는데, 여기서는 대표적인 것들 중에서 아래와 같은 세 가지 경우만을 살펴보기로 하자.

18) Сквозь волнистые туманы
Пробирается луна,
На печальные поляны
Льёт печально свет она.

По дороге зимней, скучной
Тройка борзая бежит,
Колокольчик однозвучный
Утомительно гремит.

Что-то слышится родное
В долгих песнях ямщика:
То разгулье удалое,
То сердечная тоска...
(.....)

물결치는 짙은 안개를 뚫고
달이 살며시 비추네.

숲 사이 구슬픈 빈터 위로
처량히 빛을 뿌리네.

지루한 겨울 길을 따라
빠르게 삼두마차는 달린다.
단조로운 방울소리는
고단하게 울리고.

마부의 긴 노래 가락들 속에서는
같은 피의 친근한 그 무엇이 들리네.
때론 호기로운 방탕이,
때론 마음에서 우러나는 애수가 ...
(......)

위의 예는 푸슈킨(A. Пушкин)의 시 〈Зимняя дорога(겨울 길)〉의 전반부인데, 러시아 겨울 길의 적막한 우수의 풍경이 그 길을 가는 시적 화자 및 마부의 심정에 투영되는 모습을 효과적으로 간략하게 형상화하고 있다. 그리고 마부의 노래 속에서, 그 길은 자유롭기에 "때론 호기로운 방탕"으로 들리지만 그것의 겨울밤 풍경은 쓸쓸한 슬픔이기에 "때론 마음에서 우러나는 애수"가 교차하는 것이다. 이러한 심정으로 시적 화자는 시의 후반부에서는 아침에 돌아가게 될 집의, 다정한 여인 곁의 안온함을 떠올리면서도 그러한 것이 지금 가고 있는 이 겨울 길의 슬픔을 결코 밀어내지 못한다는 것을 노래한다. 이 점에 있어서는, 즉 집의 안온함이나 일상의 안락함도 이미 마음에 자리한 тоска [toska≃애수, 우수]를 없애지 못한다는 것을 이야기한다는 점에 있어서는 앞서서 예로 든 고리키의 단편소설의 경우와 일맥상통하는 측면이 있다. 더구나 이러한 슬픔과 더불어 "호기로운 방탕"까지도 언급한다는 점에서는 더욱 그렇다고 볼 수 있다.

그리고 위의 예와 유사하게 러시아의 풍경이, 특히 가을날 그 광활한 자연이 함께 불러일으키는 자유의 호기로움, 즉 воля [volja≃드넓은 자유]와 그리고 тоска [toska≃애수, 우수]를 중요한 시적 모티브로 노래하고 있는 경우로는 블로크(А. А. Блок)를 들 수 있을 것이다.[30] 가령, 그의 〈На поле Куликовом(쿨리코보 들판에서)〉의 첫 번째 시 전반부를 보자.

19) Река раскинулась. Течёт, грустит лениво
И моёт берега.
Над скудной глиной жёлтого обрыва
В степи грустят стога.

О, Русь моя! Жена моя! До боли
Нам ясен долгий путь!
Наш путь — стрелой татарской древней воли
Пронзил нам грудь.

Наш путь — степной, наш путь — в тоске безбрежной,
В твоей тоске, о Русь!
И даже мглы — ночной и зарубежной —
Я не боюсь.
(......)

강이 펼쳐졌다. 굼뜨게 흐르며 슬퍼한다.
강변을 적신다.
노란 절벽의 메마른 흙 위에서,
초원에서 건초 더미들이 슬퍼한다.
오, 나의 루시! 나의 아내! 고통스럽도록
긴 여정이 우리에게 선명하다.
우리의 길은 고대의 타타르의 자유의 화살로

30 이에 대한 자세한 고찰로는 다음 논문을 참조할 것 – 최종술(2011).

우리의 가슴을 꿰뚫었다.

우리의 길은 초원의 길. 우리의 길은 한없는 애수에 잠긴 길.
오, 루시! 너의 애수에 잠긴 길.
심지어 어둠도, 한밤의 국경 밖의 어둠도
나는 두렵지 않아.[31)]
(......)

위의 예에서 두드러지는 것은 늦은 가을 광활한 초원의 구슬픈 풍경과 더불어 그 광활함 위로 거침없이 나 있는 끝없는 길이 불러일으키는 воля [volja≃드넓은 자유]와 тоска [toska≃애수]의 감정들이다. 그리고 그것은 루시(Русь [Rus']])의 가슴에, 즉 고대 러시아의 가슴에 이미 각인되어 있는 감정들이라고 시적 자아는 노래하고 있다. 그런데 여기서 우리에게 궁금한 것은 러시아의 광활함이 사회-문화적으로 왜 тоска [toska≃애수, 우수]의 감정과 연결되느냐는 것이다. 그 점을 이미 앞에서 인용한 바 있는 세르게이 예세닌(С. Есенин)의 다음과 같은 싯귀도 잘 보여주고 있지만 말이다 — "칙칙하고 희멀건 달빛/ 그리고 끝없는 평원들의 우수(Неуютная жидкая лунность/ И тоска бесконечных равнин)".[32)] 사실, 여러 저자들이 표명하고 있는 기존의 이러저러한 견해들에서는 이 질문에 대한 직접적인 대답을 찾기 힘들다. 가령, 리하쵸프(Д. С. Лихачёв)는 어원적으로 고대 러시아어 тъска [tŭska≃압박감, 답답함]로부터 тоска [toska≃애수, 우수]가 왔다는 사실에 근거해서 오히려 자유의 구속으로부터, 협소함과 답답함으로부터 тоска [toska]가 비롯된다는 견

31 이 번역은 최종술(2011; 59)에서 따왔다.
32 С. С. Есенин, 〈Неуютная жидкая лунность ...〉, 1925.

해를 내놓고 있는데,[33] 이것은 우리가 방금 앞에서 살펴본 예들과는 상반된다. 다른 한편, 베르댜예프나 페도토프에 따르자면, 러시아의 자연은 그 광활함으로 인해서 막연한 무한함을 떠올리게 하며 또한 이로부터 일종의 영적인 분위기를 환기시키는데, 바로 이러한 측면이 러시아인의 의식을 특징짓는 기독교적 종말론의 배경 속에서 тоска [toska≃애수, 우수]의 감정과 연결된다. 요컨대, тоска [toska≃애수, 우수]의 의미에 내포된 '막연한 슬픔, 막연한 대상의 속절없는 그리움'이란 이 지상에는 없는 천상의 것에 대한 갈구로부터 오는 것이기에, 러시아 자연의 광활함이 자아내는 영적인 분위기야말로 그러한 감정을 자아내게 만든다는 것이다.[34] 그러나 이러한 사변적인 견해들과는 달리 우리는 단지 앞서 제시된 푸슈킨, 블로크, 예세닌의 예들에서 관찰된 바에 따른 대답만을 제시하고자 한다. 이들에게서 시적 발화의 초점이 되는 것은 모두 러시아 자연의 광활함 그 자체가 아니라, 거기에 슬픔이 — 봄의 기쁨이나 여름의 생동감이 아니라 — 깃든 풍경이며, 이것은 자연스럽게 그 광활함 자체가 환기시키는 воля [volja≃드넓은 자유]와 더불어 거기에 드리운 슬픔이 그토록 크고 막막한 만큼 시적 자아에게도 막연하면서도 깊고 커다란 тоска [toska≃애수, 우수]를 불러일으키는 것이다.

그리고 이러한 양태의 '슬픔'이 사회-문화적으로 체득화되어 있을 때, 그것은 비단 광활하면서도 슬픈 풍경 앞에서뿐만 아니라 일상의 다른 여러 심각한 상황들에서도 나타나게 된다. 앞에서 본 체호프로부터 따온 예 17)이나 고리키의 단편 소설의 예는 그 점을 잘 보여주고 있다. 그리

33 다음을 참조할 것 – Д. С. Лихачёв, *Заметки о русском*, Москва, Советская Россия, 1981, p. 6; 최종술(2011; 55–56)을 참고할 것.

34 N. Berdyaev, *The Russian Idea*, London, Centenary Press, 1947, p. 2, 14, 253; Федотов(1981; 86). 여기서는 Wierzbicka(1992; 173–174)로부터 재인용함.

고 그러한 또 다른 상황으로 빼놓을 수 없는 것이 조국 러시아를 떠나온 이민자들의 상황인데, 이로부터 깃드는 '막연한 그리움으로서의 짙은 슬픔'을 우리에게 잘 보여주고 있는 것이 바로 고국을 떠나 망명자 생활을 하던 츠베타예바(М. Цветаева)가 파리에서 1934년에 쓴 아래와 같은 시일 것이다.

20) Тоска по родине! Давно
Разоблачённая морока!
Мне совершенно всё равно --
Где совершенно одинокой

Быть, по каким камням домой
Брести с кошёлкою базарной
В дом, и не знающий, что -- мой,
Как госпиталь или казарма.

(......)

Всяк дом мне чужд, всяк храм мне пуст,
И всё — равно, и всё — едино.
Но если по дороге — куст
Встаёт, особенно — рябина...

[Марина Цветаева, 〈Тоска по родине ...〉]

조국을 그리워하는 속절없음! 오래전에
다 드러나버린 이 혼란스러움!
내겐 아무래도 완전히 괜찮다네 -
어디에서 완전히 홀로

있어야 하든, 귀가 길 위의 어떤 돌들을 따라서
작은 장보따리와 함께 간신히 걸음을 옮겨야 하든,

마치 병원이나 막사처럼
여기가 나의 집인지 알지도 못하는 집으로 그렇게.

(......)

모든 집이 내겐 낯설고, 모든 사원이 내겐 비어 있어도
아무래도 괜찮고, 아무래도 똑같다네.
그러나 혹시 길을 따라 관목이
그것도 특히 마가목이 일어나 있다면...

[마리나 츠베타예바, 〈조국을 그리워하는 속절없음 …〉

위의 예는 시 전체의 첫 두 연과 마지막 연인데, 이것만으로도 조국에 대한 그리움과 슬픔이 얼마나 절실하게 표현되고 있는지 충분히 알 수 있다. 첫째 연의 처음 두 행에서 시적 발화자는 떠나온 조국에 대한 그리움의 속절없는 슬픔을 직설적으로 명명하면서, 그것이 이미 오래전에 들켜버린 감정임을 솔직하게 고백한다. 이후부터 마지막 연의 첫 두 행까지 시 전체의 대부분은 시종일관 시적 자아의 생각 속에서 모호하게, 조국에서의 삶을 부정적으로 그려낸다. 그러다 마지막 두 줄에서 길가의 마가목에 대한 절대적 긍정을 통해서 그러한 부정들조차도 처음에 고백한 감정의 소산임을, 그리고 그 감정이 얼마나 깊고 고통스러운 것인가를 단적으로 보여준다. 궁핍한 망명 생활 속에서 바로 이 같은 감정에 시달리던 츠베타예바가 1939년에 다시 러시아로 돌아와서 1941년 스스로 생을 마감했다는 사실을 생각한다면, 러시아인들에게서 '막연한 그리움의 깊은 슬픔'으로서의 이 тоска [toska]가 얼마나 고통스러운 감정이 될 수 있는지 아마 짐작이 갈 것이다.[35]

35 가령, 1970년대에 들어오면 소련 시민들에게는 추방 이외의 형식으로도, 즉 법적인 절차를 밟아서

이상과 같은 몇몇 대표적인 경우들의 관찰을 통해서 보더라도, 우리는 러시아 언어-문화 공간에서 '슬픔'의 특정한 양태로서 тоска [toska]의 토포스가 사회-문화적으로 얼마나 넓고 깊게 체득된 공통 관념인지를 알 수 있다. 그리고 비교 문화적으로 보더라도, 그 같은 일반화의 양상은 한국 언어-문화 공간에서 "한"이라고 불리는 복합적인 감정의 토포스의 경우에 비추어서 쉽사리 공감 혹은 이해될 수 있을 것이다. 물론, тоска [toska]의 경우에는 전적으로 '슬픔'과 관련이 있지만 "한"의 경우에는 '슬픔'과 더불어 '원망'/'후회'와 관련되어 있다는 언어-문화적 차이에 대한 고려와 더불어 말이다.

5.3. '분노'의 토포스

러시아어에서 '분노'의 토포스는 앞의 4.1절의 예 6) '분노'의 어휘 클러스터에 속하는 여러 어휘들 중에서 무표적인 어휘인 гнев [gnev≃분노]로 일컬어지는데, 이러한 양상은 우리가 위에서 살펴본 '기쁨'의 토포스를 나타내는 радость [radost'≃기쁨] 경우와 유사하다. 먼저, '분노'의 보편적인 정의를 생각해보면, 그것은 다음과 같은 것이 될 수 있을 것이다.

21) '분노'란 우리의 존재에 어떤 것이 해를 가하는 상황에 대해서 우리가 그것을 원하지 않기에, 우리 마음으로부터 나오는 예기치 못한 세기의 부정적 감정으로서, 흔히 우리는 이러한 감정의 발생을 자각하지만, 간

러시아를 떠날 수 있는 가능성이 주어지는데, 실제로 이것이 의미하는 바는 '결코 다시는 고국 땅을 밟을 수 없다'는 것이었다. 심지어 부모의 임종 시에도 말이다. 아마도 이러한 상황에서 오는 тоска [toska]에 대한 예감 때문인지, 그러한 법적인 기회를 활용한 사람의 수는 실제로 많지 않았다.

혹 자각할 수 없는 경우도 있다.

22) '분노'란 이 세계의 존재들이 어떤 것이 해를 가하는 상황에 대해서 그 것을 원하지 않기에, 예기치 못한 세기의 자기변화로써 거부하는 감정적 반응이다.

정의 21)은 인간의 '분노'를 무의식의 차원까지도 고려하면서 기술하고 있다면, 이와는 달리 정의 22)는 '분노'를 인간뿐만 아니라 다른 존재들에게서도 발견되는 감정으로 규정하고 있다(감정을 반드시 인간중심적 관점에서 바라볼 필요는 없을 것이다).

보편적 차원에서 '분노'가 이렇게 규정될 수 있다면, 한편 러시아어에서 '분노'의 어휘 클러스터를 구성하는 여러 어휘들 각각은 그러한 개념과 더불어 거기에 특정한 내용적 한정들을 덧붙인 것을 각자의 고유한 의미로 갖게 된다. 가령, '분노'의 클러스터에 속하는 다양한 어휘들 중에서 бешенство [bešenstvo≃광분]는 {'정의 21)이나 22)' + '아주 강한 감정' + '통제 불능' + '과도한 불안정' + '공격성'}이라는 의미를, 이에 비해서 злоба [zloba≃성, 부아]는 {'정의 21)이나 22)' + '덜 강한 감정' + '통제 가능' + '악의' + '행동성'}이라는 의미를 갖는다. 이러한 것들과는 달리 무표적인 어휘인 гнев [gnev≃분노]는 한편으로는 '분노'의 클러스터를 포괄하는 대표 명칭의 역할을 하며, 다른 한편으로는 감정의 세기가 앞의 두 어휘 사이에 위치하는 '분노'의 양태를 가리킨다.

어휘적으로 이러한 이중적인 성격으로 인해서, гнев [gnev≃ 분노]는 동일한 어휘 클러스터에 속하는 것들 중에서 가장 넓은 의미적 스펙트럼을 갖지만, 다른 것들과 차별화될 수 있는 고유한 의미적 내용 속에는 그것이 '기본적인 윤리적 원칙에 어긋난다고 여겨지는 것에 대한 강한 분노의 감정'이라는 한정이 들어 있다.[36] 이러한 '윤리적 동기'를 의미적 한정으로 갖는 동의어로는 возмущение [vozmuščenie≃'분개, 울분']와 негодование [negodovanie≃분개, 노여움]가 있는데, 이것들에 비해서 гнев [gnev≃분노]는 '보다 강하고 보다 외향적 분노'를 의미한다는 데서 어느 정도 차이가 있다. 그런데 보다 섬세히 살펴보면, 신이나 차르의 분노를 가리킬 때는 гнев [gnev≃분노]와 негодование [negodovanie≃분개, 노여움]가 사용된다. 가령, гнев/негодование/*возмущение Бога (/царя) [gnev/negodovanie/*vozmuščenie Boga (/carja), 신의(/차르의) 분노/노여움/*분개]처럼 말이다.[37]

그리고 гнев [gnev≃분노]에 비해 негодование [negodovanie≃분개, 노여움]는 '보다 덜 강하고 내향적인 그리고 통제가 가능한 분노'를 의미한다는 데서 이 두 어휘 사이에 섬세한 차이가 존재한다고 볼 수 있다.[38] 지금까지 언급한 이러한 점들이 어휘적 차원에서 гнев [gnev≃분노]의 의미를 이해하는 데 필수적으로 고려해야 할 것들이라면, 이로부터 우리는 러시아어의 체계 내에서 그것의 의미 구조를 다음과 같이 설정할 수 있을 것이다.

23) ГНЕВ [GNEV]:

{(A) 비물질적인 보편적 실재로서 '분노'에 대한 가능한 보편적 정의로서 위의 21)이나 22) + (a) 그것을 지칭하는 개별 언어의 명칭으로서 гнев [gnev]에 러시아어 체계가 부가하는 의미적 한정들로서 '윤리

---

36 어휘 гнев [gnev]의 고유한 의미를 특징짓는 이러한 윤리적 계기에 대해서는, 다음의 사전들을 참조할 것 – Мельчук и Жолковский(1984), Гневаться [gnevat'sja≃분노하다] 항목; Ю. Д. Апресян, "Сердиться [serdit'sja≃화내다]" 항목, Апресян и др.(1999; 362–367).

37 이것은 구글(Google) 검색기를 활용한 결과이다.

38 이것은 동사 гневаться [gnevat'sja≃분노하다]와 негодовать [negodovat'≃분개하다, 노하다] 사이의 차이에 관한 다음과 같은 기술에 근거한 것이다 – Апресян(1999).

성', '신적 속성', '강렬함', '외향성' }
⇒ {(α) 'X'}
(X = 이러한 종류의 분노의 감정이거나 혹은 그것과 결합되어 나오는 특이한 의미나 의미 효과들)[39]

이렇게 제시된 гнев [gnev≃분노]의 의미 구조 속에서 특히 '신적 속성'이라는 한정은 보다 주의해서 이해해야 하는데, 왜냐하면 이 한정은 단순히 신의 분노를 의미하는 것이 아니라 우주의 삼라만상에 깃드는 무수히 많은 '분노'의 경우들 중에서 그 이면에 신적인 속성이 배어 있는 혹은 신의 뜻이 관철되고 있는 경우를 가리키는 것이기 때문이다. 예컨대, гнев Бога [gnev Boga, 신의 분노]뿐만 아니라, гнев человека [gnev čeloveka, 인간의 분노] 혹은 гнев зверя [gnev zverja, 짐승의 분노] 모두 신의 뜻과 관련되어 있는 경우들인 것이다.

그렇다면 위의 23)과 같은 의미 구조를 갖는 гнев [gnev≃분노]로 지칭되는 토포스, 즉 러시아 언어-문화 공간 속에서의 '분노'의 토포스는 어떠한 관념적 특징들로 이루어져 있을까? 먼저 종교적 관점에서 보자면, 현재 러시아 문화 속에서 다수자 문화의 기본적 배경이 되는 정교든지 혹은 소수자 문화들 중에서 커다란 부분의 기본적 배경이 되는 이슬람교든지 간에, 심판을 통한 구원으로서 신의 분노는 — гнев Бога/Божий [gnev Boga/Božij] — 정당하고 신성한데, 이로부터 인간에게도 신에 의해 부여되는 성스러운 분노가 — священный гнев [svjaščennyj gnev] — 깃들 수 있다. 그리고 이러한 생각은 다음과 같은, 반드시 논리적이지

---

39 이러한 방식의 의미 구조 기술에 관해서는, 이미 앞부분 5.1절 "'기쁨'의 토포스'에서 радость [radost']에 대한 의미 구조로 예시한 6)을 통해서 자세히 설명하고 있다.

는 않지만 그러나 신앙적으로 그럴듯한 기묘한 관념 구조를 낳는다.

24) '우리의 분노가 신성할수록 그것은 더욱더 악한 감정으로부터 멀어지며, 오히려 더욱더 영혼의 순수한 힘이 된다.'

이러한 관념 구조와 연결되는 "성스러운 분노"라는 표현은 물론 러시아 언어-문화 공간에서만 가능한 것은 아니며, 가령 독일 언어-문화 공간에서도 im heiligen Zorne Gottes(신의 성스러운 분노 속에서), heiliger Zorn(성스러운 분노) 등의 표현에서 찾아볼 수 있다. 그렇지만 세속적 합리주의나 경험주의의 관점에서 보자면, 종교의 실제 역사 속에서 이러한 "성스러운 분노"가 가혹하고 극단적인 폭력의 형태로 나타나는 경우들과 종종 마주치게 됨은 물론이다. 몇몇 예를 들자면, 16세기 초에 마르틴 루터(Martin Luther)의 "성스러운 분노"는 평등한 기독교 사회를 지향하는 토마스 뮌처(Thomas Müntzer) 및 그를 따르는 농민군들을 가혹하게 학살했으며, 17세기 후반 러시아 제국에서 같은 정교 내의 분리파교도들(раскольники [raskol'niki])에 대한 "성스러운 분노"는 그들의 가차 없는 박해, 체포, 고문, 처형, 화형으로 나타났으며, 오늘날 러시아 연방으로부터 분리 독립을 주장하는 이슬람교도들의 "성스러운 분노"는 무장 투쟁과 테러의 형태로 나타나고 있다. 어쨌든 이 같은 실로 부정적인 극단의 경우들을 통해서 우리가 확인할 수 있는 것은 한 언어-문화 공간에서 일정한 정도로 구성원들에 의해 공유되는 토포스의 관념 구조가 단순히 비실체적인 세계의 것이 아니라 실천의 대상으로서의 이 세계에 현실적 파급력을 갖는 것이라는 점이다.

비종교적 관점에서 보자면, гнев [gnev≃분노]의 토포스는 다른 무엇보다도 우선 '윤리적으로 정당한 강렬한 분노'를 함축한다. 이것은 가령 다음과 같은 알렉산드르 블록의 시구에서도 잘 나타나고 있다 — Презренье созревает гневом,/ А зрелость гнева - есть мятеж (경멸은 여물어서 분노가 되고,/ 분노의 성숙은 반란인 것이다).[40] 그리고 이러한 분노는 그 강렬함으로 인해서 흔히 야생의 짐승으로 비유된다. 가령, гнев - дикий зверь, разом заглатывающий разум (분노는 단숨에 이성을 삼켜버리는 야생 짐승이다).[41] 이 예는 гнев [gnev≃분노]를 통제가 안 되는 야수로 간주하고 있지만, 그러나 야생 짐승은 또한 통제가 될 수도 있기에 러시아어에는 가령 укротить гнев [ukrotit' gnev, 분노를 길들이다(즉, 진정시키다)], обуздать свой гнев [obuzdat' svoj gnev, 자신의 분노에 재갈을 물리다(즉, 분노를 억누르다)]와 같은 표현들도 있는 것이다.[42] 물론 통제될 수 없는 경우, гнев [gnev≃분노]의 표출은 아래의 예들이 잘 보여주고 있듯이 폭발적인 화염과 같은 것으로 생각된다.

25) А что такое Багратионов гнев, знали все, он вспыхивал, как молния, и гремел с бешеной силой мгновенно налетевшей грозы.

[С. Н. Голубов, 〈Багратион〉][43]

그런데 바그라티온의 분노가 어떠한 것인지는 모두가 알고 있었는데, 그

---

40 Александр Блок, "В огне и холоде тревог... (불안함의 열정과 냉정 속에서...)"/〈Ямбы 1907–1914(약강 격 단시들 1907–1914)〉.

41 А. Карелин, "Гнев", 〈Самиздат〉, http://zhurnal.lib.ru/k/karelin_ a_w/gnew.shtml

42 М. К. Голованивская, *Ментальность в зеркале языка*, Москва, Языки славянской культуры, 2009, p. 342 참조.

43 이 예는 다음에서 따왔다 – В. Н. Базылев, "Феноменология эмоций: гнев", В. В. Красных и А. И. Изотов (ред.), *Язык, сознание, коммуникация*, Сб. статей, Вып. 7, Москва: Диалог–МГУ, 1999, p. 79.

분노는 번개불처럼 타오르고 있었으며, 순간적으로 퍼붓는 뇌우의 광폭한 기세로 울려 퍼지고 있었다.

[세르게이 골루보프, 〈바그라티온〉]

26) Малюта видел, как дрожат руки царя, как помутился его взгляд. Приготовился к взрыву царского гнева.[44)]

[В. И. Костылев, 〈Иван Грозный〉]

말류타는 차르의 두 손이 떨고 있는 것을, 그의 시선이 흐려진 것을 보았다. 그는 차르의 분노의 폭발에 대비했다.

[발렌틴 코스틸레프, 〈이반 뇌제〉]

그런데 흥미로운 점은 예 25)와 26)의 대조에서도 볼 수 있듯이, гнев [gnev≃분노]의 폭발을 나타내는 여러 가지 신체적 징조들 중에는 얼굴이나 눈동자가 붉어지는 것뿐만 아니라 어두워지는 것도 고려된다는 것이다. 분노와 붉음이라는 색조 사이의 연상관계는 상당히 자연스러운 것이기에, 러시아어에서도 이에 관한 정형화된 표현들이 많이 있다. 가령, багроветь/краснеть/наливаться кровью от гнева [bagrovet'/krasnet'/nalivat'sja krov'ju ot gneva, 분노로 진홍색이 되다/붉어지다/충혈이 되다] 등처럼. 이에 비해서, 분노와 어두움이라는 명도 사이의 연상관계는 그다지 자연스럽지 않지만, 러시아어에서는 그것을 위의 26)의 예에서 보듯이 '위협적인 분노'를 가리키는 것으로 정형화하고 있다.[45)] 가령, омрачаться/темнеть от гнева [omračat'sja/temnet' ot gneva, 분노로 음침해지다/어두워지다]와 같은 표현들이나 тёмный/чёрный

44 상동.

45 이러한 현상은 유럽 언어–문화권에 다소 공통적인 것 같다. 이 점은 가령 독일어의 dunkler Zorn, 영어의 dark wrath, 프랑스어의 colère foncé와 같은 표현들을 생각해 보면 쉽게 짐작할 수 있다.

гнев [tëmnyj/čërnyj, 어두운/검은 분노]와 같은 형용사 한정처럼. 반면, 의미적으로나 내용적으로 гнев [gnev≃분노]에 아주 가까운 возмущение [vozmuščenie≃분개, 울분]와 негодование [negodovanie≃분개, 노여움]의 경우는 이러한 연상관계가 전형화되지 못하는데, 그것은 이 두 어휘가 '통제될 수 있는 덜 강렬한 그리고 내향적인 분노'를 의미하기 때문이다. 이 때문에 보다시피 통상 тёмное (/чёрное) ?негодование/*возмущение [tëmnoe (/čërnoe) ?negodovanie/*vozmuščenie, 어두운 (검은) ?노여움/*분개] 같은 형용사 한정은 받아들여질 수 없다. 그렇지만 '분노'의 어휘들 중에서 이러한 연상관계는 гнев [gnev≃분노]보다 강한 감정을 의미하는 어휘들의 경우에는, 그리고 뿐만 아니라 덜 강렬한 '분노'를 의미하지만 '악의'라는 의미적 한정을 특징으로 하는 злоба [zloba≃성, 부아]나 злость [zlost'≃성, 노기] 같은 경우에도 당연히 전형화될 수 있다. 이러한 연상관계의 전형성을, 혹은 '위협적인 분노 ⇒ 어두움'이라는 토포스 관념을 단적으로 보여주는 예로는 가령, 알렉산드르 블록의 시 〈Балаганчик(소극, 笑劇)〉의 다음과 같은 구절을 들 수 있다.

27) Страшный чёрт ухватил карапузика,
И стекает клюквенный сок.

Мальчик

Он спасётся от чёрного гнева
Мановением белой руки.

무서운 악마가 토실토실한 애를 붙잡자,
검붉은 월귤 즙이 흘러내리고 있다.

소년

저 애는 하얀 손짓의 명령 덕택에
검은 분노로부터 살아나네.

러시아 언어-문화 공간에서 문학적 표현이나 시적 발화는 통상 이와 같은 식으로 '위협적인 분노 ⇒ 어두움'이라는 토포스를 충실히 활용한다면, 간혹 이러한 익숙한 관념으로부터 이탈함으로써 독특한 개성을 표현하려는 경우들도 발견된다. 보리스 파스테르나크(Б. Пастернак)와 마리나 츠베타예바(М. Цветаева)가 쓴 белое бешенство [beloe bešenstvo, 하얀 광분]라는 아주 드문 표현이 그러한 예인데, 흥미롭게도 두 시인은 모두 이 표현을 푸슈킨을 주제로 한 시에서 쓰고 있다.

28) Где белое бешенство петель,
Где грохот разостланных гроз,
Как пиво, как жёваный бетель,
Песок осушает взасос.

["Оригинальная"/〈Тема с вариациями〉(1916~1922)]

교수대 올가미들의 하얀 광분이 있는 곳에서,
사방으로 펼쳐진 뇌우들의 울림이 있는 곳에서,
맥주인 듯, 씹어서 뱉어놓은 빈랑나무 잎인 듯,
모래는 열심히 빨아들인다.

["독창적 변주"/〈테마와 변주들〉(1916~1922)]

29) Томики поставив в шкафчик -
Посмешаете ж его,
Беженство свое смешавши
С белым бешенством его!

[М. Цветаева, 〈Стихи к Пушкину〉]

작은 책장에 (푸슈킨의) 전집 몇 권 꽂아놓은 채,
당신은 그를 좀 웃길지어니,
자신의 도피를
그의 하얀 광분과 혼동했으니 말이다!

[마리나 츠베타예바, 〈푸슈킨을 위한 시〉]

그런데 '미친 듯이 아주 강렬한 분노가 하얗다'는 말은 이 두 시인에게서 각각 무엇을 의미하는 것일까? 츠베타예바로부터의 예 29)의 경우, 비교적 쉽게 그것은 '위협적인 분노 ⇒ 어두움'이라는 토포스에 상반되는 의미로 이해될 수 있다. 자칫 독자들 자신의 현실로부터의 도피와 혼동될 수 있을 법한 푸슈킨의 "하얀 광분"이란 밖으로 미친듯이 폭발하는 위협적인 분노가 아니라 속에서 미친듯이 내파되는 분노인 것이다. 반면 파스테르나크의 시로부터의 예 28)에서는 "하얀 광분"이 무엇을 말하는지 쉽사리 파악되지 않는다. 그의 초기 시들이 워낙 전위적이고 난해하기 때문인데, 여기서는 단지 다음과 같은 추측을 해 볼 수 있을 법하다. 즉, 하얗게 얼어붙은 겨울에 미친 듯이 흔들리는 단두대 올가미들을 형상화한 것이거나, 아니면 그냥 단두대 올가미들의 미친듯한 흔들림의 헛됨, 무용함을 말하는 것일 수도 있을 것이다.

끝으로, 윤리적으로 가치 있는 분노로서 гнев [gnev≃분노]의 실천적 효율성을 생각해 보자. 개인이든 집단이든 부당하고 암울한 상황에서 어떤 합당한 혹은 합리적인 출구가 불가능할 경우, 그럼에도 불구하고 그 같은 상황에 억눌려 낙담하지 않고 오히려 일거에 그것을 타파하고자 하는 급격한 행동의 촉발을 가능하게 하는 원동력은 바로 이 윤리적인 분노로부터 나온다. 러시아 역사에 기록되어 있는 크고 작은 반란의 사건들 역시도 그 기저에 분노의 이 같은 심리-생리적 메커니즘이 깔려 있다. 그중에서 가장 대표적인 주된 사건들로는 카자크인들, 농민들, 농노들이 합세했던, 17세기 후반 스텐카 라진(Стенька Разин; 본명은 스테판 라진 Степан Разин)의 난이나 18세기 후반 푸가쵸프(Пугачёв)의 난, 19세기 후반 나로드니키(народники; 인민주의자들)과 아나키스트들의 적극적인 테러들, 그리고 1905년혁명, 1917년 2월혁명 등을 꼽을 수 있을 것이다.

그런데 역설적이게도, гнев - плохой советчик [gnev - ploxoj sovetčik, 분노는 나쁜 조언자다]라는 속담이 함축하고 있는 것처럼, 윤리적인 강한 '분노'는 부당하고 절망적인 상황의 단속(斷續)적인 타개에 효과적인 힘이 되지만, 그 직후에는 해결이 곤란한 혼란스러운 상황이 흔히 발생하게 된다. 이것은 일반적으로 '분노'와 '공포'가 연쇄적인 감정의 쌍을 이루기 때문이다. 우리가 가령 "무서운 분노"라고 말할 때, 통상 그것은 분노하는 사람의 행동과 그리고 그것을 겪는 사람이나 보는 사람이 느끼는 무서움을 합해 놓은 표현으로 간주된다. 그러나 분노하는 사람 역시도 자신에게 깃든 분노를 필연적으로 의식할 수밖에 없는 까닭에 분노와 공포를 거의 동시에 느끼지 않을까? 혹은 자기 자신의 분노가 만들어 놓을/만들어 놓은 새로운 어지러운 상황을 예견하면서/마주하면서 두려움과 혼란을 느끼지 않을까? 거기에 관련된 다른 사람들처럼 말이다. 일리야 레핀(Илья Репин)의 유명한 그림 〈1581년 11월 16일 이반 뇌제와 그의 아들 이반(Иван Грозный и сын его Иван 16 ноября 1581 года)〉은 주체할 수 없는 분노를 표출하는 자에게 깃드는, 마치 동전의 양면과도 같은 이러한 '분노-공포'라는 감정 쌍의 비극적 극단을 우리들에게 형상적으로 잘 보여주고 있다. 역사적 사실에 근거해서 그려진 이 그림은 아들과의 언쟁 중에 머리를 가격해서 죽인 직후 피 흘리는 아들의 머리를 껴안고 있는 이반 뇌제의 공포에 가득 찬 망연자실한 표정을 실로 생생하게 나타내고 있는 것이다.

이처럼, 인간의 실천적 차원에서 보자면 гнев [gnev≃분노]는 행동의 주체에게서 비극적인 감정 쌍인 '분노-공포'로 전환될 수 있는 위험한 잠재성을 갖고 있다. 아마도 이 점을 감지하고 있었기에 푸슈킨은 그의 후기 작품인 〈대위의 딸(Капитанская дочка)〉(1836)의 마지막 부분에서 주인공 표트르 그리뇨프의 입을 빌어서, 러시아 사회의 바람직한 변화가 민란이나 무장 봉기 같은 폭력적 전복이 아니라 민중들의 상황 개선에 있다고 이야기하고 있는지도 모르겠다. 비록 그가 앞에서 우리가 인용한 츠베타예바의 시구에서처럼 미친듯한 분노의 내파를 겪고 있었을지라도 말이다. 그러나 민중들의 상황 개선 자체가 불가능할 때는, 역사적으로 어쩔 수 없는 막다른 상황에 봉착했을 때는, 역시 앞에서 인용한 블록의 시 〈불안함의 열정과 냉정 속에서 ...〉(1914)에서 젊은이들에게 주는 불행한 시인과 세대의 유훈으로 나오는 구절처럼, "경멸은 여물어서 분노가 되고,/ 분노의 성숙은 반란인" 경우도 있는 법이다. 따라서 문제의 핵심은 гнев [gnev]와 같은 양태의 '분노'에 의한 상황 타개를 단순히 부정적으로만 바라보는 데 있는 것이 아니라, 오히려 그러한 것이 불가피할 때 필연적으로 나타나는 '분노-공포'라는 비극적인 감정 쌍으로부터 파국적인 '공포'를, 새롭게 가능해진 상황이 '공포'에 의해서 전일화되는 것을 방지하는 데 있는 것 같다. 그렇다면 이와 같은 점을 염두에 두고, 다음 장에서 우리는 '공포'의 토포스를 살펴보도록 하자.

5.4. '공포'의 토포스

러시아 언어-문화 공간에서 '공포'의 토포스는 어떤 관념적 특징들을 함축하고 있는 것일까? 이 질문에 들어가기 전에, 먼저 우리는 보편적인 감정적 실재로서 '공포'와 관련된 어휘 클러스터가 러시아어에서 어떻게 형성되고 있는지 살펴보자. 이미 우리는 앞에서, 4.1절 '러시아어 감정 어휘와 토포스'에서 이미 '슬픔', '욕망', '기쁨', '사랑' 그리고 '분노'에 관한 어휘 클러스터들을 토포스 형성의 문제와 연관시켜서 관찰한 바가 있는데, 여기서도 동일한 방식으로 생각해 보면 될 것이다. 이에 따라, 러시아어에서 '공포'의 어휘 클러스터는 무표적인 어휘 страх [strax≃공포]를 중심으로 다음과 같은 모습으로 구성되어 있다고 볼 수 있다.

30) '공포'의 어휘 클러스터
страх [strax≃공포],
боязнь [bojazn'≃두려움],
опасение [opasenie≃우려],
опаска [opaska≃겁(속어)],
трепет [trepet≃두려움(떨림)],
испуг [ispug≃경악],
ужас [užas 심한 공포],
паника [panika≃패닉],
жуть [žut'≃무서움(속어)],
беспокойство [bespokojstvo≃불안],
тревога [trevoga≃심한 불안],
боязливость [bojazlivost'≃겁에 질림],
малодушие [malodušie≃소심함],
робость [robost'≃소심함(겁먹음)],
трусость [trusost'≃비겁함],
мнительность [mnitel'nost'≃우려(질병에 관한)],
фобия [fobija≃두려움(병리적)],
мандраж [mandraž≃조마조마함(구어)], …

우리는 이러한 '공포'의 어휘 클러스터의 대표항으로서 страх [strax

≃공포]의 내용을 '공포'의 보편적 정의로 간주해도 무방할 것이다. 이와 관련해서, 우리는 다소 막연해 보이는 스피노자의 철학적 정의보다는 우리손 및 멜츄크와 졸코프스키의 보다 명확한 의미론적 정의들을 참조하는 것이 바람직해 보인다.[46] 그리고 이로부터 다음과 같은 보편적 정의를 제안할 수 있을 것이다.

> 31) '공포'란 어떤 존재가 그 자신이 통제하지 못하는 위험한 상황에 처했거나 처할 거라고 여길 때 깃드는 불쾌한 감정으로서, 이것이 강화되면 그는 자기통제를 잃게 된다.

이것을 내용적 바탕으로 공유하면서, 러시아어 체계 내에서 страх [strax≃공포]가 잠재적으로 다른 동의어들과 차별화되는 양상을 살펴보면, 우선 눈에 띄는 것은 страх [strax≃공포]가 боязнь [bojazn'≃두려움]보다는 강하지만 испуг [ispug≃경악]나 ужас [užas≃심한 공포]보다는 강하지 않은 '공포'의 감정을 지칭할 수 있다는 점이다. 이어서, '공포'의 강렬함에 대한 이 같은 구분은 그것이 깃드는 행위 주체의 자기통제성 여부에 반영된다. боязнь [bojazn'≃두려움]은 그것을 느끼는 사람의 자기통제가 가능한 감정을 가리킨다면, испуг [ispug≃경악]나 ужас [užas≃심한 공포]는 그것이 불가능한 감정을 가리키며, страх [strax≃공포]의 경우에는 자기통제가 가능할 수도 있고 불가능할 수도 있다. 이러한 의미적 차이들을 고려하면서, 우리는 страх [strax≃공포]의 의미구조를 다음과 같이 제시할 수 있다.

---

46 스피노자, 〈에티카〉, Ⅲ부, 감정의 정의 13; Е. В. Урысон, "Срах 1", Апресян и др(1999), pp. 406–412; Мельчук и Жолковский(1984), "Страх 1" 항목.

32) СТРАХ [STRAX]:
{(A) '공포'에 대한 보편적 정의로서 위의 31) + (a) 의미적 한정: '아주 약하지도 아주 강하지도 않은 감정' + '자기통제 가능/ 불가능'}
⇒ {(α) 'X'}
(X = 이러한 종류의 공포의 감정이거나 혹은 그것과 결합되어 나오는 특이한 의미나 의미 효과들)

러시아어에서 страх [strax≃공포]가 갖는 이러한 의미 구조는 그 스펙트럼이 상당히 넓은데, 이 점은 가령 독일어나 프랑스어의 경우와 비교해 봐도 확연히 알 수 있다. 그것의 의미적 스펙트럼 속에 현대 독일어에서는 두 개의 어휘, die Angst(추상적 원인의 공포)와 die Furcht(구체적 원인의 공포)가 대응되며, 프랑스어에서는 적어도 peur(두려움, 공포-가장 넓은 의미)의 일부, angoisse(추상적 원인의 공포), effroi(구체적 원인의 공포), terreur(인간에 의한 공포) 등과 같은 어휘들이 대응된다. страх [strax]의 이러한 넓은 의미적 스펙트럼은 한국어의 경우들과 비교해 봐도 쉽게 알 수 있는데, 가령 "가벼운 두려움/*공포", "아버지 앞에서의 두려움/*공포", "아들에 대한 우려/*공포" 등과 같은 경우들은 러시아어에서 모두 лёгкий страх [lëgkij strax], страх перед отцом [strax pered otcom], страх за сына [strax za syna] 등으로, 즉 모두 страх [strax]로 지칭될 수 있는 것이다.

그렇다면 이러한 의미 구조를 갖는 страх [strax≃공포]는 어떤 토포스 구조를 함축하고 있을까? 먼저, '공포 ⇒ 기분 나쁜 차가움'이라는 특징은 러시아 언어-문화 공간뿐만 아니라 한국어, 독일어, 영어, 프랑스어 문화 공간들에서도 찾아볼 수 있다. 이 점은 가령 다음과 같은 예들로부터 쉽사리 추측된다 - холодеть от страха [xolodet' ot straxa], оледенеть от страха [oledenet' ot straxa], "공포로 차가워지다", "공포로 얼어붙다", werden kalt vor Angst, einfrieren vor Angst, se froidir avec la peur, se geler avec la peur, become cold with fear, freeze up with fear. 따라서 страх [strax≃공포]의 토포스를 구성하는 '공포 ⇒ 기분 나쁜 차가움'이라는 특징은 러시아적인 특징이라기보다는 다소 일반적인, 즉 상이한 여러 언어-문화권에서 공통적으로 발견되는 특징으로 간주되어야 할 것이다.

토포스 страх [strax≃공포]와 관련해서 다음으로 생각해 볼 수 있는 것은 '공포-뱀'이라는 은유적, 혹은 연상적 관계이다. 이것의 기원은 그리스 신화에 나오는 머리카락이 독사들로 되어 있는 처녀, 고르곤(Gorgon)에서 유래한 슬라브 신화의 고르고니야(Горгония)이다. 슬라브 신화에 따르면, 모든 생물의 언어들을 다 아는 치명적인 얼굴을 가진 처녀인 고르고니야는 모든 사람들에게 공포의 대상인데, 한 마법사에게 속아서 머리를 잘리게 된다. 그리고 그녀의 머리는 그것을 취한 마법사에게서 무적의 무기가 된다.[47] 우스펜스키에 따르면, 오늘날 러시아 언어-문화 공간에서 '공포'는 이러한 신화적 유래를 바탕으로 해서, 치명적인 독을 가진 뱀이나 문어 같은 거대한 절족 동물의 형상들과 연상적 관계를 맺고 있는 감정으로 생각될 수 있다.[48] 강한 공포가 인간의 정신과 육체를 마비시키는 것을 생각해 볼 때, 이러한 연상관계는 확실히 그 신화적 배경에 일정한 근거가 있다. 고르곤의 얼굴을 보고 돌이 되는 것과 공포에 의해 마비되는 것 사이에는 유사성에 기초한 대응관계가 있는 것이다.

이어서 셋째로, 종교적 관점에서 생각해 볼 수 있는 것은 당연히 신에 대한, 그리고 죄에 대한, 심판에 대한, 지옥에 떨어지는 것에 대한 공포이

47 Голованивская(2009; 326–327) 참조.
48 Успенский(1979; 146–147).

다. 실제로 이러한 종교적 공포야말로 중세 유럽 사회나 근대 이전의 러시아(더 정확히 말하자면, 고대 러시아 중에서 정교화 된 시기 및 비교적 짧고 과도기적인 중세 러시아) 사회 안에서 인간들의 행동양식을 지배하는 가장 중요한 요인이었다. 이러한 종교적 공포는 크게 두 가지로 나누어서 생각해 볼 수 있는데, 우선 최상의 관념으로서 신 앞에서의 두려움, 즉 경외가 있다(예를 들면, 고대 러시아어에서 Страхъ Божий = страхъ господьнь [Straxŭ Božij = straxŭ gospŭdnĭ, 신의 경외 = 주의 경외]). 그리고 이러한 최상의 관념과 연결되어 있는 그러면서도 보다 직접적으로 자신의 영혼의 구원과 연결되어 있는 관념은 죽음의 공포보다 더 두려운 사후의 심판에 대한 공포인데, 이것은 곧 죄에 대한 신 앞에서의 두려움이기에 결국은 신의 경외와도 통하는 하위 관념이다. 이로부터, 결국 깨끗한 양심을 강조하는 다음과 같은 토포스적 관념이 성립한다.

33) '양심이 깨끗할수록, 공포로부터 더욱더 자유롭다.' [49]

이처럼 가톨릭이나 동방정교의 전통에서 영혼의 구원은 궁극적으로 신 앞에서의 공포 혹은 경외와 맞닿아 있는 영혼의 순수함에 신비주의적 명상의 길과 같은 것을 통해서 도달하는 데 있다면, 이와 대조적으로 19세기 서유럽의 프로테스탄티즘은 사회에 합당한 노동과 금욕의 윤리야말로 자신의 죄를 벗어나는 구원의 길이라는 새롭고 공리주의적인 종

49 이와 관련해서, 가령 *Пчела* (μέλισσα [Melissa, 꿀벌])에 실린 격언 중에서 다음과 같은 것을 생각해 볼 수 있다 – "공포로부터 자유로운 것이 무엇인가 하니, 그것은 바로 깨끗한 양심이다." 성서 및 고대 그리스와 로마 시대의 철학자들과 작가들로 따온 격언들과 짤막한 일화들의 모음집인 이 〈꿀벌〉은 원래 비잔틴에서 10~11세기경에 만들어진 그리스어로 된 텍스트인데, 고대 러시아에는 12~13세기 무렵에 들어왔다.

교적 관념을 정착시킨다. 그러나 20세기에 들어와서 두 개의 세계대전을 거치면서 세속화된 사회로 이행된 유럽에서 그리고 이에 더해서 강렬하고 거대한 사회주의 혁명과 반종교주의적인 소비에트 시기를 경험한 러시아에서, 신에 대한 두려움이나 경외의 관념과 같은 종교적 공포는 더 이상 지배적인 토포스의 위상을 유지하지 못한다고 보는 것이 더 타당할 것이다.

넷째로 우리는 이러한 종교적 공포를 철학적으로 대체한 것으로서 실존적 공포를 생각해 볼 수 있다. 19세기 중반 무렵 키에르케고르(S. A. Kierkegaard)는 죽는 존재로서 유한한 인간이 겪을 수밖에 없는 실존의 공허함에 대한 공포, 신에 대한 믿음을 스스로 결단하는 존재로서 자신이 가진 이 절대적 자유 앞에서의 공포 등을 자신의 모국어인 덴마크어로 "angest(막연한 공포, 불안)"라고 구분 짓는데,[50] 그가 설정한 이 개념은 독일어로는 Angst, 그리고 프랑스어로는 angoisse로 옮겨지면서 하이데거(M. Heidegger)나 사르트르(J.-P. Sartre)의 실존주의 철학들에 영향을 미치게 된다. 서유럽에서는 제2차 세계대전을 전후로 해서 실존주의 철학이 대중화됨에 따라서 이 실존적 공포라는 생각도 여러 가지 개념적 형태들로 폭넓게 수용되지만, 러시아 언어-문화 공간에서 그러한 생각은 애당초 생소한 것이었다. 더구나 이미 앞에서 지적한 것처럼 러시아어 단어 страх [strax ≃ 공포]는 의미적 스펙트럼이 상대적으로 넓기에 '추상적인 원인에 의한 막연한 공포'를 의미하는 angest, Angst, angoisse와 적절한 대응관계를 설정하는 것도 마땅치 않게 느껴진다. 때문에, 이러한 단어들로 지칭되는 실존적 공포를 가리키기 위해 베르댜예프(N. A. Berdyaev)는

---

50 덴마크어로 1844년에 출판된 그의 소책자 *Begrebet Angest*(공포의 개념)는 다음과 같은 한국어 번역본들이 있다 – 〈불안의 개념〉, 임규정 옮김, 한길사; 〈불안의 개념〉, 강성위 옮김, 동서문화사; 〈공포와 전율〉, 임춘갑 옮김, 치우.

страх-ужас [strax-užas, 심한 두려움으로서 공포]라는 복합어를, 스테파노프는 страх-тоска [strax-toska, 억누르는 비애로서 공포]라는 복합어나 혹은 그냥 тоска [toska, 억누르는 비애]를 제안한다.[51] 이처럼 실존적 공포를 적절히 명명할 어휘적 수단이 마땅치 않은 러시아 언어-문화 공간에서는 인간의 존재론적 고뇌로서 실존적 공포 일반에 대한 철학적 성찰보다는 단지 실존적 공포의 한 종류로서 죽음에 대한 공포 및 그것의 극복에 관한 문제와 직면하는 몇몇 소설 속 주인공들의 경우만이 눈에 띈다. 가령, 톨스토이의 〈이반 일리이치의 죽음〉에서 원인도 모르는 병으로 죽어가면서 죽음의 공포에 괴로워하고 이제까지 당연시했던 자기 삶의 헛됨과 무의미를 깨닫는 주인공의 모습이나, 도스토예프스키의 〈악령〉 속에서 죽음의 공포가 인간으로 하여금 신을 만들었으며 그것을 극복하는 자는 스스로 신이, 신적인 새로운 인간이 될 것이기에 스스로 자살을 통해서 죽음의 공포를 극복하려는 니힐리스트 키릴로프의 모습 등이 그러한 경우들이다. 한편, 10월혁명 이후의 러시아 현실 속에서 반항하며 불행했던 시인 오시프 만델슈탐(О. Мандельштам)이 느낀 “시를 쓸 때 수반되는 공포”, “존재 자체 앞에서의 내밀한 공포”야말로 실존적 공포의 진정한 경우일지도 모른다.[52] 그렇지만 이러한 근원적인 공포의 느낌은 당시의 사회적 현실에서 희귀하고 고귀한 것이었을 뿐, 제대로 수용될 수도 널리 알려질 수도 없는 것이었다. 시인 스스로도 자신의 “그러한 공포는 강압, 비하 그리고 무서운 폭력 앞에서 본능적인 공포가 생겨날 때 사라진다”고 이야기하고 있듯이 말이다.

---

51 Н. А. Бердяев, *Экзистенциальная диалектика божественного и человеческого*, Paris, YMCA Press, 1952; Степанов(1997), “Страх, Тоска” 항목 참조.

52 Степанов(1997), “Страх, Тоска” 항목 참조. 인용은 시인의 미망인 나데쥬다 만델슈탐의 다음과 같은 회상기로부터 따온 것임 – Н. Я. Мандельштам, *Воспоминания*, New York, Chekhov, 1970, p. 90.

따라서 우리는 다섯 번째로 страх [strax≃공포]의 토포스를 러시아의 역사적, 사회적 현실의 차원에서 생각해 볼 필요가 있다. 이러한 관점에서 우선 눈에 띄는 것은 죽기 몇 주 전인 1877년 말에 썼다는 니콜라이 네크라소프(Н. Некрасов)의 다음과 같은 시다.

34) Скоро - приметы мои хороши! -
Скоро покину обитель печали
Вечные спутники русской души -
Ненависть, страх - замолчали...

곧 - 나는 조짐들이 좋아! -
곧 나는 슬픔의 거주지를 떠날 것이다.
러시아 혼의 영원한 동반자들이 -
증오, 공포 - 조용해졌으니.

이 시를 인용하면서, 스테파노프는 러시아에서 영원한 동반자인 이 공포와 증오의 관계가 농민과 지주의 대립 혹은 땅이 없는 자와 땅을 가진 자의 대립 속에 있다고 보며, 혁명기에는 그 관계가 역전된 모습으로 백일하에 드러났다고 주장한다.[53] 우리는 이러한 그의 시각을 더 확대해서 생각해 볼 수 있다. 혁명 이전의 러시아 사회에서 공포와 증오는 다양한 적대적 관계들 속에 만연해 있었다. 즉, 그러한 감정적 관계는 차르와 대귀족(боярин)들 사이에도, 귀족과 평민, 영주와 농노, 지주와 농민 사이에서도, 노동자와 공장주, 노동자 대 경찰, 혁명가 대 비밀경찰 사이에서도, 그리고 러시아인과 카자크인, 러시아인과 유대인처럼 러시아인과 비

53 Степанов(1997), "Страх, Тоска" 항목.

러시아인 사이에서도 특징적인 것이다. 에이젠슈테인(S. Eisenshtein)의 미완의 영화 〈Иван Грозный(이반 뇌제)〉를 보면, 어린 차르 이반과 대귀족들의 관계 속에서, 그리고 권력을 장악한 이반과 그의 친위대(опричиники) 대 대귀족들의 관계 속에서 이 공포와 증오의 감정이 예술적 상상력을 통해서 생생히 재현되는 것을 느낄 수 있다. 통상 이러한 공포와 증오의 관계는 평상시에 수면 밑에 잠복되어 있다가 특정한 사건을 계기로 파열되기 마련인데, 사회적 소요나 반란, 전복의 경우에는 관계의 역전이, 즉 외면적으로 볼 때 공포와 증오를 야기하는 자와 공포와 증오를 느끼는 자 사이의 관계가 역전되는 양상이 나타난다. 그렇지만 유대인들에 대한 집단적 박해와 유린을 자행하는 소요사태인 포그롬(pogrom)은 그 같은 관계의 역전이 없는 경우이다. 그런데 우리가 보다 심층적으로 주목해야 할 것은 공포와 증오를 야기하는 자와 공포와 증오를 느끼는 자 사이의 관계가 단순히 일방적인 관계가 아니라는 점이다. 공포와 증오를 주는 자의 경우 이미 그 자신 속에 공포와 증오가 내면화되어 있기에, 그는 상대방에게 무섭고 그리고 가증스러운 태도를 취하는 것이다. 관계의 역전에 대한 공포와 증오를 잠재적으로 간직한 채 말이다. 그렇다면 실제로 그러한 사건이 일어났을 때 공포와 증오의 관계는 과연 어떻게 될까? 러시아혁명과 그 이후의 시기는 이에 대해서 구체적으로 예시해주고 있다. 혁명과 내전 시기에는 당연히 공포와 증오의 관계는 심화되고 격화되었다. 1918년 초 모스크바 시내에서 한 노인이 노동자에게 당신들은 무고한 사람 5명마다 한 명씩 사살했다고 하자, 노동자가 당신들이야말로 300년 동안 사살하지 않았냐고 반문하는 광경에 관한 이반 부닌(И. А. Бунин)의 목격담은 그것을 단적으로 보여준다.[54] 이후 공고해진 소비에

54 상동. 다음에서 인용된 것임 – И. А. Бунин, *Окаянные дни*, London, Zarya, 1973, pp. 13–14.

트 체제와 새로운 국가 권력 하에서도 공포와 증오의 관계는 비록 완화되기는 했지만 사회 전반에 광범위하게 퍼져 있었다고 보는 것이 타당할 것이다. 앞에서 언급한 만델슈탐의 경우에서 보듯, 소비에트 시대에 당과 국가는 그 초창기부터 권력기관과 경찰, 군대 등을 동원해서 사상이나 생각, 태도가 의심스럽다고 판단되는 수많은 국민들뿐만 아니라 심지어 당원들까지도 강압적으로 탄압했던 것이다.[55)] 뿐만 아니라 소련의 붕괴 이후의 보다 자유로운 자본주의 사회에서도 권위와 폭력에 대한 공포에 기반하는 사회적, 정치적 관계들의 설정은 여전히 지속되고 있다.[56)]

이처럼 러시아 사회에서 страх [strax≃공포]는 역사적으로 오래된 뿌리를 가지고 있으며, 실제로 극복하기도 어떻게 떨쳐버리기도 힘든 만연된 감정이다. 그런데 이러한 역사적, 사회적 상황에서 역설적이게도 страх [strax≃공포]의 토포스는 개인적 행동의 차원에서 그것을 부정하는 가치관과 결합한다. 요컨대,

> 35) 우둔할수록, 혹은 무심하거나 무모할수록, 자신과 주위를 억누르는 공포를 타파하는 것에는 더욱더 용감한 법이다.'

바로 이 같은 토포스를 통해서 러시아인들은 공포와 증오의 상황에서 스스로 벗어나는 길을 찾곤 했던 것이다. 리하쵸프는 러시아 언어-문화

---

55 솔제니친에 따르면, 1953년까지 굴락(ГУЛАГ, GULAG; 국가교정노동수용소)을 거친 숫자는 대략 5000만 명으로 추산된다 – A. Solzhenitsyn, *The Gulag Archipelago*(수용소 군도), Book 2, Harper and Row, 1975.

56 한편으로는 사적인 폭력 조직인 마피아 같은 것들이 있으며, 다른 한편으로는 다양한 형태의 국가 권력들의 오남용과 폭력적 행사가 있다.

공간에서 이러한 용기 있는 우둔함의 원형을 민담의 주인공 “바보 이반(Иванушка-дурачок, Ivanuška-duračok; Иван-дурак, Ivan-durak의 지소형으로 ‘친근함’을 나타냄)”이나 정교 신자들이 성인처럼 여기는 “유로디비(Юродивый; 백치 고행자)”에서 본다.[57] 민담에서 바보 이반은 이름 그대로 자신의 우둔함 덕분에 초자연적인 악한 존재들 앞에서 공포를 느끼지 않으며, 자신의 우둔함을 통해서 그것들을 무찌른다. 이와 유사하게, 사시사철 헐벗고 있거나 맨발이거나 쇠사슬을 두르는 등 기이한 차림새에 백치 같은 언행을 하며 편력하는 고행자 유로디비는 세속적 질서와 법을 넘어선 존재로서, 사람들 앞에서 차르나 귀족들의 어리석음에 대해서 거리낌 없이 말할 수 있다. 이러한 유로디비를 예술적으로 형상화한 모습을 우리는 무소르그스키(M. Мусоргский)의 오페라 〈보리스 고두노프〉의 제4막에서 볼 수 있다. 또한 톨스토이의 〈전쟁과 평화〉에서 피에르 베주호프가 나폴레옹을 암살하겠다고 결심하고 무작정 행동에 나서는 것도 바로 그러한 우둔함과 무모함의 경우라고 할 수 있을 것이다. 사실 이처럼 우둔함이나 무심함 혹은 무모함으로부터 나오는 “겁없음(бесстрашие, besstrašie; бес ‘없음’ + страшие ‘무서움’ 형태로 구성된 단어)”이야말로 러시아인들로 하여금 사회적으로 차별적인 관계들 속에 만연한 공포와 증오에도 불구하고 나폴레옹과 그의 군대를 상대로 한 조국전쟁이나 히틀러와 독일군을 상대로 한 제2차 세계대전에서 죽음을 두려워하지 않고 싸우도록 이끌었는지도 모른다.[58]

---

57 Лихачёв(1981).

58 가령, 스탈린그라드 공방전에서 독일군측은 약 85만 명의 사상자를 낸 반면 소련군은 약 112만 명의 사상자를 냈다. 물론 이 같은 소련군의 피해자들 속에는 전투에서 희생된 경우들이 대다수이지만 악명 높은 내무인민위원회(НКВД, NKVD) 산하 부대가 전투 독려를 위해 처형한 경우들도 꽤 나 있다. 보다 자세한 숫자는 다음의 책을 참고할 것 – A. Beevor, *Stalingrad*, New York, Viking, 1998.

여기서 우리가 앞 장의 마지막에서 제기한 문제, 즉 '분노-공포'라는 감정 쌍이 나타나는 비극적인 상황에서 '공포'가 상황을 파국적으로 몰아가지 않으려면 어떻게 해야 하는가의 문제를 살펴보도록 하자. 요점만 말하면, 이 문제의 답은 '분노-공포'가 '공포-증오'로 이어지지 않도록 하는 데 있다.[59] 개인이든 집단이든 여러 가지 형태의 주체들 속에서 '분노'와 '공포' 그리고 '증오'가 서로 연쇄체를 이루며 하나로 뭉쳐서는 안 되는 것이다. 분노하지만 자신 스스로가 증오로 가득 찬 공포가 되는 것을 피할 것, 이것이 바로 우리들이 '분노'와 '공포'의 토포스를 분석, 기술하며 얻을 수 있는 윤리적 지침일 것이다.

5.5. '사랑'의 토포스

인간에게서 '사랑'이란 실로 중요하기에 고대부터 지금까지 많은 철학자들이 그것의 본질에 대해서 논의해왔으며, 또한 수많은 예술가들이 끊임없이 그것을 중요한 주제로 다루어왔다. 이 세계는 물체들과 언어들만이 있지만 초월적인 진리들도 있다는 입장의 독특한 유물론을 주장하는 철학자 알랭 바디우(A. Badiou)는 심지어 사랑을 정치, 학문, 예술과 마찬가지로 그러한 진리를 추구하는 고유한 과정으로 규정한다.[60] 반면 "실존은 본질에 선행한다"라는 명제를 제기하면서 인간에 대한 어떤 선험적이거나 초월적인 본질적 규정도 거부하지만 단 하나 자유만은 인간 존재의 본질에 선행하는 초월적인 것으로 규정하는[61] 사르트르는 사랑이란 이루어지는 순간 더 이상 사랑이 아니라는 지극히 회의적인 생각

---

59 스피노자의 다음 말을 생각해 볼 것 – "증오는 결코 좋을 수가 없다." 〈에티카〉, IV부 정리 45.

60 그의 다음 저서 I부를 참조할 것 – A. Badiou, *Logiques des mondes*. Paris, Seuil, 2006.

61 다음을 참조할 것 – J.–P. Sartre, *L'être et le néant*, Paris, Gallimard, 1943, pp. 59–60.

을 내세운다.[62] 요컨대, 사랑이란 자유로운 존재가 스스로 다른 존재에게 자신을 맡기는 것인데, 사랑이 이루어지는 순간 우리는 더 이상 자유로운 존재가 아니기 때문에 따라서 더 이상 사랑도 성립하지 않는다는 것이다.

보편적인 감정으로서 '사랑'에 대한 이처럼 흥미로운 그러나 다소 극단적인 견해들도 있지만, 그보다 우리는 여기서 우선 스피노자의 정의를 참조하는 것으로부터 우리의 논의를 시작해 보자. "사랑은 어떤 외적 원인의 생각이 동반되는 기쁨이다"라는 것이 그것인데,[63] 이에 대한 설명에서 스피노자는 사랑하는 사람이 사랑하는 대상과 함께하고자 하는 바램 등과 같은 것은 사랑의 속성이지만 그것의 본질에 속하는 것은 아니라는 점을 강조한다.

이러한 스피노자적인 시각에서 보자면, 다음과 같은 언어학자들의 의미론적 정의는 사랑의 본질적인 속성들과 비본질적인 속성들을 다소 혼합해 놓은 것으로 보일 것이다.

36) Любовь X-а к Y-у
[Ljubov' X-a k Y-u; Y에 대한 X의 사랑]
= 'Y에 대한 관계에서 X가 느끼는 감정으로서, 그것은 X에게 즐거운 감정이며 그리고 Y와 접촉하고 있으려는 욕망이나 Y에게 좋은 것이 행해지길 바라는 욕망을 X에게서 일으킨다.'[64]

37) love (X loves ⟨person⟩ Y)
a) X knows Y

62 상동, 3부에서 사랑에 관한 장.
63 ⟨에티카⟩, Ⅲ부, 감정의 정의 6.
64 Ю. Д. Апресян, *Лексическая семаника: Синонимические средства языка*, Москва, Школа "Языки русской культуры", 1995, p. 107.

b) X feels something good toward Y
c) X wants to be with Y
d) X wants to do good things for Y[65)]

유리 아프레샨이 러시아어의 любовь [ljubov'≃사랑]에 대해서 제시한 의미론적 정의 36)이나 안나 베쥬비츠카가 영어의 love에 대해서 한 정의 37)이나 대동소이한데, 사실 이 두 정의에서 "X의 욕망에 관한 후반부의 두 가지 규정"은 '사랑'의 본질에 관한 것들이라기보다는 충족이 되면 사랑하는 사람 자신에게 보다 큰 만족을 가져다주는 사항들에 관한 기술일 뿐이다. 따라서 '사랑'에 대한 보편적 정의의 단계에서 이러한 규정들은 고려될 필요가 없다. 때문에 여기서 우리는 앞에서 인용한 스피노자의 정의를 약간 수정해서 '사랑'을 다음과 같이 정의한다.

38) '사랑'이란 어떤 존재가 자신이 알고 있는 그러나 자신에게 반드시 필연적이지는 않은 어떤 다른 존재를 그것에 관한 자신의 어떤 바램과 더불어 생각하는 것이 곧 기쁨인 감정이다.

이 정의에 따르면, '사랑' 자체는 본원적으로 긍정적인 기쁨의 감정이라고 할 수 있다. 단지 사랑하는 대상에 관한 "자신의 어떤 바램"이 실현 가능한 것이 되느냐 아니냐에 따라서, 사랑이 시작된 이후에는 그 기쁨이 가령 "사랑의 기쁨(Liebesfruede)"이나 "사랑의 고뇌(Liebesleid)"로 이어질 수 있다.

---

65 Wierzbicka(1992; 145).

그렇다면 정의 38)로부터 러시아어의 любовь [ljubov'≃사랑]의 의미 구조는 어떻게 설정될 수 있을까? 아프레샨에 의한 정의 36) 이후, 그 자신을 포함해서 몇몇 학자들은 동사 любить [ljubit'≃사랑하다]의 다의성에 대해서 보다 섬세하게 접근해서, 다음과 같은 세 가지 경우로 구분한다.

39-a) любить 1.1 [ljubit' 1.1] =
'X는 Y에게 사랑의 감정을 느낀다'.
예) любить жену/ циркачку [ljubit' ženu/ cirkačku; 부인을/ 여자 곡예사를 사랑하다]

b) любить 1.2. [ljubit' 1.2] =
'X는 Y에게 사랑의 감정을 느낀다'.
예) любить родину/ своих детей [ljubit' rodinu/ svoix detej; 조국을/ 자기 아이들을 사랑하다]

c) любить 2 [ljubit' 2] =
'X는 P를 원하는 특성이 있는데, P와 접촉하고 있거나 P를 행할 때마다, 커다란 즐거움을 느끼기 때문이다.'[66]
예) любить гулять/ кошки/ музыку [ljubit' guljat'/ koški/ muzyku; 산책하는 것을/ 고양이들을/ 음악을 사랑하다]

위와 같은 동사의 구분과 대응해서 당연히 그로부터 나온 명사도 любовь 1.1 [ljubov' 1.1], любовь 1.2 [ljubov' 1.2], любовь 2 [ljubov' 2]로 나눠진다. 그런데 39-c)가 보여주듯이, любовь 2는 감정이 아니라

66 다음을 참조할 것 – Ю. Д. Апресян, "Любить 2", Апресян Ю. Д. и др(2000; 180–185); А. А. Зализняк, "Любовь и сочувствие: к проблему универсальности чувств и переводимости их имён," Зализняк и др.(2005), pp. 205–225.

성향이나 특성을 나타내기 때문에 러시아어에서 감정으로서 사랑을 지칭하는 경우는 любовь 1.1 [ljubov' 1.1]과 любовь 1.2 [ljubov' 1.2]의 경우이다. 따라서 여기서 우리가 보편적 감정 '사랑'에 관한 러시아어의 명칭으로서 любовь [ljubov'≃사랑]를 이야기할 때는 이 두 경우를 다 포함한다. 문제는 어휘소 기술의 차원에서 любовь 1.1 [ljubov' 1.1]과 любовь 1.2 [ljubov' 1.2], 이 두 경우를 다른 것으로 구분할 필요가 있느냐는 것이다. 유리 아프레샨의 기술은 그러한 구분의 필요성을 인정하고 있다면, 안나 잘리즈냐크의 논문은 사랑의 대상의 다양함에 따라서 물론 사랑의 양태도 다양하지만 그러나 어휘적 차원에서 그러한 구분은 필요 없다고 본다.[67] 여기서는 우선 후자와 동일한 입장에 서서 러시아어 어휘 любовь [ljubov'≃사랑]의 의미 구조를 다음과 같이 제안한다.

40) ЛЮБОВЬ [LJUBOV']:
{(A) '사랑'에 대한 보편적 정의로서 위의 38) + (a) 의미적 한정: '몸이 훈훈할 때 느끼는 것과 유사한 것을 마음 혹은 영혼도 느낌'[68]}
⇒ {(α) 'X'}
(X = 이러한 종류의 사랑의 감정이거나 혹은 그것과 결합되어 나오는 특이한 의미나 의미 효과들)

위의 의미 구조에서 구체적인 발화 문맥 속에서 любовь [ljubov'≃

---

67 상동, p. 213.

68 이 의미적 한정은 다음 논문에 의한 것이다 – В. Ю. Апресян, Ю. Д. Апресян, "Метафора в семантическом представлении эмоций", *Вопросы языкознания*, N° 3, 1993, pp. 27–35. 여기서 "마음 혹은 영혼"이란 러시아어 душа [duša]를 옮겨놓은 것인데, 이 어휘의 보다 정확한 의미에 관해서는 이 책의 앞부분 4.2절 '감정의 내적 장소'를 참조할 것.

사랑]의 실제적 의미를 나타내는 부분인 {(α) ‘X’}가 결정되는 데 가장 큰 영향을 미치는 변수들은 대체로 다음과 같은 것들일 것이다. 첫째, 사랑의 대상이 누구/무엇인가? 둘째, 사랑의 대상에 관해서 사랑하는 사람이 갖고 있는 욕망이 어떠한 것인가? 셋째, 그 욕망은 실현 가능한 것인가 아닌가? 넷째, 사랑의 세기는 어떠한가? 인간사에서 가장 중요한 것 중의 하나가 사랑인 이상 그리고 따라서 수많은 예술 작품들에서 끊임없이 다뤄지는 주제가 바로 사랑이기에, 통상 이 같은 변수들에 따라서 대단히 많은 유형의 ‘사랑’의 토포스들을 생각해 볼 수 있다. 가령, ‘어머니의 사랑’, ‘연인의 사랑’, ‘조국의 사랑’, ‘부부의 사랑’, ‘이루어질 수 없는 사랑’, ‘불같이 강한 사랑’, ‘군주의 사랑’과 같이. 실제로, 이미 4.1절 ‘러시아어 감정 어휘와 토포스’에서 언급했던 것처럼, 이 ‘사랑’의 어휘 클러스터는 대표항인 любовь [ljubov’≃사랑]의 토포스뿐만 아니라 동의어인 страсть [strast’≃열정], мания [manja≃편집(偏執)], благоволение [blagovolenie≃총애] 등의 토포스들도 내포하고 있는 것이다.

따라서 이 지점에서 우리는 위의 40)과 같은 의미 구조의 любовь [ljubov’≃사랑]가 함축하는 토포스들 중에서 일정한 범위를 한정해서 다룰 필요가 있다. 물론 이러한 범위의 한정은 관점에 따라서 여러 가지 가능한 방식으로 정해질 수 있지만, 여기서 우리는 러시아 언어-문화 공간의 구성원들이 любовь [ljubov’≃사랑]와 관련해서 가장 통념적으로 떠올리는 관념 구조로서의 토포스, 요컨대 ‘남녀 간의 이상적인 사랑’의 토포스로만 논의의 범위를 한정하겠다. 그렇다면, 이 토포스는 어떠한 관념 구조의 모습을 하고 있을까?

먼저 역사적 관점에서 보자면, 표트르 1세 때부터 시작된 위로부터의 유럽화 이전의 러시아 문화에는 중세 및 르네상스 시대의 유럽에서 보는 것 같은 사랑의 이상화나 특히 사랑하는 여성의 이상화 같은 풍습과 관행이 없었다. 중세 유럽의 기사도, 트루바두르(troubadour), 트루베르(trouvère), 민네쟁어(Minnesänger) 등과 같은 명칭으로 불리던 음유시인들의 존재, 가령 단테의 〈Vita nova(새로운 삶)〉(1292) 같은 작품 등과 비견할 것이 고대 및 중세 러시아 문화에는 없는 것이다. 그 당시의 러시아 사회 혹은 마을에서 이상적인 여성이란 봄과 여름 사이의 사자 추모 주간(русалии, rusalii; 부활절 다음 7번째 주로, 흔히 "녹색 성탄 주간(Зелёные Святки, Zelënye Svjaztki)"이라고도 한다)에 함께 모여서 원무를 추는 순결무구한 처녀들 중의 하나이자 곧 수확과 함께 결혼해서 가정을 꾸밀 장래의 부인이자 아이들의 어머니였다.[69] 이상적인 여성에 대한 고대 러시아 세계의 이러한 소박한 관념은 20세기 초까지도 여전히 유효하게 유지되고 있었으며, 우리는 그것의 진지한 이론화의 시도를 바실리 로자노프(В. В. Розанов)의 경우에서 볼 수 있다.[70] 그는 결혼 생활에서 출산을 목적으로 않는 성행위를 인정하지 않는 정교 및 다른 기독교의 금욕적인 결혼관이나 여성성과 사랑의 의미를 고도로 이상화하고 있는 블라디미르 솔로비요프(В. С. Соловьёв)의 극단적인 형이상학적 태도를[71] 비판하면서, 남녀 간의 진실한, 그리고 육체적으로 건강한 사랑이 — 즉, 영혼들의 결합으로서의 성교가 — 결혼으로, 가족으로, 그리고 종의 번성으로 이어지는 것에 적극적인 당위적 의미를 부여한다.

물론 고대 러시아 세계에서 통용되던 이상적인 여성에 대한 위와 같은 소박한 관념은 표트르 1세 치하에서부터 유럽화가 되기 시작한 사회

---

69 Степанов(1997), "Любовь" 항목 참조.

70 다음을 참조할 것 – 김민아, "В. В. 로자노프의 성(性) 개념", 〈러시아연구〉 23권 2호, 2013, pp. 1–28.

71 다음을 참조할 것 – В. С. Соловьёв, *Смысл любви*(사랑의 의미; 1894); 박종소, "블라지미르 솔로비요프의 소피아론", 〈러시아연구〉 6권, 1996, pp. 19–40.

의 상층부나 근대화가 급속도로 확산되던 19세기 중반 이후 도시의 삶에서는 있는 그대로 받아들여지지는 않았다. 그러한 관념이 일종의 기본적인 테마 같은 것이라면, 러시아 사회의 유럽화된 부분이나 근대화된 부분에서는 그것의 변주와 같은 관념 형태들이 통용되었다고 볼 수 있을 것이다. 문학으로부터의 예를 든다면, 그러한 테마에 가장 가까운 변주라고 할 수 있는 여성상은 아마도 푸슈킨의 〈대위의 딸〉(1836)에 나오는 여주인공 마샤일 것이다. 그녀는 가난하지만 명예심과 충성심이 있는 국경 요새의 책임자인 대위 이반 미로노프의 딸답게, 사랑스럽고 소박하며 믿음이 깊은 만큼 결단력도 아주 강한 훌륭한 규수 감으로 그려지고 있다. 그렇지만 귀족 사회의 경우 유럽이든 러시아든 여성의 삶은 자신의 지참금과 더불어 어떤 배우자를 만나느냐에 달려 있었다는 사실을 생각한다면, 역시 푸슈킨의 〈예브게니 오네긴〉(1833)에 나오는 시골 영주의 딸 타티야나가 보다 현실에 가까운 인물이라고 할 수 있다. 바이런 풍의 댄디인 오네긴에게 사랑에 빠진 수줍고 몽상적인 그리고 내면에 열정도 간직한 순수한 마음의 그녀는 상대방의 어리석음으로 인해서 자신의 사랑을 이루지 못했으며, 결국 나이든 대공과의 결혼을 통해 지극히 현실적이고 현명한 여인으로 변모해버리는 것이다. 마음의 행복은 접어둔 채로 말이다. 만일 타티야나의 이러한 모습이 이상적인 여성에 대한 고대 러시아적인 관념이 어느 정도 유럽화된 상류층 속에서 변형된 형태의 변주를 나타낸다고 한다면, 우리는 이와 유사한 변주들을 톨스토이의 〈전쟁과 평화〉(1869)의 여주인공 나타샤나 〈안나 카레니나〉(1877)에 나오는 키티의 형상화에서도 발견할 수 있다.

그런데 바로 이 〈안나 카레니나〉의 안나나 혹은 도스토예스키의 〈백치〉(1869)에 나오는 나스타시야 같은 여주인공들과 마주치게 되면, 우리는 기존의 소박한 테마와 변주들과는 전혀 다른 경우를, 즉 여성의 아름

다음과 비극성이라는 주제를 접하게 된다. 남편 카레닌과의 안락하지만 사랑이 없는 무의미한 관계를 버리고 진정하다고 믿는 새로운 사랑을 택하고는 비극적인 파멸의 길로 접어드는 빼어난 미인 안나 카레니나, 그리고 어린 나이에 어쩔 수 없이 받아들여야만 했던 수치스러운 과거에 괴로워하면서 미슈킨의 동정어린 사랑과 로고쥔의 광기어린 열정적인 사랑 사이에서 갈등하고 방황하다 결국 파국적인 최후를 맞이하게 되는, 순수한 마음에다 치명적인 요부의 기질도 있는 고혹적인 미인 나스타시야 필립포브나, 결국 이런 문학적 형상화들이 우리에게 직접적으로 이야기해주는 것은 진정한 사랑을 불가항력적으로 끌어당기는 뛰어난 여성적 아름다움이란 그것이 어떠한 사정에서든 결혼과 가정의 행복으로 안착되지 못할 때는 비극적 파국으로 이끌릴 수밖에 없다는 것이지만, 다른 한편 간접적으로 암시해주는 것은 진정한 사랑이 혹은 그러한 사랑의 욕구가 반드시 결혼과 가정의 틀로 담아내어질 수는 없다는 것이다. 요컨대, 이런 비극적 형상화들은 아름다운 여인, 사랑, 결혼, 그리고 가정의 행복 사이의 소박한 통념적 연관관계를 깨버리고 있는 것이다. 대신에 그것들은 남성의 관점에서, 그리고 그로부터 일반화된 사회적 관점에서, 아름다움과 진정한 사랑 사이의 통념적 관계를 더욱 강화해서 부각시키고 있다.

결국 이상과 같은 문학적 예들의 고찰을 통해서 알 수 있는 것은 러시아 사회가 근대화되면서 '이상적인 사랑'의 토포스는 더 이상 고대나 중세처럼 결혼과 가정의 행복이라는 관념과 불가분의 관계를 맺지 않는다는 점이다. 그보다 그것은 오히려 사랑의 감정 자체의 진정성에 초점을 맞춘 관념적 특징들로 구성된다. 요컨대, 그것은 다음과 같은 특징들로 구성된 토포스라고 할 수 있을 것이다.

41) '이상적인 사랑'
⇒'아주 깊고 강한 감정'
⇒'살면서 어떤 단 한 사람의 이성에 대해서 느끼게 된 설명 할 수 없는 극적인 감정'
⇒'따라서 세상에서 다른 어떤 사람도 자신만큼 그이를 사랑하지 못할 것이라는 확신'
⇒'육체적 친밀감'
⇒'일상의 차원을 넘어선 고양된 감정'
⇒'행복감'[72)]

사실 이러한 토포스는 19세기 중반부터 러시아 언어-문화 공간에서 점점 더 커다란 영향을 미치게 되는데, 그것의 사회적 배경은 다음과 같다. 즉, 개인의 자유와 개성, 그리고 책임을 강조하는 근대의 이념을 서구로부터 받아들인 러시아 사회는 자본주의의 급속한 발전과 더불어, 크림전쟁(1853~1856), 농노해방, 차르 알렉산드르 2세의 암살과 같은 극단적인 테러들과 급진적인 혁명운동들, 러일전쟁, 1905년혁명, 제1차 세계대전, 1917년 2월혁명과 10월혁명, 내전, 사회주의 건설을 표방하는 새로운 통치체제의 정착, 스탈린주의와 공포 정치, 제2차 세계대전 등과 같이, 불과 100년도 채 안 되는 기간 동안 내외적으로 거대한 규모의 격동적인 변화들과 사건들을 겪으면서, 가부장적인 가족 단위에 근거한 이전의 사회질서는 급속히 와해되고, 신분이나 계급, 계층의 제약으로부터 보다 자유로워진 남녀들 간의 결합에 기초한 새로운 사회질서가 자리 잡게 된다(가령, 소비에트 시대에는 전문직 여성이 노동자 남성과 결합하는

---

72 다음을 참조함 – Апресян(2000; 180); Ю. Д. Апресян, *Исследования по семантике и лексикографии*, Т. 1, Москва, Языки славянской культуры, 2009, p. 248. 아프레샨은 문학 작품들로부터 따온 예들까지 곁들이고 있다.

것이 이상한 일이 아니었다). 이러한 사회적 분위기 속에서, 위의 41)과 같은 '이상적인 사랑'의 토포스는 자유로운 존재들로서 남녀 간의 만남과 결합에 도덕적, 윤리-미학적 의의나 가치를 부여해주는 훌륭한 의미화 기제라고 할 수 있다. 그 결합이 결혼에 의해 정당화되든 아니든 말이다. 이것을 단적으로 보여주는 훌륭한 예가 보리스 파스테르나크의 〈의사 쥐바고〉(1957)에 나오는 주인공과 라라의 사랑이다. 소설의 마지막 부분에서 라라는 쥐바고의 관 앞에서 흐느껴 울면서 그들의 사랑에 대해서 생각하는 다음과 같은 자유간접 화법의 — 작가의 시점과 그녀의 시점이 중첩되며 하나가 되는 — 말을 보라.

42) О какая это была любовь, вольная, небывалая, ни на что не похожая! Они думали, как другие напевают.

Они любили друг друга не из неизбежности, не “опалённые страстью”, как это ложно изображают. Они любили друг друга потому, что так хотели все кругом: земля под ними, небо над их головами, облака и деревья. Их любовь нравилась окружающим ещё, может быть, больше, чем им самим. Незнакомым на улице, выстраивающимся на прогулке далям, комнатам, в которых они селились и встречались.

Ах вот это, это вот ведь, и было главным, что их роднило и объединяло! Никогда, никогда, даже в минуты самого дарственного, беспамятного счастья не покидало их самое высокое и захватывающее: наслаждение общей лепкою мира, чувство отнесённости их самих ко всей картине, ощущение принадлежности к красоте всего зрелища, ко всей вселенной.

[Б. Пастернак, 〈Доктор Живаго〉][73)]

73 Milano, Feltrinelli, 1957, XV Окончание, 15

> 오, 그것은 어떠한 사랑이었던가, 자유롭고, 그 어떤 것과도 닮지 않은, 미증유의 사랑! 그들은 다른 이들이 나지막이 노래하듯이 생각하곤 했다.
>
> 그들이 서로 사랑한 것은 불가피해서도 아니었고, 흔히들 잘못 표현하고 있듯이 "정열에 그슬려서"도 아니었다. 그들이 서로 사랑한 것은 주위의 모든 것들이 그렇게 원했기 때문이다. 그들 밑의 땅이, 그들 머리 위의 하늘이, 구름들이, 나무들이 말이다. 그들의 사랑은 아마도 그들 자신들보다도 주변의 존재들에게 훨씬 더 마음에 들곤 했다. 거리의 알지 못하는 이들에게, 산보 나가던 완공 중인 먼 대로들에게, 함께 살았거나 만나곤 했던 방들에게 말이다.
>
> 아, 바로 그것, 그래, 그들을 같게 만들고 하나로 합쳐주던 바로 그것이 정말로 중요한 것이었다! 결코, 결코, 심지어 선사 받은 몰아지경의 행복의 순간에조차도 그들을 떠나지 않았던 것은 가장 고상하고 매혹적인 것으로서, 세계에 대한 공통된 석고 본뜨기의 즐거움, 그들 자신이 세계의 전체 그림 속에 관련되어 있다는 느낌, 훌륭한 광경 전체의 아름다움 속에, 온 우주 속에 속해 있다는 감각, 그런 것이었다.
>
> [보리스 파스테르나크, 〈의사 쥐바고〉]

좀 길게 인용한 이 대목을 살펴보면, 바로 앞 41) '이상적인 사랑'의 토포스에서 제시한 관념적 특징들이 거의 대부분 나타나고 있음을 알 수 있다. 단지 '세상에서 다른 어떤 사람도 자신만큼 그이를 사랑하지 못할 것이라는 확신'이 없는 대신에, 그들의 사랑은 (비록 각자 결혼한 몸임에도 불구하고 그리고 혼란스럽고 모순되고 억지스러운 내전의 상황에서도) 자유롭고, 이 세상의 존재의 비밀만큼이나 자연스럽고 조화로웠다는 점이 강조되고 있다. 이들의 사랑의 이러한 특이성은 이 소설의 맨 마지막 부분에 수록된 "유리 쥐바고의 단시(短詩)들" 중에서 17번째 시 "만남(Свидание)"에서도 잘 형상화되고 있는데, 특히 이들의 그러한 사랑의 처연함과 정당함이 절제된 운율로 단아하게 노래되고 있다.

43) Свидание

Засыпет снег дороги,
Завалит скаты крыш.
Пойду размять я ноги:
За дверью ты стоишь.

Одна в пальто осеннем,
Без шляпы, без калош,
Ты борешься с волненьем
И мокрый снег жуешь.

Деревья и ограды
Уходят вдаль, во мглу.
Одна средь снегопада
Стоишь ты на углу.

Течёт вода с косынки
За рукава в обшлаг,
И каплями росинки
Сверкают в волосах.

И прядью белокурой
Озарены: лицо,
Косынка и фигура
И это пальтецо.

Снег на ресницах влажен,
В твоих глазах тоска,
И весь твой облик слажен
Из одного куска.

Как будто бы железом,
Обмокнутым в сурьму,
Тебя вели нарезом
По сердцу моему.

И в нём навек засело
Смиренье этих черт,
И оттого нет дела,
Что свет жестокосерд.

И оттого двоится
Вся эта ночь в снегу,
И провести границы
Меж нас я не могу.

Но кто мы и откуда,
Когда от всех тех лет
Остались пересуды,
А нас на свете нет?

만남

눈은 길들을 덮고,
지붕 경사면들도 파묻을 텐데,
내가 성큼성큼 걸어서 오면,
문 앞에 네가 서 있네.

가을 외투를 걸치고 혼자서,
모자도 안 쓰고, 덧신도 안 신은 채,
너는 마음의 동요와 싸우면서
젖은 눈을 씹고 있네.

나무들과 울타리들은
멀리 어스름 속으로 사라져 간다.
눈 내리는 가운데 혼자서
네가 모퉁이에 서 있네.

스카프에서 접은 소매단 속으로
물이 흘러내리고,

이슬들이 방울방울
머리카락 속에서 반짝이네.

그리고 엷은 금발의 머리다발에
환히 빛나네, 얼굴이,
스카프와 용모가,
그리고 그 외투가.

속눈썹 위의 눈은 축축하고,
너의 눈동자에는 애수가 있네.
너의 온 모습은
한 조각 잘라낸 듯 단아하네.

마치 안티몬에 적신
철필로 그려 넣었듯이
너는 내 가슴에
새겨져 있네.

그리고 그 속에 숨겨져 있네,
그 용모의 부드러운 겸손함이.
그리고 바로 이 때문에
세상이 박정하다는 것은 일도 아니네.

그리고 바로 이 때문에
이 온 밤이 눈 속에서 흐릿해지니,
나는 우리 사이에
경계를 그을 수가 없네.

그러나 우리는 어디서 온 누구란 말이냐,
그 모든 세월로부터
남아 있는 것은 험담들이고,
우리는 세상에 없는데?

그러나 이처럼 아무리 '이상적인 사랑'의 토포스에 부합하는 사랑이라고 할지라도 현실에서든 소설에서든 통상 헤어짐의 문제를 생각하지 않을 수가 없다. 사실 사랑하는 이와 떨어지는 것은 모두가 바라지 않지만, 특히 러시아인들은 사랑하는 이가 어려운 상황에 처했을수록 더욱더 함께 있어야 한다는 관념이 아주 강하다. 가령, 1825년 데카브리스트 봉기(Восстание декабристов)에 참여했던 많은 장교들이 시베리아로 유배에 보내졌을 때 그들의 아내들도 대부분 남편을 따라가서 유배지에서 함께 고생하며 생활한 사실은 유명하다.[74] 그런데 아무리 그러한 관념이 강하다 할지라도 현실적으로 함께 있을 수 없는 상황이 발생했을 때는 결국 이별의 문제와 직면할 수밖에 없다. 또한 실제로 우리의 삶에서 — 그리고 마찬가지로 언어-문화 공간에서도 — 사랑과 가장 밀접한 연관관계에 있는 것 중의 하나가 이별이라는 점을 생각해 보면, '사랑'의 토포스에 관한 마무리 부분에서 이별의 문제를 살펴보는 것도 의미 없지는 않을 것이다.

러시아어에서 '이별'을 지칭하는 어휘로는 통상 прощание [proščanie ≃작별], расставание [rasstavanie≃이별], разлука [razluka≃헤어짐, 석별] 같은 것들이 있다. 이 중에서 마지막 것은 러시아 언어-문화 공간에 독특한 이별의 관념을 표현해주는 것으로 간주될 수도 있다.[75] 어휘 разлука [razluka≃헤어짐, 석별]에는 두 가지 의미가 있다. 하나는 단순히 '이별의 순간이나 과정'을 뜻하는 것인데, 이 의미로는 다른 두 동의어들과 별로 차별화되지 않는다. 다른 하나는 '사랑이 혹은 마음이 떠

74 이르쿠츠크의 데카브리스트 박물관에 가면 유배지에서 이들의 생활상을 볼 수 있는데, 흥미로운 것은 거기서도 데카브리스트 부인들은 가능한 한 자신들이 수도인 상트-페테르부르그에서 했던 프랑스 스타일의 생활을 유지하려 했다는 점이다.

75 이 부분의 서술은 주로 다음 논문을 참조하고 있다 – А. А. Зализняк и И. Б. Левонтина, "С любимыми не расставайтесь," Зализняк и др(2005), pp. 226–237.

나지 않은 이별'을 뜻하는데, 바로 이 의미가 러시아 언어-문화 공간에 독특한 이별의 관념을 함축한다. 이러한 의미의 이별이기에, 가령 скучать по кому в разлуке [skučat' po komu v razluke, 헤어짐에 누구를 (하염없이) 그리워하다] 같은 표현이 가능해진다. 다시 말해서, разлука [razluka≃헤어짐, 석별]는 '함께 있어야 하는 것이 당연한데도 떨어져 있어야 하는 아주 고통스러운 상황'을 가리킨다. 다음의 시구들은 그것을 잘 표현하고 있다.

44) Текла в изгнаньи жизнь моя
Влачил я с милыми разлуку.

[А. Пушкин, 〈Друзьям〉]

유배 속에서 나의 삶은 흘러갔네
나는 다정한 이들과 떨어져 힘든 날들을 보냈네.

[푸슈킨, 〈친구들에게〉]

45) Клялась, что погибнешь в разлуке

[А. Ахматова, 〈Три раза пытать приходила...〉]

너는 이별의 그리움 속에서 파멸할 거라고 맹세했다

[안나 아흐마토바, 〈나는 세 번 묻고자 왔었네...〉]

46) Разлука их обоих съест,
Тоска с костями сгложет.

[Б. Пастернак, 〈Разлука〉]

석별은 그들 두 사람을 고뇌케 할 것이고,
뼈에 사무치는 그리움이 둘을 갉아 먹을 것이다.

[보리스 파스테르나크, 〈석별〉]

이러한 '석별의 고통'과 더불어 주목해야 할 것은 그러한 이별이란 당사자의 의지와는 무관하다는 생각이 разлука [razluka≃헤어짐, 석별]에는 담겨 있다는 점이다. 더구나, 비록 자기 스스로가 적극적으로 이별을 행할지라도 그것이 단순히 расставание [rasstavanie≃이별]로 불리지 않고 разлука [razluka≃헤어짐, 석별]로 표현될 수 있는 아이러니가 세상에는 충분히 있을 수 있는 법이다. 마리나 츠베타예바가 1915년에 쓴 다음의 시는 그러한 아이러니를 간명하게 보여주고 있다.

47) Цыганская страсть разлуки!
Чуть встретишь — уж рвёшься прочь!
Я лоб уронила в руки,
И думаю, глядя в ночь:

Никто, в наших письмах роясь,
Не понял до глубины,
Как мы вероломны, то есть —
Как сами себе верны.

[Марина Цветаева, 〈Цыганская страсть разлуки! ...〉]

석별을 향한 집시 같은 정열!
만나자마자 벌써 찢어져서 혼자가 된다!
나는 이마를 숙여 두 손으로 부여잡고,
이 밤을 응시하며 생각한다.

우리의 편지들을 뒤적여서 찾아도
아무도 그 깊이까지 알지 못했으니,
얼마나 우리가 맹세를 잘 깨는지를,
즉, 얼마나 스스로 자신에게 충실한지를.

[마리나 츠베타예바, 〈석별을 향한 집시 같은 정열! ...〉]

이 시의 첫 두 행과 마지막 두 행을 연결해 보면, 우리가 아쉬움과 미련, 고통 등에도 불구하고 스스로 쉽게 사랑을 저버리는 것은 우리 자신의 의지에 의한 적극적인 능동적 행위가 아니라 우리의 천성이 원래 자기중심적이어서 그렇게 될 수밖에 없다는 것을 총칭 명제의 형태로 재치있게 표현하고 있음을 알 수 있다. 이 같은 생각이 설령 일말의 진실을 담고 있다 할지라도, 일반적으로 разлука [razluka≃헤어짐, 석별]란 '언젠가는 다시 함께 함'을 전제로 하기 때문에 헤어지는 혹 헤어져야 하는 두 사람 사이에 발생할 수 있는 오해의 상황과 연관될 수도 있다. 한 사람은 결별을 염두에 두지만 다른 사람은 석별을 생각할 수도 있기 때문이다. 이럴 경우 결국 결별로 정리되기 십상일 것이다. 다음의 예처럼 말이다.

48) Разлука быстро пронеслась,
Она меня не дождалась,
Но я прощаю.
[В. Высоцкий, 〈В тот вечер я не пил, не пел〉]

석별의 정은 빨리 지나가버렸고,
그녀는 나를 끝까지 기다리지 않았으니,
나는 작별을 고한다.
[빅소츠키, 〈그날 저녁 나는 술도 않고, 노래도 안 했다〉]

그러나 위와 같은 상황과는 비교할 수 없을 만큼 훨씬 더 고통스럽고 처연한 석별도 있는데, 그것은 오직 죽어서야 끝나는 기다림과 그리움이 있는 경우이다. 이오시프 브로드스키(И. Бродский)의 1968년 작품 〈Строфы(연시, 聯詩)〉의 첫 번째 연에 나오는 다음과 같은 구절은 그러한

극한의 석별을 노래하고 있다.[76)]

49) В этом мире разлука -
Лишь прообраз иной.
Ибо врозь, а не подле
мало веки смежать
вплоть до смерти. И после
нам не вместе лежать.

이 세상에서 석별이란
단지 또 다른 예언적 모습.
함께가 아니라 떨어져서는
죽음 바로 직전에 눈꺼풀을
감는 것으로는 충분치 않은 까닭이다.
그 후에도 우리는 함께 누워 있지 않을 테니.

이처럼, 사랑의 깊이에 따라서 그리고 또한 당사자들이 처한 상황이나 선택에 따라서 разлука [razluka≃헤어짐, 석별]는 행복한 재회로 해소되거나, 아니면 단순한 결별로 지나가버리기도 하고, 아니면 죽어서야 끝이 나는 절대적인 처연함이 되기도 한다. 비록 어떠한 경우가 될지라도, 사랑에 이어 그저 단순한 이별만이 — 즉, прощание [proščanie≃작별], расставание [rasstavanie≃이별]만 — 있지 않고 이러한 разлука [razluka≃헤어짐, 석별]가 있다는 것은 인간이 사랑에 빠짐과 헤어짐이

76 소련 당국의 박해로 인해서, 시인은 1967년 말에, 사랑하던 여인 마리나 바스마노바(M. Басманова)와 그리고 그녀에게서 갓 태어난 아들과도 헤어질 수밖에 없게 된다. 이처럼, 브로드스키의 경우 그의 시작(詩作) 뿐만 아니라 실제 전기적 삶에 있어서도 разлука [razluka≃헤어짐, 석별]는 중요한 테마이다.

라는 사건들을 단순히 원인-결과의 기계론적 틀에 따라서 받아들이는 존재라기보다는 그것들을 자신의 감정에 충실히 연관시켜서 살아가는 존재라는 것을 시사해준다. 또한 바로 그렇기에, 아래의 시구들처럼 절망적이거나 파멸적인 사랑도 감행하는 것이다.

50) Любовь сильней разлуки, но разлука
длинней любви. (...)

[И. Бродский, 〈Двадцать сонетов к Марии Стюарт〉]

사랑은 석별보다 강하지만, 석별은
사랑보다 더 길다. (...)

[브로드스키, 〈메리 스튜어트에게 보내는 스무 편의 소네트〉]

51) "Любовь - это значит лук
Натянутый - лук: разлука."[77)]

[М. Цветаева, 〈Поэма конца〉]

"사랑은 바로 활
팽팽히 당겨진 활 그리고 떠나감."

[마리나 츠베타예바, 〈종결의 시〉]

결국, 러시아 언어-문화 공간에서 '사랑'의 토포스는 아주 자주 '석별'의 토포스로 그리고 이것은 '슬픔'의 토포스로 연결되면서, 보다 큰 복합적인 토포스 любовь-разлука-тоска [ljubov'- razluka- toska, 사랑-석별-(애수에 찬) 그리움]가 형성된다고 볼 수도 있다. 그리고 이러한 복합적인 토포스와 마주 대하면서, 우리는 인간사에 있어서 비단 감정의 문

77 시인은 лук [luk, 활]와 разлука [razluka]의 음성적 유사성과 어원적 연관성을 활용하고 있다.

제뿐만 아니라 그것과 결부된 실천의 윤리라는 문제도 숙고하게 된다. 왜냐하면 감정이란 특정한 상황에 있는 우리 각자에게 어떤 것을 원인으로 해서 깃들어 있다가 또 다른 어떤 것을 원인으로 해서 사라져버리는 단순한 것이 아니기 때문이다. 그것은 우리 각자의 몸과 마음에, 감각과 사고, 행동에 영향을 미치며, 흔적을 남기기 때문이며, 또한 자신에게 깃든 감정에 충실한 사고와 행동은 이 세계 내에서 타인과의 관계에 실천-윤리적인 문제를 제기하기 때문이다. 예컨대, 이 세상에는 사랑의 기쁨과 행복만이 있는 것이 아니라 오히려 아마도 그 고통과 불행이 더 많은 까닭에 우리들 각자는 만일 자신의 감정에 맹목적이지 않다면 스스로의 불완전함을, 자기를 규정하는 사회적 조건들의 불완전함을 자각하고, 그로부터 자신이 갖고 있는 사랑의 감정에 그리고 사회 속에서 그것과 관련된 여러 가지 사안들에 어떤 실천적인 태도를 취할 수밖에 없게 되는 것이다.

따라서 감정과 관련해서 바로 이 같은 실천-윤리적 차원에서 사회화된 통념들의 의미 구조와 추정 구조들을 내포하고 있는 것들이 바로 감정 복합적인 토포스들이다. 그러면 다음 장에서, 이러한 토포스들이 내용적으로 어떤 특징들로 구성되어 있는지를 러시아 언어-문화 공간에 고유한 몇몇 경우들의 고찰을 통해서 구체적으로 자세하게 살펴보도록 하자.

T o p o s

VI.

감정이 혼합된 실천-윤리적 관념들

6.1. '겸손'의 토포스

6.2. '운명'의 토포스

6.3. '자유'의 토포스

6.1. '겸손'의 토포스

앞 장에서 인간에게 보편적이라고 상정되는 감정들에 기반하고 있는 러시아어 토포스들을 살펴봤다면, 그러한 감정들의 이러저러한 혼합으로서의 파생 감정들에 근거하면서 여기에 또 일정한 실천-윤리적 한정들까지도 내포하고 있는 토포스들은, 즉 이 장에서 다루게 될 감정-혼합 관념의 토포스들은 그 기반이 앞의 것들과 달리 보편적이지 않다. 그것이 비록 상당한 정도로 일반적일 수는 있어도 말이다. 이것은 가령 '겸손'이라는 파생 감정 혹은 감정-혼합 관념의 경우만을 따져 봐도 잘 드러난다.

먼저 철학적으로 보면, 인간 이성 그리고 감정의 본원적 구조의 보편성을 상정하고 있는 합리주의자들로서 데카르트와 스피노자 이 두 사람조차도 '겸손'에 대한 시각적 차이를 보이며, 따라서 설명하는 방식과 용어도 달라진다. 데카르트에게 있어서, "겸손(humilité)"은 경탄, 슬픔, 자신에 대한 사랑, 그리고 자신의 결점들에 대한 미움이 혼합된 복합 감정으로, "고결한 겸손(l'humilité verteuse)"과 "악한 비굴함(l'humilité vicieuse)"으로 나눠진다.[1] 한편, 스피노자는 데카르트의 이러한 생각을 참조하면서도 "겸손(humilitas, Demut)"과 "비굴(abjectio, Kleinmut)"을 모두 슬픔으로부터 비롯되는, 따라서 인간에게 바람직하지 않은 감정들로 간주한다. 심지어 그는 "아주 비굴하고 겸손하다고 여겨지는 사람들이 통상 야망과 시기심에 가득 찬 사람들"이라고까지 말한다.[2] 이 두 철학자 중에서 누가 옳은가는 이론적으로 엄밀하고 자세하게 따져 봐야 할 문제지만, 여기서 적어도 우리가 판단을 내릴 수 있는 점은 '겸손'에 대한 데카르트 식의

1 Descartes(1649), Article 155, 159, 160 참조.

2 스피노자, 〈에티카〉, Ⅲ부, 감정의 정의 24, 26 참조.

생각이 아마도 적잖은 사회들에서 통념에 더 부합할 것이라는 점과 또한 '겸손'이라는 파생 감정 혹은 감정-혼합 관념은 인간 모두에게서 동일하게 형성될 수 있는 보편적인 것이 아니라는 점이다.

이 점은 언어들 간의 어휘적 차이에서도 쉽게 드러날 수 있다. 이미 우리의 위의 언급에서도 짐작할 수 있듯이, 프랑스어나 영어에서는 humilité나 humility라는 동일한 단어가 한국어에서는 통념적으로 바람직한 감정과 태도를 지칭하는 "겸손"뿐만 아니라 그렇지 않은 것을 지칭하는 "비굴"에도 대응될 수 있는 것이다. 물론 그렇다고 언어들 간의 이러한 어휘적 상대성이 '겸손'이 보편적인 것이 아니라는 사실을 입증하는 직접적인 증거가 될 수는 없다. 엄밀히 말자면, 그러한 상대성은 단지 '겸손'이 여러 사회에서 받아들여지는 일반적인 것은 될 수 있을지라도 보편적인 것이 될 수 있는 가능성은 희박하다는 데 대한 간접적인 증거가 될 수는 있을 것이다. 언어의 구조와 어휘 체계는 궁극적으로 '있다', '-이다', 그리고 '되다'로 환언되는 지각적 현상들로 이루어진 존재의 구조와 배열의 직접적이고 투명한 반영이 아닌 것이다. 그러나 어휘적 상대성으로부터 얻어지는 이러한 간접적인 증거와 더불어서, 어떤 보편적인 실재로서 '겸손'을 정의하는 것에 도달할 수 없다는 사실 자체야말로 이 감정이 비보편적인 실재라는 것을 보여주는 가장 직접적인 증거가 될 수 있는데, 그러한 정의의 불가능성은 바로 이 '겸손'이라는 복합 감정의 본질이 이미 사회 내에서의 특정한 실천-윤리적 태도를 전제로 하는 데 있다. 요컨대 그것은 타자에 대해서 자기 자신을 낮춘다는 것을 전제로 하는데, 이러한 태도와 결부되어 있는 감정적인 구성적 요소들에 대해서 어떤 시각을 갖느냐에 따라서 그것을 긍정적으로 평가하거나 부정적으로 평가할 수도 있는 것이다.

따라서 이 '겸손'이라는 감정-혼합 관념에 대해서는 일반적으로 세 가지 상이한 가치평가적인 관점들이 존재하는 것 같다. 먼저, 종교적으로는 통상 '겸손'은 덕에 속하는 실천-윤리적 관념들에 속하는 것으로 간주된다. 반면 비종교적인 관점에서 볼 때는, 앞에서 이미 우리가 본 것처럼 데카르트와 같은 경우와 스피노자와 같은 경우로 나눠진다. 데카르트는 '겸손'이 자기 자신의 불완전함에 대한 성찰을 바탕으로 다른 이들에 대한 너그러움으로 이어질 때만 덕으로 보며, 반면 그것이 자기 자신의 나약함으로부터 나올 때는 악덕으로 본다. 이처럼 좋은 '겸손'과 나쁜 '겸손'을 구분하는 관점도 있다면, 스피노자처럼 '겸손'을 아예 부정적인 것으로 간주하는 관점도 있다. 그는 '겸손'을 덕이 아닌 감정으로, 즉 참된 이성으로부터 유래하는 능동적이고 긍정적인 감정이 아닌 것으로 규정하는데, 그 이유는 '겸손'이란 어떤 사람이 자기 자신의, 자신의 힘과 능력의 상대적인 열등함과 한계를 깨닫고 아는 것에서부터 마음이 겪는 수동적인 정념(passion)이기 때문이라는 것이다.[3] '겸손'을 전적으로 부정적인 것으로 가치평가를 내리는 이러한 세 번째 관점은 마르크스의 경우에 오면 심지어 노골적으로 반종교적인 입장으로 나타난다. 가령 그는 한 논설에서 기독교적인 겸손이란 지배층이 피지배층에게 주입하고 강요하는, 하찮은 대중이 갖춰야 할 자질이라고 신랄히 비판하고 있는 것이다.[4]

이상과 같이 '겸손'이 다소 일반적이지만 비보편적인 실재성을 특징으로 하며 또 그것에 대한 상이한 가치평가적 시각들이 있다면, 이제 우리는 구체적으로 러시아 언어-문화 공간 속에서 그것과 직접 연관된 토포스인 смирение [smirenie≃순종적 겸손]를 살펴보도록 하자. 이 토포

3 상동, III부, 감정의 정의 26 그리고 IV부 정리 53을 참조할 것.

4 K. Marx, "Der Kommunismus des "Rheinischen Beobachters"", 〈Deutsche- Brüsseler-Zeitung〉, 12 September 1847.

스는 과거, 즉 소비에트 시대 이전의 러시아인들의 민족적 성격을 특징짓는 것들 중의 하나로 흔히 거론된다. 가령, 베르댜예프는 〈러시아의 영혼(Душа России)〉(1915)에서 러시아 민족의 성격을 규정하는 본질적인 종교적 심성들 중의 하나로 смирение [smirenie≃순종적 겸손]를, 그것도 "집단적 순종(коллективное смирение, kollektivnoe smirenie)"을 이야기하고 있다.[5] 그리고 소비에트 체제도 반대했지만 서구적 자본주의를 추종하며 망가져 가는 러시아도 반대했던 솔제니친 또한 말년에 출판한 시평적인 글 모음집 〈붕괴 속의 러시아〉에서 19세기까지 러시아 민족의 대다수를 차지하는 농민의 성격을 구성하던 긍정적 특징들 중의 하나로 "운명을 기꺼이 믿는 순종(доверчивое смирение с судьбой, doverčivoe smirenie s sud'boj)"을 들고 있다.[6]

어원적으로 보면, смирение [smirenie≃순종적 겸손]는 어근 мир- [mir-, 평화]가 아니라 мер- [mer-, 적절한 양, 절도]와 관계가 있다. 그것이 파생되어 나오는 동사 смирить [smirit', 온순하게 하다, 진정시키다]는 원래 고대 러시아어와 고대 교회슬라브어에서는 мѣра [měra, 적절한 한도나 양]로부터 만들어진 동사 съмѣрити [sŭměriti, 낮추다, 평탄하게 하다, 온순하게 하다]였다. 이 съмѣрити [sŭměriti]가 형태적으로 мир- [mir-, 평화]와 연관 있는 것처럼 보이는 смирить [smirit']로 변한 것은 민간 어원에 의한 것이다.[7] 실제로 10~11세기 고대 교회슬라브어 텍스트를 보면, 어근 мѣр- [měr-, 적절한 한도나 양]로부터 형성된 동사 съмѣрити [sŭměriti, 낮추다, 온순하게 하다]와 더불어 어근 мир- [mir-, 평화]로부터 만들어진 동사 съмирити [sŭmiriti, 화해

---

5 Н. А. Бердяев, *Судьба России*, Сборник статей 1914–1917, Москва, 1918, p. 11.

6 А. Солженицын, *Россия в обвале*, Москва, Русский путь, 2006, p. 161.

7 Фасмер(1986) 참조.

시키다, 화목케 하다]도 존재하며, 이 동사들로부터 파생된 명사들도 각각 존재한다 - съмѣрѥниѥ [sŭměrjenije, 겸손, 온순, 낮춤], съмирѥниѥ [sŭmirjenije, 화해].[8)] 이러한 어휘적 양상은 고대 러시아어의 경우에도 유사했던 것 같다.[9)] 이로부터 우리는 고대 러시아어의 съмѣрити [sŭměriti]와 съмѣрѥниѥ [sŭměrjenije]가 민간 어원에 의해서 смирить [smirit']와 смирение [smirenie]로 바뀌면서 원래 병존했던 съмирити [sŭmiriti]와 съмирѥниѥ [sŭmirjenije]는 밀려났으며, 의미적으로는 примирить [primirit', 화해시키다], примирение [primirenie, 화해] 등과 같은 어휘들 속으로 흡수되어버렸다는 것을 알 수 있다.

내용면의 측면에서 볼 때, 민간 어원에 의한 이러한 변화는 아마도 기독교적 관념으로서의 съмѣрѥниѥ [sŭměrjenije, 겸손, 온순, 낮춤]가 러시아 언어-문화 공간 속에서 통념화 되면서 토포스로서의 смирение [smirenie≃순종적 겸손]로 바뀌게 되는 것을 반영하는 것일지도 모른다. 주로 성서와 복음서 등의 슬라브어 번역을 위한 문어로서 고대 교회 슬라브어에서 동사 съмѣрити [sŭměriti]는 원본 그리스어 텍스트에서의 동사 ταπεινόω [tapeinoō, 낮추다]와 동일한 의미적 양상을, 즉 '물리적 위치나 사회적 신분 등과 관련해서 낮추다'라는 원래 의미와 이로부터 나오는 비유적인 의미로서 '도덕적으로 낮추다'라는 뜻도 가지고 있었다. 마찬가지로, 명사 съмѣрѥниѥ [sŭměrjenije]는 원본 그리스어 텍스트에서 ταπείνωσις [tapeinōsis, 낮춤], μετριάζειν [metriazein, 온순하게 함, 적당하게 함] 등과 대응된다.[10)] 이러한 관찰을 통해서 알 수 있

---

8 Р. М. Цейтлин, Р. Вечерки и Э. Благовой, *Старославянский словарь(по рукописям X-XI веков)*, Москва, Русский язык, 1999.

9 이 두 동사에 관련해서 고대 러시아어에서는 다음과 같은 자료를 참조할 수 있다 – И. И. Срезневский(1890–1912).

10 Цейтлин, Вечерки и Благовой(1999) 참조.

는 것은 애당초 기독교적인 겸손이라는 것이 종교적 믿음에 의해서 스스로 자신을 낮추는 것을 미덕으로 간주하는 데 있었으며, 따라서 이러한 가치 규정과 지향은 초기 정교에서도 마찬가지였다는 것이다.

그렇다면, 민간 어원에 의해서, 보다 구체적으로 말하자면 대다수의 러시아인들의 언어 의식 속에서 съмѣрити [sŭmĕriti, 낮추다, 온순하게 하다]나 съмѣрѥниѥ [sŭmĕrjenije, 겸손, 온순, 낮춤]가 мир [mir, 평화]와 연상적 관계를 맺게 됨으로써 그것들이 형태적으로 смирить [smirit', 온순하게 하다, 진정시키다], смирение [smirenie, 겸손, 온순]로 변화하는 것과 평행되게, 어떻게 해서 이 смирение [smirenie]가 러시아 언어-문화 공간의 고유성을 대표하는 전형적인 '겸손'의 토포스로서 자리 잡게 되었을까? 이 질문에 대한 답을 찾기 위해서, 먼저 기독교 일반의 이상적 덕목 중의 하나로서 겸손에 대해서 러시아 정교의 смирение [smirenie]가 갖는 차별성을 살펴보는 것도 좋은 방법일 것이다. 그런데 오늘날의 기독교란 여러 가지 분파로 분리되어 있는 상황이기 때문에, 만일 기독교 일반 안에서 도덕적 이상으로서 겸손을 찾는다고 한다면, 그것은 아마도 성서에 나오는 예수의 모습에 근거해서 일반화하는 것이 적당할 것이다. 그리고 이에 따라서, 기독교 일반의 이상적 덕목으로서 겸손은 아래와 같은 형태로 제시될 수 있을 것이다.

1) 전능한 신이 있기에, X는 '나는 훌륭하며, 다른 이들은 나에 관해 좋은 것들을 알 수 있고, 또 나는 아는 것이 많다'라고 생각하지 않는다.[11] 때문에 나는 다른 이들을 향해 스스로 자신을 낮춘다.

---

11 이것은 Wierzbicka(1992; 191–193)를 참조하면서 수정한 것이다.

이러한 겸손에 관한 이상적 관념을 중심으로, 기독교에서는 일련의 토포스들이 형성된다. 가령, '우리가 겸손해질수록 우리의 영혼은 더욱더 완성에 혹은 신에 가까워진다', '신 앞에서 가장 높은 성인들은 자기 스스로의 시선 속에서는 가장 낮은 이들이며, 그들의 영광이 더욱더 클수록 그들의 겸손은 더욱더 깊어진다'와 같은 것들이 그 좋은 예이다.[12] 기독교 일반의 덕목으로 겸손이 1)에서 보듯 부정에 기반을 두고 있는 소극적 관념이라면, 반면 그 안의 한 분파로서 러시아 정교에서 덕으로 간주되는 смирение [smirenie]는 1)과 같은 관념과 더불어 적극적인 계기를 내포하고 있다. 요컨대, 모든 것은 신의 뜻이기에 받아들인다는 절대적인 긍정을 내포하고 있는 것이다. 따라서 정교의 이상적인 도덕적 관념으로서 смирение [smirenie]는 위의 1)과 같은 부정적 규정과 더불어 아래와 같은 긍정적 규정을 특징으로 한다.

2) 모든 것은 신의 뜻이기에, X는 어떤 것에 대해서든 그리고 어떤 일에 대해서든 그것이 자신의 뜻에 반하든 그렇지 않든 간에 받아 들인다.[13]

그런데 베쥬비츠카는 그녀의 연구에서 위의 1)과 같은 규정을 '겸손'에 대한 서구 기독교의 이상적 관념으로 그리고 2)와 같은 규정을 정교의 이상적 관념으로 대비시키고 있다. 그리고 이로부터 그녀는 두 가지 상이한 문화적 그리고 도덕적 유형을 본다. 즉, 1)과 같은 서구 기독교적인 관념은 우리 각자가 나쁘다고 간주하는 것에 대한 반항을 허용하

---

12 Wierzbicka(1992; 193)에서 재인용. 신비주의 수도사 토마스 아 켐피스(Thomas à Kempis)가 쓴 글에서 따온 예이다.

13 이것은 Wierzbicka(1992; 190)가 제시한 정의를 참조, 수정한 것이다.

기에 개인주의, 개인의 독립, 자유를 위한 투쟁 등과 같은 서구의 능동적인 문화적, 윤리적 이상들과 잘 어울린다면, 2)와 같은 러시아 정교적인 관념은 절대적 순종을 의미하기에 악에 대한 반항이 아니라 무저항으로 귀결되며, 이것은 따라서 수동적인 문화적, 윤리적 가치들과 화합한다는 것이다.[14] 베쥬비츠카의 이러한 견해에 대해서 슈멜료프는 смирение [smirenie]의 실제 용법과 관련된 러시아어 자료들을 가지고 반박한다. 그의 관찰에 따르면, 종교적 텍스트에서 러시아어의 смирение [smirenie]는 영어의 humility나 프랑스어의 humilité와 동일한 용법으로 쓰일 수 있다. 다시 말해서, 이 세 어휘들 모두 동일하게 '오만의 거부로서 겸손'이라는 기독교 일반의 이상적 관념을 지칭하는 데 의미적으로 공통된 토대를 갖고 있다는 것이다. 슈멜료프의 견해에 따르면, 단지 러시아어의 смирение [smirenie]는 이러한 공통된 의미적 토대와 더불어 '이상적 순종'이라는 부가적 한정을 갖고 있는데, 바로 이것만이 러시아어 세계상에 고유한 특징이라고 할 수 있다.[15] 이러한 이 두 언어학자의 견해상의 차이는 단적으로 다음과 같이 설명할 수 있다. 베쥬비츠카에 따르면, 성서의 원본 텍스트의 그리스어 ταπείνωσις [tapeinōsis, 낮춤]가 각각 러시아어의 смирение [smirenie]와 영어의 humility로 번역된다면, 두 언어권의 독자들은 원래 원본 텍스트의 단어가 지칭하는 것을 각각 상이한 도덕적 이상을 염두에 두고 이해하게 될 수밖에 없다. 반면 슈멜료프의 견해에 따른다면, 두 언어권의 독자들이 이해하는 바의 것은 거의 동일한 것이 된다. 왜냐하면 상이한 언어들 사이의 경계가 곧 상이

---

14 상동, p. 194.

15 А. Д. Шмелёв, "Плюрализм этических систем в свете языковых данных", А. А. Зализняк и др., *Константы и переменные русской языковой картины мира*, Москва, Языки славянской культуры, 2012, pp. 259–267.

한 윤리적 체계들 사이의 경계가 아니며, 따라서 "러시아어적인 윤리 체계", "영어적인 윤리 체계" 같은 식의 구분은 터무니없기 때문이다. 이처럼 상이한 두 견해 사이에서, 우리의 생각으로는, 베쥬비츠카보다는 슈멜료프가 더 타당한 설명력을 갖는 것 같다. 비록 종교-문화적으로 러시아어의 смирение [smirenie]가 지칭하는 이상적 관념과 영어 humility가 지칭하는 이상적 관념이 다소 다를지라도, 이러한 차이가 기독교 일반의 도덕적 이상으로서 겸손이라는 공통적인 의미적 토대를 압도하거나 변형시킬 만큼 크다고 볼 수 없기 때문이다. 그리고 이러한 공통적인 내용적 핵심에 부가되는 긍정적 순종이라는 의미적 한정은 실제로 смирение [smirenie]의 모든 용법 속에서 반드시 나타나야 하는 성분은 아닌 것이다. 실제 텍스트화 속에서 의미적 한정의 실현 양상이 보여주는 이 같은 수의적 성격에 관해서는 이미 이 책의 3.3절 '감정의 언어적 개념화와 세분화'에서 자세히 설명한 바 있다.[16)]

위와 같은 고찰을 통해서 러시아 정교의 핵심적 가치들 중의 하나인 смирение [smirenie]의 의미적 내용이 {기독교 일반의 도덕적 이상으로서 (1) + 정교적인 관념으로서 (2)}와 같은 방식으로 구성되어 있다는 것을 알았다면, 이제 우리는 이러한 이상적 관념이 러시아 언어-문화 공간 속에서 통념화의 과정을 통해서 토포스로 변화하는 양상이 다음과 같을 것이라고 생각할 수 있다. 첫 번째 변화는 정교의 영역에서 교리로서의 смирение [smirenie]로부터 토포스로서의 смирение [smirenie]가 될 것이다. 그리고 이것과 아마도 부분적으로 겹치면서 일어나는 두 번째 변화는 종교적 토포스로서의 смирение [smirenie]가 러시아 일상 문화의 영역으로까지 확산되면서 일반화되는 것이다. 이러한 일반화 과정

16 특히 이 부분의 15) 의미적 한정의 대체 원칙과 16) 의미적 전제의 비배타성 원칙을 참고할 것.

을 설정할 수 있는 근거는 당연히 언어적인 사실과 사회-문화적인 사실 속에 있다.

언어적인 차원에서 보자면, 보편적이지는 않을지라도 다소 일반적인 실재로 상정될 수 있는 '겸손'이라는 감정-혼합 관념에 대해서, 러시아어에는 그것을 지칭할 수 있는 어휘로는 смирение [smirenie, 겸손, 순종]를 비롯해서 가령 이것과 다소 동의적인 покорность [pokornost', 겸허, 순종], скромность [skromnost', 겸손, 소박함], унижение [uniženie, 겸손, 낮춤, 비하] 등과 같은 것들이 있다. 이 중에서 смирение [smirenie, 겸손, 순종]가 대표 명칭으로 기능할 수 있는 것은 정교의 영향에서, 즉 신 앞에서 또는 신의 뜻과 말을 대변하는 것 앞에서의 순종을 내포하는 겸손을 우선시하는 데서 비롯된 것이다. 그리고 사회-문화적 차원에서 보자면, '겸손'에 실제로 내포된 다양한 양태들 중에서 순종적이라는 이러한 정교적 한정이 러시아 언어-문화 공간 속에서 일반화될 수 있었던 것은, 그래서 смирение [smirenie≃순종적 겸손]라는 토포스가 종교의 영역에서 성립되면서 사회 전반에 걸쳐 확산될 수 있었던 것은 당연히 10월혁명 이전까지 정교가 러시아 사회 속에서 일상 문화의 차원뿐만 아니라 정신 문화의 차원에서도 주된 위치를 차지하고 있었기 때문이다.

이로부터, 우리는 근대의 러시아어에서 смирение [smirenie≃순종적 겸손]와 연관된 다음과 같은 어휘 클러스터를 생각해 볼 수 있다.

3) смирение [smirenie]의 어휘 클러스터[17]
смирение [smirenie≃겸손, 순종],
смиренность [smirennost'≃겸손함],

17 이것은 주로 다음 사전을 참조해서 구성한 것이다 – Даль(1863–1866).

смиренство [smirenstvo≃순종],
смирность [smirnost'≃온순함],
безответность [bezotvetnost'≃묵종(대꾸 없이)],
безропотность [vezropotnost'≃묵종(불평 없이)],
кротость [krotost'≃온화],
кроткость [krotkost'≃유순함],
повиновение [povinovenie≃복종],
покорность [pokornost'≃겸허, 복종],
покорливость [pokorlivost'≃순종심(속어)],
послушание [poslušanie≃복종],
послушливость [poslušlivost'≃복종심],
примирение [primirenie≃순응, 인종],
примирённость [primirënost'≃인종심], …

위의 어휘 클러스터를 특징짓는 것은 무엇보다도 먼저 겸손보다는 순종과 관련된 어휘들이 대다수라는 점이다. 아마도 이러한 사실을 염두에 뒀는지, 슈멜료프는 러시아어 세계상을 구성하는 전형적인 어휘들 중의 하나로 смирение [smirenie]를 다루면서, 러시아어 세계상 자체에 "현실과의 순응을 향한 지향"이라는 특징이 있다고 주장한다.[18] 그리고 이 같은 관점에 입각해서, 그는 смирение [smirenie]에 오만의 거부라는 정교적 관념, 인간에게 내려진 모든 것의 겸허한 수용이라는 관념, 그리고 행동의 온순함이라는 관념, 이 세 가지 상이한 생각들이 담겨 있으며, 이것들은 가령 솔제니친이 언급하는 "운명을 기꺼이 믿는 순종"과 같은 어떤 단일한 이상적 표상 속에서 합쳐질 수 있다고 이야기한다. 슈멜료프의 이러한 설명은 아마도 19세기에 빌헬름 폰 훔볼트가 내세운 언

18 Шмелёв(2002; 367–375).

어-세계관 학설, 즉 상이한 언어는 상이한 세계관의 발로라는 주장과 맥을 같이하는 것 같다. 그러나 이러한 슈멜료프 식 접근방식의 문제는 어휘론적인 고찰에 기초해서 смирение [smirenie]에 있는 세 가지 상이한 의미를 밝혀내지만 이것들이 어떻게 하나의 단일한 통일적 관념으로 합쳐져서 러시아어에 고유한 세계상의 표현이 되는지를 명확히 설명하지 못하고 있다는 점이다. 그는 단지 그러한 통합의 구체적인 예시로서 솔제니친이 쓴 “운명을 기꺼이 믿는 순종”이라는 표현을 들고 있을 뿐이다. 그런데 이미 앞에서 우리가 언급했듯이, 이 표현은 솔제니친이 19세기 러시아 농민의 긍정적인 특성을 거론하면서 쓴 것이다. 그리고 이 표현 속에서 어떻게 슈멜료프가 구분하고 있는 바와 같은 смирение [smirenie]의 세 가지 상이한 의미가 통합되고 있는지 우리는 알지 못한다. 우리의 생각에, 이러한 설명상의 모호함이 어쩔 수 없이 야기되는 것은 슈멜료프가 어휘적 차원의 의미 기술을 곧바로 세계상의 해명이라는 문제와 연결시켰기 때문이다. 이러한 난점은 우리가 지금까지 해 온 작업에서 보듯이 러시아 언어-문화 공간의 고유성을 구성하는 토포스의 층위를 설정한다면 해결될 수 있다. 토포스로서의 смирение [smirenie] 속에 이 어휘가 갖는 의미들의 일부나 전체가 통합될 수 있기 때문이다.

그렇다면 토포스로서 смирение [smirenie≃순종적 겸손]는 보다 명시적으로 어떤 의미 구조를 갖는 것일까? 앞에서 우리는 그것의 형성 과정을 정교의 교리 〉 정교적 토포스 〉 일상 문화적 토포스와 같은 변화 단계로 나누어서 생각했는데, 이제는 이러한 변화의 최종 결과로서 다음과 같은 관념 구조를 제시할 수 있을 것이다.

4) СМИРЕНИЕ [SMIRENIE≃순종적 겸손]의 토포스:

‘신 혹은 모든 존재 앞에서 겸손할수록 자신 앞에 있는 것을 더욱더 순종적으로 받아들이는 법이다. 그리고 이럴수록, 자신이 대하는 존재들을 향해서 (설령 자신에게 해가 되는 대상이라 할지라도) 더욱더 큰 긍정적 감정을 갖게 된다.'

이렇게 정의함으로써, 우리는 토포스 смирение [smirenie≃순종적 겸손]가 러시아 언어-문화 공간에서 종교의 영역뿐만 아니라 일상 문화의 영역에서도 주체사이적인 실재성을 갖는다는 사실을 고려할 수 있다. 이것은 물론 위의 정의에 "신 혹은 모든 존재"라는 말이 있기 때문이다. 베쥬비츠카는 смирение [smirenie≃순종적 겸손]를 단지 특정한 도덕적 이상을 표상하는 정교적인 개념으로 보고 있지만, 따라서 신과 관련된 개념이지 운명과 관련된 개념은 아니라고 주장하지만,[19] 이미 앞에서 인용한 솔제니친의 표현에서도 보듯 смирение с судьбой [smirenie s sud'boj, 운명에 대한 겸허함]은 러시아어에서 지극히 자연스런 표현인 것이다. 실제로 〈러시아어 연상 사전〉을 보면, судьба [sud'ba, 운명]라는 자극어에 대해서 반응어로는 смирения [smirenija, смирение의 복수 주격 형태]가 제시되고 있다.[20] 또한 자극어 спокойство [spokojstvo, 평안]에 대해서는 смирение со всем [smirenie so vsem, 모든 것에 대한 겸손한 순종]이 반응어로 제시되고 있는 것이다. 따라서, 비록 그 기원이 정교에 있었다 할지라도, 근대 러시아의 어느 시점부터는 토포스 смирение [smirenie≃순종적 겸손]가 종교적인 것이냐 아니냐의 문제는 더 이상 내용적으로 본질적인 것이 아니다. 그것은 이 토포스가 어떤 맥락에서 쓰이는가에 달려 있는 문제일 뿐인 것이다.

19 Wierzbicka(1992; 190).

20 Караулов и др.(2002), Т. II 참조.

그렇다면, 이제 4)와 같이 정의되는 바의 것으로서 토포스 смирение [smirenie≃순종적 겸손]가 활용되고 있는 구체적인 경우들을 살펴보도록 하자. 먼저, 전형적으로 정교적인 예를 보자.

5) И в этом отношении девство рука об руку идёт со смирением. Мы привыкли думать о смирении как о состоянии человека, который перестал видеть в себе что бы то ни было, что могло бы вызвать в нём тщеславие, гордость, самодовольство. Но смирение - ещё нечто большее: это примирённость до конца, это мир со всем. Это состояние отданности до конца, за пределом страха, за пределом самозащиты; это предельная уязвимость и беззащитность. И вместе с тем, это такая открытость Богу, которая даёт Ему возможность воздействовать на нас, что бы Он ни захотел с нами сделать, чем бы Он ни хотел, чтобы мы стали. (...) Девство и смирение в их совершенной красоте мы видим в Божией Матери.

[Митрополит Сурожский Антоний, 〈О воплощении Хриством〉][21]

그리고 이 점에서 순결함은 겸손과 손에 손을 잡고 간다. 우리는 겸손을 자기 자신 안에서 허세, 오만, 자부심을 불러일으킬 수 있을 법한 그 어떠한 것도 더 이상 보이지 않는 사람의 상태로 생각하는 데 익숙해 있다. 그러나 겸손은 여전히 보다 더 큰 그 무엇이다. 즉, 그것은 끝까지 견지하는 인종심이며, 모든 것과의 화해이다. 그것은 공포의 한계를 넘어서, 자기 방어의 한계를 넘어서, 끝까지 바치는 헌신성이다. 또한 그것은 극도로 나약한 무방비의 상태이다. 그리고 이와 더불어 그것은 신에 열려있음이기에, 바로 그것을 통해서 신은, 그가 우리와 더불어 이루고자 하는 것이 무엇이든 간에, 우리가 그 무엇이 되기를 원하든 간에, 우리 자신에게 감화를 미

---

21 Электронная библиотека "Митрополит Антония Сурожский", Metropolitan Anthony of Sourozh Foundation, London, 1984.

> 칠 수 있다. (...) 함께 완전한 아름다움을 이루는 순결함과 겸손을 우리는 성모에게서 본다.
>
> [수로쥬 대주교 안토니, 〈그리스도의 강림에 관하여〉]

사실, 이러한 종류의 종교적 텍스트가 설득력이나 호소력을 지닐 수 있는 수용자들은 바로 내용적으로 4)와 같은 смирение [smirenie≃순종적 겸손]의 토포스를 공유하는 사람들이다. 바로 그 같은 전제가 있기에 혹은 그 같은 언어-문화적 배경을 확신하기에 위의 텍스트의 저자는 별다른 논증도 없이 смирение [smirenie]에 대한 일련의 정의들을 권위를 가지고 열거할 수 있는 것이다. 또한 위의 예의 처음과 끝에서 보듯, 순결함과 순종적 겸손을 같이 묶는 것은 오래된 관용어구 смирен как красна девица [smiren kak krasna devica, 어여쁜 처녀처럼 유순하다]에서 보듯 러시아 언어-문화 공간에서 자연스러운 일이다. 특히 이 두 가지 미덕이 더욱더 완벽하게 함께 할수록 더욱더 성모에게 가깝게 다가선다는 함축은 기독교의 아주 오래된 토포스적인 관념이다.

이와 유사하게, 종교적인 смирение [smirenie≃순종적 겸손]의 토포스에 기대고 있지만, 거기에 훨씬 더 깊은 철학적 성찰과 분별을 도입하고 있는 경우로는 가령 베르댜예프의 다음과 같은 텍스트를 들 수 있다.

> 6) В основу всего христианства, в основу всего духовного пути человека, пути спасения для вечной жизни было положено смирение. Человек должен смиряться, всё же остальное приложится само собой. Смирение есть един ственный метод внутреннего духовного делания. (...) Онтологический смысл смирения заключается в реальной победе над самоутверждающейся человеческой самостью, над греховной склонностью человека полагать центр тяжести жизни и источник жизни в себе са-

мом, — смысл этот в преодолении гордыни. Смысл смирения в реальном изменении и преображении человеческой природы, в господстве духовного человека над душевным и плотским человеком. Но смирение не должно подавлять и угашать дух. (...) Смирение есть путь самоочищения и самоопределения. Смирение есть не уничтожение человеческой воли, а просветление человеческой воли, свободное подчинение её Истине. Христианство не может отрицать смирения, как момента внутреннего духовного пути. Но смирение не есть цель духовной жизни. Смирение есть подчиненное средство. И смирение не есть единственное средство, не есть единственный путь духовной жизни. Внутренняя духовная жизнь безмерно сложнее и многограннее. И нельзя отвечать на все запросы духа проповедью смирения. И смирение может пониматься ложно и слишком внешне. (...) В духовном мире, из глубины духовного мира определяется всё наше отношение к жизни. Это — аксиома религии, аксиома мистики. Но возможно понимание смирения, извращающее всю нашу духовную жизнь, не вмещающее Божественной истины христианства, Божественной полноты. И в этом вся сложность вопроса.

Построение жизни на одном духе смирения и создаёт внешнюю авториторно-иерократическую систему. Все вопросы общественного устроения и культурного созидания решаются в применении к смирению. (...) Смирение в мистической своей сущности совсем не противоположно свободе, оно есть акт свободы и предполагает свободу. Только свободное смирение, свободное подчинение душевного человека человеку духовному имеет религиозное значение и ценность. Принудительное смирение, навязанное, определяющееся внешним строем жизни не имеет никакого значения для духовной жизни. Рабство и смирение — разные духовные состояния. Смиряюсь я сам в своём внутреннем духовном пути, в свободном акте полагаю в Боге, а не в своей самости, источник жизни. Для феноменологического анализа раскрывается, что моя свобода предшествует моему смирению. Смирение есть внутреннее, сокровенное духовное состояние. Но выродившееся, деградировавшее смирение, смирение упадочное превращается во внешне навязанную, принудительную систему жизни, отрицающую свободу человека, принижающую человека.[22)]

[Н. А. Бердяев, 〈Спасение и творчество〉]

그리스도교 전체의 토대 속에는, 영원한 삶을 위한 구원의 길인 인간의 모든 영적인 길의 토대 속에는 겸손이 놓여 있었다. 인간은 겸손해야 하며, 나머지 모든 것은 저절로 따라오는 법이다. 겸손은 내적인 영적 행위의 유일한 방법이다. (...) 겸손의 존재론적 의미는 인간의 자기긍정적인 자기중심성에 대한, 자기 자신 안에다 생명의 중심과 원천을 상정하려는 죄악적인 경향에 대한 실제적 승리에 있다. 즉, 그 의미는 교만의 극복에 있는 것이다. 겸손의 의미는 인간 본성의 실제적 변화와 변형 속에, 감정적이고 육체적인 인간에 대한 영적인 인간의 지배 속에 있다. 그러나 겸손은 정신을 억누르고 탄압해서는 안 된다. 겸손은 외적인 복종, 순종, 그리고 복속이 아니다. (...) 겸손은 자기 정화와 자기 결정의 길이다. 겸손은 인간의 의지를 말살하는 것이 아니라, 인간의 의지에 의한 명정함이며, 의지를 진리에 자유롭게 복속시키는 것이다. 기독교는 내면의 영적인 길의 계기로서 겸손을 부정할 수 없다. 그러나 겸손은 영적인 삶의 목적이 아니다. 겸손은 종속된 수단이다. 그리고 겸손은 영적인 삶의 유일한 수단이 아니며, 유일한 길도 아니다. 내면의 영적인 삶은 측정할 수 없을 만큼 더 복잡하고 더 다면적이다. 그리고 정신의 모든 요구들에 대해서 겸손에 관한 설교만으로 답할 수는 없다. 또한 겸손은 거짓되게 그리고 아주 외적으로 이해될 수도 있다. (...) 영적인 세계 속에서, 영적인 세계의 깊이로부터 생을 향한 우리의 모든 관계가 결정된다. 이것이 바로 종교의 공리이며, 신비론의 공리이다. 그러나 우리의 모든 영적인 삶을 왜곡하는, 그리스도교의 신적인 진리를, 신적인 충만함을 전혀 수용하지 않는 겸손에 대한 견해가 가능하다. 그리고 바로 여기에 문제의 모든 복잡성이 있다.

22 Н. А. Бердяев, "Спасение и творчество", *Путь*, N° 2, Paris, 1926, pp. 31–32.

> 단지 겸손의 정신 위에서 삶을 구축하는 것은 외면적인, 권위적 위계구조의 통치체제를 만들어낸다. 사회의 구성과 문화적 창조의 모든 문제들은 겸손에 준하여 해결된다. (...) 겸손의 퇴화는 내적으로, 내밀하게, 그것이 더 이상 신비스러운 행위로, 내면의 영적인 삶의 현상으로 이해되지 못하게 되는 것으로 귀결된다. 자신의 고유한 신비로운 본질을 유지하는 겸손은 자유와 전혀 대립되지 않는다. 그것은 자유의 행위이며 자유를 전제한다. 오직 자유로운 겸손만이, 영적인 인간에게 감정적 인간의 자유로운 복속만이 종교적 의미와 가치를 지닌다. 강요된 겸손은 삶의 외적 구조에 의해서 규정되고 얽매여 있는 것이기에 영적인 삶을 위한 어떠한 의미도 지니지 못한다. 자기 내면의 영적인 길에서 나 자신이 겸손해하는 것이며, 자유로운 행위 속에서 내가 삶의 원천을 자신의 자기중심성이 아니라 신 안에다 놓는 것이다. 현상학적 분석에서 드러나고 있는 것은 나의 자유가 나의 겸손을 선행한다는 것이다. 겸손은 내적이고, 내밀한 영적인 상태이다. 그러나 퇴화된, 손상된 겸손은, 타락한 겸손은 외적으로 얽매여 있는 강제적인 삶의 체계로 변형되며, 이러한 체제는 인간의 자유를 부정하고, 인간을 비굴하게 만든다.
>
> [베르댜예프, 〈구원과 창조〉]

이처럼 제법 긴 인용을 예로 제시한 것은 베르댜예프의 종교철학과 세계관 속에서 смирение [smirenie≃순종적 겸손]가 대단히 중요한 위치를 차지하고 있다는 것을 보여주기 위해서이다. 또한 러시아의 종교철학적 전통 속에서 смирение [smirenie≃순종적 겸손]를 중심으로 얼마나 깊고 다양한 논의들이 이루어지고 있는가를 일별하기 위한 예시의 목적도 있다. 위의 텍스트에서 베르댜예프는 영적인 존재로서의 인간이 감정과 육체를 가진 존재로서의 인간보다 우위에 있다는 관점에서 종교적, 윤리적 가치로서의 смирение [smirenie≃순종적 겸손]의 문제를 성찰적으로 다루고 있다. 여기서 그의 논의의 핵심은 크게 세 가지로 요약될 수 있다. 첫째, 내적인 영적 삶을 영위하는 유일한 방법으로서, 신에게 순종하는 겸손의 존재론적 의미. 둘째, 이러한 순종적 겸손은 그러나 영적인 삶의 목적 자체는 아니기에, 교회든 사회적 체제든 그것을 사람들에게 무조건적으로 강요할 수는 없다. 셋째, 진정한 순종적 겸손의 본질은 자신의 자유로부터 스스로 우러나오는 겸손에 있는 것이지, 강제된 겸손에 있는 것이 아니다. 따라서 진정한 순종적 겸손과 거짓된 순종적 겸손을, 또는 자유로운 순종적 겸손과 타락한 순종적 겸손을 구분해야 한다. 그리고 베르댜예프가 펼치고 있는 이러한 논의의 이면에는 두 가지 목적이 있다. 하나는, 아마도 차르의 전제정치와 볼셰비키의 독재뿐만 아니라 교회의 교권에도 비판적인 태도를 취하고 행동함으로써 겪었던 그 자신의 개인적 고난들과도 연관돼 있는 것으로서, 그 본질상 신비스러운 영적인 가치인 순종적 겸손을 왜곡하거나 강요하는 체제나 제도, 조직의 잘못됨을 드러내는 것이다. 이것과 맞물려 있는, 그리고 보다 깊고 일반적인 시야를 전제로 하고 있는 또 다른 목적은 러시아인들의 본원적인 종교적 심성에 깔려 있는 이 смирение [smirenie≃순종적 겸손]가 어떻게 해서 길을 잃게 되었는가를 해명하는 데 있다고 볼 수 있다. 그리고 그의 견해에 따른다면, 그것에 대한 해명은 다음과 같을 것이다. 이미 앞에서 언급했듯이, 러시아 민중에게는 집단적 смирение [smirenie≃순종적 겸손]가 개인의 종교적 단련과 자유보다 더 좋으며, 또 이러한 순종적 겸손의 대가로 집단적 삶의 안온함과 따스함을 얻고 있다고 베르댜예프는 갈파하고 있었다.[23] 따라서 그의 이 같은 통찰을 위에서 제시된 텍스트 6)의 논지와 결합해 보면, 러시아 민족의 그 같은 심리적 특성이 잘못된 정치권력이나 교회권력에 의해서 "타락한 순종적 겸손(упадочное

23 Бердяев(1918), p. 11 이하.

смирение [upadočnoe smirenie])”과 연결되는 것에 차르 시대이든 볼셰비키 시대이든 러시아 국가의 기형적인 억압적 체제의 형성의 원인이 있다고 볼 수 있는 것이다.

한편, 설교나 철학적 담론의 형태를 통해서 토포스 смирение [smirenie≃순종적 겸손]로부터 어떤 내용적 일반화를 이끌어내려 하는 위의 예 5), 6)과 같은 경우들과는 달리, 그것을 구체적으로 개인의 특이성과 결합시켜서 나타내려는 경우들도 있다. 이러한 시도는 주로 소설이나 드라마 같은 장르에서 인물들의 형상화 및 성격 묘사 같은 데서 잘 나타난다. 그리고 이런 식으로 토포스 смирение [smirenie≃순종적 겸손]를 활용할 경우에는, 그것은 내용적으로 여전히 종교적 지향성을 지닐 수도 있지만, 그렇지 않고 단순히 특정한 사회 일반적인 실천-윤리적 관념을 가리킬 수도 있다. 이처럼, смирение [smirenie≃순종적 겸손]에 종교성을 부여하느냐 아니면 종교성의 여부와는 상관없이 단순히 사회적 일반성을 부여하느냐는 작가의 인물 설정이나 상황 설정 등과 같은 구성적 필요에 따라서 달라질 수 있다. 심지어 смирение [smirenie≃순종적 겸손]에 부정적 가치평가를 부여할 수도 있는 것이다. 그러면 이 같은 점들을 염두에 두고, 실제 예들을 살펴보도록 하자.[24]

7) Ибо Дмитрий только (положим, хоть в долгий срок) мог бы смириться наконец пред нею, ≪к своему же счастию≫ (чего даже желал бы Алёша), но Иван нет, Иван не мог бы пред нею

24 앞으로의 예들 7)~18) 중에서 별도의 각주가 없는 예들은 모두 다음으로부터 재인용한 것이다 – 〈Национальный Корпус Русского Языка, Russian National Corpus〉. 이 자료모음의 문제는 종종 예문의 문맥이 충실히 제시되지 않는다는 점인데, 따라서 필요한 경우에는 문제가 되는 예문의 온전한 문맥을 확인하는 절차를 거쳤다.

смириться, да и смирение это не дало бы ему счастия.

[Ф. М. Достоевский, 〈Братья Карамазовы〉]

왜냐하면 드미트리만이 (비록 긴 기간이 걸릴 거라고 가정하더라도) 그녀(=카테리나 이바노브나) 앞에서 마침내 "그 자신 스스로 행복 하게도" 순종할 수 있을 법했으나 (이것을 심지어 알료샤도 바랬을 것이다), 이반은 아니다, 이반은 그녀 앞에서 순종할 수 없었을 것이며, 전혀 그러한 순종은 그에게 행복을 주지 못했을 것이다.

[도스토예프스키, 〈카라마조프 가 형제들〉]

8) Сергей Петрович, всякое терпение и смирение имеет свои границы!

[А. Чехов, 〈Драма на охоте〉]

세르게이 페트로비치, 모든 인내와 순종은 그 한계가 있습니다!

[안톤 체호프, 〈사냥에서 생긴 일〉]

9) Герцен сказал однажды: ≪Признать, что никакого выхода нет, — тоже выход≫; результатом своего жизненного опыта он называл ≪смирение≫ как преклонение перед истиной, как пожертвование самонадеянными человеческими иллюзиями.

[Е. А. Соловьёв-Андреевич, 〈Александр Герцен. Его жизнь и литературная деятельность〉]

게르첸은 언젠가 말했다. "어떠한 출구도 없다는 것을 인정하는 것이 바로 또한 출구이다." 즉, 그는 자신의 삶의 경험의 결과로써, "겸손"을 진리 앞의 경배로, 자기과신적인 인간적 환상들의 희생으로 명명하고 있는 것이다.

[솔로비요프-안드레예비치, 〈알렉산드르 게르첸. 그의 삶과 문필 활동〉]

먼저 예 7)이 나타내고 있는 구체적인 상황을 보면, 즉 드미트리의 약혼자 카테리나 이바노브나와 카라마조프 가의 세 형제들 사이의 관계를 보면, 우리는 작가가 이들 형제의 성향을 설정하는 데 смирение [smirenie≃순종적 겸손]의 토포스를 어떻게 활용하고 있는지 짐작할 수 있다. 요컨대, 신앙심 깊은 막내 알료샤는 그것을 기꺼이 수용하고 실천하려는 성격을 가졌다면, 무신론자인 둘째 아들 이반은 그것을 거부하는 태도를 보이며, 우유부단한 맏아들 드미트리는 그것을 받아들일 가능성이 있는 성격의 인간인 것이다. 이처럼 러시아 문학에서 이 토포스는 다양한 주인공들의 성격과 행동을 구성하는 데 대단히 중요한 역할을 한다. 가령 몇몇 대표적인 경우들을 열거해 보자면, 소박하고 순종적이지만 강인함과 단호함으로 자신의 사랑을 지켜내는 마리야 이바노브나(푸슈킨, 〈대위의 딸〉), 가난한 처지에서 사랑 때문에 삶의 기쁨을 느끼지만 곧 그 가난 때문에 사랑하는 사람을 떠나보내는 데부슈킨(도스토예프스키, 〈가난한 사람들〉), 비록 몸을 파는 처지지만 가족과 주변 사람들에게 오히려 깊은 동정심과 이해심을 가지고 있는 소피야 세묘노브나(〈죄와 벌〉), 어린애 같은 순수하고 선한 마음으로 사람들을 대하지만 바로 자신의 선한 의도로 인해 파국을 경험하게 되는 믜슈킨(〈백치〉), 제정 말기의 자본주의-제1차 세계대전-혁명-내전-소비에트 사회주의로 이어지는 격동적인 사회적 변화들 속에서 자신에게 닥치는 사건들에 순종하면서 그리고 그 와중에 운명적인 사랑의 만남과 이별도 들이면서 자신이 생각하는 우주와 삶의 신비와 그 내밀한 의미를 시로써 표현하고자 하는 유리(파스테르나크, 〈의사 쥐바고〉) 등을 들 수도 있는데, 이들 각각의 형상은 모두 смирение [smirenie≃순종적 겸손]의 토포스를 기반으로 다면적으로, 다채롭게 그려지고 있다고 볼 수 있다. 열거된 주인공들은 모두 각자 자신이 마주치는 어려운 현실 속에서도 한결같이 이 토포스가 깊숙이 함축되어 있는 실존적 양상을 보여주는데, 이러한 형상화는 충분히 독자들의 마음을 끄는 힘을, 감동으로 빠져들게 하는 진지한 매력을 빚어낸다. 그렇지만 위의 또 다른 예 8)이 직설적으로 표현하고 있듯이, 그러한 경우들만 있는 것은 아니다. 체호프가 당대의 러시아 현실에 대한 냉철한 시각으로 빼어나게 형상화하고 있는 “작은 인간들”의 경우에는 대부분, 좌절된 꿈과 현재의 불행하고 무의미한 삶 그리고 미래에 대한 막연한 희망 혹은 절망 속에서, 일종의 체념적 смирение [smirenie≃순종적 겸손]가 깔려 있는 모습을 다소 희극적으로 보여준다. 가령, 이반 페트로비치(〈바냐 아저씨〉)의 смирение [smirenie≃순종적 겸손]는 마침내 터무니없는 과도한 방식의 분노 폭발로, 엉뚱한 자살 계획으로, 그리고 맥없는 죽음에의 암시로 이어지며, 마찬가지로 〈세 자매〉에서 남동생 안드레이의 “낭비되는 삶” 속에 깔려 있는 체념적 смирение [smirenie≃순종적 겸손]는 가히 영혼의 죽음에 비견될 수 있는 정신적 전락으로 이어진다. 물론 이러한 “작은 인간들”의 체념적 смирение [smirenie≃순종적 겸손]의 현실적 희극성은 그것을 바라보는 사람들에게 우리 삶의 씁쓸함과 비극성을 환기시켜 주는 효과가 있다. 이것과 대조적으로, 예 9)가 보여주는 смирение [smirenie≃순종적 겸손]는 결코 체념적이지도 절망적이지도 않다. 실제 역사적으로 뛰어난 인물인 알렉산드르 게르첸에게서 전기 작가가 발견하는 смирение [smirenie≃순종적 겸손]는 신이 아니라 과학과 학문의 진리에 대한 믿음으로부터 나오는 겸손이며, 다른 사람들을 위한 그래서 궁극적으로 나 자신을 위한 것이기도 한 올바른 사상과 실천의 추구로부터 나오는 겸손이기도 하다. 그런데 이 경우, 과연 우리는 그것을 앞에서 4)와 같은 관념적 구조로 정의되고 있는 토포스의 한 경우로 간주할 수 있는 것일까? 진리 앞의 겸손은 러시아적이라기보다는 오히려 근대 서구의 계몽주의적 겸손과 더 닮아 있는 것처럼 보인다. 그렇지만 “어떠한 출구도 없다는 것을 인정하는 것이 바로 또한 출구이다”라는 게르첸의 태도와 믿음은 여전히 러시아적이라고 볼 수 있다. 그것은 바로 러시아인들의 강한 종교적 심성과 믿음의 거울영상이기 때문이다. 신의 섭리를 찾아볼 수 없는 거칠고 폭압적인 현실이기에 더욱더 신의 존재를 종말론적으로 희구하는 러시아 민중들처럼, 게르첸 또한 출구가 없는 현실을 인정하기에 더욱더 출구의 존재를 갈구하고 믿고 있는 것이다. 이런 의미에서는 예 9)에서와 같은 смирение [smirenie ≃순종적 겸손] 역시도 4)와 같은 토포스의 주변적인 변이형의 한 경우라고 할 수 있을 것이다.

그런데, 이미 앞에서도 언급했듯 기독교적 겸손에 대해서 신랄한 비판을 가하고 있는 마르크스를 사상적으로 따르고 있는 볼셰비키 정권이 들어서면서, 공식 이데올로기의 영역에서 그리고 공적 담론의 영역에서 смирение [smirenie≃순종적 겸손]는 바람직하지 않은 가치로 폄하된다. 소비에트 이데올로기를 표방하는 담론에서는 이러한 어휘들 자체가 거의 사라져버린다. 이러한 사정은 가령 смиренный коммунист [smirennyj kommunist, 순종적인 공산주의자] 같은 표현의 부자연스러움이나 поповские сказочки о смирении [popovskie skazočki o smirenii, 순종적 겸손에 관한 사제의 허황된 이야기들] 같은 비꼬는 표현들에서 잘 드러난다.[25] 그렇지만, 정권의 성격과 공식 이데올로기가 달라졌다고 해서, 그리고 그것이 사회 각 분야에 획일적으로 강제되거나 자발적으로 수용된다고 해서, 일상 문화에서 아주 오래전부터 미덕으로 간주되어 온 смирение [smirenie≃순종적 겸손]의 가치지향성이 쉽사리 바뀌지는 않는 법이다. 사람들은 공적인 공간과 공식 문화의 영역에서는 당국의 이데올로기적 지침들에 순응하지만, 사적인 공간과 일상 문화의 영역에서는 오래된 전통과 관습에 따라 그리고 각자의 개성과 인

25 Wierzbicka(1992; 190), Шмелёв(2002; 374–375) 참고.

간관계에 따라 그러한 공적 규범들을 비껴나가기도 하는 것이다. 이상과 같은 점들을 염두에 두고, 소비에트 시대에서 смирение [smirenie≃순종적 겸손]의 텍스트화와 관련된 몇몇 경우들을 살펴보자.

10) Умерший, палый лист лежал рядом с головою Вощева, его принёс ветер с дальнего дерева, и теперь этому листу предстояло смирение в земле.

[А. П. Платонов, 〈Котлован〉]

죽은 낙엽 하나가 보쉬체프의 머리 곁에 놓여 있었는데, 그것은 멀리 있는 나무로부터 바람에 실려 온 것이었으며, 지금 이 잎새 앞에 서 있는 것은 이 땅에서의 겸손이었다.

[안드레이 플라토노프, 〈흙구덩이 터〉]

11) Мы научилсь смирению, мы разучились удивляться.[26)]

[В. Т. Шаламов, 〈Колымские рассказы〉]

우리는 순종하는 겸손을 배웠고, 놀라는 것을 잊어버렸다.

[바를람 샬라모프, 〈콜릐마 이야기들〉]

12) И с умилением Олег почувствовал, что он вполне доволен своей долей, что он вполне смирён со ссылкой, и только здоровья одного он просит у неба, и не просит больших чудес.[27)]

[А. Солженицын, 〈Раковый корпус〉]

감동적이게도 올렉은 그가 전적으로 자신의 운에 만족하고 있음을, 유배에 전적으로 순종하고 있음을 느꼈다. 단지 건강 하나만을 그는 하늘에다

---

26 다음으로부터 재인용 – Ю. Д. Апресян, *Картина мира и системная лексикография*, Москва, Языки славянских культур, 2006, p. 465.

27 Шмелёв(2002; 370)에서 재인용.

부탁했으며, 그 이상의 기적은 부탁하지 않았다.

[솔제니친, 〈암 병동〉]

13) Керта смирилась со своей судьбой, ей только хотелось, чтобы поскорее всё кончилось.[28)]

[О. Адамова-Слиозберг, 〈Путь〉]

케르타(=사형선고를 받은 동료 수형자)는 자신의 운명에 순종했으며, 모든 것이 좀 더 빨리 끝나기만을 바랐다.

[올가 아다모바-슬리오즈베르그, 〈길〉]

14) Смирение, покорность судьбе, жить-то надо как-нибудь, и умываться надо, и зубы надо вставлять, и делать какое ни есть дело.

[А. Твардовский, 〈Рабочие тетради 60-х годов〉]

순종, 운명에 복종, 어떻게든지 살아야 하기에, 세수도 해야 하고, 이빨도 해넣어야 하고, 그리고 어떤 일이든 할 것.

[알렉산드르 트바르도프스키, 〈60년대 노동자 노트들〉]

15) Всю жизнь владело им смирение и гордость самоучки: преувеличенное смирение перед людьми более образованными, чем он, и смиренная гордость за собственные, добытые вопреки помехам, познания.

[Л. К. Чуковская, 〈Памяти детства: Мой отец – Корней Чуковский〉]

한평생 그를 사로잡은 것은 독학자의 겸손과 긍지였다. 즉, 그보다 많이 교육받은 사람들 앞에서는 과장된 겸손, 그리고 난관들에도 불구하고 획득한 자신의 지식에 대한 겸손한 긍지, 그것이었다.

[리디야 츄코프스카야, 〈어린 시절의 추억들: 나의 아버지 코르네이 츄코프스키〉]

---

28 О. Адамова–Слиозберг, *Путь*, М., Возвращение, 2012, p. 207.

소비에트 시대에 볼 수 있는 위와 같이 다양한 여러 예들을 보면, 그 시대에도 토포스 смирение [smirenie≃순종적 겸손]는 여전히 유지되고 있음을 알 수 있다. 예 10)에서의 смирение [smirenie]는 현실 개조의 어려움 속에서 지쳐가는 이상주의적 공산주의자 보쉬체프가 느끼는 세계 속 존재의 묵묵히 인내하는 겸손을 의미한다. 그리고 예 11), 12), 13)은 굴락(ГУГАГ, GULAG)의 수형자들이 자신들의 절망적인 상황을 각각 체념적 순응을 통해 받아들이는 것을 보여준다. 그럼으로써 그들은 수용소에서의 삶을 인내심을 가지고 하루하루 연명해나갈 수 있는 것이다. 노동자의 삶과 관련된 예 14)의 смирение [smirenie≃순종적 겸손] 또한 이러한 처지와 본질적으로 별로 다르지 않다는 것을 보여준다. 그리고 예 15)는 제대로 정규 교육을 받지 못한 독학자의 지식을 향한 겸손과 겸양을 보여준다. 이 예는 앞의 예 10)~14)와는 달리 보다 확연히 смирение [smirenie≃순종적 겸손]에 긍정적 가치를 부여하고 있다. 이처럼, 소비에트 시대에도 공식 이데올로기에 의해 포획당하지 않은 발화 영역들에서는 과거와의 단절이 없이 지속적으로 смирение [smirenie≃순종적 겸손]의 토포스가 작동하고 있다고 볼 수 있다. 단지 거기서 — 특별히 종교적 텍스트가 아닌 한 — 종교적 함축이 없어졌고, 또한 미덕으로서의 가치평가가 상대적으로 약화되었다는 것을 위의 예 10)~15)의 관찰을 통해서 짐작할 수 있다.

물론 소련의 붕괴 이후, 이 토포스의 축소되었던 범위와 가치평가적 함축의 폭은 당연히 원상회복한다. 그렇지만 이 시대는 당연히 10월혁명 이전 시대가 아니다. 그 시대는 획일적인 훈육과 규율의 사회였다면, 지금은 적어도 외견상 자율과 다양성의 사회이다. 이제 러시아 언어-문화 공간은 종교적 발언부터 반종교적 발언까지, 군주제의 복귀부터 스탈린주의의 옹호에 이르기까지, 다양한 스펙트럼의 사상적, 정치적 발언들이 가능한 사회인 것이다. 이러한 사실은 당연히 смирение [smirenie≃순종적 겸손] 토포스의 활용 방식에도 반영될 수 있을 법하다. 그렇다면, 먼저 아래의 예들을 보자.

16) Это смирение позволяет мне чувствовать себя не хуже других, но таким же, как другие, равным со всеми людьми.

[А. Сокуров, 〈Элегия дороги〉]

이 겸손은 나에게 자신이 다른 이들보다 더 나쁜 게 아니라 다른 이들과 마찬가지라는 것을, 모든 사람들과 평등하다는 것을 느끼게 해주었다.

[알렉산드르 소쿠로프, 〈길의 애가〉]

17) Если снять все покровы, всё это смирение, мужиковство и упразднение судов, то и осталось бы одно беспредельное самоуважение, которое всё время надо чем-то питать.

[Д. Быков, 〈Орфография〉]

만일 모든 보호막들을, 이 모든 겸손을, 무례함과 무판단을 제거 한다면, 그러면 오직 한없는 자기존중만이 남을 것인데, 이 자기 존중은 항상 그 무엇으로써 키워나가야 하는 것이다.

[드미트리 븨코프, 〈철자법〉]

18) Ни смирение, ни отчаяние, ни истерика, ни поза, ни скорбь — жизнь, прожитая в непрерывной власти и кончающаяся во власти, которую уже никто не свергнет.

[А. Битов. 〈Вкус〉]

(죽음의) 중단 없는 힘 속에서 산, 그리고 이미 아무도 뒤집지 못하는 그 힘 속에서 끝나는 삶은 겸손도, 절망도, 히스테리도, 허세도, 비애도 아니라는 것이다.

[안드레이 비토프, 〈맛〉]

위에서, 예 16)은 смирение [smirenie≃순종적 겸손]에 긍정적 가치를 부여하고 있는 발화이다. 반면 예 17)은 그것을 부정적으로 보고 있다. 그리고 예 18)은 겸손 자체에 대한 가치판단을 함축하지 않은 발화라고 볼 수 있다. 따라서 위의 예들을 참고로 해서, 우리는 현대 러시아 언어-문화 공간 속에 смирение [smirenie≃순종적 겸손]의 토포스에 대한 상이한 가치지향성을 갖는 발화 유형들이 공존하고 있다는 것을 알 수 있다. 다시 말해서, 긍정적인 유형, 부정적인 유형, 그리고 중립적인 유형이 있는 것이다. 그렇지만 이 세 가지 유형들 사이의 역학 관계는 대단히 불균형적이다. 실제로 〈러시아어 국가 자료모음(Национальный Корпус Русского Языка, Russian National Corpus)〉을 보면, 소련 붕괴 이후의 예문 자료들의 대부분은 종교적 발화들은 물론 비종교적 발화들의 경우에도 예 16)처럼 смирение [smirenie≃순종적 겸손]에 긍정적 가치를 부여하고 있다. 그리고 단지 아주 소수의 예들만이 17)처럼 부정적 가치지향을 보이는데, 가령 безынициативность и смирение подавляющей части населения [bezyniciativnost' i smirenie podavljajuščej časti nacelenija, 인구의 압도적인 부분의 비창발성과 순종]과 같은 표현도 그러한 좋은 예일 것이다. 그리고 마찬가지로 또 다른 소수의 예들은 18)처럼 아무런 가치지향도 보이지 않는다. 이러한 사실은 결국 현대 러시아 언어-문화 공간에서도 смирение [smirenie≃순종적 겸손]의 토포스가 10월혁명 이전 시대와 마찬가지로 중요한 위치를 차지하고 있다는 것을 말해준다. 그러나 비록 소수이기는 하나 그러한 주된 흐름으로부터 이탈하는 경향들도 있다는 것은 과거 시대와 다른 점일 것이다.

6.2. '운명'의 토포스

앞에서 смирение [smirenie≃순종적 겸손]의 토포스를 다루면서, 우리는 예문들 속에서 운명에 순종하는 겸손을 나타나는 표현들을 여러 번 접했다. 더구나 이 토포스의 토대를 구성하는 신 앞에서의 순종이나 모든 것에 대한 순종적 겸손이란 결국 자기 운명에 대한 겸허한 수용을 함축한다고 볼 수 있다. 그리고 이로부터 당연히, 러시아인들은 운명을 순종적으로, 수동적으로, 혹은 숙명론적으로 받아들이는 성향이 있을 것이라는 추정을 할 수도 있을 것이다. 실제로 길윤미의 연구는 기독교 이전의 민간신앙으로부터 정교로 이행해가면서 러시아인들에게서 이러한 수동적, 순종적 운명관이 더 강화되었다고 이야기하고 있다.[29] 또한 여러 언어들 — 러시아어, 폴란드어, 독일어, 이탈리아어, 프랑스어, 영어 — 에서, 운명에 대한 개념이 사회-문화적으로 어떻게 다르게 나타나는가를 분석적으로 고찰하고 있는 베쥬비츠카의 주목할 만한 연구에서도, 러시아어에는 수동적이고 숙명론적인 운명의 개념이 반영되어 있다는 주장을 볼 수 있다.[30] 그리고 골로바니프스카야도 '운명'에 관한 러시아어 어휘들과 프랑스어 어휘들을 비교하면서, 러시아인의 고유한 운명관은 수동적이라면 프랑스인의 운명관은 능동적이라고 이야기한다.[31] 반면, 슈멜료프와 같은 연구자들은 이러한 입장을, 특히 베쥬비츠카의 입장을 반박한다. 현대 러시아어에서 가령 наша судьба в наших руках [naša sud'ba v našix rukax, 우리 운명은 우리 손안에] 같이 운명에 대한 능동

29 길윤미, "러시아 '운명' 어휘를 통해서 본 러시아인들의 운명관", 〈러시아어문학연구논집〉 49집, 2015, pp. 117–141.

30 Wierzbicka(1992; 65–116).

31 M. K. Голованивская(2009; 79–105).

성을 나타내는 표현들이 활발히 쓰이고 있다는 것이다.[32] 그렇지만 상반되는 두 입장 모두 судьба [sud'ba≃운명]라는 단어가 러시아인의 그리고 따라서 러시아어에 각인된 문화적 특성을 혹은 세계관을 잘 나타내주는 대표적인 어휘들 중의 하나라는 데에서는 일치하고 있다. 가령 좀 오래됐지만 여전히 주목할 만한 통계적 사실을 보자면, 100만 단어의 자료모음에서 영어는 destiny가 22번 그리고 fate가 33번 나온다면, 러시아어는 судьба [sud'ba≃운명]가 148번 그리고 рок [rok≃숙명]가 2번 나타난다.[33] 그리고 한국어의 경우에는 러시아어의 경우와 다소 비슷해서, 300만 어절(=어휘에 조사나 어미가 결합된 단위)의 자료모음에서 "운명"이 284번, "숙명"이 27번 나타난다.[34] 물론 이러한 통계적 사실은 '운명'을 지칭하는 어휘들이 해당 언어-문화에서 어떠한 비중을 차지하는지를 보여주는 것일 뿐, 그것의 차이가 반드시 '운명'에 대한 개념화나 세계관의 차이를 직접적으로 보여주는 것은 아니다. 실제로 한국어의 경우에는, 남한이라는 언어-문화 공간만을 생각해보면, "운명"이라는 어휘보다는 "팔자", "업보" 같은 것들이 더 대표적인 토포스의 명칭으로 적합한데, 이것은 중국의 명리학과 불교의 영향이 토착화한 결과이다.

어쨌든, 우리의 생각에, 러시아어의 судьба [sud'ba≃운명]와 관련된 위와 같은 상반되는 두 입장들 사이에서 실제적으로 문제를 해결하기 위해서는 그것을 설명하는 데 어휘론 층위의 고찰과 토포스 층위의 고찰을 분리해서 살펴보는 것이 필요한 것 같다. 이 어휘가, 아니 보다 정

---

32 Т. В. Булыгина, А. Д. Шмелёв, *Языковая концептуализация мира*, Москва, Языки русской культуры,1997, p. 489.

33 Wierzbicka(1992; 67) 참조. 이 사실은 각각 다음과 같은 빈도수 사전에 근거한 것이다 – H. Kučera, N. Francis, *Computational Analysis of Present-day American English*, Brown University Press, 1967; Л. Н. Засорина (ред.), *Частотный словарь русского языка*, Москва, Русский язык, 1977.

34 김한샘, 〈현대 국어 사용 빈도 조사 2〉, 국립국어원, 2005.

확히 말하면 이 어휘가 뜻하는 바가 러시아 언어-문화 공간에 고유한 특수성의 중요한 한 부분을, 어떤 고유한 문화적 관념을 나타내고 있다면, 실제 텍스트 상에서 발견되는 이 어휘의 모든 용법들이 다 거기로 수렴되지도 않을 것이며, 또 이 어휘 속의 어떤 개별 의미들이 토포스의 차원에서 종합화해서 고유한 문화적 관념을 구성하는가를 규명도 해야 하기 때문이다. 달리 말해서, 러시아 언어-문화 공간에서 судьба [sud'ba≃운명]로 지칭되는 고유한 문화적 관념의 내용을 분석적으로 명확히 파악하기 위해서는, 이 어휘 속의 개별 의미들에 대한 고찰과 그리고 그중에서 특정한 것들이 문화적 관념으로 종합화되는 양상에 관한 규명이 필요한 것이다.

이에 따라, 먼저 어휘적 고찰부터 시작해보자. 어원적으로 볼 때, судьба [sud'ba≃운명]는 고대 러시아어에서 동사 судити [suditi 심판, 판결하다]의 어간에 명사화 접미사 -ьба [-ĭba]가 결합해서 형성된 것이다. 현대 러시아어에서는 20개 정도 잔재로 남아 있는 이 패턴의 명사 파생은 고대 러시아어와 고대 교회슬라브어에서는 상당히 활발했었다. 이러한 파생 결과, 고대 러시아어에서 судьба [sudĭba]는 처음에 '심판, 판결'의 의미를 갖고 있었다(судьба божья [sudĭba božĭja, 신의 심판]처럼). 그렇지만 이 단어는 태어날 때 신이 운명을 정해준다는 민간 신앙에 의해서 점차 '운명'을 지칭하는 의미로 바뀌었다. 이것은 가령 на роду написано [na rodu napisano, 태어날 때 (운명이) 미리 정해져 있다] 같은 오래된 관용어에 잘 드러나 있다. 그리고 이러한 파생적 관계는 현대 러시아어라는 공시적 관점에서도 생각해볼 수 있다. 오늘날 동사 судить [sudit']는 '재판, 판결, 심판, 판단하다' 등의 의미 외에도 과거 시제로만 쓰이는 '운명짓다'라는 의미도 있기 때문에, 이 의미와 자연스럽게 судьба [sud'ba≃운명]가 연결되는 것이다.

이어서 이 단어의 의미를 분석적으로 살펴보자. 가령 멜츄크와 졸코프스키의 〈현대 러시아어 해석-조합 사전〉을 참조하자면, 항목 судьба [sud'ba≃운명]는 다음과 같은 네 가지 개별 의미로 기술된다.[35)]

19-i) 'X에게 그의 삶을 위해 중요한 일련의 것들을 판단하는 역할을 하는, 그리고 보통 그의 의도나 기대에 반하여 판단을 내리는 우리 상상 속의 행위자.'

예) приговор судьбы [prigovor sud'by, 운명의 선고], судьба решила иначе [sud'ba rešila inače, 운명은 다르게 결정했다]…

ii) 'X에게 그의 삶을 위해 중요한, 일어났거나 일어날 또는 일어날 수밖에 없는 것으로서, 이것은 그의 의지와는 상관없이 그리고 보통 그의 의도나 기대에 반하여 Y에 의해 결정된다.'

예) судьба Коли [sud'ba Koli, 콜랴의 운명], шахтёрская судьба Коли [šaxtërskaja sud'ba Koli, 콜랴의 광부의 운명]…

iii) 'X에게 그의 삶을 위해 중요한 그리고 그를 위해 바람직한 것으로서, 그에게 자신의 의지와는 상관없이 일어났거나 일어날 것이거나 또는 일어날 수밖에 없는 것.'

예) искать свою судьбу [iskat' svoju sud'bu, 자신의 운명을 찾다]…

iv) '개인들, 현상들, 과정들과 같은 것들의 대규모의 총합인 어떤 X에게 일어났거나 일어날 것으로서, 이것은 Y에 의해 결정된다.'

예) судьба прогресса [sud'ba progressa, 진보의 운명], судьба России [sud'ba Rossii, 러시아의 운명]…

---

35 Мельчук и Жолковский(1984). 앞에서 인용. 여기서는 이들의 분석을 보다 이해하기 쉽게 다소 수정을 가했다.

위의 분석에서, i)의 의미는 우리 삶의 중요한 사건들이나 계기들을 결정하는 어떤 초월적 존재를 가리키며, ii)의 의미는 우리 삶을 결정하는 중요한 사건들이나 계기들의 전체 혹은 특정한 부분을 가리킨다. 그리고 iii)의 의미는 한국어로 "운, 행운"에 대응하며, iv)의 의미는 다소 문어적인 색채를 띠며, ii)의 의미가 적용되는 대상이 비유적으로 확장되면서 형성된 결과라고 볼 수 있다. 그리고 이 외에도 ii)의 의미로부터 비롯하는 거의 관용어화된 부정 술어 не судьба [ne cud'ba, 운명이 아니다]와 같은 것들도 고려할 필요가 있다.

20) Видно, не судьба нам свидеться.
필시, 우리는 서로 볼 운명이 아니다.

21) Видно, (судьбой) не суджено нам свидеться.
필시, (운명에 의해) 우리는 서로 보도록 정해져 있지 않다.

가령 위의 20)의 부정 구문은 21)과 같은 부정 구문과 동의적인데, 흥미로운 점은 그 구문적 기원상 21)에서 생략 가능한 성분인 судьбой [sud'boj, 운명에 의해]의 의미는 19)의 ii)가 아니라 i)이라는 사실이다. 어쨌든 이런 유형의 부정 구문들은 언뜻 보면 러시아어의 судьба [sud'ba≃운명]에 수동적이고 비관적인 색조가 내포되어 있는 것처럼 생각하게 만든다.[36] 그런데 이런 부정 구문들에는 독특한 논리가 담겨 있는데, 그것은 '~할 운명이 아니다'라는 단언은 곧 '~하지 못할 운명이

---

36 Wierzbicka(1992; 108–116). 그리고 다음의 논문들도 참조할 것 – В. Ю. Апресян. "О судьбе и не–судьбе", *Динамические модели*, Сборник статей в честь Е. В. Падучевой, Москва, Языки славянских культур, 2008; 길윤미(2015; 125–130).

다'라는 단언과 같다는 점이다. 역설적이게도, '운명이 아니다'라는 것 역시 운명인 것이다.

그리고 19)의 의미 분석과 더불어 어휘적으로 고려해야 할 사실은 러시아어에서는 судьба [sud'ba≃운명]가 '운명'을 지칭하는 다음과 같은 일련의 동의어들 중에서 대표항이며, 따라서 그 의미의 폭이 가장 넓고 사용 빈도수 또한 월등히 높다는 점이다.

22) судьба [sud'ba≃운명],
рок [rok≃숙명],
фатум [fatum≃숙명],
фортуна [fortuna≃행운],
доля [dolja≃운],
участь [učast'≃운],
провидение [providenie≃섭리],
жребий [žrebij≃운수(옛말)],
удел [udel≃운(시어)],
судьбина [sud'bina≃숙명(옛말)], …

이러한 동의어들을 잘 살펴보면, 현대 러시아어에서는 судьба [sud'ba≃운명]의 개별 의미 19-i)과 대응되는 рок [rok≃숙명], 그리고 개별의미 19-ii)와 대응되는 доля [dolja≃운]와 участь [učast'≃운]만이 사용역에 별다른 제한 없이 쓰일 수 있다는 것을, 그러나 이것들의 사용 빈도수는 судьба [sud'ba≃운명]에 비해 한참 낮을 수밖에 없다는 것을 쉽사리 짐작할 수 있다. 이와 더불어 특이한 또 다른 사실은 судьба [sud'ba≃운명]에서 파생된 형용사가 없으며, 단지 러시아어 어원의 파생 형용사 роковой [rokovoj, 숙명적인, 치명적인]와 그리고 라틴어로부터 프랑스어를 거쳐서 차용된 фатальный [fatal’nyj, 숙명적인] 및 провиденциальный [providencial’nyj, 섭리적인]만이 있다는 점이다. 이 세 형용사 중에서 마지막 것은 아주 제한적인 사용역만을 갖는다는 것을 고려한다면, 결국 ‘운명’과 관련해서 일반적으로 쓰이는 형용사는 роковой [rokovoj, 숙명적인, 치명적인]와 фатальный [fatal’nyj, 숙명적인], 두 개밖에 없다.[37] 그리고 이 두 형용사 모두 ‘운명’의 다양한 양상들 중에서 심각하고 비극적인 면에 초점을 둔 의미를 특징으로 하고 있다. 즉, ‘삶의 행로에서 피할 수 없는, 돌이킬 수 없는 어떤 것(들)이 미리 예정되어 있다’라는 함축과 ‘그러한 것(들)이 삶의 행로를 결정하는 지극히 중요한 역할을 한다’라는 함축이 담겨 있는 것이다. 이러한 어휘적 사실은 судьба [sud’ba≃운명]의 개별 의미 19-i)과 ii)의 구성에 ‘보통 X의 의도나 기대에 반하여 그의 삶에 중요한 것이 일어나거나 일어날 수밖에 없다’라는 한정과도 부합한다고 볼 수 있다.

그렇지만, 이미 앞에서 우리가 제기했었듯이, 이상과 같은 어휘적 사실들이 곧 러시아어의 судьба [sud’ba≃운명]가 나타내는 문화적 관념의 특수성을 구성하는 변별적 특징들은 아니다. 그러한 개별적인 사실들이 혹은 그것들 중의 일부가 토포스의 차원에서 통일적으로 종합화될 때, 러시아 언어-문화 공간에 고유한 ‘운명’에 관한 통념적인 관념이 형성되는 것이다. 그렇다면, 어떠한 방식으로 그러한 종합화가 이루어졌을까?

이 질문과 관련해서 가장 우선적으로 생각해야 할 것은 ‘운명’의 ‘알 수 없음’이다. 요컨대, ‘운명’은 미리 정해져 있지만, 인간은 그것을 알 수 없다는 것이다. 이 ‘알 수 없음’으로 인해서 사람들은 ‘운명’에 대해서 다

37 동의적인 이 두 형용사 간의 의미적 차별화에 대한 상세한 고찰로는 다음을 참조할 것 – О. Ю. Богуславская, “Роковой и фатальный в синонимических рядах”, Н. Д. Арутюнова (ред.), *Понятие судьбы в контексте разных культур*, Москва, Наука, 1994, pp. 256–260.

양한 태도를 취하게 되는 것이다. 신탁이나 점, 예지나 계시를 통해서 그것을 알려고도 하고, 신의 뜻으로 돌리기도 하고, 신비주의에 빠지기도 하고, 심지어 될 대로 되라는 식의 방임적 태도를 취하기도 한다. '운명'의 이러한 '알 수 없음'과 관련해서 슈멜료프는 그것을 신의 차원으로 돌리면서, 19세기 시인 바실리 쥬코프스키(В. А. Жуковский)의 다음과 같은 말을 인용하고 있다.[38)]

23) У одного умного человека спросили: что такое судьба? Он отвечал: инкогнито Провидения.

한 현명한 사람들에게 사람들이 물었다. 운명이란 도대체 무엇입니까? 그는 대답했다. 신의 섭리의 알지 못함(incognito)이라고.

그러나 이처럼 '운명'은 '미리 정해져 있지만 알 수 없다'는 것으로부터 우리는 두 가지 상반된 태도를 취할 수 있다. 하나는 '운명'을 우리 위에서 우리를 주관하는 초월적인 존재로 생각하는 것이며, 다른 하나는 그것을 단순히 우리 삶의, 우리에게 일어나는 사건들의 알 수 없는 짜임으로 보는 것이다. 전자는 종교적, 신화적, 혹은 미신적 태도이며, 후자는 현세적 태도이다. 이와 더불어 또 다른 두 가지 상반된 태도도 가능한데, 하나는 '운명'은 바꾸지 못하며 따라서 순종해야 한다는 생각이라면, 다른 하나는 미리 정해져 있지만 이 순간부터 바꿀 수 있다는 생각이다. 전자는 수동적인, 숙명론적인 태도를 향한다면, 후자는 능동적인, 의지주의

38 А. Д. Шмелёв, "Метафоры судьбы: предопределение или свобода?", Н. Д. Арутюнова (ред.) (1994), p. 231.

적인 태도를 향한다. 그리고 '운명'에 대한 이러한 두 쌍의 상반된 태도들은 언어에 그대로 반영된다. 서로 상반되는 다음과 같은 언어적 표현들이 가능한 것이다.

24) Судьба преследует нас.
운명이 우리를 괴롭힌다.
24') У нас с тобой одна судьба.
너와 나는 하나의 운명이다.
24") Не хочу судьбе мешать кроить судьбу мою.[39)]
운명이 내 운명을 재단하는 것을 방해하고 싶지 않네.

25) Судьбу не изменишь; У каждого своя судьба, …
운명은 바꾸지 못한다; 각자 자신의 운명이 있다, …
25') Твоя судьба зависит только от тебя; твоя судьба в твоих руках, …
네 운명은 네게 달렸다; 네 운명은 네 손안에 있다, …

예 24)는 초월적 존재로서의 '운명'을, 24')는 현세에서 우리 삶의 짜임으로서 '운명'을 가리킨다. 상반적인 존재로서 '운명'을 지칭하는 이 두 관용적 표현들은 각각 судьба [sud'ba≃운명]의 개별 의미 19-i)과 19-ii)에 대응된다. 예 24")는 상반된 이 두 개별 의미를 하나의 언어유희적인 시적 발화 속에서 병치시킨 경우를 보여준다. 그리고 개별 의미 19-ii)와 관련해서 예 25)와 25')의 관용적 표현들은 각각 미리 정해져 있어서 바꿀 수 없는 '운명'과 그렇더라도 우리의 결단과 의지로써 이 순간부터

---

39 시인 이고리 구베르만(И. М. Губерман)의 말 – Шмелёв(1994; 227)에서 재인용.

바꿀 수 있는 '운명'을 가리킨다. 러시아어의 судьба [sud'ba≃운명]로부터 — 그리고 한국어의 경우도 마찬가지지만 — 위와 같이 상반된 관용적 표현들이 가능하다는 것은 어휘에 의해 지칭되는 문화적 관념이 요컨대 토포스의 특징을 갖고 있다는 것을 보여준다. 이 책의 II부 2.1. 아리스토텔레스와 토포스 부분에서 이미 보았듯이, 토포스의 세계에서는 상반된 논증들이 가능하기 때문이다.[40] 예컨대, 토포스의 세계에서는 다양한 관점들에 따라서 "아는 것이 힘"이기도 하지만 "아는 것이 병"이기도 하며, 오히려 "모르는 것이 약"이기도 한 것이다. 물론, 러시아 언어-문화 공간에서, 특히 민요나 관용어에서는, 예 25')처럼 '운명'에 대해 인간의 자유의지를 단언하는 표현들은 비교적 제한적이다.[41] 그렇지만 이러한 표현들 역시 유효하게 존재하는 이상, судьба [sud'ba≃운명]의 토포스는 '운명이란 미리 정해져 있지만 알 수 없다'는 한정을 내용적 출발점으로 해서 초월적 존재/현세의 것, 순종/자유 의지, 불운/행운 등과 같은 상반된 생각들을 허용하고, 종합적으로 포괄할 수 있는 관념 구조를 갖는 것으로 보아야 할 것이다. 이에 따라, 우리는 다음과 같은 관념 구조를 제안할 수 있을 것이다.

26) СУДЬБА [SUD'BA≃운명]의 토포스:
'미리 정해져 있지만 인간이 알 수 없는 것이기에, 운명은 a) 더욱더 많이 그것이 우리의 뜻이나 기대에 반해서 우리 삶의 경로에 치명적인 결정을 내린다고 여겨질수록, 더욱더 초월적인 존재로 간주되는 경향이 있다. b) 만일 그렇지 않고 현세의 것으로 여겨지는 경우에도, 여전히

40 II부의 예 5)를 볼 것.

41 다음을 참조할 것 – М. Л. Ковшова, "Концепт судьбы. Фольклор и фразеология", Н. Д. Арутюнова (ред.) (1994), pp. 137–143.

> 운명은 더욱더 자주 우리의 뜻이나 기대에 반해서 우리 삶의 경로를 결정짓는 사건과 일들로 간주 됨에 따라, 우리 삶의 알 수 없는 짜임과 더욱더 동일시된다. c) 이처럼 현세의 것이든 혹은 초월적인 것이든 간에 운명은 미리 정해져 있기에 우리는 현실을 더욱더 있는 그대로 받아들인다. d) 그러나 운명을 알 수 없는 것처럼 우리의 미래 또한 알 수 없는 것이기에, 우리는 자신의 삶에서 현실의 어려움을 받아 들이며 더욱더 적극적인 결단을 함으로써 미래로부터 어떤 희망을 보고자 한다. e) 그리고 우리가 더욱더 자주 운명은 우리의 뜻이나 기대에 어긋난다고 생각하는 만큼, 다시 말해서 그것이 우리의 뜻이나 기대에 부합하는 경우가 더욱더 드문 만큼, 우리는 운명을 더욱더 비극적으로, 더욱더 많은 슬픔의 감정과 더불어 생각하게 된다. f) 때문에, 만일 운명과 우리의 뜻이나 기대가 부합되는 경우에, 그것은 우리에게 더욱더 커다란 기쁨을 준다.
> 여기서 상반되는 것처럼 보이는 생각들 a)와 b), c)와 d), 그리고 e)와 f)는 반드시 서로 배타적이지 않을 수 있다.'

토포스 судьба [sud'ba≃운명]의 구조가 이처럼 복합적인 것은 그것이 상반되는 일련의 추정적 한정들, 즉 a) 초월적인 것 대 b) 현세의 것, c) 불가피한 것 대 d) 결단할 수 있는 것, e) 나쁘고 슬픈 것 대 f) 좋고 기쁜 것이라는 한정들을 포괄하는 대단히 커다란 문화적 관념이기 때문이다. 마치 우리의 '삶'이 그러하듯 말이다. 그리고 26)을 구성하고 있는 이러한 한정적 서술들 a)~f)는 이 토포스가 어떤 개인에게서, 혹은 어떤 개인의 어떤 특정한 시점에서 언어적 발화를 통해서 함축되느냐에 따라 여러 가지 방식으로 결합돼서 나타나게 된다. 특히, 26)의 마지막 문장이 밝히고 있듯이, 상반적인 한정의 추정들인 a)와 b), c)와 d), 그리고 e)와 f)는 그것들이 논리의 층위가 아니라 토포스의 층위에 위치하고 있기 때문에 반드시 서로 배타적일 필요는 없다. 동일한 텍스트나 발화 안에서 그것들은 함축적으로 공존할 수도 있으며, 어느 하나만 함축될 수도 있다.

또한, a)에서 f)까지 이 6개의 한정적 진술 중에서 어느 하나만 함축되고, 나머지들은 모두 사상되어버릴 수도 있다. 따라서 a)/b), c)/d), e)/f)들이 실제 텍스트나 발화에서 함축될 수 있는 경우의 수를 단순히 수학적으로만 보자면, 모든 가능한 경우는 63(= 2^6-1)가지가 될 수 있다. 그렇지만 지칭 범위에서 보자면, a)와 b) 가장 크기 때문에, a)나 b)는 각각 c)와 d) 그리고 e)와 f)를 포함할 수 있으며, 또 c)나 d)는 각각 e)와 f)를 포함할 수 있다. 따라서 судьба [sud'ba≃운명]의 토포스를 구성하는 한정적 진술들 a)~f)는 발화나 텍스트 안에서 그것들 사이의 결합과 함축의 경우가 실제로는 63가지보다는 훨씬 적을 것이다. 그럼 이와 같은 것을 염두에 두고, 여기서 몇몇 구체적인 경우들을 살펴보도록 하자.

먼저, a)나 b)의 함축으로만 나타날 수 있는 경우들이 있다(가령, руки судьбы [ruki sud'by, 운명의 손], судьба решена [sud'ba rešena, 운명은 결정돼 있다]처럼). 그렇지만 다음의 예가 보여주듯이, a)와 b)가 공존하는 함축으로 나타날 수도 있다.

27) Не сразу понял я, читая книгу, что иной связью, куда более сложной, чем я думал раньше, связаны жизнь и судьба. Эта связь непостижна нашему разуму. Судьбу не изменишь, её рождает жизнь, а жизнь есть Бог. (...) Я не знаю, возможно ли Царство Божие на земле, но твёрдо знаю, что Царство Божие есть в нас.

[С. И. Липкин, 〈Жизнь и судьба Василия Гроссмана〉][42]

책(=바실리 그로스만의 〈삶과 운명〉)을 읽으면서, 나는 내가 전에 생각했던 것보다 더 복잡한 관계로 삶과 운명이 묶여 있다는 것을 단번에 이해

42 Москва, Книга, 1990.

> 하지 못했다. 그 관계는 우리의 이성에 납득될 수 있는 것이 아니다. 운명은 바꾸지 못하며, 그것을 낳는 것은 삶이며, 그리고 삶은 신인 것이다. (...) 나는 신의 왕국이 이 땅 위에서 가능한지는 모르지만, 그러나 신의 왕국이 우리 안에 있다는 것은 확고히 알고 있다.
>
> [시몬 리프킨, 〈바실리 그로스만의 삶과 운명〉]

그로스만의 소설 〈삶과 운명〉의 원고를 은밀히 타자치고 감춰줬던 그의 친구 리프킨이 쓴 위의 기록은 운명의 불가피성과 더불어 우리 삶이 운명을 만들지만, 삶이 곧 신이라고 역설하고 있다. 이 역설에는 우리 삶으로부터 나오는 불가피한 현세의 것으로서의 운명이라는 생각과 신적인 것, 초월적인 것으로서의 운명이라는 생각이 함께 깔려 있다. 또한 리프킨은 운명의 불가피성에 대한 일반적 단언과 더불어 그것의 적극적 수용에 우리 삶의 희망이 있다는 믿음도 피력하고 있다. 이렇게 놓고 본다면, 위의 텍스트 27) 속에는 судьба [sud'ba≃운명]의 토포스를 구성하는 상반적인 한정 a)와 b)가 함축적으로 공존할 뿐만 아니라, 또 다른 상반적인 한정 c)와 d)도 함께 깔려 있다고 볼 수 있다. 이처럼, 상반된 한정들의 함축적 공존은 27)의 내용을 실로 복잡한 것으로, 그리고 논리적으로는 파악할 수 없는 것으로 만들지만, 우리 삶의 총체성이라는 관점에서 보자면 충분히 이해될 수 있는 의미 연쇄체의 독특한 감정적 울림을 만들어내고 있다.

그리고 다음과 같은 관용적 표현들의 경우는 '운명'과 관련해서 a) 초월적인 것, b) 현세의 것, c) 순종의 불가피성이라는 세 가지 한정들이 함께 함축되고 있다고 볼 수 있다.[43] 이러한 관용적 표현들은 우리가 바로

---

43 Ковшова(1994; 142) 참조.

앞부분에서 살펴본 смирение [smirenie≃순종적 겸손]의 토포스와도 잘 부합한다.

28) от судьбы не уйдёшь. [ot sud'by ne uidёš']
운명으로부터는 떠날 수가 없다.
смиряться с судьбой [smirjat'sja s sud'boj]
운명에 겸손히 순종하다
покоряться судьбе [pokorjat'sja sud'be]
운명에 복속하다

물론, 아래의 예들처럼, 상반되지 않는 추정적 한정들만이 함축되는 경우들도 있으며, 아마도 이러한 경우들이 발화나 텍스트화에서 훨씬 더 많이 활용될 것이다.

29) Ну, а теперь, почувствовав, что я гоним судьбою, что, униженный ею, предался отрицанию собственного своего достоинства, я, удрученный моими бедствиями, и упал духом.
[Ф. Достоевский, 〈Бедные люди〉]

그런데 지금, 나는 운명에 쫓기고 있고, 운명에 의해 폄하된 채 자신의 고유한 가치를 부정하는 데 몰두해 있다고 느끼고는, 내 비참함에 의기소침한 채 낙담한 상태입니다.
[도스토예프스키, 〈가난한 사람들〉]

30) Я обманут моей унылой,
Переменчивой, злой судьбой.
[Анна Ахматова, 〈Песня последней встречи ...〉]

나는 나의 음울한, 변덕스러운,
지독한 운명에 속았네.

[안나 아흐마토마, 〈마지막 만남의 노래는 ...〉]

31) Судьба лелеяла мою златую младость;
Беспечною рукой меня венчала радость,
И муза чистая делила мой досуг.

[А. Пушкин, 〈Андрей Шенье〉]

운명은 내 황금빛 젊은 날을 총애했으니,
기쁨이 그 근심 없는 손으로 내게 월계관을 씌웠고,
정결한 뮤즈가 나의 한가로움을 나눠 가졌다.

[푸슈킨, 〈앙드레 셰니에〉]

예 29)는 초월적인 것, 불가피한 것, 불운한 것으로서의 운명을 말하고 있다. 이것은 토포스 судьба [sud'ba≃운명]의 개념 구조를 구성하는 일련의 상반되는 한정들 a)/b), c)/d), e)/f) 중에서 a), c), e)만을 함축하는 경우이다. 특히 이 예 중에서 я гоним судьбою [ja gonim sud'boju, 나는 운명에 쫓기고 있다]라는 표현은 주인공이 은연중에 푸슈킨의 시를 읽고 모방했다는 사실을, 즉 주인공이 자신은 곤궁하지만 그래도 유식하다는 사실을 스스로 내비치고 있다. 문제가 되는 시는 푸슈킨의 〈카프카즈의 포로(Кавказский пленник)〉인데, 거기서도 이 표현은 동일한 양상의 함축을 담고 있다. 그리고 예 30) 역시도 비슷한 경우처럼 보이지만, 주의할 것은 이 예에서 "운명"은 초월적인 것으로서의 한정을 함축하고 있지 않다는 점이다. 단지 불가피성에 대한 한정 c)와 불행에 관한 한정 e)만을 함축하고 있는 경우이다. 여기서의 судьба [sud'ba≃운명]는 오히려 다소 жизнь [žizn'≃삶]과 동의적인데, 보다 정확히 말하자면 '이미 거쳐 온, 돌이킬 수 없는 삶의 경로'라는 의미에 가깝다. 앞의 두 예와 대조적으로 예 31)은 좋은 쪽으로의 운명을 함축하고 있다. 이 예에서는 토포스 судьба [sud'ba≃운명]의 한정 a)와 f)가 함축되고 있다. 그렇지만 만일 디지털 데이터화된 〈러시아어 국가 자료모음(Национальный Корпус Русского Языка, Russian National Corpus)〉을 통해서 судьба [sud'ba≃운명]를 검색해보면, 러시아 시와 문학에서는 위의 예 29)나 30)처럼 운명과 관련해서 초월적인 것, 불가피한 것, 불운함 등을 함축하는 경우가 압도적으로 많은데, 그것은 자연스러운 일이다. 보통 이 세상에서 우리 삶은 어려움과 불운 그리고 슬픔이 더 많고, 쉬움과 행운 그리고 기쁨이 더 적은 만큼, 문학 또한 비극적인 쪽으로의 운명을 보다 더 자주 이야기하는 것은 당연하다. 심지어 위의 예 31)에서 푸슈킨이 노래하고 있는 시인 앙드레 셰니에의 삶 또한 비극적으로 끝났으며, 푸슈킨의 삶 또한 그랬던 것이다.

한편, 예 28)~31)은 운명에 대한 수동적인 태도를 깔고 있다면, 이와 대조적으로 устроить судьбу [ustroit' sud'bu, 자신의 운명을 안착시키다], решить свою судьбу [rešit' svoju sud'bu, 자신의 운명을 결정하다] 같은 표현들은 언뜻 보면 운명과 삶에 대한 능동적인 태도를, 그리고 따라서 미래의 선택 가능성에 관한 추정적 한정 d)를 함축하고 있는 것 같다. 이러한 표현들이 구체적으로 쓰이고 있는 아래의 예들을 살펴보자.

32) Но долг и обязанность последняя: мои сёстры. Я должен устроить судьбу их.

[Н. Гоголь, 〈Письма(1836~1841)〉]

그러나 본분이자 마지막 의무는 내 누이들이다. 나는 그녀들의 운명을 보살펴줘야 한다.

[고골, 〈서신(1836~1841)〉]

33) Немногие русские девушки смогли устроить свою судьбу, большинство спились и печально закончили свою жизнь.

[Лидия Вертинская, 〈Синяя птица любви〉]

소수의 러시아 처녀들은 자신의 운명을 안착시킬 수 있었지만, 다수는 술로 세월을 보낸 다음 비참하게 자신의 삶을 마감했다.

[리디야 베르틴스카야, 〈사랑의 파랑새〉]

34) Потом признался Алёша боярышне, что подстерегал её в кустах, когда она пойдёт. Стерёг для того, чтобы высказать свою душу и разом решить свою судьбу.

[А. Е. Зарин, 〈Двоевластие〉]

이윽고 알료샤는 대귀족 처녀에게 그녀가 언제 오는지를 관목 숲에 숨어서 기다렸다고 고백했다. 그는 자신의 진심을 말하고 단숨에 자신의 운명을 결정짓기 위해서 기다렸다.

[안드레이 자린, 〈이중권력〉]

35) Напиши-ка мне чистую правду, дай мне возможность решить свою судьбу, как её решают обыкновенные взрослые люди. (...) У меня нет сил, я чувствую, что мне придётся уступить моего будущего Эдисона другой, более мужественной женщине…

[В. Дудинцев, 〈Не хлебом единым〉]

내게 온전한 진실을 편지에다 써주길, 평범한 성인들이 흔히 결정들 하는 것처럼 그렇게 자신의 운명을 결정할 수 있는 가능성을 내게 줘. (...) 내게는 힘이 없으며, 나는 나의 미래의 에디슨을 보다 용기 있는 다른 여자에게 양보해야 될 것이라고 느끼고 있어.

[블라디미르 두딘체프, 〈빵만으로는 살 수 없다〉]

사실 예 32)와 같은 경우에는 운명에 대한 능동적인 태도하고는 상관이 없다. 다른 사람의 운명을 안착시켜 준다는 것은 그 사람의 알 수 없는 불안한 운명을 보살펴준다는 것일 뿐, 운명 자체에 대한 당사자의 능동성을 의미하는 것이 아니기 때문이다. 반면, 예 33)의 경우에는, 즉 "자신의 운명을 안착시키는 것"은 확실히 능동적이다. 예 34)의 경우에도, 연인에게 자신의 진심을 말하고 그 결과가 행복이든 불행이든 단숨에 결정하겠다는 태도는 확실히 운명에 대해서 능동적이다. 반면 예 35)의 경우에는 다른 평범한 사람들이 그렇게 하는 것처럼 나도 그렇게 운명을 결정하겠다는 태도를 능동적이라고 볼 수는 없다. 그렇다면, 유사하거나 동일한 표현임에도 불구하고, 무엇이 32)와 33) 사이를, 그리고 34)와 35) 사이를 가로지르는 것일까? 그것은 어려운 현실 앞에서 자신의 의지로써 미래를 향한 결단이 있느냐 없느냐에 있다. 다음의 예 또한 이것을 잘 보여주고 있다.

36) Мы должны выстоять. Сейчас решается судьба России. Судьба всей страны. Судьба каждого из нас. Судьба наших детей

[И. Эренбург, 〈В суровый час(9 октября 1941 г.)〉]

우리는 버텨야 한다. 지금 러시아의 운명이 결정되고 있다. 나라 전체의 운명이. 우리 각자의 운명이. 우리 아이들의 운명이.

[일리야 에렌부르그, 〈준엄한 시간(1941년 10월 9일)〉]

독일군의 전격적인 침공에 조국이 위기에 처한 상황에서 위와 같은 호소는 확실히 судьба [sud'ba≃운명]의 토포스를 구성하고 있는 추정적 한정 d)를 잘 활용하고 있다. 즉, "운명을 알 수 없는 것처럼 우리의 미래 또한 알 수 없는 것이기에, 우리는 자신의 삶에서 현실의 어려움을 받아들이며 더욱더 적극적인 결단을 함으로써 미래로부터 어떤 희망을 보고자 한다"는 생각 말이다. 사실, 제2차 세계대전 당시 전쟁의 치명적인 상황에서 운명에 대한 이러한 능동적 태도야말로 대략 2000만~2500만 명의 사망이라는 소련 국민들의 엄청난 희생과 고통에도 불구하고 전쟁을 승리로 이끈 주된 힘 중의 하나였던 것이다. 단지 내무인민위원회(НКВД, NKVD)의 강압적이고 가혹한 전쟁 독려 정책에 민간인들과 병사들이 수동적으로 따르는 것만 갖고는 결코 전쟁에 이길 수 없었다는 것은 명확하다.

이처럼 위의 예 33), 34), 36)과 같은 경우들이 가능하다는 것은, 그리고 이로부터 일반적으로 말해서 '운명'에 대한 적극적 결단을 함축하는 발화와 텍스트화가 가능하다는 것은 судьба [sud'ba≃운명]의 토포스가 러시아 언어-문화 공간에서 단순히 '운명'에 대한 수동적 태도를 관념화하고 있는 것이 아님을 보여준다. 그렇다면 이제, 우리는 처음에 제기되었던 문제, 즉 '운명'에 대한 러시아어의 개념화가 그리고 이에 상응해서 러시아인들의 세계관이 수동적, 숙명론적이라는 주장(베쥬비츠카, 골로바니프스카야, 길윤미)과 그렇지 않다는 주장(슈멜료프 등) 사이에서의 문제를 해결할 수 있다. 전자의 입장은 судьба [sud'ba≃운명]의 실제로 가능한 의미와 용법들 중에서 숙명론적인 의미와 수동적 지향의 맥락에만 너무 치우쳐 있다. 그러나 위의 26)을 통해서 본 것처럼, 토포스 судьба [sud'ba≃운명]의 관념 구조에는 숙명론적인 태도, 수동적인 태도와 관련된 부분도 있지만 주체적 결단과 관련된 부분도 있는 것이다. 따라서 전자의 입장은 부분적인 타당성은 지닐 수 있지만 일반화될 수는 없다. 그렇다고 후자의 입장처럼 단순히 단어 судьба [sud'ba≃운명]의 어휘적 결합가능성에 근거를 두고, 예컨대 наша судьба в наших руках [naša sud'ba v našix rukax, 우리 운명은 우리 손 안에], решить свою судьбу [rešit' svoju sud'bu, 자신의 운명을 결정하다]와 같은 표현들이 가능하다는 어휘적 사실에만 근거를 두고 전자의 입장을 반박하는 것은 설득력이 미흡하다. 전자의 주장의 핵심은 그러한 기계적인 표현가능성을 부정하는 데 있는 것이 아니라, 이 단어의 대표적인, 전형적인 용법들이 수동적인 운명론의 태도를 함축하고 있다는 관찰과 주장에 있기 때문이다. 더구나 위의 예 34)와 35)의 비교에서도 볼 수 있듯이, 단순히 решить свою судьбу [rešit' svoju sud'bu, 자신의 운명을 결정하다] 등과 같은 표현이 성립할 수 있다고 해서 곧바로 '운명'에 대한 능동적 주체성이 함의되는 것은 아니다. 문제의 핵심은 이러한 표현가능성의 성립과 더불어 그것이 실제로 언어-문화 공간에서 주체적 결단의 전형성을 보여주는 다양한 많은 구체적인 발화의 경우들과 연결되고 있느냐는 것이다. 이 점을 입증해주고 있는 것이 바로 위의 예 33), 34), 36)과 같은 경우들이다.

특히 전쟁과 같이 치명적이고 불가피한 상황 속에서나 이해하기 어려운 역경의 상황에서 역설적이게도 '운명'의 어떤 새로운 희망을 본다는 것은 러시아어 судьба [sud'ba≃운명] 토포스의 특이한 단면을 잘 드러내 보여준다. 가령, 베르댜예프가 〈러시아의 운명〉(1918)에서 역설하고 있는 주장, 즉 제1차 세계대전이라는 거대한 전쟁의 시련 하에서 운명적으로 러시아는 자신의 고유한 종교적 영성의 갱생과 부활이라는 시대적 사명 앞에 서 있으며 그리고 이것이 갖는 세계사적 의의와 새롭게 대면하고 있다는 주장 역시도 본질적으로는 이 토포스의 다면적이고 복합적인 관념 구조에 기초한 것이다.[44] 마찬가지로, 상황은 다르지만 다

44 Н. А. Бердяев, *Судьба России*, Сборник статей 1914–1917, 앞에서 인용 – 특히 이 책의 IV부와 V부를 참조할 것.

소 유사하게도, 보리스 파스테르나크 또한 제2차 세계대전의 상황에서 오히려 암울하고 억압적인 정치적, 사회적 분위기로부터의 자유를, 운명의 새로운 열림과 희망을 본다. 그의 이러한 낙관적인 생각과 감정을 그리고 "운명의 관대함"과 막대한 희생으로 얻은 승리 뒤에 다시 찾아온 예전의 암울함으로 인한 지독한 절망감을 우리는 그가 1956년 2월에 쓴 다음과 같은 메모에서 엿볼 수 있다. "비극적이고 힘든 전시는 살아 있는 기간이었으며, 이런 점에서 볼 때 모든 사람들과의 일치감의 자유롭고 기쁜 귀환이었다. 그러나 비록 커다란 대가를 치룬 승리라 할지라도 어쨌든 승리라는 사실에서 나타난 운명의 관대함 이후에, 역사적 대범함 이후에 주위의 익숙한 환경들이 다시금 가장 어둡고 생기 없던 전쟁 이전 시기의 현명한 척 하는 가장된 태도들과 생경함으로 돌아가자, 나는 두 번째로 (36년 이후처럼) 기존 질서들로부터의 강렬한 거부감을 느꼈으며, 이번의 것은 첫 번째 것보다 훨씬 더 강렬하고 단호했다."[45] 보리스 파스테르나크가 전시에 느낀 '운명'의 새로운 열림과 희망에 관한 이러한 낙관적인 생각과 감정은 또한 그의 소설 〈의사 쥐바고〉의 에필로그 부분에서 주인공의 옛 친구들인 고르돈과 두도로프의 대화를 통해서도 간접적으로 표명되고 있다.[46]

물론 개인의 삶의 차원에서 보자면, "운명의 관대함"은 반드시 전쟁과 같은 비극적인 역사적 사건을 통해서만 드러나는 것은 아니다. 그것은 삶의 어려운 시기에 어떤 알 수 없는 엮임으로 나타나기도 한다. 가령, 다음의 시구를 보자.

---

45 Е. Б. Пастернак, "Хроника прошедших лет", *Знамя* 2008, 12.

46 Б. Пастернак, *Доктор Живаго*, XVI Эпилог, 2. 이 부분에서 특히 두도로프가 고르돈에게 '전쟁은 정화의 폭풍, 신선한 공기의 흐름, 해방의 펄럭임이었다 (...)'라고 이야기하는 대목을 볼 것.

37) В года мытарств, во времена
Немыслимого быта
Она волной судьбы со дна
Была к нему прибита.

[Б. Пастернак, 〈Разлука〉][47]

고난의 시절에, 뜻 모를
생활의 시기에
그녀는 운명의 파도에 의해 바다 밑에서
그에게로 밀려왔다.

[파스테르나크, 〈석별〉]

여기서 "운명"은 우리 삶의 알 수 없는 행로와 짜임을 의미하며, 그러한 "운명의 물결"은 두 남녀의 삶의 짜임에 어떤 좋은 이루어짐을 가져다 준 것이다. 비록 그것이 이어서 "뼈에 사무치는 그리움"이 지속되는 이별을 가져다 줬을지라도 말이다.

이렇듯, 러시아 언어-문화 공간에서 '운명'의 토포스는 결국 우리 삶의 좋고 나쁨의 알 수 없는 짜임에 긍정적으로 열려 있는 관념 구조를 특징으로 한다고 볼 수 있다. 물론 이러한 관념 구조는 합리적 개인주의와 실존주의의 관점에서 '운명'을 대하는 생각과는 극명히 대조된다. 가령, 사르트르는 앙드레 말로(A. Marlaux)의 말을 인용해서, "죽음에 내포되어 있는 가혹한 면은 그것이 삶을 운명으로 변형시키는 데 있다"라고 주장한다.[48] 이러한 입장에 따른다면, 미래를 향해 열려 있는 지금의 나에게 운

47 이 시는 〈의사 쥐바고〉의 마지막 부분에 수록된 시들 가운데 16번째 것이다. 러시아어 разлука [razluka≃헤어짐, 석별]의 정확한 의미, 그리고 이 시의 또 다른 연의 인용은 이 책의 5.5절 "'사랑'의 토포스'의 예 46)과 그 밑의 설명을 볼 것.

48 Sartre(1943; 150–151). 원래 말로의 말은 그의 소설 〈희망〉 속에 나오는 "죽음의 비극은 그것이 삶을 운명으로 변형시키는 데 있다"라는 표현이다 – A. Marlaux, *L'Espoir*, Paris, Gallimard, 1937, p. 225.

명이란 없으며, 단지 나의 본원적 자유와 그것으로부터 나오는 선택과 결단만이 있다. 단지 내가 죽은 뒤에 사람들은 이미 이루어진, 더 이상 바뀔 수 없는 과거 사실로서의 나의 삶을 가지고 "그것은 이러저러한 운명이었다"라고 말할 수 있다는 것이다. 그러나 사르트르의 이러한 명석한 입장 또한 러시아어 судьба [sud'ba≃운명]의 토포스 속에 포괄될 수밖에 없을 것이다. 왜냐하면, 설령 우리 각자가 아무리 명석한 의식과 판단으로 스스로의 미래를 구성해 나간다고 할지라도, 끊임없이 다른 이들과의 삶과 엮이는 미래란 결국 알 수 없는 것이 훨씬 더 많은 비중을 차지하기 때문이다. 중요한 것은 각자가 처한 현실의 어려움 속에서 체념하지도, 절망하지도, 자신을 방기하지도 않는 것인데, 이 점은 '운명'에 대한 철학적으로 보편적인 규정을 지향하는 사르트르의 명철한 생각 속에도 그리고 러시아 언어-문화 공간의 특수성을 구성하는 것들 중의 하나로서 судьба [sud'ba≃운명]의 토포스 속에도 공통적으로 함의되어 있다고 볼 수 있다.

6.3. '자유'의 토포스

표면적으로만 본다면, '자유'의 토포스는 앞에서 다룬 '겸손'의 토포스나 '운명'의 토포스와 대립되는 실천-윤리적 관념 같다. 그러나 이 두 토포스들 안에 '자유'의 계기가 함의될 수 있다는 것도 우리는 앞에서 보았다. 베르댜예프가 쓴 смирение [smirenie≃순종적 겸손]에 관한 텍스트를 길게 인용한 예 6)을 보면, 그는 진정한 겸손인 "자유로운 겸손"과 우리의 자유가 선행되지 않는 "타락한 겸손"을 구분하고 있다. 그의 이러한 구분이 견지될 수 있는 것은 물론 그가 말하고 있듯이 "현상학적으로 볼 때, 나의 자유가 나의 겸손을 선행하기 때문이다". 또한 토포스 судьба [sud'ba≃운명]의 관념 구조에 대한 규정인 26)을 보면, 그 안에 주체의 적극적인 결단과 관련된 추정적 한정도 포함된다는 것을 보았다. 이러한 "자유들"이란 아마도 우리 자신의 고유한 의지로써 선택과 결단을 내릴 수 있는 자유에 속하는 양태들일 것이다.

만일 '자유'의 관념이 인간에게 있어서 보편적으로 상정될 수 있는 관념들 중의 하나라고 한다면, 그것을 어떻게 설명하고 정의하는가라는 문제는 고대부터 주로 철학에서 다뤄 온 문제이다. 그러나 자유가 인간의 고유한 본성에 속한다는 생각을 명확하게 자각하게 된 것은 근대 철학의 시초라 할 수 있는 데카르트에 의해서일 것이다.[49] 그의 성찰대로, 우리는 어떤 것을 긍정하거나 부정할 수 있고, 어떤 것을 계속 쫓거나 피할 수 있는 선택의 능력이 있기 때문이다. 물론 당시의 시대적 한계에 맞게 데카르트는 이러한 자유의 본원적 기원이나 또 그것을 어떻게 잘 사용하느냐에 관한 최종적 판단은 모두 신의 뜻으로 귀속시켜버린다. 사실, 생각과 판단에 있어서 우리 모두가 갖고 있는 이러한 본원적인 자유의 보편성을 확인 또는 입증하기 위해서는 굳이 복잡한 철학적 담론이 필요하지도 않다. 인간의 모든 개별 언어들에는 긍정과 부정의 표현이 존재한다는 보편적인 사실만을 상기하는 것만으로도 충분하기 때문이다. 어쨌든, 데카르트가 그 자체로서 자명하고 확실하다고 생각한 이러한 자유는, 즉 사고의 자유는 인간 현실에 대해서 소극적일 뿐만 아니라 보편적이라는 것은 의심할 여지가 없기 때문에, 나중에 사르트르는 이것을 무신론적 입장에서 더 철저하게 밀고 나가서 인간 존재를 규정하는 유일한 초월성으로까지 격상시킨다(신 대신에 이제 자유가 그 자체로 모든 것

---

49 이 같은 인정은 그의 다음의 저술에 근거를 두고 있다 – Descartes, *Méditations métaphysiques* (형이상학적 성찰들) (1641). 이 중에서도 특히 "네 번째 성찰(Méditation IV)" 부분에 근거를 두고 있다.

을 결정하는 것이다). 자신의 초기 주저인 〈존재와 무〉에서 그는 인간의 본질에 대한 어떠한 선험적이거나 초월적인 규정도 거부하지만, 단지 단 하나 이러한 자유만이 인간 존재의 본질에 선행하는 초월적인 것이라고 규정한다.[50)]

그렇지만 스피노자나 사르트르 모두 비판하고 있듯이 이러한 자유의 한계는 그것이 바로 소극적이라는 것이다. 어떤 것을 만들어내고 창조하는 자유가 아닌 것이다.[51)] 문제는 이러한 자유, 즉 창조적인, 혹은 적극적인 자유 또한 인간에게 보편적이라는 것은 그 자체로 보편적인 진리로 입증되기 어렵다는 것이다. 데카르트 방식의 한계를 간파한 스피노자는 〈에티카〉에서 자유로운 존재란 "오직 자기 본성의 필연성에 의해서 존재하며, 오직 자기 자신에 의거해서 행동하도록 한정되어 있는 것(I부/정의 7)"으로 정의한다. 이 정의는 신에 관한 것이지만, "신=자연"이라는 유물론적 치환을 하면 이러한 자유는 인간에게도 가능한 것이 된다. "이성은 자연에 반하는 아무 것도 요구하지 않으며(IV부/정의 18 주석)", "(이성이 인도하는 대로 산다면) 인간은 인간에게 신인 것이다(IV부/정의 35 주석)." 물론 유물론적인 치환 없이도 스피노자에게서 자유의 이러한 가능성은 성립할 수 있는데, 그것은 "우리의 지성이 어떠한 미신도 없이 마음과 몸을 신에게 바친다"는 것을 전제로 한다.[52)] 요컨대, 스피노자에게 있어서 인간의 자유란 자신의 본질을 자기 필연성에 따라서 펼치는 것을 의미하는데, 이때 반드시 전제되어야 하는 것은 참다운 이성 혹

---

50 Sartre(1943; 59–60)

51 이 점에 대한 보다 상세한 고찰과 지적은 다음을 참조할 것 – Spinoza, "Letter to the very Learned and Distinguished W. van Blijenbergh(28 Jan., 1665)", E. Curley (ed. & trans.), *The Collected Works of Spinoza*, Princeton Univ. Press, 1985, pp. 378–382; J.–P. Sartre, "La liberté cartésienne", *Situations I*, Paris, Gallimard, 1946.

52 Spinoza, 상동, p. 379.

은 지성의 존재이다. 바로 이 지점에서 자유, 특히 적극적인 자유의 보편성에 대한 연역적 확실성은 멈춰지며, 그것에 대한 그 이상의 확인은 오히려 현실 속에서 우리의 이성과 지성이 스스로 참다운 이성과 지성으로 드러나는 매순간에 달려 있게 된다. 이처럼, 스피노자의 자유란 그것 자체로 내재성을 지닌 관념인데, 왜냐하면 인간의 자유란 바로 인간의 자유에 달려 있는 셈이기 때문이다. 어쨌든 이상과 같은 철학적 일별을 바탕으로, 우리는 적어도 '자유'를 인간에게 보편적으로 내재한 관념이라고 상정할 수 있다.

이로부터, 우리는 이제 '자유'에 대해서 개별 언어의 층위에서의 고찰과 논의를 별다른 전제적 제한이나 어떤 개념적 오해 없이 시작할 수 있다. 왜냐하면 '자유'의 다양한 개별적인 양태들이, 즉 "무엇을 하지 않을 자유"나 "무엇을 할 자유"가 언어마다 어휘적으로 다르게 분류되고 세분화될 수 있기 때문이다. 때문에 어휘적 층위에서 본다면, 가령 한국어의 "자유", 영어의 freedom와 liberty, 프랑스어의 liberté, 독일어의 Freiheit 등이 의미적으로나 용법상으로 반드시 일대일 대응관계로 일치하지는 않는다. 비록 많은 경우에 서로 공통점을 갖고 있지만 말이다. 마찬가지로 '자유'에 대한 통념 또한 언어-문화권에 따라서 여러 가지 양상으로 다르게 나타날 것이다.

이와 관련해서, 러시아어에서 그리고 러시아 언어-문화 공간에서 '자유'의 토포스의 규명을 어렵게 만드는 것은 무엇보다도 우선 '자유'를 지칭하는 두 개의 어휘가, 즉 свобода [svoboda≃자유]와 воля [volja≃의지, 자유]가 있다는 사실과 그리고 이어서 이 воля는 최소한 두 개의 어휘소, 즉 воля 1 [volja 1≃의지, 의욕, 뜻], воля 2 [volja 2≃거침없이 뜻대로 하는 것, 자유, 속박 받지 않는 상태]로 나눠질 수 있다는 사실이다.

이 두 어휘소 중에서 воля 1 [volja 1]은 우리의 의지나 욕망과 관계 있다면, воля 2 [volja 2]는 우리의 '자유'와 개념적으로 관련이 있다. 물론 이 둘 사이에 의미적 연관성이 없는 것은 아니다. 자신의 의지나 의욕대로 그리고 뜻대로 할 수 있는 것 또한 '자유'의 본질적인 양태들 중의 하나이기 때문이다. 이러한 의미적 연관성을 염두에 두고, 그리고 여기서 우리의 주제인 '자유'의 토포스와 관련된 어휘소는 당연히 воля 2 [volja 2]라는 것을 전제로 해서, 앞으로는 굳이 필요하지 않은 경우라면 두 어휘소 사이의 구분 없이 그냥 воля [volja≃거침없는 자유]로 표기하겠다.

이러한 예비적 단서와 함께, 러시아어에서 우선 문제가 되는 것은 '자유'를 지칭하는 상이한 두 개의 단어 воля [volja≃거침없는 자유]와 свобода [svoboda≃자유] 사이의 어휘적 구분, 혹은 용법상의 구분이다. 유사하게 영어에도 두 개의 단어 freedom과 liberty가 있지만, 러시아어와 사정은 다르다. 영어의 경우, 어원적으로 freedom이 토착어고 liberty는 중세 프랑스어를 통해서 들어온 것이지만, 오늘날 둘 사이에 개념적으로 큰 차이는 없다. 단지 liberty가 freedom에 대해서 훨씬 더 더 유표적인 어휘로 느껴지기 때문에, 의미의 폭이나 사용범위는 후자가 훨씬 더 넓고, 의미적 명시성은, 즉 '기존의 제약, 억압, 구속 등으로부터의 자유'에 대한 보다 명확한 함축은 liberty 쪽에 더 있는 것 같다. 그리고 freedom from X(X로부터의 자유)는 제한적이지 않다면 liberty from X는 대단히 제한적인 것에서 볼 수 있듯이 통사적 결합력은 freedom 쪽이 훨씬 더 일반적이다. 이 외에도, freedom fighter(자유의 투사), freedom of information(정보의 자유), liberty cap(자유의 두건), liberty of tongue(말할 자유) 등과 같이 관용적으로 굳어진 일련의 표현들에서의 차별화가 있다. 반면 러시아어의 경우에는, '자유'와 관련된 두 단어, воля [volja≃거침없는 자유]와 свобода [svoboda≃자유]는 모두 공통슬라브어라는 동일한 기원을 갖지만, 그러나 이 둘 사이에는 보다 확연한 의미적 차이와 용법상의 구별이 있다. 그러면 먼저 이 두 어휘 사이의 차별화를 자세히 살펴보도록 하자.

첫째, 개념적으로 혹은 의미상으로 свобода [svoboda≃자유]가 일반적이라면, воля [volja≃거침없는 자유]는 이에 비해 훨씬 폭이 좁다. 이러한 이 두 어휘 사이의 가장 본질적인 내용적 차이는 전자가 일정한 제약이나 상대성을 함축하는 '자유'를 의미할 수 있다면, воля [volja≃거침없는 자유]는 통상 이러한 의미로는 쓰이지 않는다는 데 있다.[53] 이 점은 아래와 같은 예에서 잘 나타나고 있다.

38) - абсолютная свобода
[absoljutnaja svoboda 절대적 자유]
- абсолютная воля
[absoljutnaja volja 절대적인(거침없는) 자유]

39) - относительная свобода
[otnocitel'naja svoboda 상대적 자유]
- *относительная воля
[*otnositel'naja volja *상대적인(거침없는) 자유]

40) - свобода печати/ совести …
[svoboda pečati/ sovesti 출판의/양심의 자유] …
- *воля печати/ совести …
[*volja pečati/ sovesti *출판의/양심의(거침없는) 자유] …

예 38)은 절대적 자유를 의미하는 데서는 두 어휘 모두 쓰일 수 있다

53 Е. В. Урысон, "Свобода 1.1", Ю. Д. Апресян и др.(2003), pp. 358–362 참조.

는 것을 보여준다. 그러나 예 39)에서 볼 수 있듯이 그리고 그로부터 쉽게 추측할 수 있듯이, 시민적 자유, 사회적인 의무나 책임이 동반되는 자유, 자기 절제가 있는 자유 등을 가리킬 때는 свобода [svoboda]가 적합하며, воля [volja]는 걸맞지가 않다. 예 40)은 이것을 보여주고 있다. 요컨대, воля [volja]의 의미적 특징은 사람에게서 단순하게, 그냥 그대로, 우리 정신의 일정한 노력이나 분별 없이 욕망되는 상태와 감정으로서의 '자유'인 것이다.

둘째, свобода [svoboda≃자유]와 воля [volja≃거침없는 자유] 사이의 이러한 의미적 차이는 당연히 이 두 어휘의 사용 양상에도 반영된다. 현대 러시아어에서, 아마도 소비에트 시기부터는, '자유'를 지칭하는 데 보통 свобода [svoboda≃자유]가 사용되며, 이에 비해 воля [volja ≃거침없는 자유]의 사용빈도는 훨씬 낮고 또 옛말 같은 느낌을 준다.[54)]가령 소련 시대의 경우, 특히 воля [volja≃거침없는 자유]는 감옥과 수용소의 현실 속에서 '자유'를 지칭하는 데 많이 사용되었는데, 이것은 вольящики [vol'jaščiki, 바깥의 자유인들] 같은 파생된 은어에서도 엿볼 수 있다. 다음의 예도 이 점을 잘 보여준다.

41) Вот, пожалуй, та воля - та единственная и самая дорогая воля, которой лишает нас тюрьма: дышать так, дышать здесь.
[А. Солженицын, "Дыхание"/〈Крохотные рассказые〉]

54 воля [volja]가 최소한 두 개의 어휘소를 갖기 때문에, 이 두 단어의 빈도수를 통계상으로 직접 비교할 수는 없다. 그렇지만 파생된 두 단어 свободный [svobodnyj, 자유로운, 빈, ...]와 вольный [vol'nyj, 자유로운, 허물없는, ...]의 빈도수는 198 대 25로 현격한 차이를 보인다 – А. Вежбицкая, *Семантические универсалии и описание языков*, Москва, Языки русской культуры, 1999, p. 461 참조.

자, 어쩌면, 바로 이 자유다, 감옥이 우리에게서 빼앗는 것은 이 유일하고 가장 소중한 자유이다 - 이렇게 숨쉬는 것, 여기서 숨쉬는 것 말이다.

[알렉산드르 솔줴니친, "숨쉬기"/〈아주 작은 이야기들〉]

그렇지만 이러한 현대와는 달리 19~20세기 초에는 воля [volja≃거침없는 자유]가 오히려 свобода [svoboda≃자유]보다 더 넓게, 그리고 자주 사용되었다. 이것을 상징적으로 보여주는 것이 바로 Земля и воля! [Zemlja i volja!, 토지와 자유!]라는 구호를 내세운 동일한 명칭의 혁명 조직일 것이다(1차 조직: 1861~1864년, 2차 조직: 1876~1879년). 물론 당시에 프랑스혁명으로부터 영향을 받아서, Свобода, равенство и братство! [Svoboda, ravenstvo i bratstvo!, 자유, 평등 그리고 우애!] 같은 구호도 유행했다. 그렇지만 러시아의 이전 세대 혁명 조직의 전통을 이어받은 레닌 또한 다음과 같이 свобода [svoboda] 대신 воля [volja]를 쓰고 있다.

42) Борьба за землю и за волю есть демократический борьба.

[Ленин, 〈Пролетариат и крестьянство〉(1905)][55]

토지를 위한 그리고 자유를 위한 투쟁은 민주주의의 투쟁이다.

[레닌, 〈프롤레타리아와 농민〉(1905)]

확실히, 이러한 예를 보더라도, 19~20세기 초에는 '자유'를 지칭하는 데 воля [volja]가 свобода [svoboda] 보다 더 폭넓게 그리고 정서적으

55 *Новая жизнь* N° 11, 12 ноября 1905

로도 친근하게 쓰였음을 알 수 있다. 그렇다면, 이 시기에도 '자유'를 가리키는 데 의미적으로 후자가 전자보다 더 무표적이었을 텐데, 왜 이런 현상이 생긴 것일까? 단적으로 말하자면, 당시의 러시아인들이, 특히 농민, 노동자, 병사와 같은 러시아 민중들이 свобода [svoboda]로 지칭되는 '자유'보다 воля [volja]로 지칭되는 '자유'를 더 좋아했기 때문이다. 물론 사정이 이러한 데는 여러 가지 요인들이 작용했을 것이다. 둘 다 추상적인 관념을 나타내는 단어라서 명확한 의미적 차이를 자각하지 못하는 경우에 민중들은 воля [volja]가 더 자신들이 생각하는 것을 제대로 나타내주는 반면에 свобода [svoboda]는 밋밋한 단어 그리고 지식인들에게나 익숙한 단어라고 생각했을 것이다. 이러한 감정의 이면에는 낯선 서구 사상에 대한 거부감도 있었을 것이다. 실제로 프랑스어의 liberté, 영어의 freedom, 독일어의 Freiheit 등은 통상 러시아어로는 свобода [svoboda]로 번역할 수밖에 없기 때문이다. 때문에 "모스크바 사람에게 свобода [svoboda]는 방종, 무법, 추태를 연상시키는 부정적 개념"이라는 페도토프의 다소 과장된 지적처럼,[56] 서구의 사상이나 풍습에 부정적인 민중들이나 보수층은 '자유'와 관련된 표현에서 воля [volja]를 더 선호했던 것이다.

셋째, 이러한 이전 시대의 역사적 배경과도 연관이 있지만, 그리고 현대에 와서는 свобода [svoboda]의 사용 빈도와 범위가 воля [volja]보다 훨씬 더 커졌다는 사실에도 불구하고, 리하쵸프나 슈멜료프 같은 학자들이 주장하듯이,[57] 러시아 언어-문화 공간에 고유한 "러시아적 자유"를 나타내는 것은 воля [volja]의 의미라는 생각은 여전히 그 효력을 잃

56 Федотов(1981; 183) – Вежбицкая(1999; 461)로부터 재인용.
57 Лихачёв(1981), Шмелёв(2002; 343–347).

지 않고 있다. 리하쵸프는 자신의 주장의 근거를 러시아의 넓고 탁 트인 자연의 광활함에 두고 있는데, 요컨대 그러한 광활함이야말로 воля вольная [vol'ja vol'naja, 드넓은 자유] 그 자체이며 또한 그 안에 사는 인간들에게도 그러한 자유를 요구하고 불러일으킨다는 것이다. 슈멜료프 또한 이러한 생각을 따르면서, свобода [svoboda]를 질서, 규범, 적법성을 전제하는 사회적 공간 속에서의 자유로, 그리고 воля [volja]를 그러한 것들로부터 벗어난 공간에서의, 야생의 거칠고 무질서한 공간 속에서의 자유로 대비시키고 있다.

그런데, воля [volja≃거침없는 자유]의 의미에 이처럼 고유한 문화적 함의를 입힌 주장들이야말로 이미 이 어휘 자체가 러시아 언어-문화 공간 속에서 '자유'의 토포스를 가리키는 표현이자 내용이라는 것을 시사해준다. 따라서 우리는 воля [volja≃거침없는 자유]를 '자유'의 토포스로 간주하는 다음과 같은 형식적인 규정을 설정할 수 있다.

43) 러시아 언어-문화 공간에서 누군가가 생각하거나 느끼는 '자유'가 воля [volja]의 의미와 더욱더 상응될수록 그것은 더욱더 러시아적인 '자유'로 여겨진다.

그렇다면 이제 어휘소 воля [volja≃거침없는 자유]의 의미 기술만으로도 러시아 언어-문화 공간에 특징적인 '자유'의 토포스의 관념 구조를 파악할 수 있게 된다. 이를 위해서 우선 필요한 것은 '자유'에 대한 보편적인 정의인데, 우리가 앞에서 살펴본 철학적 정의들은 적합하지 않은 것 같다. 데카르트의 성찰이든 스피노자 식의 정의든 혹은 사르트르 식의 정의든 모두 개념적으로는 정교하지만 너무 '자유'를 사고와 행동의 주체에게 부여된 속성으로 바라보는 데 치우쳐 있다. 그러나 평범하게 일상적으로 생각한다면, '자유'란 특정한 상황 속에서 우리가 스스로 어떤 것을 하거나 하지 않을 수 있는 자신의 힘과 관련된 생각이기도 하며, 또한 감정적 느낌이기도 하다. 그리고 이러한 생각과 감정적 느낌을 갖는 상태이기도 하다. 이에 따라, 우리는 다음과 같은 보편적 정의를 제안한다.

44) '자유'의 보편적 정의:
어떤 상황 속에서 우리가 자신이 바라는 것을 스스로 할 수 있다고 생각하거나 그렇게 감정적으로 느끼는 것, 그리고 그렇게 생각하고 감정적으로 느낄 수 있는 상태.

이렇게 상정되는(물론 보다 더 좋은 정의도 가능할 수 있겠지만) 보편적 관념으로서의 '자유'에 대해서 어휘소 воля [volja≃거침없는 자유]는 러시아 언어-문화에 고유한 일련의 한정들을 부가한다고 볼 수 있다. 따라서 우리는 그것을 특징짓는 의미 구조이자 또한 토포스의 구조를 아래와 같은 추정 형태의 한정들로 나타낼 수 있다. 물론 이러한 한정들의 내용은 воля [volja]에 관한 기존의 연구들과 〈러시아어 국가 자료모음(Национальный Корпус Русского Языка, Russian National Corpus)〉과 같은 실제 언어 자료들을 바탕으로 설정한 것이다.

45) ВОЛЯ [VOLJA]의 의미 혹은 토포스:
'자유' ⇒ a) 본원적: '누구나 각자 자유롭다'
⇒ b) 공간적: '드넓음, 탁 트임'
⇒ c) 비제약적: '거침없음, 비상대성'
⇒ d) 이탈적: '탈규범, 탈질서, 탈법'
⇒ e) 집단적, 역사적: '쟁취해서 지켜온 최상의 가치'

먼저 본원적 한정 a)를 보면, 당연히 이것은 반드시 러시아 언어-문화권에만 특징적인 한정이라고 볼 수 없다. 인권이 통념화된 다른 많은 언어-문화권에서도 자명한 사실로 통용되는 생각이기 때문이다. 따라서 한정 a)와 관련해서는 свобода [svoboda]와 воля [volja] 사이에 개념적 차이가 없다. 가령, У каждого есть своя свобода/воля [U každogo est' svoja svoboda/volja, 누구나 각자 자기 자유가 있다] 같은 예문에서 보듯 말이다. 물론 이미 언급한 것처럼 문체적 차이는 있다. 오늘날 свобода [svoboda]가 일반적이라면, воля [volja]는 좀 옛날 말투가 난다. 그렇지만 아래의 예들에서 보듯, 19세기에는 воля [volja]가 더 생생한 표현력을 지니고 있었다.

46) Здесь все живут, как лучше кому жить, здесь всем и каждому — полная воля, вольная воля.

[Н. Г. Чернышевский, 〈Что делать?〉]

여기서는 모두들 할 수 있는 한 더 좋은 삶을 산다. 모두들 각자 완전한 자유가, 마음대로 할 자유가 있다.

[니콜라이 체르느셰프스키, 〈무엇을 할 것인가?〉]

위의 예에서 полная воля [polnaja volja, 완전한 자유]라는 표현은 아마도 오늘날이라면 полная свобода [polnaja svoboda, 완전한 자유]로 썼을 것이다. 그렇지만 체르느셰프스키의 소설이 1863년에 출판되었다는 사실을 감안한다면, 그리고 이 표현 바로 뒤에 이어지는 вольная воля [vol'naja volja, 마음대로 할 자유]와의 반복적 효과까지도 고려한다면, воля [volja]가 문체적으로 더 적절한 선택임을 알 수 있다. 특히 거의 관용적으로 굳어진 연결 관계를 보이는 вольная воля [vol'naja volja]는 위의 예에서처럼 '자유'에 대한 비제약적 한정 c)를 나타내기도 하지만, 또한 공간적 한정 b)를 표현하기도 한다. 다음의 예는 이것을 잘 보여준다.

47) Леса, поля и воля вольная - всё это мне было так ново, выросшему в хлопках, за каменными стенами, не смея выйти ни под каким предлогом за ворота без спроса и без сопровождения лакея...

[А. И. Герцен, 〈Былое и думы, Часть первая〉]

숲들, 들판들 그리고 탁 트인 자유 - 이 모든 것들은, 돌로 지은 집 안에서, 빰을 맞아가면서 자란 나에게는, 질문 없이 그리고 하인의 대동 없이는 어떠한 핑계로도 감히 문 밖을 나가지 못했던 나에게는 정말로 새로웠다...

[알렉산드르 게르첸, 〈과거와 생각들, I부〉]

이 예에서 게르첸이 воля вольная [volja vol'naja]라는 표현을 써서 언급하고 있는 것은 시골에서 자신이 느낀 "탁 트인, 드넓은 자유"이다. 이러한 종류의 자유로 말하자면 일반적으로 "전원의 자유" 혹은 "시골의 자유"라는 토포스로 우리들에게 익숙한데, 이 토포스를 러시아어로는 당연히 деревенская воля [derevenskaja volja, 시골의 자유]라고 한다. 이 경우 당연히 свобода [svoboda]를 대신 쓸 수는 없다. 그리고 '자유'에 대한 이러한 공간적 한정 b)는 다음과 같은 표현들에도 함축되고 있다고 볼 수 있다.

48) гулять на воле [guljat' na vole, 자유롭게 산책하다]
расти на воле [rasti na vole, 자유롭게 자라다]

выйти на волю [vyjti na volju, 자유의 몸이 되다]
куда на волю [kuda na volju, 마음대로 가는 데로]
⋮

'드넓고 탁 트인 자유'라는 이러한 공간적 한정 b)는 물론 '거침없는, 온전한 자유'라는 비제약적 한정 c)와도 잘 들어맞는다. 때문에 예 46)과 47)에서 본 것처럼 вольная воля [vol'naja volja]라는 표현은 '마음대로 하는 자유'도 되고 '드넓은 자유'도 되는 것이다. 또한 이러한 비제약적인 '자유'는 상대적인 것이 아니기에 아래 예에서처럼 '온전한 자유, 절대적인 자유'를 뜻할 수도 있다.

49) Куда же девалась воля вольная, богатство, счастье народа?
[〈Рабочая газета〉(1880)]

인민의 행복, 부, 온전한 자유는 도대체 어디로 가버렸는가?
[〈노동자 신문〉(1880)]

물론 이러한 자유는 국가나 사회 혹은 집단에 대한 통치권의 궁극적인 주체로서 인민, 민중, 국민, 노동자, 농민 등의 존재가 거론되는 추상적인 차원에서 생각되어질 수 있는 경우이다. 그리고 이러한 경우에는 오늘날의 문체적 기준에서 본다면 воля вольная [volja vol'naja] 대신에 полная свобода [polnaja svoboda, 완전한 자유]나 그냥 단순히 свобода [svoboda, 자유]로 쓰는 것이 더 바람직할 것이다. 그렇지만 이 표현은 오늘날까지도 그것이 갖는 음성적 그리고 의미적 반복 구조로부터 나오는 표현적 효과로 인해서 여전히 생동감을 유지하고 있는 것 또한 사실이다.

'자유'에 대한 비제약적 한정 c)가 개인의 차원에서 운용될 경우, воля [volja]는 '마음대로 할 수 있는 자유, 거리낌 없는 자유'를 의미한다.

50) Я женился на вас не насильно. Ну, что ж, если хотите жить на свободе, идите, я дам вам волю.

[А. Чехов, 〈Жена〉]

나는 당신과 강제로 결혼하지 않았소. 물론, 어떻든, 만일 당신이 자유롭게 살고 싶다면, 떠나시오. 당신에게 자유를 주겠소.

[안톤 체호프, 〈부인〉]

예 50)에서 воля [volja]는 결혼의 구속에서 벗어나서 '마음대로 할 수 있는 자유'를 의미한다. 물론 이 어휘의 이러한 의미는 오늘날에도 일상생활에서 흔히 사용되는 용법이다. 가령, 마음대로 컴퓨터 게임을 할 수 있는 자유, 일 안하고 빈둥거릴 수 있는 자유, 밤새워 놀 수 있는 자유 등등. 그렇지만, 근본적으로 볼 때는 이러한 것들과 같은 종류의 자유지만 훨씬 더 깊은, 개인의 내면적 자각과 결부된 실존적 의미도 가능하다. 가령, 다음의 시를 보자.

51) Дикая воля

Я люблю такие игры,
Где надменны все и злы.
Чтоб врагами были тигры
И орлы!

Чтобы пел надменный голос:
“Гибель здесь, а там тюрьма!”
Чтобы ночь со мной боролась,
Ночь сама!

Я несусь,- за мною пасти,
Я смеюсь - в руках аркан...
Чтобы рвал меня на части
Ураган!

Чтобы все враги - герои!
Чтоб войной кончался пир!
Чтобы в мире было двое:
Я и мир!

[Марина Цветаева, 〈Дикая воля〉]

사나운 자유

나는 모두들 오만하고 악의가 있는
그런 놀이들을 좋아한다.
호랑이들과 독수리들이
부디 적이 되길!

부디 오만한 목소리가 노래하길,
“파멸은 여기고, 저기는 감옥이다!”
부디 밤 스스로가 등장해서
나와 싸우길!

나는 힘껏 달리고, 뒤엔 야수의 입들이 있어,
나는 웃는다, 손에 투승(投繩)이 있으니...
부디 태풍이여
나를 조각내버리길!

부디 모든 적들이 영웅이길!

부디 연회가 전쟁으로 끝나길!
부디 세계 속에는 하나의 쌍이 있길,
나와 세계라는!

[마리나 츠베타예바, 〈사나운 자유〉]

이 시에서 〈사나운 자유〉라는 제목으로 형상화되고 있는 것은 표면적으로 보자면 밤의 악몽과 환상들에 맞서서 대담하고 유쾌하게 싸우는 '나'의 태도와 생각들이다. 이 시는 마리나 츠베타예바(1892~1941)의 두 번째 시집 〈환등(幻燈, Волшебнвый фонарь)〉(1912)에 수록돼 있으며, 시인이 실제로 쓴 시기는 그녀가 파리에서 공부하던 1909~1910년 사이로, 요컨대 그녀가 17살이었을 때로 추정된다. 이러한 전기적인 사실을 위의 시의 내용과 결합해 보면, 우선 두 개의 자유가, воля [volja]가 대립되고 있음을 알 수 있다. 즉, 넓은 세상의 자유가 있으며, 또 이제 막 독립적으로 세상 속으로 나아가는 '나'의 자유가 있다. 세상의 자유는 맹수들, 밤, 태풍의 이미지들을 통해서 보듯 사납게 적대적으로 '나'를, '나'의 자유를 위협한다. 그렇지만 '나'의 자유 또한 사납기에, 그것에 굴복하지 않으며, 시의 마지막 두 행에서 보는 것처럼 이러한 긴장 관계 속에서 세계와의 어떤 화합을 바라는 것이다. 만일 위의 예 51)의 시를 이렇게 해석한다면, 시의 제목 "사나운 자유(Дикая воля)"는 개인이 원초적으로 갖고 있는 '거침없는 자유'를 함축한다고 볼 수 있다.

이처럼 다양한 양태로 나타날 수 있는 '자유'에 대한 비제약적 한정 c)는 일정한 정도를 넘으면, 혹은 과도해지면 이탈적 한정 d)로 변해버린다. 이럴 경우 воля [volja]는 '탈규범적, 탈질서적, 탈법적인 자유'를 의미하게 된다. 다음의 예들을 보자.

52) Теперь нам воля - пей, гуляй, круши всё вокруг![58]

지금 우리는 맘껏 자유라서, 노래하고, 빈둥거리고, 주변의 모든 것을 부순다!

53) Но часто вырывается на волю
Второе Я в обличье подлеца.

[В. Высоцкий, 〈Второе Я〉]

그러나 종종 분출돼 나와 자유가 되는 것은
악당 모습의 두 번째 "나"이다.

[블라디미르 븨소츠키, 〈두 번째 "나"〉]

일상적 대화 문체의 예 52)는 "맘껏 자유"로서 воля [volja]가 탈규범적, 탈질서적 행위로 나타나는 것을 잘 나타내고 있다(한정 d)). 이러한 '탈규범적 자유'의 부정적 의미는 가령 дать себе волю [dat' sebe volju, (스스로에게 맘껏 자유를 주다) 제멋대로 하다], дать волю рукам [dat' volju rukam, (두 손에 맘껏 자유를 주다) 함부로 손을 놀리다] 같은 관용적 표현들에서도 나타난다. 그리고 예 52)에서 보는 것과 같은 '이탈적 자유'는 도를 넘어서면 예 53)에서 븨소츠키가 노래하고 있는 것과 같은 '탈법적 자유'가 된다. 물론 이 노래-시에서 주인공은 술집에서 창문을 부순 것은 내가 아니라 두 번째 "나"라고 재판에서 스스로를 변호하고 있지만 말이다.

한편, 개인적인 차원에서의 이러한 이탈적이고 부정적인 양상의 자유와 확연히 대비되는 것이 역사적으로 형성되어 온 집단적 가치로서의 자유이다(한정 e)). 이것은 물론 "우리" 혹은 "우리 편"이라고 간주되는 집단이 원하는 최상의 가치로서 '자유'이며, 또한 구체적인 역사적 현실 속

58 Урысон(2003; 360)에서 인용.

에서 투쟁과 전투를 통해서 쟁취하고 지켜 온 '자유'이기도 하다. 이것은 이미 앞에서 언급된, 인민주의 혁명 조직의 구호 Земля и воля! [Zemlja i volja!, 토지와 자유!], 그리고 이것을 이어받은 레닌의 정식화 борьба за землю и за волю [bor'ba za zemlju i za volju, 토지를 위한 그리고 자유를 위한 투쟁] 같은 표현들에서 나오는 воля [volja]가 함축하고 있는 의미이다. 이미 앞에서도 말한 것처럼, 이러한 의미로서의 воля [volja]는 러시아에서 19~20세기 초에 민중들 사이에서, 그리고 정치적 담론이나 선전, 선동에서도 자주 사용되던 것이다. 그리고 이로부터 "за землю, за волю [za zemlju, za volju, 토지를(/이 땅을) 위해서 자유를 위해서]"라는 전투적인 토포스가 형성되는데, 이 토포스의 실제적인 생명력은 군가와 같은 음악과 결합되면서 10월혁명 이후의 내전 시기를 거쳐서 제2차 세계대전 때까지 지속되었다고 볼 수 있다. 아래의 예들을 보자.

54) За землю, за волю,
За лучшую долю,
За бедный народ
Иди без оглядки вперёд.

[Н. Суетенкова(Миронова), 〈Красноармейцам〉(1919)]

토지를 위해, 자유를 위해,
더 나은 운명을 위해,
가난한 민중을 위해
뒤돌아봄 없이 앞으로 나가라.

[나데쥬다 수에텐코바(미로노바), 〈적군 병사들에게〉(1919)]

55) За землю, за волю, за лучшую долю
Готовы на смертный бой!

[Л. Дзержинский, 〈От края и до края〉(1935)]

> 토지를 위해, 자유를 위해, 더 나은 운명을 위해
> (우리는) 죽음의 전투로 나아갈 준비가 돼 있다!
>
> [레오니드 제르쥔스키, 〈이 땅 끝에서 끝까지〉(1935)]

먼저, 예 54)는 내전 시기에 만들어진 전투가의 가사 한 부분인데, 이것의 첫 두 행이 예 55)의 첫 행으로 인용되었음을 볼 수 있다. 예 55)는 레오니드 제르쥔스키의 리브레토에 동생인 이반이 작곡해서 1935년에 발표한 오페라 〈고요한 돈 강(Тихий Дон)〉에서 나오는 합창곡의 가사 중에 일부인데, 이 오페라가 대성공을 거두면서 군가 풍의 이 합창곡 또한 널리 알려지게 된다. 물론 이러한 연유로 해서 일종의 전투적인 토포스 "за землю, за волю [za zemlju, za volju, 토지를(/이 땅을) 위해서, 자유를 위해서]"는 내전의 승리와 그 후 스탈린에 의한 농업의 강제 집단화 정책 등에 따른 역사적 맥락과 사회적 현실의 변화에도 불구하고 제2차 세계대전 시기까지는 실제적 유효성을 유지할 수 있게 된 것이다.

그렇지만 오늘날의 관점에서 본다면, воля [volja]의 의미적 한정 e)가 함축하고 있는 위와 같은 '최상의 집단적 가치로서의 자유'라는 관념은 이제 역사적 잔재로서만 통용될 뿐이다. 현대 러시아어에서 이러한 관념을 나타내는 어휘는 당연히 동의어인 свобода [svoboda, 자유]인 것이다. 이러한 변화는 자연스러운 것인데, 왜냐하면 10월혁명의 성공 이후에는 воля [volja]에 의미적으로 내포되어 있는 집단적, 역사적 한정으로서 '농민, 노동자, 민중의 최상의 가치로서 자유' 그리고 '이를 위한 민중과 투사들의 험난한 투쟁'이라는 함축적 내용들이 더 이상 그 고유한 생동감으로써 사람들 사이에서 울릴 필요가 없어졌기 때문이며, 또 더 이상 그렇게 될 수도 없었던 것이다. 또한 이제 '민중의 최상의 가치로서 자유'라는 관념은 더 이상 러시아적인 배경과 밀접히 결합된 함축을 가질 필요도 없는 것이다.

현대 러시아어에서 воля [volja]와 관련해서 이러한 사회-역사적인 그리고 의미적인 변화를 잘 입증해주는 것이 바로 다음과 같은 사실이다. 즉, 오늘날의 러시아어에서는 бороться за свободу [borot'sja za svobodu, 자유를 위해 투쟁하다], борьба за свободу [bor'ba za svobodu, 자유를 위한 투쟁] 등과 같은 표현들만이 일반적이며, 어떤 역사적 함축을 상기시키는 아주 특별한 경우가 아니면 이러한 표현들에서 за свободу [za svobodu, 자유를 위해서] 대신에 за волю [za volju]를 쓰지 않는다는 것이다. 이러한 사실을 통해서, 우리는 '자유'에 관한 어휘이자 토포스로서 воля [volja≃거침없는 자유]를 구성하고 있는 의미적 한정들 중에서 e)는 사회-문화적 환경의 변화에 따라서 그 유효성을 잃고 점차로 사라져가고 있다는 것을 확인할 수 있다.

이상의 관찰들을 바탕으로, 우리는 앞의 45)에서 제시한 воля [volja≃거침없는 자유]의 의미 구조이자 토포스의 구조를 제2차 세계대전 이후의 현대 러시아 언어-문화 공간에 맞게 다음과 같이 수정할 필요가 있다.

56) ВОЛЯ [VOLJA]의 현대적 의미 혹은 현대적 토포스:
'자유' ⇒ a') 공간적: '드넓음, 탁 트임'
⇒ b') 비제약적: '거침없음, 비상대성'
⇒ c') 원초적: '누구나 이러한 자유를 바란다'
⇒ d') 이탈적: '탈규범, 탈질서, 탈법'

이처럼 바뀐, 혹은 이처럼 바뀌었다고 여겨지는 воля [volja≃거침없는 자유]의 현대적 토포스에서 가장 주목할 것은 새로운 의미적 한정으로서 원초적 한정 c')가 설정되었다는 점이다. 물론 이 새로운 항목 c')는

45)의 의미적 한정 a), '누구나 각자 자유롭다'는 본원적 한정을 대체하는 것이다. 그리고 이러한 원초적 한정 c')가 함축하는 바는 과도함이 없다면 개인의 실존적 차원에서는 소유권과 법치에 근거하는 '시민적 자유'보다는 воля [volja]가 의미하는 '원초적 자유'가 더 좋다는 것이다. 다시 말해서, 오늘날의 러시아 언어-문화 공간에서도 свобода [svoboda]로 지칭되는 '시민적 자유'보다는 воля [volja]로 지칭되는 '원초적 자유'가 더 바람직한 것으로 여겨진다는 것이다. 단, 그것이 내포하고 있는 이탈적 한정 d')가 타인에게 해를 가하는 위협적인 양상이나 파괴적인 양상으로 나타나지 않는다면 말이다. 그런데 바로 이러한 자유야말로 인간이 스스로 '자유'에 대한 자각을 하게 된 이후부터 어느 시대 어느 곳에서나 추구해온 '자유'의 실질적 본질이 아닐까? 바로 이런 의미에서, 러시아 언어-문화 공간에 특징적인 '자유'의 토포스로서 воля [volja≃거침없는 자유]는 그것 자체 안에 바람직한 보편성을 담고 있다. 물론 위의 56)의 a')와 같은 공간적인 의미적 한정은 러시아와 같은 자연적, 지형적 특성을 갖는 나라들에서나 문화적으로 전형화될 수 있는 것인지도 모른다. 그렇지만 바로 이어지는 '자유의 비제약성'에 관한 한정 b')는 확실히 관념적 보편성을 갖고 있다. 상대적이 아닌 자신의 자유를 거침없이 그러나 과도함이 없이 행사하는 것이야말로 자본주의적 근대를 거치며 왜소해지고 길들여진 우리들 각자가 그럼에도 여전히 꿈꾸고 있는 것, 바라고 있는 것이다.

Topos

VII. 결론

지금까지 우리는 토포스의 일반 이론을 수립했으며(II부), 또한 감정에 대한 일반 이론적 고찰로부터 출발해서 감정의 보편적 실재성 및 이것과 개별 언어와의 표상적·표현적 관계 등을 살펴봤다(III부). 그리고 이러한 일반 이론적인 작업들을 가지고, 구체적으로 러시아 언어-문화 공간 속에서 감정 어휘들과 감정의 토포스들 사이의 관계를 규명했으며(IV부), 이어서 기본 감정들에 관한 러시아어 토포스들을 분석·기술했다(V부). 또한 러시아의 문화적 특수성을 잘 보여주는 것으로 여겨지는 관념의 토포스들 중에서 감정이 혼합된 실천-윤리적 관념의 토포스들도 분석·기술했다(VI부).

아리스토텔레스가 이미 파악했던 것처럼 토포스를 구성하는 의미 구조는 점진적 추정에, 다시 말해서 '보다 더(/덜) P일수록 보다 더(/덜) Q이다'이라는 형식의 추정에 기초하고 있다. 한 언어-문화 공간에 대해서 흔히 그것의 문화적 특수성을 잘 나타내주는 것으로 여겨지는 개념들이나 관념들은 어떤 원형적인 문화적 현상 또는 전형에 그것들의 의미적 근거를 두고 있는 것이 아니라, 실제로는 이러한 점진적 추정의 의미 구조를 토대로 해서 형성된 것들이다. 따라서 엄밀히 말하자면, 그러한 개념들은 우리가 통상 생각하는 개념들과는 달리, 예컨대 레몬의 개념이나 아름다움의 개념 같은 것들과는 달리, 일종의 문화적 토포스들인 것이다.

이러한 사정은 이십여 년 전까지만 해도 "한국인의 고유한 정서는 은근과 끈기, 그리고 한이다"라고 말했던 것이나, 지금은 이와 현저히 다르게 "대다수 한국인들을 사로잡고 있는 것이 울화와 분노의 감정이다"라고 말하는 것에도, 또는 "한국적인 아름다움", "한국적인 정서", "한국적인 심성" 등과 같은 표현들에서도 똑같이 성립한다. 그런데 감정의 경우에는 이러한 토포스적인 어휘나 표현들을 명확히 분석적으로 설명하는 것이 쉽지 않기 때문에, 통상 학문적 담론이든 수필적 담론이든 혹은 일상적 대화이든 간에 흔히 전형적이라고 여겨지는 대표적인 사례들에 기대어서 이야기하거나 아니면 다른 나라의 사례들과의 문화적 비교를 통해서 이야기들을 한다. 물론 "러시아적 슬픔", "러시아적 분노" 등과 같은 경우에도 마찬가지이다. 그러나 적어도 학문적 담론의 영역에서는, 특히 비교 문화론적 담론들에서는, 이러한 것들에 대한 내용적 고찰이나 언급이 설명적 타당성을 갖추려면 그것들이 갖고 있는 토포스 구조에 대한 명확한 인식이 필요하다. 달리 말하면, '슬픔'이란, '분노'란 도대체 무엇이기에 "러시아적 슬픔"이나 "한국적 슬픔" 또는 "러시아적 분노"나 "한국적 분노"라는 표현과 관념이 가능할 수 있는가라는 근본적인 물음에 대한 명확한 인식이 있어야 하는 것이다. 그리고 이러한 인식론적인 필요성은 "러시아적인 순종적 겸손", "러시아인들이 생각하는 운명", "러시아적 자유" 등과 같이 감정이 혼합된 실천-윤리적 관념들의 해명에 있어서도 마찬가지이다. 바로 이 같은 문제의식으로부터 출발해서, 우리는 보편적 실재로서의 기본 감정들이 어떻게 러시아 언어-문화 공간 속에서 특정한 토포스들로 자리 잡게 되는지를, 또 '겸손'과 '운명'이라는 다소 일반적인 관념들과 '자유'라는 '보편적 관념'이 어떻게 러시아어 토포스들로 구체화되는지를 규명했다. 이러한 규명에서 중요한 것은 토포스의 설명과 기술을 위해서 적절한 — 개념적으로 명확한 — 메타-언어를 사용하는 것인데, 그것은 이 책에서처럼 한국어를 기반으로 할 수도 있고, 아니면 영어, 프랑스어, 러시아어 같은 다른 자연 언어들을 기반으로 할 수도 있으며, 또한 특정한 자연 언어와 인공 언어를 적절히 혼합한 중간 유형의 언어를 기반으로 할 수도 있다. 어쨌든 이 책에서는 엄밀한 이론적 논의들로 구성된 문화-의미론적 연구에서 한국어를 메타-언어로 사용하는 한 예를 보여줬다.

이상과 같은 작업의 마지막에 와서, 우리는 이제 또 다른 근본적인 물음, 요컨대 왜 언어-문화 공간에는 토포스들이 있는가?라는 물음과 직면해야 한다. 토포스 차원에서 관념들은 그 자체로 명확한 '참'을 말하는 것이 아니며, 단지 문화적으로나 관습적으로 '그럴듯한 참'으로 인지되는 것들일 뿐이다.

만일 세계가 한편에는 사물들만이 있고 다른 한편에는 그것들에 대한 인간 각자의 의식들만 있다면, 진리란 명확한 것이 될 것이다. 사물들에 대해서 그리고 사물들 간의 관계들에 대해서 모두가 혹은 압도적인 다수가 '참'이라고 판단하는 것들만이 그리고 오직 이것들에 근거해서 이루어지는 인간의 실천적 행위들의 사실성 및 효율성에 관한 검증된 진술들만이 진리가 될 것이다. 그러나 사물들과 그리고 인간 각자의 의식들 사이에는 언어, 관습, 문화처럼 그 기원이 불투명하면서도 인간들 사이에서 불가피한 영향을 행사하는 주체사이적 실재들이 있다. 이러한 것들 속에는 물론 토포스도 포함된다. 이러한 것들은 인간들 사이의 소통을 가능하게 하며, 또 촉진시킨다. 물론 한계는 그것들을 공유하는 사람들 사이에서만 원활한 소통이 가능하다는 데 있다. 그렇지만 어쨌든, 사물들에 대한, 사물들과 인간들 간의 관계에 대한, 그리고 인간들 사이의 관계에 대한 인간의 실천적 행위의 규모가 커지고 그 성격이 복잡해질수록 더욱더 많은 인간들 사이의 소통과 협력이 필수적이며, 이 때문에 진리라는 것 자체도 필연적으로 복잡한 것이 된다. 더구나 주체사이적 실재들의 세계를 구성하고 움직이는 힘들은 합리적 환원주의에 근거하는 진리의 형태로는 기술되지도 설명되지도 않는다. 요컨대, 그러한 세계의 영역에서 인간이 기대는 것은 수학적 형식의 단언적 진리의 확실성이 아니라 '그럴듯한 참'의 확실성인 것이다. 그리고 이러한 확실성은 사람들 사이에서 받아들여지는 공통적인 것에 토대를 두고 있다. 가령, 인간의 언어활동이 창조적이라면, 그것은 단순히 문법의 형식적 규칙들에 따라서 들어보지도 못한 표현들을 무수히 많이 만들어낼 수 있는 말하는 기계로서의 능력에 있는 것이 아니라, 일정한 사람들 사이에서 다소간 공유되고 있는 주체사이적 실재로서의 언어라는 공통된 것을 기반으로 해서 그럴듯한 의미가 있는 자기 말을 할 수 있기 때문이다(듣고 이해하는 창조적 능력도 마찬가지이다). 한 언어-문화 공간에서 구성원들이 문화적으로 공유하는 관념이자 언어적 표현으로서 토포스 또한 그 속에서 개인이나 집단이 '그럴듯한 참'을 표현하기 위해서 자신의 발화나 텍스트를 효과적으로 의미화하려고 기대는 공통적 토대인 것이다.

물론 전적으로 혹은 과도하게 토포스에 기대는 발화와 텍스트는 문화적으로 진부하거나 이데올로기적으로 강압적일 수 있다. 말의 진실성과 가치는 다른 사람들도 함께하는 공통성의 토대 위에서 자기 자신의 고유한 생각과 감정이 표현될 때야만 수긍되기 마련이다. 그렇지만 전혀 토포스에 기대지 않는다면, 자신의 개성적 특이성을 제대로 표현하는 것이나 예술적으로 생동감 있는 형상화를 빚어내는 것도, 호소력을 지닌 이데올로기적인 담론을 만들어내는 것도 아주 어려울 것이다. 마찬가지로 어떤 외국 문화를 이해하려 할 때에도, 또는 그것을 콘텍스트로 하는 문학과 예술을 접할 때도, 해당 언어-문화를 특징짓는 토포스들에 관한 일정한 지식이 없다면 제대로 된 파악이 어려울 것이다. 그리고 토포스의 존재를 떠받치고 있는 '그럴듯한 참'이란 점진적 추정 형식의 판단에 의거하는 이성의 영역에서만 구성되는 것이 아니라 동일한 형식의 느낌으로 전개되는 친숙함, 공감, 이해심 같은 감정의 영역과도 관련을 맺는다. 실로 이것을 토포스 차원의 내재성의 평면에서 잘 보여주고 있는 것이 바로 '참'에 관한 러시아어의 토포스 правда [pravda≃진실]이다. 이 책의 앞부분에서 살펴보았듯이, 그것은 이 세계 내에서 인간들 사이의 '참'이란, 즉 비초월적 '참'이란 우리의 정신뿐만 아니라 마음의 노력으로 파악되고 또 구현된다는 것을 함축하고 있는, 요컨대 '참'에 대한 '그럴듯한 참'의 토포스인 것이다. 그러데 이 토포스가 단순히 '참에 대한 그럴듯한 참'만을 내용으로 한다면, 다시 말해서 '참'을 지칭하면서 또한 그와 동시에 스스로 그러한 지칭이 '그럴듯한 참'이라고 규정하는 자기충족적인 혹은 자기지시적인 내재성만을 갖는다면, 형식적 완결성은 있을지 몰라도 이 세계 내 존재에 대해서, 우리들 각자에 대해서 열려 있는 '참'의 토포스는 되지 못했을 것이다. 그러나 이 토포스의 미덕은 그러한 내용적 내재성과 더불어 이 세계 내의 존재에 대해서 열려 있는 '참'의 관념 구조라는 데 있다. 이 세계 내에서 어떤 것에 대한 우리 인식의 '옳음'이란 그것을 진정으로 이해하려는 마음이 수반될 때 '정당함'과 연결되며, 또 올바른 실천적 규준이 될 수 있다는 것을 이 토포스는 함축하고 있는 것이다. 그러한 이해심이란 당연히 이해하려는 대상의 개별성과 특이성에 대한 관심을 전제로 한다. 세계와 인간 사이의 관계들이 그리고 인간과 인간 사이의 관계들이 일정한 언어-문화 공간 속에서 토포스들을 통해서 다소 공통적인 문화적 전형들로 관념화된다면, 그리고 이러한 관념화를 구성하는 토포스들이 '그럴듯한 참'의 일반적 차원에 위치하는 것들이라면, 그것들을 존재의 개별성의 차원과 연결시켜주고 생동감 있게 만들어 주는 것 또한 바로 이 правда [pravda≃진실]의 토포스인 것이다.

부록:
토포스의 문화적 비교의 예

'슬픔'에 관한 러시아의 тоска [toska]와 프랑스의 mélancolie[1)]

1. 서론

다른 언어-문화 공간에 속하는 토포스들을 비교할 수 있는 근거는 당연히 그것들 사이의 내용적 유사성과 차이에 있다. 특히 내용적 유사성으로부터 어떤 공통적인 개념이 추출될 수 있을 때, 그러한 비교의 기초적 근거가 마련된다고 볼 수 있다. 일반적으로 말해서, 서로 다른 것들 사이의 비교란 그것들 사이의 어떤 공통점에 기초해서 이루어지는 작업이기 때문이다.

마찬가지로, '슬픔'에 관한 러시아 언어-문화 공간의 토포스 тоска [toska≃애수]와 프랑스 언어-문화 공간의 mélancolie [≃우수]를 비교할 수 있는 것은 이것들이 비물질적인 보편적 실재인 '슬픔'에 관한 것들이기 때문이다. 물론 이러한 실재는 개별 언어의 차원을 넘어서 존재하는 것이기에, 엄밀히 말해서 그것을 지칭한다고 여겨지는 개별 언어의 어휘들이란 이미 해당 언어-문화 공간에서의 일정한 개념화를 전제로 한 것이다. 이 점은 가령 한국어 어휘 "슬픔" 및 이것과 다소 비슷하게 대응되는 독일어의 Trauer, 러시아어의 печаль [pečal'], 영어의 sadness, 프

---

1 이것은 다음 논문을 이 책에 맞게 수정, 보완한 것이다 – 이기웅, "'슬픔'의 토포스들: 러시아의 "toska"와 프랑스의 "mélancolie"", 〈토포스와 개념, 그 사회문화적 가치〉, 프랑스-러시아 문화 토포스 비교 사전 사업 2013년도 학술대회 논문집, 경북대학교, 2013.

랑스어의 tristesse 등을 생각해보면 어렵지 않게 이해할 수 있다. 그런데 이러한 개별 언어 어휘들이 개념적으로나 의미적으로 서로 유사하지만 결코 동일하지는 않다. 개별 언어마다 해당 어휘가 속하는 어휘장이나 어휘 체계의 구조가 다르고, 또 그것의 실제 용법들도 다소간 차이가 나기 마련이기 때문이다. 따라서 우리는 비물질적인 보편적 실재로서의 '슬픔'을 어떠한 자연 언어 어휘의 의미 혹은 내용면과도 동일시할 수 있는 이론적 근거가 없다. 단지 여기서 우리가 그것을 '슬픔'이라고 지칭하는 것은 한편으로는 자연 언어의 메타-언어적 기능에 근거한 자의적인 명칭 부여이지만 다른 한편으로는 그것과 한국어 어휘 "슬픔" 사이에 직접적인 대응관계가 가능하다는 사실을 고려한 것이기도 하다.

이렇게 해서, 세계 내에서 우리들 사이를 떠도는 비물질적인 보편적 실재로서 '슬픔'에 관한 명칭상의 문제가 일단 명확해졌다면, 이제 본격적으로 '슬픔'을 정의하는 문제로 넘어갈 수 있다. 원래 이름 없는 것에 이름을 붙이는 것은 그것을 가리키기 위해서이기도 하지만 또한 그것을 일정한 실천적 목적 하에서 규정하기 위해서이기도 하다. 여기서는 보편적 실재인 감정에 대한 보다 타당한 정의를 위한 일반 이론적인 목적도 있지만, 보다 직접적인 목적은 물론 '슬픔'의 토포스들인 러시아의 тоска [toska≃애수]와 프랑스의 mélancolie [≃우수]를 비교하기 위한 것이다.

그렇다면, '슬픔'이란 과연 무엇일까? 인간의 감정 일반에 관한 그리고 '기쁨', '슬픔', '사랑', '미움', '분노', '공포' 등과 같은 여러 가지 개별 감정들에 대한 많은 철학적, 심리학적 연구들이 있지만, 여기서 우리는 스피노자의 〈에티카〉를 참조, 수정해서, 감정에 대해서 그리고 '슬픔'에 대해서 다음과 같이 정의한다.[2)]

---

2 우리의 생각에 스피노자의 〈에티카〉는 감정에 대한 연구의 양대 경향이라 할 수 있는 인지주의

1) 감정이란 육체와 정신이 부여된 존재에게서, 어떤 것이 원인이 되어서 육체의 활동력을 증대시키거나 감소시키는, 혹은 촉진 시키거나 저해시키는 육체적 변용과 동시에 이러한 변용에 대한 생각으로 나타나는 것이다.

2) '슬픔'이란 육체와 정신이 부여된 존재에게서, 어떤 것이 원인이 되어서 보다 큰 완전성으로부터 보다 적은 완전성으로의 이행으로 나타나는 비물질적인 실재이다.

이제, 감정과 '슬픔'에 대한 위의 정의 1), 2)를 가지고, 우리는 그것의 구체적인 실현 공간으로서 개별 언어-문화 공간에서의 여러 가지 문제들과 마주 대하게 된다. 이 문제들은 크게 세 가지로 정리될 수 있다. 첫째, '슬픔'이 개별 언어-문화 공간 속에서 해당 언어 체계의 일반적인 — 그리고 여전히 잠재적인 — 차원에서 어떻게 개념적으로 세분화되면서 어휘화되고 있는가의 문제. 이것은 '슬픔'이 우리에게 깃드는 데 나타나는 무수히 많은 감정적 양태들에 대해서 개별 언어-문화 공간이 고유한 방식으로 유형화해서 구분하는 것을 분석, 기술하는 문제이다. 둘째, '슬픔'의 토포스화에 관한 문제, 다시 말해서 한 언어-문화 공간 속에서 나타나는 '슬픔'에 관한 개념적, 명칭적 세분화들 중에서 만일 있다면 어떤 것이 그 언어-문화 공간의 문화적 전형성을, 즉 '슬픔'의 전형성 혹은 '슬픔'의 토포스를 나타내고 있는가를 해명하는 문제. 셋째, '슬픔'이 그리고 '슬픔'의 토포스가 구체적인 개인들의 실제 발화와 표현들 속에서 어떻게 그야말로 유일무이한 '슬픔'의 경우로, 개성적 특이성으로 나타나고

(cognitivism)와 신체적 변용주의(affectionism)를 올바르게 종합화할 수 있는 이론적 가능성을 갖고 있다. 여기서 우리가 그의 생각에 수정을 가한 부분은 그가 감정을 – 당연히 당시의 시대적 맥락과 부합해서 – 인간중심주의에서 혹은 주체중심주의에서 바라보고 있는 부분이다. 보다 상세한 설명은 이 책의 III부 '감정에 대하여'의 3.1절 '일반적 고찰'을 참조할 것.

있는가를 살펴보는 문제. 특히, 이 세 번째 문제의 층위에 와서야 비로소 우리는 '슬픔'에 관한 보편성, 언어-문화적 한정성들 그리고 토포스들이 구체적 개별성 속에 통합되면서 생생한 현실적 감정으로 나타나는 모습을 보게 되는 것이다.

그러면 감정과 '슬픔'에 관한 이상과 같은 예비적인 일반적 고찰을 바탕으로, 러시아 언어-문화 공간의 토포스 тоска [toska≃애수]와 프랑스 언어-문화 공간의 토포스 mélancolie [≃우수]를 살펴보도록 하자.

2. 러시아의 тоска [toska≃애수]

러시아어에서 '슬픔'과 관련된 어휘 클러스터는 20개 이상의 어휘들로 구성되어 있으며,[3] 그것의 대표 명칭 역할을 하는 무표적인 어휘는 печаль [pečal'≃슬픔]이다. 규범어 혹은 표준어로서의 "문학 러시아어"에서 19세기 이후를 기준으로 이 어휘 클러스터에는 가장 강한 정도의 '슬픔'을 지칭하는 어휘들의 비중이 크다는 특색이 있다. 그러한 어휘들로는 가령 тоска [toska≃애수, 비애, 애상, 고뇌, 애절한 그리움], тоскливость [tosklivost'≃우수], кручина [kručina≃애수, 우수], сплин [splin≃우수], хандра [xandra≃애수, 우수, 비애], уныние [unynie≃우수, 침울], меланхолия 2 [melanxolija 2≃까닭 없는 우수] 등이 있다.[4] 이것들 중에서 문체적으로나 의미적으로 가장 넓은 폭을 지니는 것이 тоска [toska≃애수, 비애, 애상, 고뇌, 애절한 그리움]이며, 여기서 파생된 тоскливость [tosklivost'≃우수]는 단지 아주 강한 슬픔의 정서적 상태만을 의미하는 문어적 어휘이며, кручина [kručina≃애수, 우수]

3 자세한 어휘 목록은 이 책 IV부의 4.1절 '러시아어 감정 어휘와 토포스'의 예 1)을 참조할 것.

4 이들 어휘에 대한 일목요연한 정리는 다음 논문을 참조할 것 – 이기웅(2012: 153–154).

와 хандра [xandra≃애수, 우수, 비애]는 반대로 민중어적 색채가 강한 어휘들이다. 그리고 сплин [splin≃우수]은 영어 어휘인 spleen의 직접 차용어로서, 주로 문학 텍스트 속에서 바이런 풍의 낭만적 우수의 의미로 사용되었다. 한편 уныние [unynie≃우수, 침울]의 경우는 문체적으로 тоска [toska≃애수, 비애, 애상, 고뇌, 애절한 그리움] 만큼 사용 범위가 넓지만 병리적 상태라는 한정적 의미를 특징으로 한다. 이 외에도 그리스어 μελανχολία [melanxolia]를 기원으로 하는 라틴어 melancholia의 직접 차용인 меланхолия [melanxolija]는 16~17세기에는 '병적인 슬픔'을, 그리고 18세기 후반부터 19세기 전반의 문학어에서는 카람진(N. M. Karamzin)과 같은 감상주의 작가들의 영향으로 '가벼운 슬픔'을 ― меланхолия 1 [melanxolija 1] ― 의미했다면, 이후 체호프(A. Chekhov)와 같은 작가에게서는 '정신의 불만족스러운 상태로서 까닭 없는 강한 슬픔' ― меланхолия 2 [melanxolija 2], 다시 말해서 낭만주의적인 우수를 뜻하는 단어로도 사용되었다.

19세기 "문학 러시아어" 내에서 아주 강한 슬픔의 양태들을 나타내는 어휘들이 대체로 위와 같았다면, 오늘날 규범어 내에서는 문체적으로 제한된 사용범위를 갖는 어휘들이 점차적으로 사용빈도가 낮아지면서, 흔히 통용되는 어휘로는 тоска [toska≃애수, 비애, 애상, 고뇌, 애절한 그리움]와 уныние [unynie≃우수, 침울] 이 두 개라고 할 수 있다. 따라서 오늘날 러시아어에서 '슬픔'의 어휘 클러스터에 속하는 것들 중에서 일상적으로 자주 쓰이는 어휘들은 '슬픔'의 세기와 관련해서 가령 아래와 같이 차별화되는 모습을 보인다고 할 수 있다.

3) тоска [toska≃애수, 비애, 애상, 고뇌, 애절한 그리움], уныние [unynie ≃우수, 침울) 〉 горе [gore≃애도, 비탄, 비통], скорбь [skorb'≃애도,

비통] 〉 печаль [pečal'≃슬픔] 〉 грусть [grust'≃서러움, 서글픔]

그런데, 러시아 언어-문화 공간이 보여주는 이러한 어휘적 구분들 중에서, 소위 '러시아적 슬픔'을 가장 잘 나타내주는 것은 바로 тоска [toska]라고 일반적으로 이야기된다. 물론 이 같은 문화적 단정은 '슬픔'의 무수히 많은 양태들 중에서 종종 "тоска [toska]"라고 지칭되고 또 그렇게 여겨지는 특정한 유형의 것들이 러시아인의 일상에서 흔하게 나타난다는 것을 말해준다. 그렇다면 тоска [toska]의 의미는 혹은 개념은 과연 무엇일까? 사실, 러시아인들 스스로 'тоска [toska] = 러시아적 슬픔'이라는 문화적 자각, 혹은 문화적 자기 인식을 확인한 때부터 이 질문에 대해서 철학, 문학, 언어학, 문화론, 심리학 등의 다양한 분야에 걸쳐서 여러 연구들이 있어 왔다. 여기서는 단숨에 직접, 그러한 기존의 연구들 중의 중요한 것들을 비판적으로 검토한 결과로서 그리고 감정 어휘들의 의미 기술에 대한 이론적·방법적 고찰들을 기반으로, тоска [toska]의 핵심 의미 구조를 다음과 같이 제시하고자 한다.[5]

4) ТОСКА [TOSKA]:
{(A) '슬픔의 보편적 정의로서 2)' + (a) '슬픔의 지향성의 속절없음' + (b) '주어진 상황을 바꿔보려는 불가능한 바램을 마음 속에 깔고 있는 아주 강렬한 슬픔'}
⇒ {'X'} (X = 이러한 종류의 슬픔의 감정, 혹은 그것과 결합되어서 나오는 감정 효과)

5 이기웅(2012: 153)에서 제시된 정의를 수정한 것이다. 그리고 이 토포스에 대한 보다 자세한 고찰은 이 책의 5.2절 "'슬픔'의 토포스'를 참조할 것.

위의 4)에서 보편적 실재로서의 '슬픔' 혹은 그것에 대한 보편적인 — 가정의 차원에서 — 정의 (A)에 대한 특정한 의미적 한정들로서 (a), (b)는 тоска [toska]에 고유한 의미적 특성을 잘 보여준다. 이것은 러시아어 어휘 체계 내에서 '슬픔'의 다른 어휘들과의 관계에서뿐만 아니라 다른 언어의 어휘들과의 대조에서도 그렇다. 가령, 마찬가지로 강렬한 슬픔을 나타내는 уныние [unynie≃우수, 침울]의 경우에는 이러한 한정들이 없으며, '병적인 상태로서의 슬픔'이라는 다른 의미적 한정으로 특징지워지는 것이다. 마찬가지로, 문맥에 따라서 러시아어의 тоска [toska]를 한국어의 "한"이나 "애수" 등과, 또는 프랑스어의 détresse [≃비탄]나 mélancolie [≃우수] 등과 대응시킬 수는 있을지라도, 다른 언어의 대응가능한 어휘들에서 위와 같은 의미적 한정 (a), (b)를 찾기는 힘들 것이다.

그리고 러시아어 тоска [toska]의 이러한 의미적 특징은 어원적 배경과도 밀접한 관계가 있는 것으로 간주될 수 있다. 가령 스레즈네프스키(I. I. Sreznevskij)의 고대 러시아어 자료나 파스메르(M. Vasmer)의 어원사전을 참조해보면, 그것의 고대 러시아어 형태인 тъска [tŭska]는 무엇보다도 우선 '압박감, 답답함'의 의미를 지녔으며 바로 이로부터 '비통, 애통, 슬픔, 불안'과 관련된 감정의 영역으로까지 확장되어 가고 있었음을 알 수 있다. 이것은 깊은 슬픔, 강렬한 슬픔과 종종 결부되는 신체적 변용을 생각해보면 자연스러운 과정이라고 할 수 있다. 그리고 그 결과로, 이 단어는 원래 고대 러시아어에서 그러한 슬픔의 양태들을 의미하던 어휘였던 туга [tuga]를 밀어내고, 지금과 같이 문체적으로, 의미적으로 아주 폭넓은 사용 범위를 갖게 된 것이다.

이러한 역사적 과정과 더불어 тоска [toska]가 "러시아적 슬픔"을 전형적으로 나타내주는 것으로 여겨지면서, 즉 "러시아적 슬픔"의 토포스로 인정되면서, 러시아 문학에서는 당연히 이것을 예술적으로 형상화하려는 시도들도 나타나게 된다. 푸슈킨(A. S. Pushkin)을 위시한 많은 시인들이 러시아인의 삶, 러시아의 정경, 풍경, 자연 및 조국 러시아의 존재 등과 관련해서 тоска [toska]를 노래하고 있는데, 가령 아래와 같은 구절들은 자주 거론되는 유명한 예들일 것이다.

5) 마부의 긴 노래 가락들 속에서는/ 혈연적인 친근한 그 무엇이 들리네/ 때론 호기로운 방탕이/ 때론 마음에서 우러나오는 애수가 ...

[알렉산드르 푸슈킨, 〈겨울 길〉(1826)]

6) 우리의 길은 초원의 길, 우리의 길은 한없는 애수에 잠긴 길./ 오, 루시! 너의 애수에 잠긴 길.

[알렉산드르 블록, 〈강이 펼쳐졌다. 굼뜨게 흐르며 슬퍼한다〉(1908)][6]

7) 칙칙하고 희멀건 달빛/ 그리고 끝없는 평원들의 우수

[세르게이 예세닌, 〈칙칙하고 희멀건 달빛...〉(1925)]

8) 조국을 그리워하는 속절없음! 오래전에/ 다 드러나버린 이 혼란 스러움!/ 내겐 아무래도 완전히 괜찮다네 -/ 어디에서 완전히 홀로// 있어야 하든, 귀가 길 위의 어떤 돌들을 따라서/ 작은 장보따리와 함께 간신히 걸음을 옮겨야 하든,/ 마치 병원이나 막사처럼/ 여기가 나의 집인지 알지도 못하는 집으로 그렇게.

[마리나 츠베타예바, 〈고국을 그리는 속절없음! 오래전에 ...〉(1934)]

마찬가지로 고골(N. V. Gogol)을 위시한 많은 소설가들도 тоска [toska]를 작품 속에서 그려내고 있으며, 특히 체호프와 고리키는 각각 1886년

6 이 번역은 최종술(2011: 58)에서 따온 것이다.

과 1896년에 동일한 제목의 단편들도 발표한 바 있다. 이와 관련해서 여기서는 단지 체호프의 단편의 한 단락만을 살펴보도록 하겠다.

9) 다시금 그는 혼자고, 다시금 그에게 정적이 엄습한다... 얼마 전에 가라앉았던 비애가 다시금 나타나서 가슴을 여전히 아주 강하게 찢는다. 이오나의 눈동자는 불안하게 그리고 고통스럽게 거리 양편을 따라 서둘러 움직이는 군중들을 따라 이리저리 빠르게 움직인다. 이 수천의 사람들 중에서 그의 말을 제대로 들어줄 법한 단 한 사람이라도 있을까? 허나 군중들은 그의 존재도 비애도 아랑곳하지 않고 뛰다시피 걷고들 있다... 비애는 끝 모른 채로 엄청나게 큰데. 이오나의 가슴이 터지면 거기서 비애가 마치 온 세상을 다 잠기게 해 버릴것 같이 쏟아지겠지만, 그럼에도 그것은 보이지 않는다. 그것은 그 누구도 대낮에 등불을 밝히고도 알아 차리지 못할 정도로 그렇게 보잘 것 없는 외피 속에 제대로 자리 잡고 있었다.

[안톤 체호프, 〈비애〉(1886)]

이 작품은 며칠 전 아들을 잃고 비통에 빠져 있는 마부 이오나 포타노프가 축축한 눈이 내리는 저녁에, 마차를 타는 손님들이나 주변 사람들에게 자신의 슬픔을 이야기하고 싶어 하지만 무관심한 그들은 아무도 귀담아 들으려 하지 않아서, 결국 자기가 끄는 말에게 이야기하게 된다는 애처롭고 처량한 처지를 형상화하고 있다. 이러한 맥락 속에서 위의 예 9)는 아들의 사망으로 인한 슬픔을 — 이러한 슬픔은 통상 러시아어로는 горе [gore≃애도, 비탄, 비통]에 해당한다 — 함께 이야기할 수 있는 사람을 막연히 찾고자 하나 그러지 못하면서 주인공에 깃드는 슬픔의 고통스러운, 강렬하고 엄청난 형상을, 진정한 тоска [toska]를 실로 생생하게 그려내고 있는 것이다.

한편 스테파노프에 따르면, 도스토예프스키(F. M. Dostoevsky)의 〈지하로부터의 수기〉(1864)는 тоска [toska]에 내포된 러시아적 실존주의의 기본적인 특징들을 잘 그려내고 있는 작품인데, 그것은 축축한 눈, 창백한 누르스름함과 흐릿함, 곧 사라져버릴 타다 남은 양초, 답답함과 억눌림, 메스꺼움, 구토, 죽음에 대한 생각 등과 같은 요소들을 통해서 형상화되고 있다.[7)]

끝으로, 우리는 베르댜예프(N. A. Berdyaev)가 그 자신의 삶을 구성하는 여러 가지 주제들에 대한 서술인 〈자기인식〉(1949) 속에서 그의 인생 전체를 동반해 온 тоска [toska]야말로 이 세상의 덧없음과 헛됨에 대한 느낌과 더불어 저 초월적인 천상으로의 지향을 이끌어주고, 그러한 초월적 지향의 고독함을 말해주는 감정이라고 고백하고 있는 종교철학적 관점도 생각해볼 수 있을 것이다. 물론 이러한 슬픔의 관념은 러시아 민중들 사이에 널리 퍼져 있는 종말론적인 세계관과도 맥을 같이하는 것으로 볼 수 있다.

3. 프랑스의 mélancolie

프랑스어에는 '슬픔'을 지칭하는 동의어들이 상당히 많다. 만일 의미적으로나 문체적으로 가령 tristesse를 가장 무표적인 어휘로 간주한다면, 이것을 중심으로 우리는 50개가 넘는 다양한 동의어들을 발견할 수 있다. 이러한 상황에서는 어휘들 사이의 일목요연한 비교와 정리는 대단히 복잡하고 또 그다지 유용하지 않을 수도 있기에, 직접적으로 해당 어휘를 특징짓는 의미적 한정들을 살펴보는 것이 더 현명할 것이다.

먼저 어원적으로, mélancolie(≃우울, 침울, 우수, 애상)는 라틴어의 melancholia를 거쳐서 고대 그리스어의 μελαγχολία [melanxolia]까

7 Степанов(1997; 681–683).

지 거슬러 올라간다. 고대 그리스어 의학 용어로서 이 단어는 μέλας [melas, '검은']와 χολή [xolē, '담즙']의 복합어로서, '검은 담즙이 과도한 병적 상태' 및 '그러한 상태로부터 유발되는 슬픔'을 의미한다는 것은 널리 알려진 사실이다. 특이한 것은 아리스토텔레스도 히포크라테스도 이 "멜란홀리아"가 뛰어난 사람들에게서 나타나는 신체적, 정신적 증세로 보고 있다는 점이다. 어쨌든 이러한 의미적 한정들은 라틴어 단어에게로 이어져서 중세까지도 지속된다. 그리고 중세 말 무렵에는, 회이징가(J. Huizinga)에 따르면, 이 melancholia의 감정이 그 당시 사람들의 심정에 만연하게 되며, 내적 성찰과 지적 활동 속에서 음울한 주조를 이루게 된다.[8] 이것을 알레고리적으로 잘 형상화한 것이 뒤러(A. Dürer)의 유명한 판화 〈Melancholia 1〉(1514)라고 할 수 있다.[9] 이 판화는 "멜랑콜리아"를 해골이나 원구와 같은 중세적 디테일들도 배치되어 있는 우울한 고딕풍의 분위기 속에서 진지한 사색과 성찰로, 그리고 천상으로부터의 영감이나 구원에 대한 — 마치 응시하는 것 같은 — 내면적 기다림으로 형상화하고 있다. 이처럼 중세 말과 르네상스 시대에 "멜랑콜리아"는 반드시 병적으로 우울한 상태만을 의미하는 것이 아니라 지적, 예술적 창조성과 연결된 긍정적 감정으로 간주될 수도 있었던 것이다.[10]

이상과 같은 어원적, 문화적 배경을 바탕으로 melancholia는 근대에 와서는 유럽의 여러 언어들에서 공통적으로 다음과 같은 세 가지 주된 의미를 갖는 어휘로 자리 잡게 된다. 첫째, 병적인 슬픔의 상태. 둘째, 몽상적이거나 사색적인 슬픔의 상태. 그리고 셋째, 이러한 슬픔을 불러일으

8 J. Huizinger, *The Waning of the Middle Ages*, tr. by F. Hopman, London, 1924, pp. 22–25.

9 이 유명한 판화의 사진은 다음을 참조할 것 – http://www.nga.gov/content/ ngaweb/Collection/highlights/highlight35101.html

10 U. Frevert, *Emotions in History - Lost and Found*, Central European University Press, 2011, p. 23.

키는 사물의 특성. 이러한 구분과 더불어 유의할 것은 물론, 첫 번째 의미와 두 번째 의미 사이에는 명확한 경계가 있기 보다는 연속성이 있으며, 또 두 번째 의미의 경우에도 아주 깊고 강렬한 슬픔으로부터 막연한 감상에 이르기까지 연속적인 스펙트럼이 있다는 사실이다. 그리고 이러한 구분을 기반으로 해서, 우리는 프랑스어의 mélancolie에 대해서 첫 번째 의미의 계열로는 가령 dépression [≃우울, 침울], douleur [≃고통, 고뇌], neurasthénie [≃신경증, 낙담], névrose [≃신경증] 등과 같은 동의어들을, 그리고 두 번째 의미 계열로는 abattement [≃낙담], affliction [≃비탄], amertum [≃쓰디씀, 고통], angoisse [≃고뇌), cafard [≃울적함], chagrin [≃괴로움, 비애], détresse [≃비탄], deuil [≃애통, 애도], ennui [≃권태, 우울] morosité [≃침울], nostalgie [≃애상], peine [≃아픔], spleen [≃우수], vague [≃수심] 등과 같은 동의어들을 생각해볼 수 있다.

그렇다면 어휘적 차원에서 이러한 윤곽을 갖고 있는 mélancolie의 토포스는 어떠한 것일까? 여기서 먼저 프레베르트의 견해를 참조하면서 크게 본다면, 역사적으로 유럽에서는 '슬픔'에 관한 세 가지 토포스, acedia [≃침울, 하염없음], mélancolie, dépression이 교체하는 통시적 과정을 보인다.[11] 원래 '아무 관심도 의욕도 없는 상태, 혹은 바로 그러한 슬픔의 상태'를 뜻하는 고대 그리스어 ἀκηδία [akēdia]로부터 온 이 acedia는 중세에 와서 기독교 교리에 따라서 악마로부터 유발되는 그리고 따라서 치명적인 죄악으로 치부되는 감정으로 간주된다. 이 "아케디아"는 '슬픔'이 우리에게서 무관심, 의욕상실, 나태, 권태로 나타나는 양태와 관련된 통념이 특정한 종교-문화적 맥락 속에서 토포스화한 것이라

---

11 상동, pp. 20–26.

고 볼 수 있다. 그리고 르네상스와 근대에 걸쳐서 이 "아케디아"의 뒤를 잇는 것이 바로 위에서 살펴본 것과 같은 "멜랑콜리아"의 토포스이다.[12] 그리고 아마도 20세기 초 어느 시점부터는 "멜랑콜리아"의 토포스를 대체하면서, '슬픔'의 병리적 상태에 초점을 맞춘 우울증(depression)의 토포스가 우세하게 된다. 이것은 이 "depression"이라는 단어가 1905년에 정식으로 심리학 용어집에 들어온 것이나, 프로이드가 〈애도와 우울증(Trauer und Melancholie)〉(1915)이라는 논문에서 정신분석학적 관점에서 본격적으로 "멜랑콜리아"의 병리적 특징들을 논한 것 등과 같은 일련의 사실들에 의해서 촉발, 확산되어진 과정이라고 볼 수 있을 것이다.[13]

이러한 역사적 맥락을 고려할 때, 우리는 프랑스의 mélancolie가 반드시 프랑스 언어-문화 공간에만 국한되는 토포스가 아니라는 것을, 유럽이라는 다(多) 언어-문화 공간에 공통적인 토포스라는 것을 알 수 있다. 그리고 이 공통성은 앞에서 고찰한 것처럼 중세 말기에서 르네상스로 이어지는 이행기에 형성된 것으로 볼 수 있다. 그렇다면 이 "멜랑콜리아" 혹은 mélancolie라는 '슬픔'의 근대 유럽적 토포스가 갖는 기본적인 의미구조는 무엇일까? 이 질문에 대해서 우리는 다음과 같은 답을 제시할 수 있을 것이다.

10) MELANCHOLIA:
{(A) '슬픔의 보편적 정의 2)' + (a) '이 세계 내 실존의 비극성에 대한 자각' + (b) '어떤 기다림의 태도'}

---

12 특히, 18~19세기의 유럽 문화에서 이 acedia와 관련된 측면으로부터 melancholia와 toska에 대한 사회-심리적 고찰로는 다음을 참조할 것 – L. N. Bottani, "acedia ed epoche", *Sapienza: Riv. di filosofia e di teologia*, 44–2, 1991.

13 S. Frued, "Deuil et mélancolie", *Métapsychologie*, tr. par J. Laplanche et J.–B. Pontalis, Paris, Gallimard, 1968.

⇒ {'X'} (X = 이러한 종류의 슬픔의 감정, 혹은 그것과 결합 되어서 나오는 감정 효과)

즉, 토포스 "멜랑콜리아"의 의미적 핵심은 '이 세계 내 존재의 비극성에 대한 자각으로 인해서 어떤 개인에게 깃드는 슬픔이 그에게서 동시에 그러한 비극성의 해소에 대한 어떤 기다림의 태도로 나타나는 것'에 있다. 여기서 물론, 개인들 각자에게서 "그러한 비극성의 자각"이란 memento mori(언젠가는 죽는다는 것을 기억해라)나 "신의 죽음", 현실의 비참, 사랑의 고뇌와 같은 것일 수 있으며, "어떤 기다림의 태도"도 개인의 선택에 따라, 죽음에 대한 기다림이나 종교적 구원의 갈구, 무신론적 담담함, 니힐리즘, 실존적 고뇌, 어떤 심취와 같은 다양한 것이 될 수 있다.

그리고 근대와 현대의 프랑스 문학은 '슬픔'의 이러한 유럽적 토포스를 바탕으로 해서, mélancolie에 관한 수많은 개성적인 예술적 형상화들을 실로 다양하게 잘 보여주고 있다. 여기서는 이러한 개성적 다양성의 구체적인 실제 예를 우선 위에서 언급한 뒤러의 〈Melancholia 1〉과 직접 연관지어서 살펴보자.[14] 19세기 프랑스 시에서 뒤러의 〈Melancholia 1〉의 환기는 다른 누구보다도 고티에(Th. Gautier)에 의해서 본격적으로 시작되는데, 그의 장시 〈Melancholia〉는 바로 이 판화에서 뛰어난 알레고리로써 형상화된, 절제된 기독교적 신앙이 배어 있는 mélancolie의 정서가 갖는 위대함에 대한 — 자기 시대의 mélancolie의 공허한 치장이나 내용적 보잘 것 없음과 비교해서 — 찬탄이다. 이것은 다음과 같은 몇몇

14 이것은 다음 논문에 기초한 것이다 – A. Larue, "La Mélancolie de Dürer dans la poésie du XIXe siècle. Ekphrasis, allégorie, logotype?", *Literature and the Visual Arts*, dir. par S. Dorangeon, P.U. de Reims, 1998.

구절만 보더라도 단적으로, 충분히 잘 나타난다.

11) 그러나, 가슴은 근엄한 슬픔에 잠긴 채,/ 그대는 십자가의 그림자 아래서 궁핍하게 살았네./ (...) / 무릎 위에 팔꿈치를 올려놓고 턱을 괸 채로,/ 그대는 인간의 비참한 운명에 관해 슬프게 몽상하네/ (...) / 그리고 영혼은 쓰디씀과 환멸로 가득한 채,/ 오, 뒤러! 그대는 자신을 그렸네, 그대의 우수 속에서.

[테오필 고티에, 〈멜랑콜리아〉(1834)]

이러한 고티에의 경우와는 달리, 위고(V. Hugo)는 동일한 제목의 장시 〈Melancholia〉(1838)에서 당대 유럽의 가혹한 사회적 현실 속에서 나타나는 다양한 인간적 양태들을, 궁핍, 버림당함, 비참, 연민, 탐욕, 이기심, 무관심 등의 모습들을 현실적으로 그려내고 고발하면서, 이 모든 것에 대한 비통한 감정을 시적 발화 주체인 서정적 자아가 느끼는 mélancolie와 동일시하고 있다. 반면, 네르발(G. de Nerval)의 경우에 mélancolie는 아래에서 보듯 절망적이고 병적인 감정이 된다.

12) 나는 침울한 남자, 빼앗긴 자, 위로될 수 없는 자,/ 파괴된 탑에 있는 아키타니아 대공./ 유일한 나의 별은 죽었고, 별이 촘촘한 나의 류트는/ 우수의 검은 태양(le soleil noir)을 옮긴다.[15]

[제라르 드 네르발, 〈불우한 자(El Desdichado)〉(1853)]

15 이 "검은 태양(le soleil noir)"이라는 표현과 유사한 표현이 앞에서 언급한 고티에의 시에서도 이미 다음처럼 나온다 – "온통 검은 커다란 태양의 빛들(les rayons d'un grand soleil tout noir)." 이 표현은 크리스테바에 의해서 책 제목으로도 채택되었다 – J. Kristeva, *Soleil noir*, Paris, Gallimard, 1987. 거기서 크리스테바는 이 시의 또 다른 판본(1854)도 제시하고 있다 – p. 152 이하를 참조할 것.

그리고 mélancolie에 대한 이러한 낭만주의 시인들의 다양한 개별화의 뒤를 이어서, 베르렌느(P. Verlaine)는 역시 동일한 제목의 연작시 〈Melancholia〉(1866)에서 네르발의 경우와 유사하게 그것을 지나간 사랑의 회상으로부터 오는 절망적 허무감으로 나타낸다. 반면 보들레르(Ch. Baudelaire)는 위고와 비슷하게 그러나 위고만큼 사회적 차원을 부풀리지 않은 채, 단지 그 자신이 살고 있는 도시의 우울한 정경들의 형상화로써만 '우수'를, mélancolie를 구체화시킨다(산문시 모음 〈파리의 우울(*Le Spleen de Paris*)〉(1869)).

한편 소설의 경우에도, 당연히 이 mélancolie의 토포스를 중심으로 무수히 많은 작품들과 인물들을 생각해볼 수 있다. 가령, 사랑의 번민과 단념으로부터 오는 '애수'의 주인공인 클레브 공작 부인(*La Princesse de Clèves*)(1678), 젊은 날에 겪은 사랑의 상실로부터 오는 '우수'의 주인공인 아돌프(*Adolphe*)(1816) 등을 위시해서 오늘날까지 우리는 무수히 많은 허구적인 그러나 실로 현실보다 더 전형적인 경우들을 생각해 볼 수 있다. 그렇지만 여기서는 다음과 같은 두 가지 극단적인 경우에 관한 예들의 제시만으로 충분할 것이다.

13) 바로 이것, 다른 무엇도 아닌 바로 이것이야말로, 즉 죽기 전에 자기 자신이 되기 위해서 가능한 한 가장 큰 괴로움을 겪는 것이야말로, 아마도 사람들이 삶을 통해서 찾는 것일 것이다.[16]

[루이-페르디낭 셀린느, 〈밤으로의 여행〉(1932)]

14) 나는 내 삶의 명백한 무질서 속에서 명철히 보았다. 즉, 관련들이 없는 것처럼 보였던 이 모든 시도들의 기저에서 나는 같은 욕망을 재발견하고 있

---

16 이것은 위에서 언급한 크리스테바의 책에 인용된 제사(epigraph)에서 재인용한 것이다.

> 는 것이다. 즉, 실존을 나의 밖으로 몰아내는 것, 모든 순간들마다 그것들에 낀 지방을 제거하는 것, 그것들을 비틀어 짜서 물기를 없애는 것, 나를 순화하는 것, 나를 경화하는 것, 마침내 어떤 색소폰 음악 하나에 담기는 정확하고 순수한 소리를 만들기 위해서 말이다.
>
> [장-폴 사르트르, 〈구토〉(1938)]

셀린느의 〈밤으로의 여행(*Voyage au bout de la nuit*)〉에서, 1차 대전 및 그 이후의 시기를 특징짓는 비참한 사회적 현실을 배경으로 주인공 페르디낭 베르다뮈를 사로잡는 것은 자신의 무기력한 처지에 대한 환멸과 더불어 모든 것에 대한 신랄한 '비애'와 신경질적인 '침울'인데, 예 13)은 바로 이러한 mélancolie의 극단에 생의 의미가 있다는 병적인 태도의 정당화를 단적으로 역설하고 있다. 한편, 사르트르가 형이상학적 소설 〈구토(*La Nausée*)〉의 원고에 처음에는 아마도 뒤러의 판화를 염두에 두고 "Melancholia"라는 제목을 붙였다는 것은 알려진 일화이다.[17] 확실히 이 일화는 자유로운 그러나 무용한 지식인 주인공 앙투완느 로캉탱의 명철한 실존주의적 mélancolie와 맥을 같이한다. 따라서 사르트르 식 주인공의 형이상학적인 극단적 mélancolie는 셀린느의 베르다뮈처럼 절망을 정점으로 하는 삶의 의미화로 이어지지 않는다. 그것은 위의 예 14)가 단적으로 말해주듯이, 비현실적인 것, 즉 예술적인 것의 창조에 대한 추구로 이어진다. 왜냐하면 주인공에게 구토를 일으키는 실존의 부조리한 과잉으로부터 벗어난 순수한 감정과 의미로서의 존재는 오직 우리의 상상과 기획에 의해 만들어지는 영역에서만 가능하기 때문이다. 확실히 이러한 태도는 뒤러의 "멜랑콜리아"와 닮아 있다. 그러나 뒤러에게는 신

17 자세한 내용은 다음을 참조할 것 – A. Cohen–Solal, *Sartre*, Paris, Gallimard, 1985, pp. 166–173.

앙심이 있지만, 사르트르의 로캉탱에게는 바로 그것이 없기에 여전히 해소의 문제가 의문으로 남게 되는 것이다.

4. 비교 고찰

이상의 고찰들을 통해서, 우리는 잠재적으로 보편적 차원에서 존재하는 주체사이적, 비물질적 실재인 '슬픔'이 두 개의 상이한 개별 언어-문화 공간들 속에서, 그리고 특정한 개인들 속에서 어떻게 현실화되고 있는지를 구체적으로 살펴볼 수 있었다. 비록 보편적 차원에서는 동일할지라도, '슬픔'은 언어-문화적 한정들에 따라서 어휘적으로 다르게 개념화될 뿐만 아니라 또한 다른 토포스들로 정형화, 혹은 통념화되며, 그리고 최종적으로 이러한 것들이 개인의 발화 속에서 의미화될 때는 언제나 특이한 것, 유일한 것으로 나타나는 것이다(원칙적으로 이것은 일상 발화에서든 예술적 텍스트화에서든 마찬가지일 것이다). 이로부터, 여기서는, 어휘적 층위에서의 차별화가 토포스의 층위에 반영되면서 '슬픔'이 러시아 언어-문화 공간과 프랑스 언어-문화 공간에서 어떤 대조적인 모습들을 보이는지 살펴보도록 하자.

아마도 가장 먼저 눈에 띄는 것은 다음과 같은 점일 것이다. 즉, "러시아적 슬픔"의 토포스인 тоска [toska]가 단일문화적인 유형의 것이라면, 반면 프랑스의 mélancolie는 유럽이라는 다문화적인 공간에 공통적인 유형의 것이라는 사실이다. 때문에 тоска [toska]는 러시아 사회가 근대로 이행하는 어느 시점부터인가는 민족적 정서를 특징짓는 것으로 간주되어 온 반면, 당연히 mélancolie에는 이러한 문화적, 혹은 이데올로기적 규정성이 없거나 거의 희박하다. 그러나 민족적 정서라는 것이 과연 현실적으로 어떤 경계 안에서 민족이라는 단위의 정체성을 구성하는 특징들 중에 하나가 될 수 있는 것일까? 과연 러시아 민족이란 문화적으로 단일한 혹은 통일된 객관적 실체일까? 이 질문에 대해서 어떠한 이데올로기적인 프리즘도 함의하고 있지 않은 대답이 실제로 불가능하다면, 우리는 민족적 정서로서 тоска [toska]를 말할 때 그것을 러시아어를 모국어로 하는 일정한 언어-문화적 공동체의 범위로 한정시켜야 할 것이다.

이러한 단서를 전제로, 러시아 민족의 정체성을 구성하는 특징들 중의 하나로서 тоска [toska]는 지금까지도 그것에 담긴 정서적 특수성이 유효한, 따라서 상대적으로 안정적인 모습을 보이는 토포스이다. 이것은 가령 소비에트 시대의 비공식 문화에서 1960~1970년대에 커다란 영향을 끼쳤던 음유시인 븨소츠키(V. S. Vysotsky)의 창작에서도 실증적으로 잘 확인된다. 그의 노래-시 텍스트들에서는, тоска [toska]를 중심으로 그보다 '약한 슬픔'의 어휘들도 — горе [gore≃애도, 비탄, 비통], печаль [pečal'≃슬픔], грусть [grust'≃서러움, 서글픔] 등도 — 그 속으로 빨려 들어가는 그래서 거의 비슷한 양태의 강렬한 슬픔을 나타내는 양상을 보이는 것이다.[18] 이와는 대조적으로 프랑스 언어-문화 공간에서 mélancolie의 토포스는, 우리가 앞에서 살펴본 것처럼, 근대의 진행에 따라서 점점 더 개인적 개성화로써 분산되는 경향을 보인다. 급기야 예 13)과 14)가 보여주듯이 셀린느나 사르트르의 경우에 이르러서는, 어떻게 보면 토포스로서의 mélancolie는 그 극단에서 파열해버렸다고 볼 수 있을 것이다. 하나는 병적인 강박관념으로, 다른 하나는 명철한 실존적 고뇌와 불안감으로 새롭게 탄생하게 되는 것이다. 그리고 전자는 오늘날 발달된 자본주의 사회에 만연한 '슬픔'의 새로운 토포스, 즉 "병리적 우울(depression)"의 토포스로 흡수되어 버렸다면, 후자는 자유롭고 명철한

18 이에 관한 분석적 기술로는 다음을 참조할 것 – Е. В. Андриенко, "Концепты русской культуры в поэтической творчестве В. С. Высоцкого: Между тоской и свободой", Диссерт. кандидата, Владивосток, 2003.

소수의 개인들 사이에서 아직도 떠돌아다니고 있을 것이다(더 이상 토포스로서의 mélancolie가 아니라 그 잔재로서 말이다).[19]

그렇지만, 각자의 언어-문화 공간에서 이 두 토포스가 갖는 이러한 대조적인 차이들에도 불구하고, тоска [toska]와 mélancolie는 구체적인 개인들의 개별적 상황들에서 내용적으로 유사한 모습으로 나타날 수도 있다. 가령, 사랑의 상심에 깃드는 '슬픔'은 당연히 тоска [toska]의 토포스에도 mélancolie의 토포스에도 부합할 수 있는 것이다. 마찬가지로, 도스토예프스키의 〈지하로부터의 수기〉에서 삶의 비참한 실존적 상황들 앞에서 주인공이 느끼는 тоска [toska]와 그리고 사르트르의 〈구토〉에서 실존의 과잉과 부조리 앞에서 로캉탱이 느끼는 mélancolie는 권태, 무기력 그리고 구역질의 느낌이 그것들을 특징적으로 한정한다는 점에서 서로 비슷하다고 볼 수 있다.[20] 이처럼 러시아의 тоска [toska]와 프랑스의 mélancolie가 구체적인 상황들의 우연한 대응 속에서 서로 수렴되는 동질성은 이 두 토포스가 각자의 언어-문화 공간을 배경으로 보이는 대조적 차이들에도 불구하고 결국은 하나의 동일한 보편적 실재에, '슬픔'에 뿌리를 두고 있다는 것을 확인시켜준다.

---

19 이와 연관해서, 프레베르트는 현대에 와서 melancholia를 잃어버린 감정으로, 그리고 그것을 대신하는 것을 depression으로 본다 – Frevert(2011; 26).

20 이러한 실존주의적 '우수와 고뇌'와 관련해서 두 작가가 공통적으로 "구역질의 느낌"을 언급하고 있다는 사실에 관해서는 다음을 참조할 것 – Степанов(1997; 681–684).

참고문헌

길윤미, “진실과 소통을 향하여: 러시아 언어-문화에서 душа의 의미화”, 〈러시아어문학연구논집〉 43집, 2013.

길윤미, “러시아 ‘운명’ 어휘를 통해서 본 러시아인들의 운명관”, 〈러시아어문학 연구논집〉 49집, 2015.

김민아, “B. B. 로자노프의 성(性) 개념”, 〈러시아연구〉 23권 2호, 2013.

김수환, 〈사유하는 구조〉, 문학과지성사, 2011.

김한샘, 〈현대 국어 사용 빈도 조사 2〉, 국립국어원, 2005.

박종소, “블라지미르 솔로비요프의 소피아론”, 〈러시아연구〉 6권, 1996.

비고츠키, 레프, 〈사고와 언어〉, 이병훈·이재혁·허승철 옮김, 한길사, 2013.

이강은·이기웅, “리얼리즘의 서사구조에서 전형과 탈전형의 논리”, 〈러시아연구〉 18권 2호, 2008.

이기웅, “의미의 이중구조”, 〈언어연구〉 7·8집, 서울대학교 언어학과 대학원, 1993.

이기웅, “자연 언어 의미 기술의 문제점과 전망”, 〈언어학〉 30호, 2001.

이기웅, “문학 텍스트화와 언어-문화 공간의 토포스: 러시아어 “프라브다” 토포스를 중심으로”, 〈러시아연구〉 17권 2호, 2007.

이기웅, “감정과 언어 - 러시아어에서 ‘분노’에 대한 표현을 중심으로”, 〈러시아어문학연구논집〉 34집, 2010.

이기웅, “감정과 언어: 러시아어의 “toska”에 대한 고찰을 중심으로”, 〈러시아어문학연구논집〉 41집, 2012.

이기웅·김정일·백경희·임수영, “언어적 소통의 일반모형”, 〈언어학〉 56호, 2010.

이기웅·김정일·이강은 외, 〈소통의 구성적 역동성과 러시아 언어-문화 공간의 다차원성〉, 경북대학교출판부, 2010.

이기웅·서선정·이남경·이강은, “텍스트화: 언어-문화 공간의 구성과 재구성”, 이기웅·김정일·이강은 외 (2010).

최종술, "시와 러시아 정신 - 자유, 그리고 애수에 관하여", 〈러시아 연구〉 21권 2호, 2011.

〈표준국어대사전〉, 국립국어연구원.

〈한국 민족문화 대백과〉, 한국학중앙연구원.

Алексеевна, А. И., "Корреляция категорий ≪оценка≫/≪эмоция≫ в разносистемных языках", Автореферат, Махачкала, 2012.

Андриенко, Е. В., "Концепты русской культуры в поэтической творчестве В. С. Высоцкого: Между тоской и свободой", Диссерт. кандидата, Владивосток, 2003.

Апресян, В. Ю., "О судьбе и не-судьбе", *Динамические модели*, Сборник статей в честь Е. В. Падучевой, Москва, Языки славянских культур, 2008.

Апресян, В. Ю., "Опыт кластерного анализа: русские и английские эмоциональные концепты", *Вопросы языкознания*, No.1, 2, 2011.

Апресян, В. Ю., Апресян, Ю. Д., "Метафора в семантическом представлении эмоций", *Вопросы языкознания*, N° 3, 1993.

Апресян, Ю. Д., *Лексическая семаника: Синонимические средства языка*, Москва, Школа "Языки русской культуры", 1995.

Апресян, Ю. Д., "Любить 2", Апресян и др. (2000).

Апресян, Ю. Д., *Картина мира и системная лексикография*, Москва, Языки славянских культур, 2006.

Апресян, Ю. Д., *Исследования по семантике и лексикографии*, Т. 1, Москва, Языки славянской культуры, 2009.

Апресян, Ю. Д. и др., *Новый объяснительный словарь синонимов русского языка*, Москва, Языки русской культуры, Т. I: 1999, Т. II: 2000, Т. III: 2003.

Арутюнова (ред.), Н. Д., *Понятие судьбы в контексте разных культур*, Москва, Наука, 1994

Арутюнова, Н. Д., *Язык и мир человека*, Москва, Языки русской культуры, 1998.

Базылев, В. Н., “Феноменология эмоций: гнев”, В. В. Красных и А. И. Изотов (ред.), *Язык, сознание, коммуникация*, Сб. статей, Вып. 7, Москва, Диалог-МГУ, 1999.

Бахтин, М. М., *Собрание сочинений*, Т. V, Москва, 1997.

Бердяев, Н. А., *Судьба России*, Сборник статей 1914—1917, Москва, 1918.

Бердяев, Н. А., *Самосознание*, Paris, YMCA Press, 1950.

Бердяев, Н. А., *Экзистенциальная диалектика божественного и человеческого*, Paris, YMCA Press, 1952.

Богуславская, О. Ю., “Роковой и фатальный в синонимических рядах”, Н. Д. Арутюнова (ред.) (1994).

Бочкарев, А. Е., *Семантический словарь*, Нижний Новгород, Деком, 2003.

Вежбицкая, А., *Семантические универсалии и описание языков*, Москва, Языки русской культуры, 1999.

Выгоцкий, Л. С., *Мышление и речь*, Москва, Лабиринт, [1934]/1996.

Гладкова, А., *Русская культурная семантика*, Москва, Языки славянской культуры, 2010.

Голованивская, М. К., *Ментальность в зеркале языка*, Москва, Языки славянской культуры, 2009.

Григорьева, С. А. и др., *Словарь языка русских жестов*, Москва, Языки русской культуры, 2001.

Даль, В. И., *Толковый словарь живого великорусского языка*, Санкт- Петербург, 1863-1866.

Дмитровна, Е. В., “Трансляция эмотивных смыслов русского концепта ≪тоска≫ во французскую лингвокультуру”, Диссертация кандидата, Волгоград, 2001.

Зализняк, А. А., “Счастье и насладжение в русской языковой картине мира”, А. А. Зализняк и др., *Ключевые идеи русской языковой картина мира*, Москва, Языки славянской культуры, 2005.

Зализняк, А. А., “Любовь и сочувствие: к проблему универсальности чувств и переводимости их имён," Зализняк и др. (2005).

Зализняк, А. А. и Левонтина, И. Б., "С любимыми не расставайтесь," Зализняк и др (2005).

Засорина, Л. Н. (ред.), *Частотный словарь русского языка*, Москва, Русский язык, 1977.

Караулов, Ю. Н. и др., *Русский ассоциативный словарь*, Москва, АСТ, 2002.

Ковшова, М. Л., "Концепт судьбы. Фольклор и фразеология", Арутюнова (ред.) (1994).

Красавский, Н. А., *Эмоциональные концепты в немецкой и русской лингвокультурах*, Москва, Гнозис, 2008.

Лихачёв, Д. С., *Заметки о русском*, Москва, Советская Россия, 1981.

Лотман, Ю. М., "Проблема знака в искусстве"(1964), *Об искусстве*, Санкт-Петербург, 1998.

Лотман, Ю. М., *Структура художественного текста*, Brown Univ. Pub., 1971.

Лотман, Ю. М., "О метаязыке типологических описаний культуры", *Избранные статьи*, Т. I, Таллинн, Александра, 1992.

Лотман, Ю. М., Успенский, Б. А., "Роль дуальных моделей в динамике русской культутры", Б. А. Успенский, *Избранные труды*, Т. I, Москва, 1994.

Мельчук, И. А., Жолковский, А. К., *Толково-комбинаторный словарь современного русского языка*, Wien, 1984.

Ожегов, С. И., Шведова, Н. Ю., *Толковый словарь*, 1949-1992, Москва, Русский язык.

Пеньковский, А. Б., "Радость и удовольстие в представлении русского языка", *Логический анализ языка: Культурные концепты*, Москва, 1991.

Солженицын, А., *Россия в обвале*, Москва, Русский путь, 2006.

Срезневский, И. И., *Материалы для словаря древнерусского языка по письменным памятникам*, Т. 3, Санкт-Петербург, 1890—1912.

Степанов, Ю. С., *Константы. Словарь русской культуры*, Москва, Языки русской культуры, 1997.

Толстой, Н. И., *Язык и народная культура*, Москва, Индрик Серия, 1995.

Урысон, Е. В., "Тоска 1", "Тоска 2", Апресян и др. (1999).

Урысон, Е. В., "Душа 1, Сердце 2", Апресян и др. (1999).

Урысон, Е. В., "Свобода 1.1", Апресян и др. (2003).

Успенский, Б. А., "О вещных коннотациях абстрактных существительных", *Семиотика и информатика*, 35-1, 1997.

Фасмер, М., *Этимологический словарь русского языка*, Москва, Прогресс, 1986.

Федорова, Л. Л., "Эмоции в грамматике", *Эмоции в языке и речи*, Москва, РГГУ, 2005.

Федотов, Г., *Россия и свобода*, New York, Chalidze Publications, 1981.

Цейтлин, Р. М., Вечерки, Р. и Благовой, Э., *Старославянский словарь (по рукописям X-XI веков)*, Москва, Русский язык, 1999.

Шмелёв, А. Д., "Метафоры судьбы: предопределение или свобода?", Арутюнова (ред.) (1994).

Шмелёв, А. Д., *Русский язык и внеязыковая действительность*, Москва, Языки славянской культуры, 2002.

Шмелёв, А. Д., "Плюрализм этических систем в свете языковых данных", А. А. Зализняк и др., *Константы и переменные русской языковой картины мира*, Москва, Языки славянской культуры, 2012

Шмугурова, К. В., "Концепты *Тоска* и *Радость* в художественной картина мира (на материале лирики И. А. Бунина, Ф. Сологуба, и Ф. Анненского)", Диссертациа кандидата, Новосибирск, 2011.

Щерба, Л. В., Матусевич, М. И., *Русско-французский словарь*, Москва, Русский язык, 1983.

Aristote, *Topiques*, Paris, Les Belles Lettres, 1967.

Aristote, *Poétique*, Paris, Gallimard, 1996.

Aristote, *Rhétorique*, Paris, Gallimard, 1999.

Anscombre, J.-C. et O. Ducrot, *L'argumentation dans la langue*, Bruxelles, Mardaga, 1983.

Badiou, A., *Logiques des mondes*. Paris, Seuil, 2006.

Baldinger, K., *Semantic Theory*, Oxford, Basil Blackwell, 1980.

Beevor, A., *Stalingrad*, New York, Viking, 1998.

Benveniste, E., "Nature du signe linguistique", *Acta linguistica*, I, 1939.

Benveniste, E., *Problèmes de linguistique générale*, Paris, Gallimard, 1966.

Ben-Ze'ev, A., "The Thing Called Emotion", P. Goldie (ed.), *The Oxford Handbook of Philosophy of Emotion*, Oxford Univ. Press, 2010.

Berdyaev, N., *The Russian Idea*, London, Centenary Press, 1947

Bottani, L. N., "acedia ed epoche", *Sapienza: Riv. di filosofia e di teologia*, 44-2, 1991.

Cauquelin, A., *Aristote le langage*, Paris, PUF, 1990.

Cohen-Solal, A., *Sartre*, Paris, *Gallimard*, 1985.

Coseriu, E., *Teoria del lenguaje y lingüística general*, Madrid, 1962.

Coseriu, E., *Probleme der strukturellen Semantik*, Tübingen, 1973.

Curtius, E. R., *Europäische Literatur und lateinisches Mittelalter*, 9 Aufl., Bern, 1978; *European Literature and the Latin Middle Age*, tr. by W. R. Trask, New York, Pantheon Books, 1953.

Deigh, J., "Concepts of Emotions in Modern Philosophy and Psychology", Goldie (ed.) (2010).

Deleuze, G., *Le Bergsonisme*, Paris, PUF, 1966.

Deleuze, G., *Différence et répétition*, Paris, PUF, 1968.

Deleuze, G., *Logique du sens*, Paris, Minuit, 1969.

Deleuze G. et F. Guattari, *Qu'est-ce que la philosophie?*, Paris, Minuit, 1991.

Descartes, *Méditations métaphysiques* (1641), Paris, Vrin, 1945.

Descartes, *Les passions de l'âme* (1649), www.ac.grenoble.fr/.../passions. pdf.

Després, S.,"Enoncés graduels: prédicats graduels ou topoï?", P.-Y. Raccah (éd.), *Topoï et gestion des connaissances*, Paris, Masson, 1996.

Dubois, D. et H. Prade, "Prédicats graduels et modalités nuancées", *Le courrier du CNRS, Dossiers Scientifiques, Sciences Cognitives*, 79, octobre 1992.

Dubois, D. et P. Resche-Rigon, "Champs topiques, catégorisation et expertises", Raccah (éd.) (1996).

Ducrot, O., *Les échelles argumentatives*, Paris, Minuit 1980.

Ducrot, O. et T. Todorov, *Dictionnaire encyclopédique des sciences du langage*, Paris, Seuil, 1972

Fehr, B. & J. A. Russell, "Concept of Emotion Viewed from a Prototype Perspective", *Journal of Experimental Psychology: General Section*, 113, 1984.

Frued, S., "Deuil et mélancolie", *Métapsychologie*, tr. par J. Laplanche et J.-B. Pontalis, Paris, Gallimard, 1968.

Frevert, U., *Emotions in History – Lost and Found*, Central European Univ. Press, 2011.

Frijda, N. H. et al., "Emotions and Emotion Words", Russell et al. (eds.), *Everyday Conception of Emotion*, Dordrecht, Kluwer Academic Publishers, 1994.

Goldie, P. (ed.), *The Oxford Handbook of Philosophy of Emotion*, Oxford Univ. Press, 2010.

Greimas, A., *Sémantique structurale*, Paris, Larousse, 1966.

Guattari, F., "Ritornellos and existential affects", *Discourse* 12-2, 1990.

Helmslev, L., "Langue et parole", *Cahiers Ferdinand de Saussure*, 2, 1942.

Helmslev, L., *Prolégomènes à une théorie du langage*, trans. par Una Canger, Paris, Minuit, [1943]/1971.

Huizinger, J., *The Waning of the Middle Ages*, tr. by F. Hopman, London, 1924.

Iordanskaja, L. M. & Mel'čuk, I., "On a Class of Russian Verbs That Can Introduce Direct Speech"(1981), I. Mel'čuk, *Dependency Syntax*, SUNY Press, 1988.

Jakobson, R., "Linguistics and Poetics"(1960), *Selected Writings III*, The Hague, Mouton, 1981.

Kayser, D., "Une Sémantique qui n'a pas de sens", *Langages*, 87, 1987.

Kayser, D., "Ambiguïté, paraphrase et profondeur variable", C. Fuchs (ed.), *L'Ambiguïté et la paraphrase, Actes du colloque de Caen, avril 1987*, Univ. de Caen, 1988.

Kayser, D., "La notion de définition dans les systèmes de traitement du langage naturel", J. Chaurand et F. Mazière (éds.), *La Définition, Actes du colloque, nov. 1988*, Paris, Larousse, 1990.

Kövecses, Z., "Language and Emotion Concepts", J. A. Russell et al. (eds.) (1994).

Kristeva, J., *Soleil noir*, Paris, Gallimard, 1987.

Kučera, H. & N. Francis, *Computational Analysis of Present-day American English*, Brown University Press, 1967

Lakoff, G., *Women, Fire, and Dangerous Things*, The University of Chicago Press, 1987.

Larue, A., "La Mélancolie de Dürer dans la poésie du XIXe siècle. Ekphrasis, allégorie, logotype?", *Literature and the Visual Arts*, dir. par S. Dorangeon, P.U. de Reims, 1998.

Oller Jr, J. W. & A. Wiltshire, "Toward a Semiotic Theory of Affect", *The Language of Emotions*, Amsterdam, J. Benjamins, 1997.

Price, A. W., "Emotions in Plato and Aristotle", Goldie (ed.)(2010)

Raccah, P-Y. (éd.), *Topoï et gestion des connaissances*, Paris, Masson, 1996.

Rastier, F., *Sémantique interprétative*, Paris, PUF, 1987.

Rastier, F., *Sens et textualité*, Paris, Hachette, 1989.

Rastier, F., "La sémantique des textes et l'approche interprétative", *Champs du signe: Sémantique, Rhétorique, Poétique*, Presses Univ. de Mirail, 1992.

Rastier, F., "La sémantique des thèmes ou le voyage sentimental", *L'analyse thématique des données textuelles*, Paris, Didier, 1995.

Rastier, F., *Arts et science du texte*, Paris, PUF, 2001.

Sartre, J.-P., *Esquisse d'une théorie des émotions*, Paris, Hermann, [1938]/1995.

Sartre, J.-P., *L'être et le néant*, Paris, Gallimard, 1943.

Sartre, J.-P., "*La liberté cartésienne*", *Situations I*, Paris, Gallimard, 1946.

Saussure, F. de, *Cours de linguistique générale*, Paris, Payot, [1916]/1983.

Shaver, P. et al., "Emotion Knowledge: Further Exploration of a Prototype Approach", *Journal of Personality and Social Psychology*, 52, 1987.

Sousa, R. de, "The Mind's Bermuda Triangle: Philosophy of Emotions and Empirical Science", Goldie (ed.)(2010).

Spinoza, *Die Ethik*, hrsg. von O. Baensch, Hamburg, Felix Meiner, 1976.

Spinoza, *The Collected Works of Spinoza*, vol. 1, ed. and tr. by E. Curley, Princeton Univ. Press, 1985.

Wierzbicka, A., *Semantics, Culture, and Cognition*, Oxford Univ. Press, 1992.

Wierzbicka, A., ""Sadness" and "Anger" in Russian", *Speakings of Emotions: Conceptualization and Expression*, Berlin, Mouton de Gruyter, 1998.

Williams, J., *The Principles of Psychology* (1890), vols. 1 & 2, New York, Dover, 1950

Wolfson, H. A., *The Philosophy of Spinoza*, Harvard Univ. Press, 1962.